법상종 논사들의 유식사분의 해석

法相宗 諸論師 唯識四分義 解釋

박인성 지음

도서출판 b

| 차 례 |

1. 상견동별종문

2. 삼류경문

3. 행상문 1

4. 행상문 2

5. 사분상연문

8. 사분개합문 1

9. 사분개합문 2

| 부록 1 | 불교에서 본 칸트 윤리학의 근본개념들

유가사지론(瑜伽師地論): 유가론(瑜伽論)
불지경론(佛地境論): 불지론(佛地論)
성유식론(成唯識論): 성론(成論)

성유식론술기(成唯識論述記): 술기(述記)
성유식론장중추요(成唯識論掌中樞要): 추요(樞要)
대승법원의림장(大乘法苑義林章): 의림장(義林章)
성유식론요의등(成唯識論了義燈): 요의등(了義燈)
인명입정리론소(因明入正理論疏): 정리론소(正理論疏)
성유식론연비(成唯識論演祕): 연비(演祕)
성유식론요집(成唯識論要集): 요집(要集)
성유식론의온(成唯識論義蘊): 의온(義蘊)

유식분량결(唯識分量決): 분량결(分量決)
유식의등증명기(唯識義燈證明記): 증명기(證明記)
사분의극략사기(四分義極略私記): 극략사기(極略私記)
성유식론동학초(成唯識論同學抄): 동학초(同學抄)
관심각몽초(觀心覺夢鈔): 각몽초(覺夢鈔)

대일본속장경(大日本續藏經): 속장경(續藏經)
대정신수대장경(大正新修大藏經): 대정장(大正藏)

들어가는 말

 법상종은 중국의 유일한 인도불교의 학파였다. 중국에는 주지하다시피 이 학파 이외에도 삼론불교, 천태불교, 화엄불교, 선불교 등 중국인들이 창시한 중국불교가 있었다. 이 중국불교들을 연구하는 전통이 한국과 일본에 줄기차게 지금까지 내려오고 있지만, 이에 반해 법상종의 유식불교를 연구하는 전통은 한국과 중국의 경우 그 맥이 일찍이 끊겼다. 중국은 19세기 말에 일본의 유식문헌을 역수입해서 새롭게 간행한 후 이 불교를 계속해서 연구해 왔고[1], 한국은 일본에서 공부하고 돌아온 한 학자가 1975년에 유식불교에 관한 책[2]을 내놓은 후 이 불교를 연구하기 시작했다. 법상종은 유식불교의 모든 경전과 논서들을 연구하고, 이 불교의 초석이 되는 『아비달마구

• • •

1. 양문회(楊文會)로부터 시작된 유식불교 연구 중 웅십력(雄十力, 1885~1968)의 『신유식론』은 『맹자』를 유식불교에 입각해서 재해석했다는 점에서 주목할 만한 가치가 있다. 웅십력 지음, 김제란 옮김, 『신유식론 상, 하』(소명출판, 2007).
2. 김동화, 『유식철학』(보련각, 1975).

사론』과『아비달마순정리론』 같은 아비달마논서도 연구하는 학파였다. 하지만 이 학파가 중시하는 불교는 호법의 유식불교였다. 호법(護法, Dharma-pāla, 530~561)의 유식불교는 인도와 티베트에는 내려오지 않고, 동북아시아의 세 나라에 한문문헌으로 내려온다. 유식불교 중에서 가장 치밀하고 가장 정확하다고 하는 호법 유식은 세친(世親, Vasubandhu, 320~400년경)의『유식삼십송』에 대한 주석서인 호법의『성유식론』, 이『성유식론』에 대한 주석서인 규기(窺基, 632~682)의『성유식론술기』와『성유식론장중추요』, 혜소(慧沼, 650~714)의『성유식론요의등』, 지주(智周, 668~723)의『성유식론연비』, 도읍(道邑)의『성유식론의온』 등을 거치면서 나아갔다. 이 흐름은 일본에서 선주(善珠, 723~797)의『유식분량결』, 중산(中算, 935~976)의『사분의극략사기』, 장준(藏埈, 1104~1180)의 『성유식론본문초』, 정경(貞慶, 1155~1213)의『성유식론심사초』, 양산(良算, 1170~1218)의『성유식론동학초』, 양편(良遍, 1154~1252)의『관심각몽초』 등으로 면면히 이어졌다. 또 호법 유식을 확장하고 심화하려는 규기의 노력은『법원의림장』으로 나타나게 되는데, 이 논서는 일본에서 선주(善珠)의 『법원의경(法苑義鏡)』, 진흥(眞興, 935~1004)의『유식의사기』, 청범(淸範, 1623~1659)의『오심의략기』, 기변(基辨, 1722~1791)의『대승법원의림장사자후초』 등의 주석서를 거치면서 17, 18세기까지 풍요롭게 전개되었다.[3] 동북아시아에 내려오는 호법 유식의 한문문헌들은 불교교학이 정점에 달했을 때 이루어진 내용을 담고 있다는 점에서 산스끄리뜨어나 티베트어로 된 다른 대승의 불교문헌보다 더 중요하다고 말할 수 있다.

. . .

3. 한국에서도 호법의『성유식론』과 규기의『대승법원의림장』에 대한 주석서들이 작성되었지만, 태현의『성유식론학기』 이외에는 내려오지 않는다. 또 이『성유식론학기』마저 중국과 일본의 주석서와 비교할 때 순수하게 호법 유식을 종지로 삼는 법상종의 주석을 따랐다고 볼 수 없다. 태현은 이 논서에서 규기와 원측의 주석을 병기하면서 규기와 원측의 학설이 대립할 때 별다른 판정을 내리고 있지 않기 때문이다. 원측이 법상종에서 학문 활동을 하기는 했지만, 이미 진제 유식의 권역에 있었기에 호법 유식을 수용하기에는 어려움이 있었던 것 같다.

이 책에서 나는 호법 유식의 여러 논제 중 4분의(四分義) 즉 상분·견분·자증분·증자증분의 설(說)에 대한 법상종 논사들의 해석을 살펴보고 그의의를 드러내고자 하고 있다. 다시 말해, 호법의 사분의를 법상종의 초조규기가 어떻게 해석하고 있나, 또 호법의 사분의에 대한 규기의 해석을 중산과 선주를 위시한 다른 법상종의 논사들은 어떻게 해석하고 있나를 알아보면서 호법의 사분의가 유식무경(唯識無境)의 깨달음을 온전하게 보여주기 위한 것임을 밝히고자 하고 있다.

이 책은 「상견동별종론문」, 「삼류경문」, 「행상문 1」, 「행상문 2」, 「사분상연문」, 「삼량분별문」, 「능연소연문」, 「사분개합문 1」, 「사분개합문 2」 등 아홉 문으로 짜여 있다. 이는 호법의 4분의를 다룬 선주의 『유식분량결』과 중산의 『사분의극략사기』의 편제를 따른 것이다.[4] 여기서 문(門)은, 성에 북문·남문·서문·동문이 있을 때 각각의 문을 통해 성 안으로 들어가게 되면 성이 각각 다른 모습으로 나타나면서 점점 성의 전체 모습을 알아가게 되듯이, 어떤 한 주제를 향해 다양하게 접근해 들어가 이를 해명하는 방식을 의미한다. 온문(蘊門), 처문(處門), 계문(界門)으로 각각 접근해 들어가 일체법을 파악하는 것도 그런 경우이다.

중산의 『극략사기』와 선주의 『분량결』에서는 한 문에서 다룬 내용이 다른 문에서는 나타나지 않기에 문과 문의 어떤 연속성을 발견할 수 없지만, 이 책에서는 다음과 같은 내용의 연속성을 발견하게 될 것이다. 4분의(四分義)를 보다 정합적으로 이해할 수 있도록 하기 위해 이 책은 상분을 다루는 문, 견분을 다루는 문, 자증분과 증자증분을 다루는 문의 순으로 연속적으로

. . . .

4. 선주의 『분량결』과 중산의 『극략사기』는 「석명결의문(釋名決疑門)」, 「입분부동문(立分不同門)」, 「행상이설문(行相異說門)」, 「대소이승행상부동문(大小二乘行相不同門)」, 「능소량과문(能所量果門)」, 「내외분별문(內外分別門)」, 「능연소연문(能緣所緣門)」, 「삼량분별문(三量分別門)」, 「사연분별문(四緣分別門)」, 「동종별종문(同種別種門)」, 「개합부동문(開合不同門)」, 「유식해석문(唯識解釋門)」, 「일용다용문(一用多用門)」, 「사분상연문(四分相緣門)」, 「제문분별문(諸門分別門)」 등 15문으로 짜여 있다.

편성되어 있다. 최초의 두 문 「상견동별종론문」과 「삼류경문」에서는 상분에, 다음의 세 문 「행상문 1」, 「행상문 2」, 「사분상연문」은 견분에, 그 다음 네 문 「삼량분별문」, 「능연소연문」, 「사분개합문 1」, 「사분개합문 2」는 자증분과 증자증분에 주목하면서 논지를 펼쳐내고 있다. 자증분과 증자증분에 초점을 맞춰 논의를 전개하는 네 문 중 첫째 문 「삼량분별문」에서는 견분이 3량에 통할 수 있는 이유, 또 3량에 통할 수 있는 견분이 자증분과 동시에 생할 수 있는 이유 등을 다루고 있다. 다음 문인 「능연소연문」에서는 4분간의 능소연관계를 따져봄으로써 외(外)인 견분과 상분의 능소연 관계는 자증분과 견분의 능소연관계와 다르다는 점을 짚어내고 있다. 다시 말해, 자증분이 견분을 연려(緣慮)하는 것은 견분이 상분을 연려하는 경우와 달리 대상화작용이 아니라는 것을 드러냄으로써 자증분의 고유한 성격을 규정하고 있다. 또 상호 능연과 소연이 되는 내(內)인 자증분과 증자증분의 관계는 견분과 자증분의 관계가 횡적인 관계인 데 비해 종적인 관계라는 것을 밝혀내고 있다. 마지막 문인 「사분개합문」에서는 상분과 견분이 존재한다는 것, 이 분(分)들이 자증분에 의지해서 존재한다는 것, 자증분을 증(證)하는 증자증분이 존재한다는 것 등에 대해 논하고 있다. 그리고 최종적으로 유루식의 4분(分)의 자체(自體)가 일식(一識)으로 이해될 때 진여와 무루종자도 '식을 여의지 않음'에 의거해서 일식에 포섭될 수 있다는 것을, 즉 만법이 일식에서 생하는 것을 아는 찰나가 바로 진여를 증득하는 찰나라는 것을 양편의 『관심각몽초』에서 한 대문을 끌어와 밝히면서 결론을 맺고 있다. 이렇게 해서 법상종 논사들이 유식사분의를 해석하는 목적은 결국 유식무경(唯識無境)을 드러내는 데에 있다는 것을 알 수 있게 된다.

이러한 논의들을 더 편하게 접근하며 독해할 수 있도록 각 문에서 논의하고자 하는 것을 미리 간결하게 정리해서 말하면 다음과 같다. 첫째 「상견동별종문」에서는 규기의 『술기』와 『추요』의 해당 대문을 읽으면서 상분과 견분이 같은 종자에서 생하는가, 다른 종자에서 생하는가 하는 상견동별종(相見同別種)의 문제를 다룬다. 상견별종(相見別種)을 표방할 때 규기는 상분과 견분이 어떤 경우는 같은 종자에서 생하고 또 어떤 경우는 다른 종자에서 생한다는 혹동혹이설(或同或異說)을 채택하면서도 상견동종설(相見同種說)을 비판하고 있지 않기에, 혜소의『요의등』과 이의 주석서인 선주의『증명기』를 끌어와 면밀하게 살펴보면서 규기 역시 상견동종설을 비판하고 있다는 것을 밝혀내고 있다. 규기는 세친의『유식삼십송』의 "가(假)로 아(我)와 법(法)을 말하니 종종의 상이 전전함이 있네. 저것들은 식소변(識所變)에 의지하네"에 대한 호법의『성론』의 해석을, 그의『술기』에서 상견동종을 논할 때든 상견별종을 논할 때든 "변(變)이란 식체가 전변해서 2분과 유사하게 나타나는 것을 이른다"와 "상분과 견분은 자증분에 의지해서 일어나기 때문이다"로 정리하며 상견동별종론을 펼쳐 간다. 이와 같이 식소변, 즉 '식에 의해 변현된 것'과 관련이 있는 상견동별종의 문제를 규기는 그의『추요』에서 대상의 유형을 결정하는 삼류경의 문제로 전환하기 때문에 결국 상분의 문제를 다루고 있다고 볼 수 있다.

둘째「삼류경문」에서는 규기의『추요』의 해당 대목을 읽으면서 상견동별종을 논한 후에 얻은 결과를 대상의 유형을 결정하는 데 적용하고 있다고 보고 논지를 풀어가고 있다. 3류경이란 대상의 세 유형 성경(性境), 독영경(獨影境), 대질경(帶質境)이다. 규기는 현장의 가타(伽陀), 즉 "성경은 심을 따르지 않네. 독영경은 오직 견분만을 따르네. 대질경은 정(情)과 질(質)에 통하네. 성(性)과 종(種) 등이 각 경우에 따르네"를 1구에서 4구까지 순서대로 분석해 가며 3류경을 정의하는데, 이 문에서는 혜소의『요의등』과 선주의『증명기』에 의탁해서 이 점을 더 자세히 살펴보고 있다.

셋째「행상문 1」에서는 규기가『술기』와『추요』에서 논하는 행상(行相)을 다룬다. 행상은 후설 현상학의 지향성을 의미한다. 식의 지향성에 지향하는 작용과 지향되는 대상이 있듯이, 규기는 식의 작용인 견분을 행상으로 보기도 하고, 식의 대상인 상분을 행상으로 보기도 한다. 또, 견분을 행상으로 보는 경우는 견분이 체상(體相)에 대해 행(行)하는 경우와 상상(相狀)에 대해 행하는 경우로 나누는데, 이 중 체상에 대해 행하는 경우는 견분 작용이 대상 자체를 지향한다는 것을, 상상에 대해 행하는 경우는 대상 자체가 대상적 의미를 통해 지향되어 규정된다는 것을 의미한다. 그런데 이렇게 행상을 견분행상과 상분행상으로 보았을 때 본질(本質)이 없는 영상상분이나 정체지(正體智)의 대상인 진여는 어떻게 이해해야 하느냐 하는 문제가 생긴다. 규기는 본질이 없는 상분이나 진여까지 견분이 지향할 수 있다는 것을 『유가론』과 『성론』의 진술들을 화회(和會)시킴으로써 견분의 능력을 확장해가면서 보여준다. 이 문에서는 이를 후설 현상학의 두 지향성 개념을 빌려 의식의 '작용 지향성'에서 주체의 '기능하는 지향성'으로 넘어가는 과정으로 보고 논의를 전개하고 있다.

넷째 「행상문 2」에서는 중산의 『극략사기』의 「행상이설문」을 다룬다. 중산은 행상에 관한 다양한 학설들이란 뜻의 이 「행상이설문」에서 규기의 『술기』와 『추요』, 혜소의 『요의등』, 지주의 『연비』, 도읍의 『의온』 등 중국 법상종 논사들의 해석을 모두 인용하며 설명하고 있다. 상분도 행상이 될 수 있다는 것으로 정의할 때 생길 수 있는 문제들, 「행상문 1」에서 규기가 해결하고자 했던 본질이 없는 경우 즉 제8식과 이와 동시의 심소들의 경우, 또 거북이의 털과 같은 가경(假境)의 문제를 해결하고자 했을 때 봉착하는 문제를 중산 역시 규기와 마찬가지로 견분의 능력을 확장함으로써 해결해 간다. 하지만 중산은 포괄적 의미와 협소한 의미라는 기준을 적용하며 행상의 문제를 풀어 가면서, 규기가 아무 논급 없이 『유가론』과 『성론』의 견해를 화회한 것에 일정한 설명을 보태고 있다.

다섯째 「사분상연문」에서는 중산의 『극략사기』에 의탁해서 선주의 『분량결』의 「사분상연문」을 다룬다. 규기의 제자 혜소와, 원측과 그의 제자 도증의 학설을 함께 인용하며, 인위(因位)와 과위(果位)에서 4분이 어떻게 상연(相緣)하는가 하는 문제를 다루고 있다. 특히 「행상문」에서 마주쳤던 문제들 중 하나인 무분별지가 진여를 연하는 경우의 문제를 4분의 구도 속에서 어떻게 해결할 수 있을까, 다시 말해 견박(見縛)과 상박(相縛)에 매여 있는, 견분이 대상을 향해 있는 이런 구도 속에서 과연 진여를 연하는 무분별지의 경우를 설명할 수 있을까 하는가가 이 문의 핵심적인 주제라 할 수 있다. 「행상문」에서 행상을 견분 행상으로 정의하면서 견분 행상을 체상(體相)에 대해 행하는 경우와 상상(相狀)에 대해 행하는 경우로 나누었는데, 이때 무분별지가 진여를 연하는 경우를 체상에 대해 행하는 경우로 보았었다. 그렇게 본다면 과연 대상 자체인 체상을 지향하는 경우가 무분별지가 진여를 연하는 경우를 포섭할 수 있을까, 행(行)한다, 작용한다는 성격을 간직한 채 과연 이 경우의 문제를 해결할 수 있을까 하는 문제가 생긴다. 규기는 4분의 구도를 그대로 유지하면서 이 문제를 풀어내야 한다면, 견분이 자증분을 연한다 하는 식 등으로 설명해야 한다고 주장하고 있다.

여섯째 「삼량분별문」에서는 중산의 『극략사기』에 의탁해서 선주의 『분량결』 「삼량분별문」을 다룬다. 이 문부터 본격적으로 자증분에 주목하면서 여러 관점에서 다른 분(分)들과의 관계를 탐색하기 시작한다. 선주는 이 문에서 다음과 같은 논지를 펼쳐내고 있다. 첫째로 견분은 현량(現量)·비량(比量)·비량(非量) 3량이 다 될 수 있지만 자증분은 오로지 현량일 뿐이다. 둘째로 견분의 3량은 동시에 생할 수 없지만 자증분의 현량과 견분의 3량은 동시에 생할 수 있다. 견분의 현량은 자증분의 현량과 성격이 다르다. 자증분은 내부[內]에서 경험을 확증하기에 항상 현량이지만, 견분은 외부를 향해 있어서 비량·비량(非量)[5]에 통하기에 항상 현량이 될 수 있는 것이 아니기 때문이다. 셋째로 자증분의 현량과 견분의 3량이 동시에 생할 수 있다고 해서 이를 자증분은 선성(善性)이고 견분의 3량은 악성(惡性)인 것으로 이해해서는 안 된다. 가령 견분의 3량 중 비량(非量)과 자증분의 현량이 동시에 생할 수 있다고 해서 이를 견분의 악성과 자증분의 선성이 동시에 생할 수 있다는 것으로 이해해서는 안 된다. 3량은 모두 식의 용(用)이지만, 선성과 악성은 식의 체(體)이기 때문이다. 4분은 현량·비량·비량(非量) 3량에 의거해서 구분될 수 있는 것이지, 선성과 악성에 의거해서 구분될 수 있는

••••

5. 비량(比量)과 구별하기 위해 비량(非量)은 항상 이렇게 괄호 안에 한자를 넣어 보여주겠다.

것은 아니다. 심의 체성은 그것이 선성이든 악성이든 모두 자증분이 확증할
수 있다.

　일곱째 「능연소연문」에서는 중산의 『극략사기』의 「능연소연문」을 다룬
다. 중산은 규기, 지주, 선주 등을 인용하며 자증분의 성격을 이 문에서
더 명료하게 드러내고 있다. 이 문에서는 중산의 논의를 세밀히 좇아가며
다음과 같은 점들을 밝혀놓고 있다. 첫째, 상분의 심은 연려할 수 없다.
즉 능연이 될 수 없다. 색경(色境) 같은 상분이 능연이 될 수 없는 것과
마찬가지로 제6의식의 대상이 된 전5식이나 제6의식도 능연이 될 수 없다.
그것들은 과정 중에 있는 심이 아니라 기억이나 반성과 같은 제6의식의
작용들에 의해 대상화된 심이기 때문이다. 둘째, 자증분이 연하는 견분의
심은 연려할 수 있다. 견분의 심은 자증분의 소연이긴 하지만 능연이 될
수 있다. 자증분은 견분 능연 상의 의용(義用)이기 때문이다. 자증분이 견분
을 연려하는 경우는, 즉 소연으로 하는 경우는 견분이 상분을 연하는 경우와
다르게 대상화작용이 아니다. 셋째, 견분에 내재하면서 견분의 작용을 확증
하는 자증분은 내부에서 증자증분과 상호 능연과 소연이 되는 관계를 이루
고 있다. 견분은 상분에 계박(繫縛)되어 있어서 앞 문에서 말한 바와 같이
현량·비량·비량(非量)이 다 될 수 있지만 자증분은 이를 확증하는 것이기
에 3량에 구속되지 않는데, 자증분이 이렇게 견분에 대한 계박, 즉 견박(見縛)
에서 벗어나 자증분으로서의 기능을 하도록 해주는 것은 증자증분이다.
자증분이 초월적 관계에서 본 자기의식이라면, 증자증분은 내재적 관계에
서 본 자기의식이라고 할 수 있다. 넷째, 증자증분은 자증분과 달리 견분을
연할 수 없다. 증자증분이 자증분을 연려할 수 있다면 자증분을 연려하는
증자증분은 다시 제5분이 연려할 수 있게 되어 무궁의 과실 즉 무한소급의
오류를 범하게 된다. 다섯째, 4분은 같지도 않고 다르지도 않기에 유식의
이치가 성립한다. 4분은 각각의 공능이 있기에 같지 않고, 하나의 식체
상의 의용이기에 다르지 않다. 그래서 유식의 이치가 성립한다. 자증분을
자체분이라는 데서도 알 수 있듯이 때로 자증분이 식의 체(體)로 이해되기도

하지만 이 지점에서는 상분, 견분과 함께 역시 식의 분(分)이라는 점에서 용(用)으로 이해되고 있다.

여덟째 「사분개합문 1」과 아홉째 「사분개합문 2」는 중산의 『극략사기』 「입분부동문」을 다룬다. 중산은 「입분부동문」 중 호법의 4분설을 논하는 대목에서 호법의 4분은 안혜의 1분설, 난타의 2분설과는 달리 3분, 2분, 1분이 될 수 있다는 것을 순서대로 증명해갈 때 자증분이 양과(量果)라는 것, 자증분의 확증하는 작용은 내(內)에서 이루어진다는 것 등을 같이 보여 주기 때문에, 이 문에서는 「극략사기」의 「개합부동문」, 「능소량과문」, 「내외분별문」 등을 함께 다루었다고 말할 수 있다. 펼 때는 4분이고 접을 때는 3분, 2분, 1분이라 하면서 4분이라 할 때는 상분과 견분과 자증분과 증자증분을, 3분이라 할 때는 상분과 견분과 자증분을, 2분이라 할 때는 상분과 견분을, 1분이라 할 때는 자체분을 가리킨다. 3분으로 포섭될 수 있는 것은 제3분과 제4분, 즉 자증분과 증자증분이 모두 양과의 체이기 때문이고, 2분으로 포섭될 수 있는 것은 후의 3분, 즉 증자증분과 자증분과 견분이 모두 능연의 성(性)이기 때문이다. 마지막으로 외경(外境)이 없고 유심(唯心)이기 때문에 1분으로 포섭될 수 있는데 이 1분은 자체분이다.

「사분개합문 1」과 「사분개합문 2」를 나누어서 더 보충해서 보면 이렇다. 먼저, 「사분개합문 1」에서는 호법의 4분설이 2분설이 될 수 있다는 것을 다룬다. 2분으로 포섭될 때는 상분과 견분의 존재를, 3분으로 포섭될 때는 자증분의 존재를 증명하면 되는데, 그래서 이 문에서는 상분과 견분이 존재한다는 것을 다룬다. 호법과 규기를 따라 중산은 소연의 상(相)이 없어서는 안 되는 이유를 "만약 심과 심소에 소연의 상이 없다면, 그 자신의 소연의 경(境)을 연려할 수 없을 것이다. 혹은 하나하나의 심이 모든 경을 연려할 수 있을 것이다. 그 자신의 경이 다른 심의 경과 같게 되고 다른 심의 경이 그 자신의 경과 같게 되기 때문이다."라는 논증을 들어, 또 능연의 상이 없어서는 안 되는 이유를 "만약 심과 심소에 능연의 상이 없다면 허공 등이 그렇듯이 능히 그 자신의 경을 연려할 수 없을 것이다. 혹은 허공도 또한 능히 연려할 수 있을 것이다."라는 논증을 들어 보여주고 있다. 또, 호법과 규기를 따라 '사(似)'라는 용어를 써서 의타기의 능연과 소연의 관계를 변계소집의 능연과 소연의 관계 속에서 파악하기도 하고, 식은 발생할 때 항상 대상을 지향한다는 의미의 '대(帶)'라는 용어를 끌어들여 파악하기도 한다.

다음에, 「사분개합문 2」에서는 호법의 4분설이 3분설, 4분설, 1분설이 될 수 있다는 것을 다룬다. 중산은 호법과 규기를 따라 3분의 이증과 교증을 논할 때는 자증분의 존재를, 4분의 이증과 교증을 다룰 때는 증자증분의 존재를, 1분의 교증을 다룰 때는 자체분의 존재를 증명하고 있다. 순서대로 살펴보면 다음과 같다. 첫째로, 3분의 이증과 교증을 논하는 자리에서 자증분의 존재를 자증분이 상분과 견분의 의지처가 되고, 기억이 가능하기 위한 조건이 되고, 양과(量果) 된다는 것을 밝혀내며 증명하고 있다. 앞의 「능연소연문」에서는 자증분을 오직 기억이 가능하기 위한 조건으로 다루었을 뿐이지만, 이 문에서는 이 이외에도 상분과 견분의 의지처[所依]가 되고, 또 양과가 된다는 것도 다룬다. 나는 이 세 가지 이증 중 양과가 된다는 이증이 이증의 핵심이라고 보고 있다. 양과는 인(因)을 성만(成滿)하는 목적이기 때문이다. 둘째로, 4분의 이증을 논할 자리에서 증자증분의 존재를 증자증분이 자증분을 증(證)하고 양과가 된다는 것을 밝혀내며 증명하고 있다. 셋째로, 1분의 교증을 논하는 자리에서는 3분과 4분과 1분을 증명할 때의 일체법들이 유루식인 일식(一識)에 포섭된다고 주장하면서, 일식을 '식을 여의지 않음'으로 이해하고 이 일식에 진여와 무루종자를 포함시킨다. 이는, 일체법이 자증분과 증자증분에 의해 직관되면서 일체법이 일시에 생한다는 것을 아는 순간 홀연 진여를 증득하는 무분별지가 일어난다는 것을 드러내기 위해서이다.

모든 문들에서 지향성, 작용 지향성, 기능하는 지향성, 지평적 지향성, 작용성격, 대상적 의미, 수동성 등 후설 현상학의 용어들을 마주치게 되지만,

불교 용어를 현상학 용어로 해석하고자 하는 것이 이 책의 과제와 목적은 아니다. 호법 유식학의 사분의를 규기가 어떻게 해석하고 있나, 또 규기의 해석을 후대 법상종의 논사들은 어떻게 풀이하고 있나 알아보는 것이 이 책의 과제이고, 또 이 사분의가 유식무경(唯識無境)의 깨달음을 가르치기 위해 나왔다는 것을 보여주고자 하는 것이 이 책의 목적이다. 그런데도 후설 현상학 용어가 자주 등장하는 것은 무엇보다 내가 (서양의) 철학용어에서 유래한 일상언어를 쓰는 이 시대를 살아가고 있기 때문이다. 나를 비롯해서 이 시대에 사는 사람들은 결코 불교용어를 비롯한 고전문헌의 용어를 사용하며 살고 있지는 않다. 오늘날의 일상언어를 사용하며 살아가는데 이 일상언어에는 식민지 시대 이전에는 없던, 일본을 통해 수입된 (서양)철학의 용어들이 담겨 있다. 불교를 비롯한 우리의 전통철학을 연구하는 사람들은 이런 불리함의 덫에 걸려들어 있다. 그렇다고 해서 이 덫에 갇혀 있을 수만은 없다. 이 덫을 헤쳐 나오기 위해 적극적으로 우리의 일상언어에 담겨 있는 철학의 언어들을 궁구할 필요가 있다고 생각한다. 철학의 언어들을 탐구하는 것은 곧바로 철학을 이해하는 일이기도 하지만, 전통 불교용어들을 우리 시대의 언어로 잘 해석하고자 하는 일이기도 하다. 학자들 간의 대화에서는 전통 용어를 구사해도 되겠지만, 이런 불교를 읽는 우리 시대의 사람들과 소통하기 위해서는 적극적으로 철학을 연구해서 철학용어를 쓰지 않을 수 없는 것이다. 그렇게 보면, 내가 후설 현상학의 용어를 쓰는 것은 그 철학과 소통하고자 하는 것이 주된 목적이 아니라, 불교를 알고자 하는 이 시대의 모든 이들과 소통하기 위해서이고, 또 불교가 우리시대의 불교가 되게 하기 위해서이다.

그런데 이 철학용어가 다른 철학용어가 아니라 후설 현상학의 용어가 되지 않을 수 없는 이유는 인도에서 3~6세기에 유식불교가 던진 메시지가 19~20세기의 후설이 얻은 철학의 성과와 유사한 면이 있기 때문이다. 서로 다른 사상의 전통에 있지만, 후설의 현상학은 유식불교의 맥을 잇고 있다고 생각할 정도로. 물론 이렇게 불교의 용어를 후설 현상학의 용어로 대체해

가면서 해석할 수 있는 것은 두 철학의 용어들이 꼭 들어맞아서가 아니다. 사태 그 자체로 들어가는 과정에서 나온 산물들이 불교의 용어이고 현상학의 용어인바, 이들이 나의 사색 속에서 자연스럽게 만나고 있다고 할 수 있겠다. 여러 현상학의 용어가 등장하기에 부제로 '유식불교의 현상학적 탐구'라고 붙일 만도 한데, 그런 어색하다면 어색한 표현을 쓰지 않은 데서도 알 수 있을 것이다.

옛 문헌을 늘 대하고 사는 불교학자로서 당연한 일이겠지만, 나는 이 책에 인용되는 유식문헌을 한 문장 한 문장 정확하게 번역해서 제시하려고 노력했다. 이는 단어 하나하나와 씨름하면서 나온 결과이다. 나의 사색이 철저하게 문헌에 기반을 두고 있다는 것을 보여주고 있는데, 이런 점은 올바른 철학으로 이끄는 기본적인 태도라고 생각한다. 올바르게 사색하기에 앞서 올바르게 문헌을 읽는 것이야말로 그릇된 이해를 씻어주는, 일종의 수행으로 가는 첫걸음이라 말할 수 있다. 물론 이 과정 자체에도 올바른 사색의 싹이 담겨 있으며, 이 싹은 탄탄한 문헌이해를 기반으로 해서 해석하면서 조금씩 자라며 커 나아가고 있다. 문헌을 있는 그대로 놓고 올바르게 번역해서 해석하는 일이야말로 창조적인 사색으로 이끄는 가장 좋은 방법 중의 하나라고 생각해서, 고전논사들의 말을 하나도 빼놓지 않고 번역하며 해석하고 또 이 해석에 내 비평을 담는 방식을 취했으므로, 독자들은 이 책에서 현상학의 용어에 녹아든 내 생각을 간취하는 한편, 이와 동시에 규기·선주·중산 등 법상종 논사들의 생각을 있는 그대로 접할 수 있게 될 것이다.

1

·

상견동별종문

상분과 견분이 같은 종자에서 생하는가, 다른 종자에서 생하는가를 논하는, 이른바 상견동별종론(相見同別種論)은 현장(玄奘, 602~664)이 인도에 가서 호법(護法, Dharmapāla, 530~561) 논사의 제자로 알려져 있는 계현(戒賢, Śīlabhadra, 529~645?) 논사한테서 배워 온 것이다. 현장은 이른바 「삼장가타」[1]라는 한 게송으로 상견동별종론을 정리하면서 이를 세 유형의 경(境) 곧 삼류경(三類境)에 배대하고 있다. 규기(窺基, 632~682)는 현장한테서 이 상견동별종론을 배워 그의 『술기』와 『추요』에서 논하고 있다. 그런데 「삼장가타」의 삼류경론은 대상의 다양한 유형들의 차이를 정립하는 데 목적이 있었다면,

. . .

1. 『成唯識論掌中樞要』(『大正藏 43』, p. 620上)

성경불수심 독영유수견

대질통정본 성종등수응

성경은 심을 따르지 않네. 독영경은 오직 견분을 따를 뿐이네.

대질경은 정(情)과 본(本)에 통하네. 성(性), 종(種) 등이 각 경우를 따르네.

상견동별종론은 『성론』의 식소변(識所變; 식에 의해 변현된 것)을 논하는 대목에서 나오는 것으로 보아 식소변을 더 구체화하려는 목적이 있었다고 생각된다.

규기는 『술기』와 『추요』에서 상견동종과 상견별종이란 표제 하에 상견 동별종론을 논하고 있지만, 그가 『추요』에서 호법의 설을 정설로 하면서 이 논의를 전개했기 때문에 상분과 견분은 같은 종자에서 생하는 경우도 있고 다른 종자에서 생하는 경우도 있다는 상견혹동혹이설(相見或同或異說) 을 채택했다고 보아야 한다. 이 문에서는 이 설을 정설로 택해서 두 논서에서 서술하는 상견동종(相見同種)과 상견별종(相見別種)의 차이를 밝혀보겠다.

그런데 『추요』에서는 상견혹동혹이설에 의거해서 삼류경론을 펼치기 때문에 상견동종설에 대한 비판이 있었으리라 생각된다. 하지만 규기는 따로 이 비판을 서술하고 있지 않다. 혜소가 그의 『요의등』에서 상견동별종 론을 주장하는 논사들을 세 경우로 나누고 별종(別種)과 동종(同種)을 논하는 두 논사의 견해를 비판하고 있으므로 이를 살펴보면 상견동종설에 대한 규기의 견해를 밝혀낼 수 있다. 혜소 역시 규기의 제자답게 호법의 학설을 정설로 삼고 있기 때문이다. 이와 같이 『요의등』을 면밀하게 읽어 가면서 상견혹동혹이설(相見或同或異說)을 펴기 위한 규기의 생각을 더 깊이 파고들 어가 보겠는데, 이 과정에서 『요의등』의 주석서인 선주의 『증명기』의 도움 을 받을 것이다.

Ⅰ. 『술기』의 상견동별종론

1. 식소변인 견분과 상분

상견동별종론은 규기의 『술기』에 최초로 보인다. 규기는 세친의 『유식삼십송』의 첫 번째 송을 풀이하는 『성론』을 다시 풀이하면서 이 상분이 견분과 같은 종자에서 생하는가 다른 종자에서 생하는가 하는 상견동별종에 대해 언급한다. 이 문제는 식소변(識所變)을 보다 구체화하기 위해서 제기된 것이기 때문에, 식소변이 무엇인지 먼저 알아볼 필요가 있다. 『유식삼십송』과 『성론』의 이 대목을 보자.

> 가(假)로 아와 법을 말하니 종종의 상(相)이 전전함이 있네.
> 저것들은 식소변(識所變)에 의지하네.[2]

. . .
2. 『成唯識論』(『大正藏 31』, p. 1上), "由假說我法 有種種相轉 彼依識所變."

이 송을 『성론』에서는 다음과 같이 풀이한다.

만약 이와 같은 상들을 가(假)로 말한다면 무엇에 의지해서 성립할 수
있는가? 저 상들은 모두 식이 전변한 것[識所轉變]에 의지해서 가(假)로 시설
된 것이다. 식은 요별을 의미한다. 이 중 식이란 말은 또한 심소도 포함한다.
정히 상응하기 때문이다. 변(變)이란 식체가 전변해서 2분(分)과 유사하게
나타나는 것을 이른다. 상분과 견분은 모두 자증분에 의지해서 발생하기
때문이다. 이 2분(分)에 의지해서 아와 법을 시설한다. 저 둘을 떠나서는
소의(所依)가 없기 때문이다.[3]

아래에서 바로 보겠지만, 규기가 『술기』에서 상견동별종을 논할 때 동종
(同種)을 논하는 경우든 별종(別種)을 논하는 경우든 매번 들고 있는 말은
'變謂識體轉似二分'(변이란 식체가 전변해서 2분과 유사하게 나타나는 것을
이른다)과 '相見俱依自證起故'(상분과 견분은 자증분에 의지해서 일어나기
때문이다)이다. 그런데 이는 방금 본 바와 같이 『유식삼십송』 첫 번째 송의
'식소변'을 풀이할 때 나오는 말이다. 규기는 이를 다음과 같이 풀이한다.

호법 등이 이르길, 제식의 체, 즉 자증분이 전변해서 상분과 견분 2분(分)과
유사하게 생하는 것을 이른다. 이것은 의타기성인 식체가 전변해서 상분과
견분 2분(分)과 유사하게 나타나는 것을 말한다. 무(無)가 아니니 또한 의타기
이다. 이 2분(分)에 의지해서 실(實)의 2취(取)를 집착하기에 성교(聖教)에서
무(無)라고 설하는 것이지, 의타기에 이 2분(分)이 없는 것이 아니다.[4]

• • •

3. 『成唯識論』(『大正藏 31』, p. 1上中), "如是諸相若由假說依何得成? 彼相皆依識所轉變而假施設. 識謂
了別. 此中識言亦攝心所. 定相應故. 變謂識體轉似二分. 相見俱依自證起故. 依斯二分施設我法. 彼二離
此無所依故."
4. 『成唯識論述記』(『大正藏 43』, p. 241上), "護法等云, 謂諸識體卽自證分轉似相見二分而生. 此說識體是
依他性轉似相見二分. 非無亦依他起. 依此二分執實二取, 聖說爲無. 非依他中無此二分."

변(變)이란 말은 여기서 변현(變現)이란 의미로 쓰이고 있다. 변현은 전변과 현현[나타남]을 묶어 놓은 말로 '전변해서 현현한다'는 뜻이다. 전변은 종자생현행(種子生現行), 현행훈종자(現行熏種子), 종자생종자(種子生種子)를 가리키고, 현현은 식체가 견분과 상분 2분으로 나타나는 것을 뜻한다. 그러니까 식이 종자에서 현행할 때 현행하는 즉시 상분과 견분 2분으로 나타나는 것을 말한다. 비록 규기가 변(變)을 설명할 때 『성론』을 좇아 "식이 전변해서 2분과 유사하게 나타난다"고 말하는 데 그치더라도, 상분과 견분 2분을 현현하는 식이 종자에서 전변한다는 속뜻을 읽어내야 한다. 유식의 이치를 성립시키기 위해 상분과 견분 2분이 식체에 의지한다고 말하고 있을 뿐만 아니라, 이 식체가 또한 종자에서 생한다는 것도 의미하고 있는 것이다.

견분은 의식의 작용이고 상분은 의식의 대상이다. 그런데 이 견분과 상분이 자증분에 의지한다는 것은 의식이 현행할 때 자기의식되면서 대상을 지향한다는 의미이다. 대상이 비록 작용들과 달리 의식을 초월해 있더라도 이 초월성은 의식의 지향성의 성격에서 유래하는 것이기 때문에 의식의 작용을 벗어나 있다고, 의식의 작용을 자증하는 자체분, 즉 자기의식을 벗어나 있다고 말할 수 없다.[5] 그런데 작용을 자증하는 자체분은 종자에서 현행한다. "變謂識體轉似二分"(변이란 식체가 전변해서 2분과 유사하게 나타난다) 할 때 이 '변(變)'에는 이 자체분이 종자에서 생한다는 의미가 담겨져 있는데, 이 점에 주목해야 상견동별종론에서 견분과 상분의 종자를 고려하는 이유를 알게 된다.

. . . .

5. Dan Zahavi, *Husserl's Phenomenology*(California: Stanford University Press, 2003), pp. 13-22. '지향성(intentionality)'은 의식은 대상을 향해 있다는 것을 가리키는 현상학 용어이다. "의식은 무언가에 대한 의식이다." 지향성에 대해서는 숀 갤러거·단 자하비 지음, 박인성 옮김, 『현상학적 마음』(도서출판 b, 2013), pp. 22-25, pp. 193-196 참조.

2. 상견동종

규기는 먼저 상분과 견분은 모두 식체에서 변현된 것이기 때문에 체가 있다는 것을 말하면서 여기서 상분과 견분의 종자가 같은가 다른가를 논하기 시작한다.

> 상분과 견분 2분이 체성이 있다는 것을 인정한다면, 상분과 견분의 종자가 혹은 같다고 혹은 다르다고 말하는 것이다.[6] 만약 같은 종자라면, 하나의 식체가 전변해서 2분의 상(相)·용(用)과 유사하게 발생한다. 마치 하나의 달팽이가 전변해서 두 뿔이 발생하는 것과 같다. 이것은 영상상분과 견분은 식체를 떠나서 다시 별도의 체성이 없다는 것을 말하는 것이다.[7] 식의 용(用) 이기 때문이다.[8]

. . .

6. 保坂玉泉. 『唯識根本敎理』(東京: 鴻盟社, 1976). 상견동종별종론을 본격적으로 논하고 있는 책이다. 이 책에서 保坂玉泉은 동종을 논하는 대목의 이 구절을 "혹동혹이설로서 상견동종설과 상견별종설을 합한 것이니, 호법은 상분 2분을 의타기의 유체(有體)라고 주장하기 때문에 당연 상견 2분은 별종이라고 판정하고 변계소집의 상분은 견분과 동종이라고 한다. 그러므로 혹동혹이설을 정의(正義)로 하는 것이 법상가의 견해이다."라고 설명하고 있다. 그러나 동종을 논하는 이 대목 어디에서도 이와 같은 내용을 찾아볼 수 없다. 규기가 여기서 '상분과 견분의 종자가 혹은 같다고 혹은 다르다고 말하는 것이다'라고 할 때 종자가 같은 경우도 있고 다른 경우도 있다는 혹동혹이(或同或異)를 말하고자 하는 것이 아니라, 동종을 주장하는 논사도 있고 별종을 주장하는 논사도 있다는 것을 말하고자 하는 것이다. 이 뒤에 '만약 같은 종자라면', '만약 다른 종자라면' 하고 두 경우를 상정하고 있는 데서 이 점을 확인할 수 있다.

7. 保坂玉泉. 『唯識根本敎理』(東京: 鴻盟社, 1976). 保坂玉泉은 또 이 구절을 "동종설로서 상견 2분을 오로지 변계소집의 무체로 보는 자체일분가의 안혜의 설이다. 상견 2분은 이미 무체(無體)이기 때문에 상견 2분의 종자는 자체분의 종자와 동일한 종자이어서 따로 종자를 세우지 않는 법상가로서는 이것을 부정의(不正義)로 한다."고 설명하고 있다. 保坂玉泉은 이 구절 역시 잘못 읽고 있다는 것을 알 수 있다. 이 대목에서 규기는 의타기성과 변계소집성의 차이에 의거해서 호법과 안혜의 견상분관을 논하고 있는 것이 아니라, 의타기성인 견분과 상분이 같은 종자에서 생한다고 주장하는 논사의 견해를 서술하고 있다.

8. 『成唯識論述記』(『大正藏 43』, p. 241上), "許有相見二體性者, 說相見種或同或異. 若同種者, 卽一識體

상분의 종자와 견분의 종자가 같다거나 다르다고 말할 수 있으려면, 일단 상분과 견분이 각각 체성이 있다는 것을 인정해야 한다. 규기가 이렇게 말할 수 있는 것은 호법을 따라 상분과 견분이 의타기성이라는 견해를 채택하고 있기 때문이다. 그래서 여기서 '상분과 견분의 종자가 혹은 같다고 말하고 혹은 다르다'고 말하는 것은 상분의 종자와 견분의 종자가 같은 경우와 다른 경우 두 가지 경우 중 한 경우를 말하는 것이지, 같은 경우도 있고 다른 경우도 있다는 것을 말하는 것은 아니다.[9] 이는 이어서 규기가 '만약 같은 종자라면', 또는 '만약 다른 종자라면' 하고 두 경우를 상정하고 후자의 경우가 더 뛰어나다고 말하는 데서 확인할 수 있다.

그런데 같은 종자라고 주장하는 경우 규기는 하나의 식체가 전변해서 2분의 상(相)·용(用)과 유사하게 생한다고 말하고 있는데, 이는 앞에서 본 "변(變)이란 식체가 전변해서 2분과 유사하게 나타나는 것을 이른다"를 부연하고 있는 것이 아니다. 이 인용문 끝에서 '영상상분과 견분은 식체를 떠나서 다시 별도의 체성이 없다. 식의 용이기 때문이다'고 말하는 것을 보면 초점이 식의 용(用)에 맞춰져 있다는 것을 알 수 있다. 그러니까 견분은 견분대로 상분은 상분대로 체성이 있다고, 또 이들이 자증분에 의지하고 있다고 말하면서도, 2분(分)의 상(相)과 용(用), 식의 용(用)이라는 말을 새로 덧붙이고 있는 것이다. 이를 보면 자증분에 의지한다는 점에서 이 둘은 같은 종자라고 주장하는 것 같다. "변(變)이란 식체가 전변해서 2분과 유사하게 나타나는 것을 이른다. 상분과 견분은 모두 자증분에 의지해서 발생하는 것이기 때문이다"라고 말하는 것을 보면, 변(變)을 설명하기 위해서인지 같은 종자에서 생한다는 것을 설명하기 위함인지 분명하지 않지만, 의타기

轉似二分相用而生. 如一蝸牛變生二角. 此說影像相見. 離體更無別性. 是識用故." '상분과 견분 2분의 체성'할 때 체성(體性)은 체(體) 또는 성(性)으로 줄여 쓰고 있는 용어이다. '2분의 상·용과 유사하게 생한다'고 할 때의 상(相)은 이 경우 상분을 가리키는 것이 아니라 특성이나 특징을 뜻한다.

9. 같은 경우도 있고 다른 경우도 있다는 것이 호법의 학설이다. 규기도 이를 채택하고 있다.

를 지시하기 위해 상분과 견분의 체가 있다고 해놓고 따로 용(用)을 거론하는 것을 보면 상분의 종자가 견분과 다르지 않다는 것을 말하는 게 아닌가 싶다. 사실 '영상상분과 견분은 식체를 떠나서 다시 별도의 체성이 없다'고 말하면서 거듭 '식의 용(用)이 없기 때문이다'고 매듭짓는 것도 이와 무관하지 않은 듯싶다. 그러나 이 점은 본질이 있는 경우와 본질이 없는 경우를 명확하게 구분한 뒤 상분과 견분은 같은 종자에서 생한다고 서술하는『추요』의 입장과는 다소 다르다.

3. 상견별종

규기는 상분이 견분과 다른 종자에서 생하는 경우에 대해서 다음과 같이 서술한다.

> 만약 상분과 견분이 각각 다른 종자라고 말한다면, 견분은 자체분이니 의용(義用)으로 이를 나눈 것이다. 그러므로 식체를 떠나 다시 (견분은) 별도의 종자가 없으니, 하나의 식체가 전변해서 견분의 별도의 용(用)과 유사하게 생한다. 식을 소의로 해서 전변해서 상분의 종자가 상분과 유사하게 생한다. (견분과 상분은) 용(用)이 다르기에 체(體)가 각각 다르다. 그러므로 상분이 (견분과) 종자가 다르다는 견해가 이치상 더 뛰어나다. 그러므로 식체가 전변해서 2분(分)과 유사하게 생한다고 말한다.[10]

. . .

10. 『成唯識論述記』(『大正藏 43』, p. 241上), "若言相見各別種者, 見是自體, 義用分之. 故離識體更無別種, 即一識體轉似見分別用而生. 識爲所依轉相分種似相而起. 以作用別, 性各不同. 故相別種, 於理爲勝. 故言識體轉似二分." 이 인용문의 용(用)은 작용(作用)과 같은 용어이다. 작용은 용을 늘여 쓴 말에 지나지 않는다. 작용을 그대로 작용이라 번역하지 않고 용으로 통일해 번역한 것은 철학의 'Akt'의 번역어로 쓰이고 있는 '작용'과 구분하기 위해서이다.

규기는 여기서도 '식체가 전변해서 2분과 유사하게 나타난다'고 하며 변(變)을 설명하면서, 상분은 견분과 다른 종자에서 생한다고 말하고 있다. 그러기 위해 규기는 먼저 견분과 상분을 구분할 필요가 있었다. 물론 앞에서 동종을 다룰 때도 견분과 상분은 각각 체(體)가 있다고 하면서 둘을 구분했지만 이 둘이 동등하게 자증분에 의지하고 있는 상(相)과 용(用)이라고 말했었다. 그러나 여기서는 견분과 다른 상분의 종자를 말하기 위해 먼저 견분이 자체분에 의지하고 있다는 것을 보여주고 있다. 견분은 자체분이며, 의용(義用)에 의거해서 견분과 자체분을 나눈다는 것이다. 의용(義用)이란 말은 의(義)의 용(用) 그러니까 견분은 자체분의 한 국면이라는 뜻이다. 이어서 '식체를 떠나 견분은 별도의 종자가 없다'고 말하고 있는데, 이는 앞에서 동종을 다룰 때 '영상상분과 견분은 식체를 떠나서 별도의 체성이 없다'고 말하는 것과 구별되어야 한다. 지금 별종을 다루는 이 대목의 이 '(견분은) 별도의 종자가 없다'는 말과 비교할 때 동종을 다루는 대목의 이 말도 종자를 언급하고 있다고 보는 것도 가능하겠지만, 이어서 '상분의 종자가 별도로 있다는 것을 식체를 소의로 해서 상분의 종자가 전변해서 상분과 유사하게 생한다. 그러므로 상분은 다른 종자이다'라고 말하는 것으로 보아 이 말은 동종과 별종을 구분하는 또 다른 기준이 되고 있다는 것을 알 수 있다. 상분은 다른 종자라고 말하고 이 역시 식을 여의지 않는다고 말하면서 여기서도 유식의 이치를 성립시키고 있다. 상분이 견분을 따르는 것이 아니라 상분은 상분대로 본성을 지니고 있다고 말하는 것이다.

정리하면, 동종을 다루는 대목에서는 "하나의 식체가 전변해서 2분의 상·용과 유사하게 발생한다. 영상상분과 견분은 식체를 떠나서 다시 별도의 체성이 없다."의 '2분의 상·용과 유사하게 발생한다'는 구절에, 별종을 다루는 대목에서는 "식을 소의로 해서 전변해서 상분의 종자가 상분과 유사하게 발생한다. 견분과 상분은 용이 다르기에 체가 다르다는 표현으로 견분과 상분의 종자가 다르다"의 '상분의 종자가 상분과 유사하게 발생한다'는 구절에 규기가 서술하고 하는 동종과 별종의 차이가 드러나 있다고 할 수 있다.

그러면 규기는 과연 동종과 별종 두 경우를 설정하고 별종이 더 우수하다고 평가하는 것일까?『요의등』의 주석서『증명기』를 저술한 선주는 이 "상분은 견분과 다른 종자에서 발생한다. 이것이 이치상 더 뛰어나다."는 규기의 말을 이렇게 이해하고 있다.

> 내가 생각해 보건대, "상분은 (견분과) 다른 종자에서 발생한다는 주장이 이치상 더 뛰어나다."란, 오로지 다른 종자에서 발생한다고 하는 논사의 주장에 세 가지 과실이 있는 것과는 다르다. 그러므로 이제 "상분은 (견분과) 다른 종자에서 발생한다"란, 혹은 같고 혹은 다르다고 하는 점에서 (견분과) 다른 종자에서 발생한다는 주장에 의거하는 것이다. 견분과 상분 2분(分)의 종자가 혹은 같고 혹은 다르다는 것은, 가령 무(無) 등을 연할 때는 상분과 견분은 같은 종자에서 발생하고, 가령 체가 있는 것을 연할 때는 상분과 견분은 다른 종자에서 발생한다는 것이다. 이제 이 뜻에 의거하기 때문에 '다른 종자에서 발생한다'는 견해가 더 뛰어나다고 말하는 것이다.[11]

살펴보았듯이『술기』에 나온 그대로 규기의 견해를 이해해 본다면 규기는 분명 상분은 견분과 다른 종자에서 발생한다고 말하고 있다. 그런데 선주가 이 견해를 다른 종자에서 발생하는 경우도 있고 같은 종자에서 발생하는 경우도 있다고 이해하는 것은 아마도 그의『증명기』가『술기』,『추요』를 거쳐『요의등』을 해석하고 있기 때문이리라. 규기는 곧 아래에서 살펴볼『추요』에서 다른 종자에서 발생하는 경우를 서술할 때 실제로는 같은 경우도 있고 다른 경우도 있다는 것을 언급하고 있고, 또「삼장가타」를

---

11. 『唯識義燈證明記』(『大正藏 65』, p. 391中), "案云. '相別種, 理爲勝' 者, 不同 一向別種師義有三過. 故今云'相別種' 者, 約同或異之別種義. 見相二分種或同或異, 如緣無等, 相見同種, 如緣有體, 相見別種. 今約此義故, 云別種爲勝."

36

풀이하기 전에 이와 유사한 내용을 언급하고 있다.[12]

• • •
12. 『成唯識論掌中樞要』(『大正藏 43』, p. 620上), "護法正義質影二相與見分三. 此三三性種子界繫等未要皆同. 隨所應故. 卽前所說相見別種是此正義." "호법의 정의(正義)에 따르면, 본질과 영상 두 상분 그리고 견분 셋 이 셋은 3성(性), 종자, 계계 등이 반드시 모두 같은 것은 아니다. 각각의 경우에 따르기 때문이다. 앞에서 말한, 상분과 견분은 다른 종자에서 생한다는 것이 이 논사의 정의(正義)이다."

Ⅱ. 『추요』의 상견동별종론

규기는 그의 『추요』에서 상견동별종론을 직접적으로 서술하며, 이를 기반으로 해서 현장의 가타를 해석하며 삼류경론을 전개하고 있다. 규기는 상견동별종론에서 먼저 상견동종을, 이어서 상견별종을 서술하고 있는데, 이를 규기가 의도하는 대로 분류하기 위해 그의 말을 분석해 보겠다. 먼저 동종에 대해서 규기는,

> 상분과 견분이 같은 종자에서 생하는가, 다른 종자에서 생하는가에 대해서 두 가지 풀이가 있다. 어떤 논사는 "상분과 견분이 같은 종자에서 발생한다"고 말한다. 본질이 없는 경우, 영상상분과 견분은 같은 종자에서 발생한다. 본질이 있는 경우, 본질 또한 같은 종자에서 발생한다. 한 견분 종자가 현행을 발생할 때 세 법, 즉 견분, 영상, 본질이 종자를 같이하기 때문이다.[13]

. . .

13. 『成唯識論掌中樞要』(『大正藏 43』, p. 620上), "相見同種別種生者, 有二解. 有說, '相見同種生'.

라고 서술하고 있다. 상분과 견분이 같은 종자에서 발생하는 경우를 두 가지로 나누고 있다는 것을 알 수 있다. 본질이 있는 경우와 본질이 없는 경우이다. 본질이 있는 경우는 세 법, 즉 견분과 영상상분과 본질이 같은 종자에서 생하고, 본질이 없는 경우는 두 법, 즉 견분과 상분이 같은 종자에서 생하기 때문에, 삼법동종과 양법동종이라는 이름으로 분류할 수 있겠다. 그런데 삼법동종이든 양법동종이든 상분과 견분이 같은 종자에서 생하는 경우는 규기가 정설로 간주하는 견해가 아니기 때문에 이에 대한 논파를 보여주어야 한다. 혜소는 규기를 따라 이렇게 분류하면서 각각의 경우를 논파한다. 다음에 별종에 대해서 규기는,

> 어떤 논사는 '상분과 견분은 다른 종자에서 발생한다'고 말한다. 본질과 견분은 반드시 다른 종자에서 발생한다. 영상상분은 견분 및 본질과 혹은 다른 종자에서 발생하고 혹은 같은 종자에서 발생한다.[14]

라고 서술하고 있다. '상분과 견분은 다른 종자에서 발생한다'를 표제로 들고 있지만, 이어지는 말들을 보면 동종을 서술할 때와는 달리 이를 말 그대로 받아들일 수 없다. 앞의 동종에 상반되는 것을 제시하기 위해 그렇게 표제로 설정했을 뿐이다.[15] 규기의 말을 그대로 따라가면, 상견별종은 첫째

<hr />

　　謂無本質者, 影像相與見分同種生. 其有本質者, 本質亦同種生. 卽一見分種生現行時, 三法同一種故. 謂見影質."

14. 『成唯識論掌中樞要』(『大正藏 43』, p. 620上), "有說, '相見別種生'者, 本質見分定別種生. 其影像相與見分及本質或異或同. 種相分等現行爲因緣故本有俱生."

15. 『唯識義燈證明記』(『大正藏 65』, p. 391中), "後'別種'者, 護法正義, 而不同於一向別種. 故云'相·見·本質或異或同.' 影像相中, 若獨影者, 與見同種, 有質影者, 與見別種, 與本同種. 故云'或異或同.' 一向別種師失此差別, 故以爲不正義." 뒤의 '다른 종자에서 발생한다'란, 호법의 정의이긴 하지만, 오로지 다른 종자에서 발생한다는 것과는 다르다. 따라서 '상분과 견분과 본질은 혹은 다르고 혹은 같다'고 한다. 영상상분 중에서 만약 독영경이라면 견분과 같은 종자이고,

본질과 견분이 다른 종자에서 생하는 경우, 둘째 상분과 견분이 혹은 같거나 혹은 다른 종자에서 생하는 경우, 셋째 상분과 본질이 혹은 같거나 혹은 다른 종자에서 생하는 경우 이렇게 세 경우로 나누어 생각해 볼 수 있다. 이는 질견별종(質見別種), 상견혹동혹이(相見或同或異), 상질혹동혹이(相質或同或異)란 말로 표현될 수 있겠는데, 이 중 상견혹동혹이는 상분과 견분이 같은 종자에서 생하는 경우, 즉 상견혹동(相見或同)과, 상분과 견분이 다른 종자에서 생하는 경우, 즉 상견혹이(相見或異)로 나누어 볼 수 있다.[16] 셋째 상질혹동혹이의 경우는, 혜소에 따르면, 상분과 본질이 다른 경우, 즉 상질혹이가 정설이다. 그런데 이 상질혹이는 상견혹동혹이 중의 상견혹이, 즉 상분과 견분은 다른 종자에서 생하는 경우의 전제가 된다.

1. 상견동종

방금 보았듯이, 규기는『추요』에서 같은 종자에서 발생하는 경우를 다음과 같이 말하고 있다.

> 상분과 견분이 같은 종자에서 발생하는가, 다른 종자에서 발생하는가에 대해서 두 가지 풀이가 있다. 어떤 논사는 "상분과 견분이 같은 종자에서 발생한다"고 말한다. 본질이 없는 경우, 영상상분과 견분은 같은 종자에서 발생한다. 본질이 있는 경우, 본질 또한 같은 종자에서 발생한다. 한 견분 종자가 현행을 발생할 때 세 법, 즉 견분과 영상과 본질이 종자를 같이하기 때문이다.[17]

• • •
본질이 있는 영상상분이라면 견분과 다른 종자이면서 본질과 같은 종자이다. 따라서 '혹은 다르고 혹은 같다'고 하는 것이다. 오로지 다른 종자라고 주장하는 논사는 이 구별을 놓쳤기 때문에 정설로 삼지 않는다."
16. 深浦正文.『唯識學硏究』下(京都: 永田文昌堂, 1972) p. 492.

『술기』에서와는 달리, 여기서는 분명하게 본질이 없는 경우와 본질이 있는 경우를 구분하면서, 본질이 없는 경우는 상분과 견분이, 본질이 있는 경우는 상분과 견분과 본질이 같은 종자에서 발생한다고 말하고 있다. 혜소의 『요의등』을 읽으면서 이 점을 더 분명히 이해해보도록 하자.

> [문] 상분과 견분 2분은 같은 종자에서 생하는가, 다른 종자에서 생하는가?
> [답] 세 논사가 주장하는 것이 같지 않다. 첫째 논사가 이르길, "견분과 상분이 같은 종자에서 발생하기에 유식이라 한다. 만약 다른 종자에서 발생한다면 이미 식과 다른데 어떻게 유식이라 하겠는가?"라고 한다. 이 주장에는 두 부류가 있다. 첫째 세 법이 같은 종자에서 발생한다는 것이다. 세 법이란 본질과 영상과 견분을 말한다. 둘째 두 법이 같은 종자에서 발생한다는 것이다. 두 법이란 상분과 견분을 말한다.[18]

혜소는 『요의등』에서 세 논사의 견해를 소개하고 있는데, 그중 첫째 논사는 규기가 『추요』에서 소개하는 논사와 같이 상분과 견분이 같은 종자에서 생한다고 주장한다. 본질이 없는 경우와 본질이 있는 경우 이 두 경우가 있는데, 본질이 없는 경우는 견분과 상분이 같은 종자에서 생하고, 본질이 있는 경우는 견분과 상분과 본질이 같은 종자에서 생한다. 어떤 경우든 견분과 상분이 같은 종자에서 발생하기 때문에 우리는 유식의 도리를 알 수 있다고 말하고 있다. 견분과 상분이 만약 다른 종자에서 발생한다면

----

17. 『成唯識論掌中樞要』(『大正藏 43』, p. 620上), "相見同種別種生者, 有二解. 有說, '相見同種生'. 謂無本質者, 影像相與見分同種生. 其有本質者, 本質亦同種生. 卽一見分種生現行時, 三法同一種故. 謂見影質."
18. 『成唯識論了義燈』(『大正藏 43』, p. 677上中), "問: 相見二分爲同種生, 爲別種起? 答: 有三師不同. 一師云, "見相同種生起名唯識. 若別種起, 旣與識殊, 何名唯識? 此有二類. 一法同種生, 謂本質・影像・及見分三. 二兩法同種生, 謂相見分."

식과 다르니 유식의 이치와 어긋난다고 하기 때문에, 이 논사에 있어서 유식의 이치를 결정하는 것은 자체분이 아니라 견분이라는 것을 알 수 있다. 상분이든, 상분과 본질이든 다 견분을 따라 종자가 결정되기 때문에 유식의 이치가 성립한다는 것이다. 그러면서 이 논사는 다음과 같은 예를 들고 있다.

"세 법이 같은 종자에서 발생한다"란, 우선 안식이 발생할 때 색경을 연해서 종자를 훈성(熏成)한다. 종자에는 세 가지 공능이 있다. 첫째 본질을 발생하게 하는 것이고, 둘째 이 식의 상분을 발생하게 하는 것이고, 셋째 이 식의 견분을 발생하게 하는 것이다. "두 법이 같은 종자에서 발생한다"란, 단지 이 식의 상분과 견분을 발생하게 할 뿐이지 본질을 발생하게 하지는 않는다. (이를테면 과거와 미래, 거북이의 털 등[19] 무(無)를 연하는 경우이다.) 혹은 비록 본질이 있다 할지라도 본질은 본유종자에서 발생하는 것이기에 (견분이) 훈성할 수 없기 때문이다.[20]

견분과 상분과 본질이 같은 종자에서 발생하는 경우의 예를 이 논사는 안식이 색경을 연하는 경우를 들고 있다. 우리가 눈으로 붉은 색을 보는 경우, 보는 지각작용과 지각대상인 붉은 색, 그리고 이 붉은 색의 배경과 지평을 이루는 본질이 견분인 지각을 따라 같은 종자에서 생한다는 것이다. 또 이 논사는 견분과 상분이 같은 종자에서 발생하는 경우의 예를 기억과 기대, 그리고 거북이의 털 등을 지각하는 경우를 들고 있다. 과거의 일을

• • •
19. 거북이의 털과 토끼의 뿔은 동일한 예이다. 거북이의 털은 물속을 다니는 거북이의 등 위에 덮인 수초를 보고 거북이의 털이라고 착각하는 경우이고, 토끼의 뿔은 길게 쫑긋 솟은 토끼의 귀를 보고 토끼의 뿔로 착각하는 경우이다.
20. 『成唯識論了義燈』(『大正藏 43』, p. 677中), "三法同種者: 且眼識起時, 緣於色境熏成種子. 種子有三功能. 一能生本質, 二生自相分, 三生自見分. 兩法同種者: 但自相見, 不生本質. (謂緣過未・龜毛・冗等). 或雖有質, 質本有生, 不能熏故."

회상하는 기억과, 미래의 일을 예상하는 기대의 경우 지각에 정초되어 있지만 현재에는 그 지각이 현전하지 않는다는 것을 가리키기 때문에 상분이 견분을 따라 같은 종자에서 발생하고, 거북이의 털을 지각하는 경우 물속을 다니는 거북이의 등에 덮인 수초를 털로 오인하는 착각이기 때문에 견분과 같은 종자에서 발생한다는 것이다.

1) 삼법동종

그런데 규기는 여기서 이 견해에 어떤 문제가 있어 별종을 주장하는 견해에 동조하는 것일까? 별종을 주장하는 견해로 넘어가기 전에 이 문제점을 짚어보자. 혜소는 『요의등』에서 이 점을 잘 지적하고 있다. 혜소는 『성론』의 '상분과 견분은 자증분에 의지해서 생기기 때문이다'를 풀이하면서 상견동종설의 문제점을 규기를 따라 둘로 나누어 지적하고 있다. 이른바 제8상례실(第八相例失)과 제법잡란실(諸法雜亂失)이다.

> [문] 앞에서 말한 세 법이 같은 종자에서 발생한다면 두 가지 과실이 있다. 첫째, 제8식과 다른 식이 서로 보기가 되는 과실이다. 안식이 색을 직접 연할 때 상분과 견분이 같은 종자에서 발생한다면, 본식이 색을 직접 연할 때도 또한 (상분과 견분이) 같은 종자에서 발생할 것이다. [답] 안식은 스스로 훈습할 수 있기에 상분과 견분이 같은 종자에서 발생하지만, 제8식은 훈습할 수 없기에 견분과 상분이 각각 다른 종자에서 발생한다. [문] 만약 그렇다면, 안식은 제8식의 견분을 연할 수 없으니 제8식의 견분과 상분은 각각 다른 종자에서 발생하겠지만, 제6식은 이미 모든 것을 연할 수 있으니 제8식의 견분과 상분은 같은 종자에서 발생할 것이다. [답] 제8식의 견분과 상분도 또한 같은 종자에서 발생한다.[21]

. . .
21. 『成唯識論了義燈』(『大正藏 43』, p. 677中), "問: 前三法同種生者, 有二過失. 一第八相例失. 眼識親緣

첫째, 제8상례실이다. 제8상례실이란 제8식도 전7식의 예와 같게 되어 제8식의 고유한 성격을 유지할 수 없게 되는 과실을 말한다. 안식이 능훈(能熏)이 되듯이 제8식도 능훈이 되고 만다는 과실이다. 안식이 색을 연한다는 것은 안식이 제8식의 상분인 본질의 색에 의탁해서 영상을 현현하는 것이다. 그런데 안식이 색을 연할 때 견분과 상분이 같은 종자에서 발생한다면, 제8식이 자체의 색을 연할 때도 견분과 상분이 같은 종자에서 발생하게 된다. 그러나 이런 일은 있을 수 없다. 견분과 상분이 같은 종자에서 발생한다고 주장하는 논사가 이어서 말하듯이 안식은 능훈이기 때문에 훈습된 견분과 상분의 종자에서 각각 견분과 상분이 발생할 수 있지만, 제8식은 능훈이 될 수 없기 때문에 견분과 상분이 같은 종자에서 발생할 수 없는 것이다.

그런데 안식이 색을 연하는 경우 견분, 영상상분, 본질상분이 같은 종자에서 발생한다고 한다면 제8식의 견분과 상분도 같은 종자에서 발생해야 하는데, 같은 종자에서 발생한다고 주장하는 논사는 제8식의 견분과 상분이 다른 종자에서 발생한다는 점을 지키고 싶었기 때문에 전7식의 능훈성, 제8식의 소훈성의 차이를 말하면서 이 두 식의 차이를 말하고 있다. 그 주장은 안식이 본질상분에 의탁해서 영상상분을 현현하기는 하나 본질상분은 제8식의 상분이라고 말하는 것이다. 견분, 상분, 그리고 본질상분이 같은 종자에서 발생한다고 말했으면서도 본질상분은 다른 종자에서 발생한다는 모순을 범하고 있다.

논주(論主)는 여기서 그치지 않고 같은 종자를 주장하는 논사가 그들이 원래 주장하고 있는 설로 돌아가게 해서 모순을 극대화시킨다. 안식은 이처럼 제8식의 상분을 연할 수 없듯이 제8식의 견분도 연할 수 없다. 그래서

• • •

色, 相見同種生, 本識親緣色亦應同種起. 答: 眼識自能熏, 相見同種起. 第八不能熏, 見相各別起. 問: 若爾, 眼不緣八見, 八見相別起. 六旣通能緣, 八見相同種. 答: 第八見相亦同一種."

제8식의 견분과 상분은 다른 종자에서 발생한다. 그런데 제6식의 경우도 전5식의 경우처럼 생각해볼 수 있다. 제6식은 18계를 일시에 연할 수 있는데 이 경우 이 식은 전5식의 견분과 상분을 연할 수 있듯이 이 전5식에 소의가 되는 제8식의 견분과 상분도 연할 수 있다. 만약 제식(諸識)의 견분과 상분과 본질이 같은 종자에 발생한다면, 제6식이 제8식의 견분과 상분을 연하므로 제8식의 견분과 상분은 같은 종자에서 발생해야 한다. 왜냐하면 제8식의 견분과 상분은 제6식의 상분이 되기 때문에 제8식의 상분인 본질의 색이 안식이 현행할 때 같은 종자에서 발생하듯이, 제6식이 제8식의 견분과 상분을 연할 때도 이 역시 같은 종자에서 발생해야 하기 때문이다. 그렇다면 앞선 논주의 비판을 수용하면서 제8식의 견분과 상분은 다른 종자에서 발생한다는 견해를 다시 철회하고 그 자신의 본래의 입장으로 되돌아갈 수밖에 없게 된다. 자신의 입장을 취하는 것이 자신한테 오히려 짐이 되고 궁색한 처지가 되고 만 것이다.

이는 결국 모든 법을 뒤섞어 어지럽게 만든다. 혜소는 이 점에 대해 다음과 같이 말한다.

> [문] 만약 그렇다면 둘째, 제법(諸法)이 뒤섞여 어지러워지는 과실이 있게 된다. 예를 들어 제6식이 일찰나에 18계를 연할 때 본질은 견분 및 상분과 이미 같은 종자에서 발생하기 때문에 18계의 종자가 뒤섞여 어지러워지는 과실이 성립할 것이다. 또한 3계가 뒤섞여 어지러워지는 과실이 있게 될 것이다.[22]

둘째, 제법잡란실이다. 이는 방금 말한 제8상례실과 밀접한 관계가 있다. 제8상례실을 언급할 때는 안식이 색을 연하는 예를 들었지만, 제법잡란실을

* * *

22. 『成唯識論了義燈』(『大正藏 43』, p. 677中), "若爾, 二諸法雜亂失. 如第六識一利那中緣十八界, 質與見相旣同種生, 故十八種成雜亂失. 亦有三界雜亂過失."

말하는 이 대목에서는 제6식이 일찰나에 18계를 연해 종자를 훈성하는 예를 든다. 제6식이 일찰나에 18계를 연한다는 것은 성자가 "일체법은 무아이다."라고 법경을 관하는 경우이다. 성자가 '일체법은 무아이다'라고 법경을 관할 때 이 일체법은 18계이다. '일체법은 무아이다'를 관할 때는 관하는 의식이 빠져 있는데, 그러나 이다음 찰나에 이 의식마저 대상으로 해서 18계를 관하게 되어 일체법, 즉 18계를 관할 수 있게 된다. 그런데 18계의 '계'의 의미에서 알 수 있듯이 18계 각각의 종자는 같지 않다. 만약 견분, 상분, 본질이 같은 종자에서 발생한다는 견해에 서서 이를 주장한다면 18계 각각 자신의 고유성을 지키지 못하고 무너지게 된다.

2) 양법동종

다음은 양법동종설에 대한 비판이다.

> 만약 둘째 '(상분과 견분을 발생하게 할 뿐이지) 본질을 발생하게 하지는 않는다'는 주장에 의거한다면 본질은 오직 구(舊)의 종자이니, 또한 두 과실이 있게 된다. 첫째는 가르침[敎]에 위배되는 과실이다. 만약 앞의 전식(轉識)이 저 제8본식의 종자를 훈성하지 않는다면 『아비달마경』에 위배된다. 『아비달마경』에서 이르길, "제법은 식에 함장되고 식은 제법을 함장하네. 서로 항상 인성(因性)이 되고 또 과성(果性)이 되네." 하기 때문이다. 둘째는 계(界)가 뒤섞여 어지러워지는 과실이다. 만약 견분과 상분이 같은 종자에서 발생한다면, 예를 들어 (몸은) 아래의 대지에 머물면서 위의 대지의 천안(天眼)을 일으키는 경우 이미 본식이 그 두 근(根)을 연해 상분으로 삼는다는 것을 인정했으니, 욕계의 본식은 그 두 근(根)과 같은 종자에서 발생한다는, 상계(上界)의 안근은 하계(下界)의 식과 같은 종자에서 발생한다는 과실이 있게 될 것이다. 만약 제8식은 능히 훈성하지 않기에 상분과 견분은 다른 종자에서 발생한다고 말한다면, 첫째, 앞에서 한 말을 헤아리지 못했다는 과실이

있다. 둘째, 이치에 위배되는 과실이 있다. 제8식의 견분이 상분과 함께 있는데 어떻게 같지 않은 종자에서 발생하는 일이 있겠는가?[23]

　삼법동종에서는 견분, 상분, 본질이 같은 종자여서 이 한 종자에서 세 법이 발생한다고 했지만, 지금 이 양법동종에서는 견분과 상분 두 법이 같은 종자에서 발생한다고 하고 있다. 본질을 배제하는 것은 본질은 본유종 자라서 새롭게 훈습되지 않기 때문이다. 혜소는 이른바 위교실(違敎失)과 계잡란실(界雜亂失)이라는 두 과실을 제시하는데, 먼저 교(敎)에 위배된다는 위교실을 살펴보겠다. 여기서 교(敎)란 『대승아비달마경』을 말한다. 이 경 은 산실되어 내려오지 않지만 그 경에 있는 송 "諸法於識藏, 識於法亦爾. 更互爲 因性, 亦常爲果性"(제법은 식에 함장되고 식은 제법을 함장하네. 서로 항상 인성(因性)이 되고 또 과성(果性)이 되네.)은 『성론』을 비롯한 논서들에서 인용되고 있는데 여기서도 견분과 상분이 다른 종자라는 것을 증명하기 위해 인용되고 있다. 첫째 구는 알라야식[아뢰야식]이 제법을 함장하는, 이른바 능섭장(能攝藏) 또는 능장(能藏)에 대해서 말하고 있다. 알라야식은 7전식의 훈습을 받고 이때 생긴 종자들을 함장한다. 둘째 구는 역의 과정을 보여주는데, 7전식은 알라야식에 대해 종자를 장양(長養)하고 섭식(攝植)한 다. 첫째 구의 장(藏)은 능장을, 둘째 구의 장(藏)은 소장을 의미하기 때문에, 알라야식이 7전식에 대해서 인(因)이라면 7전식은 알라야식에 대해서 과(果) 가 되고, 7전식이 알라야식에 대해서 인(因)이라면 알라야식은 7전식에 대해 서 과(果)가 된다. 항상 이와 같이 알라야식과 7전식은 인(因)이 되고 과(果)가 된다. 그런데 만약 견분과 상분이 같은 종자라면, 능장(能藏)과 소장(所藏),

----

• • • •

23. 『成唯識論了義燈』(『大正藏 43』, p. 677中), "若依第二不生本質, 本質唯舊, 亦有二失. 一違敎失. 若前轉識不熏成彼第八本識種, 違阿毘達磨經云, '諸法於識藏, 識於法亦爾. 更互爲因性, 亦常爲果性.' 二者界雜亂失. 又若見分與相同種, 如在下地起上天眼, 旣許本識緣彼二根以爲相分, 卽欲界本識與彼 二根同一種生, 上界眼根與下界識同一種過. 若言第八不能熏故相見別種, 一前言不簡. 二違理失. 八俱 有相何有不同?"

인(因)과 과(果)의 구분이 없게 될 것이기 때문에, 경험하고 경험이 성숙하고 침전되는 과정이 가능하지 않게 될 것이다. 이는 세 법이 같은 종자일 때의 문제점을 지적할 때처럼 두 법이 같은 종자라면 능훈이 될 수 없는 알라야식이 7전식처럼 능훈이 될 수 있게 되어 알라야식 나름대로의 견분과 상분의 구분이 가능하지 않게 될 것이라고 말할 수도 있겠다. 그러나 여기서는 능장과 소장의 구분을 말하고 있으니 알라야식은 알라야식대로 능장의 기능을 할 수 없게 되고 7전식은 7전식대로 소장의 기능을 할 수 없게 되는 것으로 보아야 한다.

다음은 계잡란실(界雜亂失), 즉 계(界)가 뒤섞여 어지럽게 되는 과실에 대해 살펴보겠다. 주지하다시피 3계, 즉 욕계, 색계, 무색계에서 색계와 무색계는 선정지이다. 욕계에 몸을 머물면서 선정지에 오를 수 있는 능력을 얻게 되었을 때 천안통과 천이통의 신통력을 얻을 수 있는데, 이때 천안과 천이로 다른 세계를 볼 수 있고 들을 수 있게 된다. 몸이 욕계에 머물면서 위의 대지의 정(定)을 닦아 천안통 또는 천이통을 얻게 되었을 때, 알라야식은 하계에 있고 천안과 천이 두 근(根)은 상계에 있게 된다. 다시 말해 알라야식의 견분은 하계에 매여 있고 이 식의 상분인 천안과 천이는 상계에 매여 있게 된다. 그런데 만약 알라야식의 견분과 상분이 같은 종자라면 서로 다른 계(界)가 뒤섞이게 되는 과실이 있게 된다. 이 과실은 앞의 과실보다 중하다고 할 수 있다. 왜냐하면 앞에서 삼법동종이나 양법동종의 과실을 말할 때는 한 종자가 세 공능 견분의 공능, 상분의 공능, 본질의 공능을 갖느냐, 혹은 두 공능 견분의 공능, 상분의 공능을 갖느냐에 따라서 문제점을 지적한 것이지만, 이 경우는 한 계(界) 또는 지(地)에서 일어나는 능훈과 소훈, 능장과 소장의 관계가 아니라 계(界) 또는 지(地)를 넘어서는 과실을 범하고 있기 때문이다. 계(界)는 계(界)대로, 지(地)는 지(地)대로 엄연하게 구분되어 있다. 그래야 선정의 단계가 가능하고, 또 다양한 세계가 가능하게 되기 때문이다. 또 그래야 수행의 단계, 해탈의 과정이 가능하게 되기 때문이다.

"만약 제8식은 능히 훈성하지 않기에 상분과 견분은 다른 종자에서 발생한다고 말한다면, 첫째 앞에서 한 말을 헤아리지 못했다는 과실이 있다. 둘째 이치에 위배되는 과실이 있다. 제8식의 견분이 상분과 함께 있는데 어떻게 같지 않은 종자에서 발생하는 일이 있겠는가?" 하는 이 구절에서 혜소는 또 양법이 같은 종자라고 주장하는 논사들이 이 비판을 수용하게 해서 인정하게 만든 다음, 다시 그들은 이마저 인정할 수 없게 만들어버린다. 이런 비판을 들으면 당연히 제8식의 상분과 견분은 다른 종자라고 인정하게 되겠지만, 그들이 만약 그들의 주장을 파기하지 않는다면 결국 또 과실을 범하게 된다는 것이다. 첫째는 앞에서 논주가 한 말을 잘 헤아리지 못했다는 과실이고, 둘째는 그들 말대로 한다면 제8식의 견분과 상분이 함께 있기 때문에 견분과 상분은 같은 종자일 수밖에 없다는 과실이다.

2. 상견별종

앞에서 말한 대로 규기는 상견별종을 표제로 놓고 크게 세 가지 경우를 언급하고 있는데, 이른바 질견별종(質見別種), 상견혹동혹이(相見或同或異), 상질혹동혹이(相質或同或異)이다.

규기가 상분과 견분은 같은 종자에서 발생하든가, 다른 종자에서 발생하든가 두 경우를 말하고, 또 여기서 다른 논사의 예를 들어 상분과 견분은 다른 종자에서 발생한다고 말하기 때문에, 이 경우 다른 종자에서 발생하는 것만을 거론하는 것처럼 보이지만, 실제로는 같은 종자를 발생하는 경우도 있고 다른 종자를 발생하는 경우도 있다는 것을 주장하고 있다. 이는 앞에서 본 바와 같이 선주가 그렇게 파악해서도 그렇지만 무엇보다 여기서 '영상상분은 견분 및 본질과 다른 종자에서 발생하고 혹은 같은 종자에서 발생한다'고 규기 자신이 언급하고 있기 때문이기도 하다. 그러니까 상분과 견분은 다른 종자에서 발생한다고 말한다고 해서 이 경우에 한정해서는 안 된다.

물론 규기가 말하고 있듯이 본질과 견분은 반드시 다른 종자에서 발생한다. 영상상분과 견분이 다른 종자에서 발생할 수도 있고 같은 종자에서도 발생할 수 있다면 이 두 경우를 구분할 수 있는 기준은 본질이 있는가 없는가에 달려 있다. 본질이 있는 경우는 영상상분과 견분은 반드시 다른 종자에서 발생하고, 본질이 없는 경우 이것들은 같은 종자에서 발생한다. 그러므로 본질과 견분은 영상상분이 매개되는 경우 반드시 다른 종자에서 발생할 수밖에 없다. 또 견분과 영상상분은 이처럼 같은 종자에서 발생하는 경우와 다른 종자에서 발생하는 경우가 있지만, 영상상분과 본질은 반드시 다른 종자에서 발생한다.

1) 질견별종

견분과 본질은 다른 종자에서 생한다는 질견별종(見質別種)을 규기는 '반드시'[定] 자를 넣어 '본질과 견분은 반드시 다른 종자에서 생한다'(本質見分定別種生)로 표현하고 있다. 상견혹동혹이, 또는 상질혹동혹이를 언급하기에 앞서 이 말이 나왔기 때문에 이 '반드시'를 이해하려면 상분과 견분의 관계, 상분과 본질의 관계를 고려해보아야 한다. 상분이 견분과 다른 종자에서 생하는 경우 이 상분이 본질과 다른 종자에서 생하기 때문에, 결국 견분은 본질과 다른 종자에서 생한다고 볼 수 있다. 다시 말해 상분과 견분의 종자가 다른 경우 이렇게 다르게 만드는 것은 본질이기 때문에, 결국 견분은 본질과 다른 종자에서 필연적으로 생한다고 말할 수 있다. 따라서 질견별종은 상견별종에 필연적으로 수반되기 때문에 따로 언급할 필요가 없다. 그런데도 규기가 이를 가장 먼저 언급한 것은 앞의 상견동종에 대립되는 표제로 상견별종을 들었고, 또 상견별종의 필연적인 예로 이 질견별종이 가장 적합하다고 생각했기 때문일 것이다.

2) 상견혹동혹이

규기는 상견혹동혹이설을 호법을 따라 정설로 보고 있다. 혜소의 풀이를 따라가 보자. 먼저 견분과 상분의 동종별종을 논한 다음 상분과 본질의 동종별종을 논한다.

> 셋째 논사가 이르길, "(1) 견분과 상분 2분은 그 각각의 경우에 따라 종자가 같거나 다르다."고 한다. 예를 들어 거북이의 털, 토끼의 뿔 등을 연하는 경우 상분과 견분은 같은 종자이다. 자체가 없고 상분은 또 가법(假法)이기에 별도로 종자를 훈습하지 않는다. 단지 견분의 세력에 따라서 (상분을) 대동해서 (그) 종자를 훈습할 뿐이다. 예를 들어 5근을 연하는 경우 유위(有爲)의 실체(實體)인 상분과 견분은 다른 종자에서 생한다. 18계는 정이인(定異因)이기 때문에 서로 뒤섞여 어지러워지지 않기 때문이다.[24]

본질의 유무에 따라 같은 종자이기도 하고 다른 종자이기도 하다. 본질이 없는 경우 견분과 상분은 같은 종자에서 발생하는데 예를 들어 거북이의 털이나 토끼의 뿔과 같은 착각의 경우나, 과거의 대상을 회상하는 기억, 미래의 대상을 예상하는 기대의 경우인데, 여기서 혜소는 착각의 경우를 들고 있다. 거북이를 지각할 때 거북이의 형태나 색깔을 지각한다면 이 상분은 견분과 다른 종자에서 발생하지만, 만약 거북이를 지각할 때 거북이에는 없는 털을 같이 지각한다면 이는 견분의 세력 때문에 발생하는 것이다. 이러한 상분은 자체가 없고 가법이기에 별도로 종자를 훈습하지 않는다. 제6의식은 전5식과 함께하는 경우가 있고 그렇지 않은 경우가 있는데 이

---

24. 『成唯識論了義燈』(『大正藏 43, p. 677下』), "第三師云, '見相二分隨其所應種或同異.' 如緣龜毛兎角等, 相與見同種. 以無自體相分復假, 不別熏種. 但隨見力帶同熏種. 如緣五根有爲實體相與見分卽別種生. 以十八界定異因故, 不相雜亂."

경우는 거북이에는 없는 털을 같이 지각하고 있으므로 전5식과 함께하는 의식과는 다른 양상의 의식이다. 혜소는 다른 종자의 예로 5근을 연하는 경우를 들고 있는데, 이 경우는 8식이 5근을 연하는 경우이다. 만약 6식이 5근을 연하는 경우라면 18계가 서로 뒤섞이게 된다. 18계는 정이인(定異因) 이기 때문이다.[25]

3) 상질혹동혹이

규기는 상분과 본질이 혹은 같거나 혹은 다르다고 말하고 있지만, 혜소는 이를 그대로 받아들이지 않고 상분과 본질은 다른 종자에서 발생한다고 주장하고 있다.

(2) 그런데 상분과 본질의 종자를 두고 어떤 논사는 같은 종자라 하고 또 어떤 논사는 다른 종자라 한다. 비록 두 주장이 있긴 하나 상분과 본질의 종자가 다르다는 것이 이치상 더 낫다. 친소연연과 소소연연의 종자는 각각 다르기 때문이다. 예를 들어 제8식을 연하는 경우 상분과 본질이 같은 종자라 면 한 종자가 려(慮)와 비려(非慮)를 발생하게 한다는 것을 인정하는 것이 되고, 또 두 신근(身根)이 동등하게 함께하게 되는 과실이 있게 된다. 상분과 본질이 이미 같은 종자에서 생하는데 어떻게 두 신근 등이 함께하지 않겠는

- - -

25. 정이인(定異因)을 『술기』에서 다음과 같이 정의하고 있다. 『成唯識論述記』(『大正藏 43』, p. 506中), "差別勢力自性相稱名定, 不共他故名異也." "구별되는 세력의 자성이 서로 부합하는 것을 '정定'이라고 하고, 다른 것과 공유하지 않기 때문에 '이異'라고 한다." 또 『成唯識論述 記』(『大正藏 43』, p. 506中), "自界法與自界為因, 自界中自性與自性為因, 自性中色與色為因, 色中內 與內為因, 內中長養與長養為因. 如是等. 及自乘種子望自乘有為無為果[各]亦爾." "자계의 법은 자 계의 법에 대해서 인이 되고, 자계 중의 자성은 자계 중의 자성에 대해서 인이 되고, 자성 중의 색은 자성의 중의 색에 대해서 인이 되고, 색 중의 내(內)는 색 중의 내(內)에 대해서 인이 되고, 내(內) 중의 장양은 내(內) 중의 장양에 대해서 인(因)이 된다. …… 등등. 또 자기[自] 승(乘)의 종자는 자기[自] 승(乘)의 유위와 무위에 대해서도 또한 그러하다."

가? 만약 제6식이 연할 때 상분이 가법이라면, 하나의 종자가 가법과 실법(實法)을 발생하게 하는 과실이 있게 된다. 여기서 '가법(假法)'이라 말하는 것은 물단지 등과 같은 것이 아니다. 능히 훈습하기 때문이다. 단지 근(根)의 작용이 없어서 식을 발할 수 없기에 이를 가법이라 하는 것일 뿐이다.[26]

혜소는 상분과 본질을 같은 종자라고 주장하는 견해도 있고 다른 종자라고 보는 견해도 있다고 하면서, 상분과 본질의 종자는 다르다고 보는 것이 이치상 더 낫다고 말한다. 그리고 상분과 본질을 같은 종자라고 보는 견해의 문제점을 지적하면서 상분과 본질은 다른 종자라는 것을 증명한다. 두 가지 예를 들어 설명하는데, 첫째는 제7식의 견분이 제8식의 견분을 연하는 경우이고, 둘째는 제6식이 신근을 연하는 경우이다. 첫째 제7식이 제8식의 견분을 연하는 경우 상분과 본질이 같은 종자라면, 제7식의 상분은 비연려(非緣慮)이고 제8식의 견분은 연려(緣慮)인데 이 비연려와 연려가 한 종자가 된다는 과실을 범하게 된다. 그러므로 본질인 제8식의 견분과 영상상분인 제7식의 상분은 다른 종자이지 않으면 안 된다. 둘째 제6식이 신근(身根)을 연하는 경우 견분과 상분의 종자가 같다면, 제6식의 영상상분인 신근과 제8식의 상분인 신근이 동등하게 된다. 그러나 본질이 되는 제8식의 상분인 신근은 식을 발하는 근(根)으로 기능하는 데 반해, 제6식의 상분인 신근은 그저 제6식에 영상에 불과하기 때문에 근으로서 기능할 수 없다. 다시 말해, 제6식의 상분인 근은 가법이고 제8식의 상분인 근(根)은 실법이다. 가법과 실법이 한 동일한 종자에서 발생한다는 것은 이치상 성립하지 않는다. 그러므로 상분과 본질은 다른 종자이지 않을 수 없다.

혜소는 이렇게 상분과 본질을 같은 종자로 보는 견해를 논파하고, 다른

....

26. 『成唯識論了義燈』(『大正藏 43』, p. 677下), "然相與質, 一云同種, 一云別種. 雖有二義, 相質種別, 理亦應好. 以親·疏緣種各別故. 如緣第八相質同種, 即許一種生慮·非慮, 亦有二身根等俱失. 以相與質旣同種生, 何不二身根等? 若六緣時相分是假, 即有一種生假實失. 此言假者, 非如甁等. 以能熏故. 但無根用不發識, 故名之爲假."

종자라는 견해를 옹호하면서 이어서 이를 뒷받침한다.

　　또 풀이한다. 만약 상분과 본질이 같은 종자에서 발생한다면, 예를 들어
제8식이 변현한 안(眼) 등 근(根)은 인연(因緣)이기 때문에 실제로 근(根)의
실(實)의 용(用)이 있다. 만약 상분이 발생할 때 제6식을 인(因)으로 해서
발생한다면, 비록 본질과 같은 종자에서 발생하더라도 제6식의 상분은 견분
을 연(緣)으로 해서 발생하기 때문에 분별변(分別變)에 속한다. 그러므로
실의 용이 없다. 체가 없는 가(假)는 아니다. 그러므로 가(假)와 실(實)이
같은 종자라는 과실은 없다.[27]

　제8식이 변현한 신근은 실(實)의 용(用)이 있는 인연변이기에 실법이지만,
제6식이 변현한 신근은 실의 용이 없는 분별변이기에 가법이다. 혜소는
인연변과 분별변의 개념에 의거해서 가법과 실법을 구분하고 있다. 제8식과
전5식과 5동연의식 등의 상분은 인연변이지만, 독두의식과 제7식과 제8식
의 심소 등의 상분은 분별변이다.[28] 인연변과 분별변은 견분과 상분이 다른
종자에서 생하는가 같은 종자에서 생하는가를 파악하는 또 다른 열쇠가
될 수 있다.

• • •

27. 『成唯識論了義燈』(『大正藏 43』, p. 677下), "又解. 若相與質同種生者, 如眼等根第八所變是因緣,
　　故實有根用. 若起相分因第六生, 雖與本質同一種生, 以第六見爲緣起故, 分別變攝. 故無實用. 非無體
　　假. 故無假實同一種失."
28. 深浦正文, 『唯識學研究』 下(京都: 永田文昌堂, 1972) p. 492.

2.

삼류경문

호법 유식의 전통에서는 사분설과 삼류경론을 '유식반학'(唯識半學), 즉 이 4분과 삼류경(三類境)에 통달하면 유식학의 반을 연구한 셈과 다름없다는 말이 전해져 오는데, 이 말에서 알 수 있듯이 이 주제들은 유식학의 전반적인 내용을 숙지하고 있어야 올바르게 이해할 수 있는 아주 어려운 주제이다. 삼류경론은 식소변을 더 명료하게 확정하기 위해 상분과 견분이 같은 종자에서 생하는가 다른 종자에서 생하는가를 다루는 상견동종별종론에 기초해서 대상의 유형, 제법(諸法)의 체(體)를 규정하는 문제와 관련이 있다. 성경, 독영경, 대질경 이렇게 크게 대상이 셋으로 분류되기에 삼류경이라 하지만, 대상을 셋으로 나누는 것이 삼류경론의 궁극적인 목적은 아니다. 규기는 이 세 부류의 대상들의 테두리 내에서 대상을 더 세분해서 대상에 다양한 유형들이 있다는 것을 보여주려고 시도한다. 그는 「삼장가타」 네 구를 분석하면서 이 작업을 하는데, 상견동종별종론에서 논의되는 상분이 견분과 종자가 같은가 다른가 하는 문제를 수용하면서 이를 성류(性類)와 계계(界繫)

가 같은가 다른가의 문제로 확장해서 이해하고, 이 과정에서 그는 대상의 유형들을 규정해 간다.

이 문에서는 규기의 글을 세세하게 있는 그대로 따라가면서 그가 「삼장가타」를 어떻게 해석하고 있는지 알아보겠다. 이 과정에서 규기가 「삼장가타」를 해석하면서 얻은 성취가 무엇이고, 무엇을 우리의 과제로 남겼는지 자연스럽게 알게 될 것이다. 규기는 『추요』와 『의림장』에서 삼류경에 대해 언급하는데 이 중 「삼장가타」를 1구에서 4구까지 설명해가는 논서는 『추요』이다. 『추요』의 짧은 이 대목을 분석해 가는 과정에서 혜소의 『요의등』과 이 『요의등』에 대한 주석서인 선주의 『증명기』의 도움을 받게 될 것이다.

I. 상견동종별종론과 「삼장가타」

1. 상견동종별종론

상분과 견분의 종자가 다른가 같은가를 다루는 상견동종별종론(相見同種別種論)은 앞 문에서 보았듯이, 『유식삼십송』의 제1송의 식소변(識所變)을 설명하는 『술기』의 한 대목에서 서술되기 때문에[1] 이 논의는 식소변과 관련해서 전개되었다는 것을 알 수 있다. 규기가 호법의 견해를 수용해서 이 변(變)을 설명하면서 '식체가 전변해서 상분과 견분 2분과 유사하게 현현하는 것'이라 했을 때 이 전변과 현현은 인연변(因緣變)인 경우도 있고 분별변(分別變)인 경우도 있기 때문에, 상분이 견분과 같은 종자에서 생하는가 아니면 다른 종자에서 생하는가를 탐구하지 않을 수 없었다. 그러므로 식소변을 새로운 관점에서 더 명확하게 규명하고, 그러면서 대상의 성격을 분명

· · ·
1. 이 책 pp. 29-31 참조

하게 규정하려 하는 것이 이 논의의 본질적인 성격이라고 할 수 있겠다.

대상은 식이 전변해서 나타난 것이라는 사실을 이해하려 할 때, 우리를 늘 어려움에 마주치게 하는 것은 식 바깥에 대상이 실제로 존재한다는 집착이다. 이 집착을 물리치고 식소변의 다양한 양상들을 밝히기 위해서는, 즉 인연변인 제8식 · 전5식 · 5동연의식 · 정심(定心) 등과, 분별변인 독두의 식 · 제7식 · 제8식 심소 등[2]의 차이를 밝히기 위해서는 상분과 견분의 종자가 같은가 다른가를 규명하는 것은 중요한 문제였다. 상분이 견분과 다른 종자에서 생하는 지각의 경우도, 견분과 같은 종자에서 생하는 기억이나 상상의 경우도 그 상분이 식체가 변현한 대상이란 점에서 똑같기 때문이다.[3] 이렇듯 지각이든 기억이나 상상이든 모두 대상을 지향하기 때문에 이 대상들의 차이를 대상이 실존하느냐 실존하지 않느냐를 두고 판단할 때 식소변의 성격과 대상의 유형의 성격이 명료하게 드러나게 된다.

규기는 「삼장가타」를 설명하기에 앞서 『추요』에서 상견동종별종론을 언급한다. 규기에 따르면, 인도에는 상분과 견분이 같은 종자에서 생한다고 주장하는 논사, 상분과 견분이 다른 종자에서 생한다고 주장하는 논사가 있었다. 그런데 규기는 상분과 견분이 다른 종자에서 생한다고 주장하는 논사가 있었다고 하면서도, 견분과 상분의 종자가 다른 경우도 있고 같은 경우도 있다는 논사의 주장을 소개하고 있다.[4] 그러면서 이 견해를 호법의

• • •

2. 深浦正文, 『唯識學研究』 下(京都: 永田文昌堂, 1972) p. 492.

3. 우리는 대상이 실존해야 지각이 가능하다고 생각하는 경향이 있다. 기억과 상상 등에도 대상이 존재하는 것을 보면 대상이 실존한다는 것은 지각의 가능조건이 될 수 없다. Dan Zahavi, *Husserl's Phenomenology*(California: Stanford University Press, 2003), pp. 13-22.

4. 『成唯識論掌中樞要』(『大正藏 43』, p. 610上), "相見同種別種生者, 有二解. 有說, '相見同種生'. 謂無本質者, 影像相與見分同種生. 其有本質者, 本質亦同種生. 即一見分種生現行時, 三法同一種故. 謂見影質. 有說, '相見別種生'者, 本質見分定別種生." "상분과 견분이 같은 종자에서 생하는가, 다른 종자에서 생하는가에 대해서 두 가지 해석이 있다. ① 어떤 논사는 '상분과 견분이 같은 종자에서 발생한다.'고 말한다. 본질이 없는 경우, 영상상분과 견분은 같은 종자에서 발생한다. 본질이 있는 경우, 본질 또한 같은 종자에서 발생한다. 한 견분 종자가 현행을 발생할 때 세 법, 즉 견분, 영상, 본질이 종자를 같이하기 때문이다. ② 어떤 논사는 '상분과 견분은 다른

정설이라 하면서 택하는데, 이는 물론 이미 『술기』에서 말했던 것이기도 하다.[5] 상분과 견분이 같은 종자에서 생하는 경우도 있고, 다른 종자에서 생하는 경우도 있다는 주장을 채택하면서 규기는 이 경우 호법의 학설을 따라서 계계(界繫)와 성류(性類)도 함께 고려해야 하고 이렇게 할 때 설정되는 기준에 따라 대상이 더 세분될 수 있다고 말하고 있다. 이어서 「삼장가타」가 나오는 것을 보면, 이를 해석하면서 대상의 유형을 세분해서 규정하고자 하는 그의 의도를 미리 읽을 수 있다.

2. 「삼장가타」

규기의 스승 현장은 인도에 가서 호법의 제자 계현(戒賢, Śīlabhadra, 529?~645?)한테서 유식의 교리를 사사할 때 상견동종별종론에 대한 여러 견해들을 배우고, 돌아와서는 올바른 견해를 한 게송에 담아 규기한테 전수했는데, 그것이 「삼장가타」[6]로 불리어 전해져 내려오게 되었다.[7] 이 게송은 규기의 『추요』 1권 말과 『의림장』 4권 말에 보이는데, 다음과 같다.

성경은 심을 따르지 않네. 독영경은 오직 견분만을 따르네.

• • •

종자에서 발생한다.'고 말한다. 본질과 견분은 반드시 다른 종자에서 발생한다. 영상상분은 견분 및 본질과 혹은 다른 종자에서 발생하고 혹은 같은 종자에서 발생한다."

5. 『成唯識論述記』(『大正藏 43』, p. 241上), "若言相見各別種者, 見是自體義用分之. 故離識體更無別種. 卽一識體轉似見分別用而生. 識爲所依, 轉相分種, 似相而起. 以作用別, 性各不同. 故相別種. 於理爲勝." "만약 상분과 견분이 각각 다른 종자라고 말한다면, 견분은 자체분이니 의용(義用)으로 이를 나눈 것이다. 그러므로 식체를 떠나 다시 (견분은) 별도의 종자가 없다. 즉 하나의 식체가 전변해서 견분의 별도의 용과 유사하게 전전해서 생한다. 식체를 소의로 해서 상분의 종자가 전변해서 상분과 유사하게 생한다. (견분과 상분은) 작용이 다르기에 체성이 각각 다르다. 이것이 이치로 볼 때 더 뛰어나다."

6. 「삼장가타(三藏伽陀)」에서 삼장은 현장(玄奘, 602~664)을 가리키고, 가타는 게송을 뜻한다.

7. 深浦正文, 앞의 책, p. 457.

대질경은 정(情)과 질(質)에 통하네. 성(性)과 종(種) 등이 각 경우에 따르네.

性境不隨心　獨影唯從見

帶質通情本　性種等隨應

　현장은 상견동종별종론에서 '상분과 견분은 다른 종자이다' 할 때의 상분을 제1구에서 성경이란 이름으로 표현하고, '상분과 견분은 같은 종자이다' 할 때의 상분을 제2구에서 독영경이란 이름으로 표현하고 있다. 제3구 '대질경은 정과 질에 통하네'에서 정(情)은 견분을, 질(質)은 상분을 가리킨다. 이 대질경의 전형적인 예로 제7식의 견분이 제8식 견분을 연하는 경우를 드는 것으로 보아, 정(情)은 망정(妄情)을 질(質)은 본질(本質)[8]을 의미하지만, 이 대질경 개념이 제4구 '성과 종 등이 각 경우에 따르네'를 해석하면서 대상의 유형을 세분해가는 과정에서 새롭게 이해되기 때문에, 정(情)은 포괄적인 의미의 견분을 가리킨다고 볼 수 있다. 제4구의 성(性)은 선·불선·유부무기·무부무기와 같은 성류를 가리키고, 종(種)은 종자를 가리킨다. '성과 종 등'에서 등(等)은 견분과 상분이 각각 계계(界繫), 즉 3계(界) 또는 9지(地) 중 어떤 계(界)나 지(地)에 계박되느냐, 이숙이냐 비이숙이냐[9] 하는 것을 가리킨다. 이렇게 대상은 성류, 종자, 계계를 기준으로 해서 나눌 수 있기 때문에, 성경은 불수심(不隨心)이라 했으므로 성경은 성불수(性不隨)·종불수(種不隨)·계불수(界不隨)에 의거해서 규정할 수 있고, 독영경은 유종견(唯從見)이라 했고 이 유종견은, 즉 수심(隨心)을 의미하므로 독영경은 성수심(性隨心)·종수심(種隨心)·계수심(界隨心)에 의거해서 규정할 수 있다. 그리고 대질경은 통정본(通情本)이라 했으므로 역시 셋으로 나누어 성통정본(性通情本)·종통정본(種通情本)·계통정본(界通情本)에 의거해서 규정할 수 있다.

. . .

8. 불교에서 말하는 본질(本質)은 서양철학의 'Wesen(essence)'의 번역어로 쓰이는 '본질'과 뜻이 다른 용어이다. 오히려 '실존(Existenz, existence)'과 뜻이 더 가깝다.
9. 아래에서 보겠지만, 혜소가 이 '이숙과 비이숙'을 새로 덧붙여 들고 있다.

II. 「삼장가타」에 대한 해석

1. 제1구에서 제3구까지

1) 제1구에 대한 해석 — 성경

제1구 성경불수심(性境不隨心)은 '성경은 심을 따르지 않는다'는 뜻이다. '심을 따르지 않는다'는 말은 상견동종별종론에서는 '상분의 종자는 견분의 종자와 다르다'는 말로 표현되었다. 종자에 한정할 경우 상분의 종자는 견분의 종자와 다르다고 말하면 되었지만, 여기서는 경을 셋으로 나누고 이렇게 경을 셋으로 나눌 수 있는 기준이 종자에 한정될 수 없기 때문에 불수심(不隨心)이란 새로운 용어를 끌어들인다. 상견동종별종론에서는 상분의 종자와 견분의 종자가 같은가 다른가를 탐구했지만, 여기서는 대상의 유형을 세분하기 위해 종자 이외에 계계와 성류로 대상을 분류하는 기준으로 삼고 종자가 같은가 다른가의 문제를 심을 따르는가 따르지 않는가의 문제로 보고 있다. 이제까지 종자를 기준으로 논의해 왔기 때문에 여기서는 먼저 성류(性類)와 계계(界繫)를 기준으로 해서 서술하고 있다.

규기는 상분과 견분은 다른 종자인 경우도 있고 같은 종자인 경우도 있다는 호법의 견해를 채택하면서 이를 확장하고 심화하기 위해 「삼장가타」를 해석하기 전에 다음과 같이 언급하고 있다.

> 호법의 정의(正義)에 따르면, 본질과 영상 두 상분 그리고 견분 셋 이 셋은 3성(性), 종자, 계계 등이 반드시 모두 같은 것은 아니다. 각 경우에 따르기 때문이다. 앞에서 말한, 상분과 견분은 다른 종자에서 생한다는 것이 이 논사의 정의(正義)이다.[10]

이 언급에서 규기는 '각 경우에 따라 성, 종, 계가 반드시 같은 것은 아니다'는 말을 강조하고 싶었을 텐데, 혜소는 이를 다음과 같이 이해한다.

> 그런데 종자의 같고 다름에 더해서 다시 ① 종자는 다르지만 성류가 견분과 같은 경우가 있다. 혹은 성류는 같지만 계계와 종자가 다른 경우가 있다. ② 혹은 상분의 성(性)이 견분과 본질을 따르기에 성(性)을 판별할 때 일정하지 않다. ③ 혹은 본질이 있다 할지라도 상분과 견분이 같은 종자에서 생하지 본질에서 생하지 않는 경우가 있다. 이렇게 일정하지 않기 때문에 삼장법사는 한 송을 지어 이 구별을 나타내어 (「삼장가타」를) 이르게 된 것이다.[11]

혜소는 이렇게 이해하면서 「삼장가타」로 넘어가기 전에 이 가타의 순서

. . .

10. 『成唯識論掌中樞要』(『大正藏 43』, p. 620上), "護法正義, 質影二相與見分三, 此三三性種子界繫等未要皆同. 隨所應故. 卽前所說相見別種是此正義."

11. 『成唯識論了義燈』(『大正藏 43』, p. 677下), "然同別種, 復有種別性與見同. 或復性同而繫種別. 或復相分性隨見質, 判性不定. 或雖有質, 相見同生, 不生本質. 由此不定故, 三藏法師以爲一頌顯此差別云."

대로 성경, 독영경, 대질경을 규정하고 있다. 특히 성경을 종자는 다르지만 성류가 견분과 같은 경우와, 성류는 같지만 계계와 종자는 다른 경우를 들어, 종자가 다른 경우가 계(界)를 넘어서 성립한다는 것을 미리 보여주어 종자와 성류를 3계로 확장하고 있다. 성류는 같지만 계계와 종자가 다른 경우의 예로 몸은 아래의 대지[下地]에 머물면서 위의 계[上界]의 천안과 천이를 연하는 경우 능연인 제8식과 소연인 안근과 이근은 모두 무기성이기 때문에 성류가 같고, 능연은 아래의 대지에 계박되어 있고 소연은 위의 계에 계박되어 있기 때문에 계계가 다르다. 경(境)의 체가 실제로 존재하고 그래서 다른 종자에서 생하는 것이기에 종자가 다르다. 이처럼 혜소의 설명을 볼 때 상견동종별종론에서 같은 종자와 다른 종자를 나누는 기준이 되었던 본질의 유무가 삼류경 개념을 확정하기 위해 계계의 개념으로 대체되고 있다는 것을 알 수 있다. 이제 규기의 해석을 보면 이 점이 확인될 텐데, 이에 앞서 먼저 규기가 성경을 어떻게 정의하고 있나 보도록 하자. 먼저 「삼장가타」의 첫째 구를 해석하면서 성경을 다음과 같이 정의한다.

> 첫째는 성경이다. 진(眞)의 법체들을 성경이라 한다. 색은 진(眞)의 색이고 심은 실(實)의 심이다.[12]

규기는 삼류경을 논하는 이 자리에서 성류와 계계를 명시적으로 드러내어 경을 정의해 갈 것이기 때문에, 상견동종별종을 논할 때와는 달리 유체(有體) 또는 유본질(有本質)을 들어 설명하고 있지 않다. 그러므로 그가 방금 성경을 정의한 대로 이를 올바르게 이해하자면 혜소의 말을 들어 보아야

• • •

12. 『成唯識論掌中樞要』(『大正藏 43』, p. 610上), "一者性境. 諸眞法體名爲性境. 色是眞色, 心是實心." "색은 진의 색이고 심은 실의 심이다"는 영략호현(影略互顯)으로 표현된 문장이다. 그러므로 앞 절의 진의 색은 진실의 색으로, 뒷 절의 실의 심도 진실의 심으로 이해되어야 한다. 한역문에서 진 또는 실은 진실의 줄임말로 쓰인다. 이 진실은 '진리(truth)'가 아니라 실제로 존재한다는 의미의 '실존(existence)'으로 이해되어야 한다.

한다. 혜소는 규기의 이 정의에 충실하게, 또 상견동별종론에서 종자를 명시적으로 드러내어 논한 대로 이에 대해 설명한다.

> 무엇을 성경이라 이름하는가? 실(實)의 종자에서 생하고, 실의 체와 용이 있고, 능연의 심이 얻은 그 자상을 성경이라 이름한다. 가령 몸이 욕계에 머물고 있을 때 제8식이 변현한 5진(塵)의 경이다. 실의 종자에서 생하고 또 인연변이기에 성경이라 이름한다. 안 등 5식 및 이와 함께하는 제6식 현량이 연할 때 경의 자상을 얻는데, 이 상분 또한 성경이다. 상분이 본질을 따르기 때문이다.[13]

혜소는 규기의 실(實)의 심, 실의 색을 실종소행(實種所生), 유실체용(有實體用), 득경자상(得境自相)으로 이해한다는 것을 확인할 수 있다. 첫째 실종소생이란 능생(能生)의 실의 종자에서 생하는 것이지 견분과 같은 종자인 가(假)의 종자에서 생하는 것이 아니라는 것을 의미한다. 둘째 유실체용이란 색과 심이 각각의 실체(實體)[14]가 있고, 색에는 질애(質礙) 심에는 연려(緣慮) 라는 실용(實用)이 있다는 것을 가리킨다. 셋째 득경자상이란 제법의 자상을 지각하는 것을 말한다.[15]

진(眞)의 색이든 실(實)의 심이든 진(眞)의 법체의 특징은 실(實)의 체와 용이 있다는 점이다. 상분이 실의 체와 용이 있다는 것은 이것이 의타기이기 때문이고, 또 견분은 견분대로 상분은 상분대로 실의 종자에서 생하기 때문

• • •

13. 『成唯識論了義燈』(『大正藏 43』, p. 678上), "何名性境? 從實種生, 實體用, 緣之心得彼自相, 名爲性境 如身在欲界第八所變五塵之境. 以實種生復因緣變, 名爲性境. 眼等五識及俱第六現量緣時, 得境自相, 卽此相分亦是性境. 相從質故."

14. 실체는 실의 체이다. 용이 실이라는 것을 보여주기 위해 실용이란 말을 쓰듯이 체가 실이라는 것을 보여주기 실체라는 말을 쓸 뿐이다. 서양철학에서 'substance'의 번역어로 실체라는 말을 쓰는데, 불교의 실체는 이 실체와 무관하다.

15. 深浦正文, 앞의 책, pp. 458-459.

이다. 욕계에 한정해서 견분에 대해 말해보면, 안식이 색을 보는 경우 세계를 변출하는 제8식, 이 세계를 지평으로 해서 색을 변현하는 안식, 그리고 이 촉발하는 색에 주의를 보내고 이를 초월해서 대상을 통각하는 제6의식 등이다. 이른바 인연변이다.[16] 전5식과 이와 함께하는 제6의식은 항상 세계의 지평 속에서 일어나기 때문에, 이 식의 대상들은 본질을 따른다.

『성론』에서 '식체가 전변해서 2분과 유사하게 나타난다'[17]고 할 때, 또는 '내식이 전변해서 외경과 유사하게 나타난다'[18]고 할 때, 이러한 의타기는 일차적으로 상분이 견분과 다른 종자인 실(實)의 종자에서 생한다는 것을 말하고 있는 것이다. 이 점을 고려할 때 혜소는 규기의 생각을 더 명시적으로 드러냈다고 말할 수 있겠다.

규기는 성경을 이렇게 정의하고 나서, 계계와 성류에 의거해서 가능한 경우들을 열거한다.

이 진실의 법은 심을 따라서 3성이 일정하지 않은 것이 아니다. ① 가령 실의 5진(塵)은 오직 무기성일 뿐이다. 능연의 5식을 따라서 3성에 통하는 일은 없기 때문이다. 또 심을 따라서 한 계(界)에 계박되는 일을 같이하지 않는다. ② 가령 제8식은 하나의 계에 계박되지만 소연의 종자는 3계에 통한다. 몸이 아래의 계에 머물고 있으면서 2통(通)을 일으킬 때 천안과 천이를 연하는 경우이다. ③ 몸이 위의 대지에 머물고 있을 때 안식과 이식 두 식이 욕계의 경을 보는 경우이다. ④ 2선(禪) 이상에서 안식과 이식과 신식이 자기 대지의 경을 연하는 경우이다. 식이 초선에 계박되어 있고 경은 자기 대지에 계박되어 있다. 이와 같은 부류들은 또 심을 따라서 한 종자에서 생하는 것이 아니다. 견분과 상분의 종자는 각각 체가 다르기

• • •
16. 인연변과 분별변에 대해서는 위의 책 pp. 443-445 참조
17. 『成唯識論』(『大正藏 31』, p. 1上中), "變謂識體轉似二分." 호법 등의 학설이다.
18. 『成唯識論』(『大正藏 31』, p. 1中), "或復內識轉似外境." 난타, 친승 등의 학설이다.

때문이다.[19]

혜소는 나아가 '성경불수심'의 불수(不隨)를 네 가지로 나누어 규정하는데 이 역시 규기의 예들을 이해하기 위한 방도이다.

이와 같은 상분에는 네 가지 따르지 않음[不隨]이 있다. 첫째 능연을 따라서 선성이나 염오성을 같이하지 않는다. 둘째 능연을 따라서 계에 계박되는 일을 같이하지 않는다. 셋째 능연을 따라서 종자를 같이해서 생하지 않는다. 넷째 능연을 따라서 이숙 등인 것이 아니다.[20]

혜소가 나눈 불수(不隨)의 네 범주 중 첫 번째 범주인 성불수에 규기의 "실(實)의 5진(塵)은 오직 무기성일 뿐이다. 능연의 5식을 따라서 3성에 통하는 일은 없기 때문이다."가 해당된다. 이 경우 실의 5진이란 색, 성, 향, 미, 촉이다. 이 경들은 전5식의 경들로서 제8식의 상분을 본질로 하기 때문에, 다시 말해 업과(業果)이기 때문에 무부무기이다. 그러므로 이 경들은 이를 연하는 안식 내지 신식은 제6식을 따라 선이나 불선 또는 무기가 될 수 있는 것이 아니기 때문에 성불수라 하는 것이다. 그런데 이 5식이 무기인 경우 경들도 무기이기 때문에 성불수가 성립하지 않는가 의문이 일어날 수 있겠지만, 혜소는 무기성인 5식이 5진의 경을 연할 때 그 성류가 동일할지라도 상분과 견분이 각각 자성을 지키기 때문에 능연심을 따라 무기성이 성립한다고 할 수 없다고 말하고 있다. 두 번째 범주인 계불수에

. . .

19. 『成唯識論学中樞要』(『大正藏 43』, p. 620上中), "此眞實法不定隨心三性不定. 如實五塵唯無記性. 不隨能緣五識通三性故. 亦不隨心同於一繫. 如第八識是一界繫, 所緣種了通三界繫. 身在下界起二通時, 緣天眼耳. 身在上地眼耳二識見欲界境. 二禪已上眼耳身識緣自地境. 識初禪繫, 境自地繫. 如是等類亦不隨心一種所生. 由見相種各別體故."
20. 『成唯識論了義燈』(『大正藏 43』, p. 678上), "如此相分有四不隨. 一不隨能緣同善染性. 二不從能緣同一界繫. 三不隨能緣同一種生. 四不隨能緣是異熟等."

규기의 "제8식은 한 계에 계박되지만 소연의 종자는 3계에 통한다"가 해당된다. 규기는 이렇게 이해된 계불수의 예로 세 경우를 들고 있는데, 앞의 둘은 통과(通果)의 색, 뒤의 하나는 업과(業果)의 색이다. 이를 다시 적어 보면,

① 몸이 아래의 계에 머물고 있으면서 2통(通)을 일으킬 때 천안과 천이를 연하는 경우이다. ② 몸이 위의 대지에 머물고 있을 때 안식과 이식 두 식이 욕계의 경을 보는 경우이다. ③ 2선(禪) 이상에서 안식과 이식과 신식이 자기 대지의 경을 연하는 경우이다. 식은 초선에 계박되어 있고 경은 자기 대지에 계박되어 있다.

이다. ①은 몸이 욕계에 머물면서 천안과 천이의 근을 연해서 욕계의 경을 보는 경우 또는 색계나 무색계의 경을 보는 경우일 것이다. 제8식은 욕계에 계박(繫縛) 또는 계속(繫屬)되어 있지만 천안과 천이는 색계에 계박되어 있다. 다시 말해 규기가 뜻하는 바대로 말해본다면, 제8식은 욕계 한 계에 계박되어 있지만 천안과 천이의 근(根)의 종자는 이 제8식과 다른 계에 계박되어 있다. 욕계의 제8식의 근의 종자와 색의 종자는 제8식과 같이 욕계에 계박되어 있는 것을 이와 함께 고려해보면, 근과 색의 종자는 하나의 계에 계박되지 않고 3계(界)에 있을 수 있다는 것을 알 수 있다. ②에서 제8식은 위의 대지에 계박되어 있지만, 안식과 이식의 소연은 욕계의 경이므로 욕계에 계박되어 있다. ③에서 2선 이상의 대지에서는 안식, 이식, 신식이 현행하지 않으므로 자기 대지[自地]의 경을 연하려면 초선의 안식, 이식, 신식을 빌려와야 한다. 이를 차기식(借起識)이라 하는데 이 식은 초선의 경을 보는 것이 아니라 2선의 경을 보게 된다. 따라서 안식, 이식, 신식은 초선에 계박되어 있지만 경은 2선에 계박되어 있어 식과 경은 종자가 서로 다르다.

이렇게 열거하고 나서 규기가 "이와 같은 부류들은 심을 따라서 한 종자에

서 생하는 것이 아니다. 견분과 상분의 종자가 각각 체를 달리하기 때문이다.''고 말하는 것으로 보아 혜소와는 달리 종불수(種不隨)를 따로 두지 않는 것 같다. 규기는 그저 성경의 특징, 즉 상견별종을 계(界)와 성(性)을 끌어와서 강조하려 하고 있을 뿐이다. 그런데 혜소가 종불수(種不隨)를 따로 두고 있는 것은 아마도 규기가 마지막 구 '성종등수응(性種等隨應)'을 논할 때 세 가지 수응(隨應) 중 세 번째 범주 종동계부동(種同界不同)에서 종자가 견분과 같은 경우를 언급하고 있기 때문일 것이다. 아래에서 다시 말하겠지만, 사실 이 종동계부동(種同界不同), 즉 '종자는 같고 계는 같지 않다'는 위에서처럼 심왕과 심소 중 한 법을 택해 논할 때는 성립하지 않는다. 종자가 견분을 따른다면 계(界) 역시 견분을 따라야 하기 때문이다. 심왕과 심소를 일취(一聚)로 묶어 그 관계를 논할 때 성립하는데, 가령 제8식의 심왕과 심소의 관계가 그러하다. 제8식 심왕의 소연은 성경이지만 이와 상응하는 5변행심소는 이 심왕과는 달리 업과(業果)가 아니기 때문에 독영경이다. 심왕과 심소는 화합사일(和合似一), 즉 화합해서 하나와 유사하게 나타나지만 이 경우는 심왕과 심소의 기능이 다르기 때문에 이를 구분하기 위해 세 가지 수응(隨應)을 논하는 자리에서는 종동계부동(種同界不同)을, 성경을 논하는 이 자리에서는 종불수(種不隨)를 두지 않을 수 없었던 것이다. 사실 이렇게 규기도 혜소의 해석을 따르고 있다고 보아야 하겠지만, 어쨌든 여기서는 성불수(性不隨)와 계불수(界不隨)를 명시적으로 서술하고 있지 종불수(種不隨)는 따로 설정하고 있지는 않다. 규기는 이 자리에서 종자가 제8식과는 달리 3계(界)의 종자라는 것을, 실(實)의 종자는 성류와 계계를 통해서 더 확장된다는 것을 강조하고 있을 뿐이다.

2) 제2구에 대한 해석 — 독영경

독영경은 「삼장가타」의 둘째 구를 해석하면서 이루어진다. 규기는 「삼장가타」의 "독영경은 오로지 견분을 따를 뿐이네."를 해석하면서, 다음과 같이 말하고 있다.

> 성류, 계계, 종자가 모두 반드시 같기 때문이다. 가령 제6식이 거북이의
> 털, 허공의 꽃, 석녀의 자식, 무위, 다른 계를 연할 때의 경들이다. 이와
> 같은 부류들은 모두 심을 따르기에 별도의 체와 용이 없다. 가경(假境)에
> 속하기에 독영이라 한다.[21]

독영경은 성경과는 달리 심과 경이, 즉 견분과 상분이 성류·계계·종자
가 모두 반드시 같다. 혜소는 이에 대해 다음과 같이 말한다.

> 제2구를 풀이한다. 능연심은 단지 상분을 단독으로 변현할 뿐이지 별도의
> 본질은 없다. 둘째 비록 본질이 있다 해도 그 상분은 본질에서 생하지 않는다.
> 그 본질은 불생법 등이기 때문이다. 이 상분들 및 제6식이 제8식과 상응하는
> 5심소를 연해서 현현하는 상분은 단지 능연과 동일한 종자에서 생하기
> 때문에 "독영경은 오직 견분에서 생할 뿐이다"라고 하는 것이다. 가령 독산
> 의식이 허공의 꽃 및 무위 등을 연하는 경우이다. 모두 견분과 동일한 종자에
> 서 생한다. …… 허공의 꽃 등을 연하는, 이 영상들에는 네 가지의 견분을
> 따르는 일이 있다. 첫째 견분을 따라서 선성이나 염오성을 같이하는 것이다.
> 둘째 계를 같이하는 것이다. 셋째 종자를 같이하는 것이다. 넷째 이숙 및
> 비이숙을 같이하는 것이다. 본질에서 생하지 않고 단지 의식이 변현한 것이
> 기 때문이다. 이 상분은 능연심에 의지하기 때문에 이 계계와 성류 등이다.
> 상분을 거두어들여 견분을 따르게 하기 때문에 "독영경은 오직 견분을
> 따를 뿐이다."라고 하는 것이다.[22]

. . . .

21. 『成唯識論了義燈』(『大正藏 43』, p. 620中), "性·繫·種子皆定同故. 如第六識緣龜毛·空花·石
女·無爲·他界緣等所有諸境. 如是等類皆是隨心, 無別體用. 假境攝故, 名爲獨影."

22. 『成唯識論了義燈』(『大正藏 43』, p. 678上), "釋第二句. 謂能緣心但獨變相, 無別本質. 第二, 雖有本質,
然彼相分不生本質. 以彼本質是不生法等. 此等相分及第六識第八識相應五數所現相分, 但與能緣同

성경의 경우 상분이 견분을 따르지 않기 때문에 성류·계계·종자가 반드시 다르지 않아도 되었지만, 독영경의 경우 상분이 견분을 따르기 때문에 성류·계계·종자가 반드시 같아야 한다. 규기는 독영경의 예로 거북이의 털, 허공의 꽃, 석녀, 무위, 타계를 들고 있다. 모두 상분이 견분을 따르는 예이지만 성격이 다르다. 규기가 「삼장가타」에 의존해서 삼류경론을 전개하는 목적은 대상의 유형을 세분하려는 데 있기 때문에 이 차이를 잘 살펴보아야 한다.

먼저 거북이의 털의 경우는 거북이가 물을 헤엄치고 다닐 때 몸이 수초로 덮여 있는데 이를 보고 거북이에 털이 났다고 착각하는 경우이다. 이는 여기서는 들지 않고 있지만 토끼의 뿔의 예와 동일하다. 쫑긋 솟은 토끼의 귀를 보고 토끼의 뿔로 오인하는 경우이다. 허공의 꽃은 예안을 앓고 있는 사람이 눈에 실밥 같이 끼여 있는 것을 보고 허공에 꽃이 피어 있다고 착각하는 경우이다.[23] 거북이의 털이 몸 바깥의 대상을 보고 다른 것으로 착각하는 경우라면, 허공의 꽃은 몸 안의 대상을 보고 다른 것으로 착각하는 경우이다. 이 둘은 이른바 법처소섭색[24] 중의 하나인 변계소기색[25]이다. 변계소기색의 예로 보통 물속의 달을 드는데, 달은 하늘에 있는데 물에

* * *

一種生故, 名獨影唯從見. 如獨意識緣彼空花及無爲等. 皆與見分同一種起. …… 緣空華等此等影像有四從見. 一從見分同是善·染. 二同一界. 三同一種. 四同異熟及非異熟. 以不生本質但意識所變. 此之相分由能緣心, 是此界性等. 攝相從見故, 名獨影唯從見."

23. 예안(瞖眼)은 산스끄리뜨의 'timira', 예안을 앓고 있는 사람은 'taimirika'이다. 보통 눈을 많이 쓰는 사람이나 노쇠해 가는 사람한테 생기는 병이다. 눈에 실밥 같은 것이 끼여 있어서 눈동자를 움직일 때마다 왔다 갔다 하는데, 이를 파리나 허공의 꽃으로 착각한다. 실제로는 눈에 낀 실밥 같은 것이 움직이는 것인데 이를 파리로 착각하고 잡으려 하면 잡히지 않는다. 대상이 실제로 존재한다고 하는 사람들한테 없다는 것을 보여주는 예로 많이 인용된다. 우리 의학용어로는 비문증(飛蚊症)이다.

24. 색처의 색이 아니라 법처에 속해 있는 색이라 해서 법처소섭색이라 한다. 법처소섭색은 변계소기색 이외에도 극형색, 극략색, 수소인색, 정자재소생색이 있다.

25. 변계소기색의 변계는 변계소집성 할 때의 변계가 아니다. 집착이 아니라 착각을 의미하기 때문이다. 이에 대해서는 『成唯識論了義燈』(『大正藏 43』) p. 678中 참조.

비친 달을 보고 실제로 하늘에 있는 달로 알고 좋아하며 이를 잡으려 하는 아이들의 모습을 보면 이 물속의 달의 성격을 알 수 있을 것이다. 물속의 달을 하늘에 떠 있는 달로 오인하는 것이다. 그러나 거북이의 털과 허공의 꽃이 다르듯이, 이 둘과 물속의 달은 다르다. 거북이의 털과 허공의 꽃은 우리가 현실에서 경험할 수 있는 것이 아니지만, 물속의 달을 보며 떠올린 하늘의 달은 우리가 현실에서 이미 경험한 것이고 또 앞으로 경험할 수 있는 것이다. 전자는 상상과, 후자는 기억과 관련돼 있다는 점에서 다르다.

규기가 세 번째로 들고 있는 석녀는 정확히는 석녀아, 즉 석녀의 자식일 것이다. 석녀란 아이를 낳지 못하는 사람인데 자식이 있다고 했으니 이른바 둥근 사각형처럼 불가능한 대상이다. 앞의 세 경우는 인식론적인 문제이지만 이것은 논리학적인 문제이기 때문에 단순히 상분이 견분을 따르는 경우라고 말할 수 없다.[26]

규기가 네 번째로 들고 있는 무위는 이 경우 무분별지의 대상인 진여가 아니다. 범부의 지(智)가 진여를 연하는 경우는 성자가 진여를 체득한 후 이를 설명하는 말을 듣거나 글을 보고서 이에 대해 생각하는 것을 말한다. 이는 범부의 지(智)가 사유해서 분별한 것이기 때문에 무상하게 변하는 유루(有漏)의 법이지 상주하는 법이 아니다. 범부의 제6의식이 만들어낸 것으로 본질인 진여에 직접 의지하는 바가 없이 현출한 것이기 때문에 독영경이다. 그러나 성자의 후득지가 진여를 연할 때는 진여라는 본질을 연해서 나타나는 것이므로 대질경이라 할 수 있기 때문에 여기서는 논외로 해야 한다.

• • • •

26. 이 경우 독영경은 모두 제6의식의 대상이다. 제6의식은 오구의식(五俱意識)과 독두의식(獨頭意識)으로 대별되고, 5구의식은 다시 5동연의식과 5부동연의식으로, 독두의식은 다시 독산의식(獨散意識)과 몽중의식(夢中意識)으로 세분된다. 독산의식은 다시 독기의식(獨起意識)과 오후의식(五後意識)으로 나누어진다. 이러한 의식마다 대상의 성격이 다르다는 것은 말할 것도 없다. 여러 유형의 제6의식은 定胤, 『唯識三類境義本質私記』(奈良縣: 法隆寺勸學院同窓會, 1928) pp. 12-13에 도표로 잘 정리돼 있다.

타계연은 이미 성경을 설명할 때 든 것처럼 욕계에서 태어나 위의 계(上界)의 천안과 천이로 욕계의 대상이나 위의 계의 대상을 지각하는 경우, 그리고 위의 계에서 태어나 천안과 천이로 욕계의 대상을 지각하는 경우일 것이다. 규기는 성경에서 이 사례들을 열거할 때는 제8식이 천안과 천이를 연하는 경우였지만, 이 독영경을 말하는 자리에서는 안식과 이식이 욕계나 위의 계의 대상을 연하는 경우일 것이다. 이렇게 타계연을 이해한다면 『요의 등』의 첫 번째 견해가 이 점을 확인해줄 것이다. 혜소는 몸이 위의 계에 머물면서 위의 계의 천안으로 욕계의 색을 연하는 경우를 들면서 올바른 두 가지 해석을 제시하고 있는데, 그중 두 번째 견해는 타계연을 성경불수심으로 보기 때문에 제외한다면 첫 번째 경우가 규기의 독영경에 해당할 것이다. 그런데 혜소는 상분이 견분을 따르는 것일 뿐 독영경은 아니라고 말하고 있다.

> [문] 예를 들어 몸이 위의 계에 머물면서 위의 계의 천안으로 욕계의 색을 연하는 경우 이 색 상분은 어떤 부류에 속하는가? [답] 첫째 논사가 이르길, 비록 독영경이 아닐지라도 또한 견분을 따른다. 그 정(定)의 색은 아래의 대지에서는 생하지 않기 때문이다. 대지에 계박되는 일이 다르기 때문이다. 이것은 견분을 따라서 계계를 같이하지만 종자를 같이하는 것은 아니다. [문] 만약 그렇다면 어떻게 자상의 경을 연하는가? [답] 직접 본질에 장탁하는 것을 자성을 얻는 것이라 한다. [문] 만약 그렇다면 후득지가 무위 등을 연하는 경우 상분과 견분은 다를 것이다. [답] 비록 자성을 얻는다 해도 원래 (무위는) 불생(不生)이기 때문이다.[27]

. . .

27. 『成唯識論了義燈』(『大正藏 43』, p. 678中), "問: 身在上界以上天眼緣欲界色, 此色相分爲何類收? 答一云, 雖非獨影, 相亦從見. 以彼定色不生於下. 地繫別故. 此從於見同一界繫, 非同一種. 若爾, 云何緣 自相境耶? 答: 親杖本質, 名得自性. 若爾後得緣無爲等, 相見應別. 答雖得自性. 元不生故."

혜소의 말대로 하면 타계연은 독영경이 아니다. 통과(通果)는 정지(定地)에서 얻는 과보인데 이는 정(定)의 색을 보는 견분을 따르기 때문이다. 규기가 독영경은 계계, 성류, 종자를 모두 달리한다고 말한 것과 어긋난다. 통과인 천안과 천이의 근으로 다른 계의 경을 본다는 사실을 해석하기가 무척 어렵다는 것을 이 두 논사의 어긋남에서 확인할 수 있다.[28]

3) 제3구에 대한 해석 — 대질경

규기는 「삼장가타」의 제3구 '대질경은 정과 본에 통하네'의 예로 제7식의 견분이 제8식의 본질을 연하는 경우를 들고 있다.

> 셋째는 대질경이다. 이것은 영상에 실(實)의 본질이 있는 것을 말한다. 가령 인위(因位)의 제7식이 변현한 상분은 본질을 따라서 무부무기 등일 수 있고, 또한 견분을 따라서 유부무기에 속할 수도 있다. 또 본질의 종자를 따라서 생한다고 말할 수도 있고, 또한 견분의 종자를 따라서 생한다고 말할 수도 있다. 뜻이 일정하지 않기 때문이다.[29]

대질경은 본질을 대(帶)하는 경(境)이란 뜻으로 이 대(帶)에는 두 가지 의미가 있다. 협대(挾帶)와 대사(帶似; 變帶)이다. 협대는 능연과 소연이 서로 밀착해 있어서 서로 떨어져 있지 않은 것을 말하고, 대사는 이 경우 상분이 본질과 상사하게 나타나는 것을 의미한다. 협대는 무분별지가 진여를 증득한다고 할 때처럼 대상화작용이 일어나지 않는 경우에 한정해서 쓰는 표현이

• • •

28. 통과(通果)의 색에 대해서는 여러 견해가 있다. 이에 대해서는 定胤, 앞의 책, pp. 4-11 참조

29. 『成唯識論掌中樞要』(『大正藏 43』, p. 620中), "三者帶質之境. 謂此影像有實本質. 如因中第七所變相分, 得從本質是無覆無記等, 亦從見分是有覆所攝. 亦得說言從本質種生, 亦得說言從見分種生. 義不定故."

고, 대사는 대상화작용이 일어났을 때 나타나는 상분을 가리키기 때문에, 무위진여를 제외하는 성경, 독영경, 대질경에 다 쓸 수 있는 말이지만, 여기서는 대질경에 한정해서 쓰고 있다고 할 수 있겠다.[30] 왜냐하면 능연의 심이 본질을 지니면서도 그 자상을 띠지 않고 그저 본질과 상사하게 나타나는 데 그치기 때문이다. 본질이 있다는 점에서 본질이 없는 독영경과 다르고, 본질이 있는데도 그 자상을 얻지 못한다는 점에서는 성경과 다르다. 실종자에서 생하지만 실체와 실용이 없다. 인연변과 분별변 두 변을 통해서 나타나기 때문에, 규기는 '일정하지 않다'고 말하는 것이다.

제7식은 제8식을 연해서 항상 아(我)라는 집착하는 식이다. 제7식은 제8식의 견분을 연하기 때문에, 다시 말해 제8식의 견분을 상분으로 하기 때문에, 이 경우 상분은 제7식을 따른다면 보면 인위(因位)의 제7식은 유부무기이므로 유부무기가 되고, 제8식을 따른다고 보면 제8식은 무부무기이므로 무부무기가 된다. 「삼장가타」의 정은 망정으로 제7식의 견분을 가리키고, 질은 본질로 제8식을 가리킨다. 제7식이 스스로 만들어낸 것이지만 독영경이라 하지 않는 것은 제8식이 변현한 견분을 상분으로 하고 있기 때문이다.

그런데 「삼장가타」의 통정본에서 정이란 견분, 본이란 본질이므로, 성·종·계 세 범주가 모두 정과 본 양자에 통한다는 것을 보여주고 있는데, 그래서 성통정본·종통정본·계통정본을 상정할 수 있다. 첫째 성통정본이란, 경의 성류가 견분과 본질의 양자에 통하는 것을 말한다. 제7식의 견분이 제8식의 견분을 연하는 경우 그 제7식의 상분이 제7식의 견분을 따를 때는 유부무기가 되고 이 식의 상분인 제8식의 견분을 따를 때는 무부무기가 된다. 둘째 종통정본이란, 이 경의 종자가 견분과 본질 양자에 통하는 것을 말한다. 셋째 계통정본이란, 이 경의 계계가 견분과 본질 양자에 통하는 것을 말한다.

• • •
30. 深浦正文, 앞의 책, p. 464.

제3구를 풀이한다. 능연심이 소연경을 연할 때 장탁되는 본질이 있긴 하나 자성을 얻지 못하는 것을 말한다. 이것의 상분은 성류를 판별할 때 일정하지 않으니, 혹은 능연심을 따르고 혹은 소연경을 따른다. 종자 또한 일정하지 않으니, 혹은 본질과 같은 종자이고 혹은 견분과 같은 종자이고 혹은 다른 종자이다. 이를 '대질경은 정과 질에 통하네'라고 하는 것이다. 가령 제7식이 제8식의 견분을 연하는 경우, 상분을 거두어들여 견분을 따르게 하면 유부성이고 본질을 따르게 하면 무부성이다.[31]

대질경은 본질을 지닌다는 점에서는 독영경과 다르고 자성을 얻지 않는다는 점에서는 성경이 아니었다. 제7식의 견분이 제8식의 견분을 본질로 해서 나타나는 상분은 제7식의 견분을 따른다면 유부무기이고 제8식의 본질을 따른다면 무부무기이다. 동일한 상분이 유부무기와 무부무기의 다른 두 종자에서 생한다는 것은 있을 수 없다. 한 종자에서는 한 법만이 생한다는 것이 유식불교의 정설이기 때문이다. 한 찰나의 간격으로 견분과 같은 종자에서 생할 때는 독영경과 다르지 않을 터이고, 본질과 같은 종자에서 생하는 경우는 한 종자에서 연려(본질-제8식의 견분)와 비연려(제7식의 상분)가 생한다는 모순을 초래하게 될 것이다. 따라서 상분 종자가 한 종자라는 것은 정칙이 아니라 의설(義說)이라는 것을 알 수 있다.[32]

2. 제4구

1) 삼류경 상호 간의 결합

• • •

31. 『成唯識論了義燈』(『大正藏 43』, p. 678下), "解第三句. 謂能緣心緣所緣境, 有所杖質而不得自性. 此之相分判性不定, 或從能緣心, 或從所緣境. 種亦不定, 或質同種, 或見同種, 或復別種. 名帶質通情本. 如第七緣第八, 是攝相從見, 有覆性, 從質, 無覆性."

32. 深浦正文, 앞의 책, pp. 466-468.

상견동종별종론과는 달리 삼류경론의 목적은 대상의 유형을 크게 셋으로 나누고 이를 점점 세분해 대상의 유형을 확정해 가는 데 있다고 말할 수 있다. 이는 이미 규기가 성경을 정의할 때 종자 이외에도 성류와 계계의 기준을 도입한 데서도 발견할 수 있지만, 이 제4구를 분석하면서 대상을 삼류경이라는 큰 테두리 안에서 세분하려고 노력하는 데서도 알 수 있다. 규기는 두 방법을 쓰고 있다. 하나는 성류·계계·종자 상호 간의 결합에 의해 기준을 정하는 방법이고, 다른 하나는 이 세 부류의 경(境) 상호 간의 결합에 의해 기준을 정하는 방법이다. 먼저 세 부류의 경 상호 간의 결합에 의해 경을 분류해서 이해하는 방식을 좇아가 보고, 이어서 성류·계계·종자 상호 간의 결합에 의해 분류해서 이해하는 방식을 따라가 보자.

　　규기는 둘을 묶어 판정하는 이합에 의거해서 세 유형의 대상을 들고 있다. 첫째는 성경과 독영경, 둘째는 성경과 대질경, 셋째는 독영경과 대질경이다. 결합될 수 있는 모든 경우가 실제로 성립할 수 있다는 것을 보여주고 있다.

　　　　"성과 종자 등은 각 경우에 따른다."란, ── '각 경우에 따른다'란 일정하지 않다는 의미이다. 첫째, 세 가지 경을 (각각) 보여주는 것이다. 심취가 생할 때 오직 하나가 있는 경우가 있고, 둘씩 합하는 경우가 있고, 셋이 모두 합하는 경우가 있다. 하나가 있는 경우란, 앞에서 말한 바와 같다. "둘씩 합하는 경우가 있다."란, 가령 제8식이 자기 대지의 산경을 연하는 경우 심왕의 소연은 최초의 성경이고 심소의 소연은 독영경이다. 5식의 소연이 자기 대지의 5진(塵)인 경우 이는 최초의 성경이고 또한 대질경이라 말할 수도 있다. 6식이 과거의 미래의 5온을 연하는 경우 독영경일 수 있고 또한 대질경이라 말할 수도 있다. 종자를 훈성하고 본질에서 생하기 때문이다. "셋이 모두 합하는 경우가 있다."란, 인위의 제8식이 정과(定果)의 색을 연하는 경우 심소의 소연은 독영경이고 심왕의 소연은 실(實)의 성경이고, 또한 대질경이라 말할 수도 있다. 제6식이 변현한 정과의 색을 본질로 하기

때문이다.[33]

　대상을 삼류경 각각에 의거하는 데 그치지 않고 이합과 삼합에도 의거하는 이유는 규기의 말대로 하면 제법의 체를 결정하기 위해서이다. 대상을 더 명료하게 규정하고 세분하기 위해서이다.

　단일, 이합, 삼합에 의거해서 다양한 대상들이 열거된다. 이 중 단일의 경우는 삼류경 각각이 다른 대상과 관계없이 이해되는 것을 말한다. 이미 앞에서 살펴본 바와 같이, 성경의 경우는 가령 제8식이 자기 대지의 산경(散境)을 연하는 경우이고, 독영경의 경우는 제6식이 거북이의 털과 같은 무법(無法)을 연하는 경우이고, 대질경의 경우는 제7식이 제8식을 연하는 경우이다. 이렇게 단일만을 내세우면 각 대상 안에서의 차이, 대상과 대상 사이의 차이가 명확하지 않다. 예를 들어 성경이라 하더라도 제8식이 변현한 대상과 전5식이 변현한 대상 사이에는 차이가 있다. 제8식이 변현한 대상은 본질이 없지만 전5식이 변현한 대상은 제8식이 변현한 대상을 본질로 하기 때문이다. 이 두 성경의 차이를 드러내려면 한 대상이 갖는 또 다른 대상의 성격을 보여주어야 한다.

　이합은 삼류경 중의 두 경을 합해서 이해하는 경우이다. 삼류경을 둘씩 결합해 보면, 성경이자 독영경, 성경이자 대질경, 독영경이자 대질경 이 세 가지 경우가 나온다. 첫째, 성경이자 독영경의 경우로 규기는 제8식이 자기 대지의 산경(散境)을 연하는 경우를 들고 있다. 이 경우 심왕의 소연은 성경이고 심소의 소연은 독영경이다. 자기 대지의 경이라 해도 되는데 굳이 산(散)을 넣어 산위(散位)의 경이라 하는 이유는 제8식이 정위(定位)의 제6식

• • •
33. 『成唯識論掌中樞要』(『大正藏 43』, p. 620中), "性種等隨應者: 隨應是不定義. 有二隨應. 一者, 義顯三境. 諸心聚生, 有唯有一, 有二二合, 有三同聚. ① 有一者, 如前己說 ② 有二合者, 如第八識緣自地散境, 心王所緣是初性境, 心所所緣是獨影境. 五識所緣自地五塵, 是初性境, 亦得說是帶質之境. 如第六識緣過・末五蘊, 得是獨影, 亦得說是帶質之境. 熏成種子生本質故. ③ 有三合者, 如因第八緣定果色, 心所所緣唯是獨影, 心王所緣是實性境, 亦得說爲帶質之境. 第六所變定果之色爲本質故."

이 변현한 경을 연하는 경우와 구분하기 위해서이다. 촉(觸)·작의(作意)·
수(受)·상(想)·사(思) 5변행심소는 심이 일어날 때 항상 함께 일어나는
심소이므로 제8식과도 상응한다. 그런데 제8식과 상응하는 5변행심소의
상분은 전5식과 이와 함께하는 제6의식이 일어날 때의 상분과는 달리 성경
이라 말할 수 없다. 제8식이 자기 대지의 산경을 연하는 경우 심왕의 경은
인연변이기에 성경이지만, 제8식의 심과 상응하는 5변행심소의 경은 독영
경이다. 이 경우 심왕과 심소의 상분은 체를 달리하기에 일취(一聚)로 합해서
논할 수 있다. 제8식 심왕은 총보의 과체(果體)이지만 이와 상응하는 심소는
그렇지 않다. 심왕은 이숙인이 초감(招感)한 것으로 무본질이고 타인이 변현
한 것을 소소연연으로 해서 실경(實境)을 변현할 수 있지만, 심소는 본질에
의탁하지 않고서는 실경을 변현할 수가 없다. 일취(一聚)의 심왕과 심소는
화합사일하기 때문에 서로 소연이 되지 않으므로 제8식이 변현한 것을
본질로 할 수도 없다. 만약 제8식이 변현한 것을 본질로 해서 심소도 실경을
변현할 수 있다고 한다면 심소가 변현한 것은 심왕이 변현한 것과 동등하게
되어 한 유정에 여섯 체가 있다는 모순에 빠지게 된다.[34]

둘째, 성경과 대질경의 이합의 경우인데, 규기는 전5식이 자기 대지의
5경을 연하는 경우를 들고 있다. 앞에서 본 바와 같이, 전5식의 대상이
성경인 이유는 본질이 있기 때문이다. 그러므로 전5식이 제8식이 변출한
본질을 상분으로 한다는 점에서 보면 대질경이기도 하다. 성경이면서 제8식
의 상분을 본질로 하기 때문에, 이는 제8심왕의 상분이 본질에 의지하지
않고 현현하는 것과 다르다. 제8심왕의 견분은 다른 유정이 변현한 것을
소소연연으로 해서 변현하는 것이기에, 즉 인연변이어서 본질이 없기에
본질에 의지할 수 없다. 의지한다고 한다면 다른 유정이 변현한 것에 의지하
는 것이지 스스로 변현한 것에 의지하는 것일 수는 없다.

셋째, 독영경과 대질경 이합의 경우는 제6식이 과거와 미래의 5온(蘊)을

• • •
34. 深浦正文, 앞의 책, p. 472. 註3.

연하는 경우이다. 제6의식이 전5식이 이미 지각한 대상을 기억하거나 기대하는 경우라고 할 수 있겠다. 이미 지나간 대상이거나 아직 오지 않은 대상이기에 독영경이지만, 이 대상들이 이미 경험한 지각과 지각대상을 지반으로 하기에 대질경이다. 선행하는 지각과 지각대상이 없다면 우리는 기억할 수도 기대할 수도 없기 때문이다.

삼합의 경우로 넘어가기 전에 이러한 결합의 타당성을 짚어보도록 하자. 성경과 독영경, 성경과 대질경 이렇게 성경을 독영경과 대질경에 의거해서 나누게 될 때 우리는 본질이 있는 성경과 본질이 없는 성경을 구분할 수 있게 된다. 이 이합들은 대상을 세분하는 일정한 타당성을 갖고 있다. 그러나 성경과 대질경, 독영경과 대질경 이 이합들에서 대질경의 타당성이 분명하지 않다. 앞의 대질경은 성경을 성경이게 하는 지반이지만, 뒤의 대질경은 독영경을 독영경이게 하는 지반이 아니고 또 그럴 수도 없다. 이 범주가 타당성을 얻으려면 규기가 예로 들고 있는 기억과 기대의 대상이 대질경이 없는 독영경과 성격이 다르다는 것을 보여주어야 한다. 간단히 말해 독영경에 대질경이 지반으로서 역할을 하려면 대질경이 지반이 되지 않는 경우를 들어야 한다. 독영경이자 대질경인 예로 규기는 제6의식이 과거와 미래의 경을 연하는 경우를 드는데, 이는 단일의 경우에 독영경을 논할 때 들지 않았던 예이다. 과거의 대상을 기억하고 미래의 대상을 기대하는 작용은 지금 지각이 없다는 믿음과 관련이 있지만[35], 거북이의 털이나 토끼의 뿔을 지각하는 작용은 그렇지 않다. 거북이 등에 덮인 수초들을 보고 털을 보거나 토끼의 귀를 보면서 뿔을 보는 일 등은 지금 지각이 있다고 하는 믿음과 관련이 있다. 이러한 차이가 있지만 성경과 대질경, 독영경과 대질경 같은 이합들로는 이 차이가 드러나지 않는다. 특히 독영경이자 대질경 이 2합의 타당성이 충분히 서술되고 있지 않다. 본질에 의지하지 않는 제8식의 심소가 독영경인 경우와 구분하는 기준이 될 수는 있겠지만, 독영경의 상이한

....
35. 숀 갤러거 · 단 자하비 지음, 박인성 옮김, 『현상학적 마음』(도서출판 b, 2013), p. 67.

여러 예를 구분하는 기준이 될 수는 없다. 더구나 석녀의 자식의 경우는 순수하게 논리적인 대상이기 때문에 대질경을 수반하지 않는다고 보아야 한다.

넷째, 성경이자 독영경이자 대질경인 3합의 경우로, 규기는 제8식이 정과색(定果色)을 연하는 경우를 들고 있다. 정과색 제6식의 정(定)의 세력에 의해 형성되는 색이다. 이 경우 제8식의 심소들, 즉 5변행심소의 소연은 독영경이고, 심왕의 소연은 성경이자 대질경이다. 제8식은 제6식에 의해 형성된 색을 본질로 하기 때문에, 전5식이 제8식이 변현한 색을 본질로 하기에 성경이자 대질경이라 하듯이, 이 또한 성경이자 대질경이다. 제8식의 심소들은 업과(業果)가 아니어서 독영경이듯이, 이 경우 이 심소들은 정과(定果)가 아니기에 독영경이다.

2) 성류와 계계와 종자 상호 간의 결합

성경을 서술할 때 그랬던 것처럼 규기는 이 결합에서 성류와 계계를 끌어들이면서 동이관계를 논한다.

> 둘째, 또 "성(性)과 종자 등은 각각의 경우에 따른다."란, ── 위의 세 가지 경(境)이 각 경우에 따른다는 것을 보여주는 것이다. ① 혹은 성이 같다 할지라도 계박과 종자는 같지 않다. 예를 들어 몸이 아래의 대지에 머물면서 위의 계의 천안과 천이를 연하는 경우이다. ② 혹은 계박이 같다 할지라도 성과 종자는 같지 않다. 예를 들어 5식이 자기 계의 5진을 연하는 경우이다. ③ 혹은 종자가 같다 할지라도 계박이 같지 않다. 취(聚)에 의거해서 논한다면 (같음이) 있고 한 법에 의거해서 논한다면 (같음이) 없다. 가령 제8식취의 심소의 소연은 견분과 종자가 같고 심왕의 소연은 계박이 같지 않다. 둘이 합하고 셋이 합하는 일도 생각하면 알 수 있을 것이다. 이 한 송으로써 제법의 체가 결정된다.[36]

첫째, 성류는 같지만 계계와 종자는 다른 경우[性同繫種不同]. 둘째, 계계는 같지만 성류와 종자는 다른 경우[界同性種不同]. 셋째, 종자는 같지만 계계가 다른 경우[種同繫不同]이다. 첫째, 성류는 같지만 계계와 종자가 다른 경우로 규기는 아래 대지(下地)의 제8식이 위의 계(上界)의 천안과 천이를 연하는 경우를 들고 있다. 제8식은 무부무기이고 천안과 천이도 위의 계의 제8식이 변출한 것으로 무부무기이지만, 제8식은 욕계에 계박되어 있고 천안과 천이는 위의 계에 계박되어 있으므로 계(界)가 다르다. 또 제8식의 견분은 견분의 종자에서 생하고 천안과 천이는 위의 계의 제8식이 변위한 것으로 (견분과) 다른 상분의 종자에서 생한 것이므로, 각각 다르다. 둘째, 계계는 같지만 성류와 종자가 다른 경우로 규기는 전5식이 자계(自界)의 5진(塵)을 연하는 경우를 들고 있다. 이는 욕계의 전5식이 욕계의 5진을 연하는 경우일 터인데, 앞의 성경에서 본 바와 같이, 이 전5식은 제8식이 변출한 경을 본질로 하기 때문에 견분과는 다른 종자에서 생하고, 전5식은 선·악·무기에 통하지만 5경은 오로지 무부무기이므로 견분과 성류가 다르다. 계계를 고려하지 않을 수 없는 것은 욕계에 태어나서 상계의 천안과 천이를 얻는 경우가 있고, 위의 계에 태어나서 욕계를 보는 경우 등이 있기 때문이다. 셋째, 종자는 같지만 계계가 다른 경우로 규기는 이는 취(聚)에 의거해서 논할 때는 있지만 한 법(法)에 의거해서 논할 때는 없다고 말하고 있다. 제8식 심취(心聚)가 자기 대지(自地)의 5경을 연하든 위의 계의 천안과 천이를 연하든 심소의 경은 견분을 따르기에 종자가 같겠지만, 계계는 다르다. 성류가 다르다고 말하지 않는 것은, 말했듯이 제8식의 견분도 무부무기이고 상분인 천안과 천이도 무부무기이기 때문이다.

- - -

36. 『成唯識論掌中樞要』(『大正藏 43』, p. 620中), "二者, 又性種等隨應者: 顯上三境隨其所應. 或性雖同而 繫種不同. 如在下地緣上界天眼耳. 或繫雖同性種不同. 如五識緣自界五塵. 種雖同而繫不同. 約聚論之 卽有, 一法論之卽無. 如第八識聚心所所緣與見同種, 心王所緣而繫不同. 二合三合思准可知. 以此一頌 定諸法體."

3

.

행상문 1

규기는 법상종이 소의경전으로 삼고 있는 『성론』을 주석하면서도, 때로 『성론』의 논의를 확장하거나 『성론』에 없는 새로운 학설을 창출하려고 시도하기도 했는데, 행상(行相)에 대한 새로운 해석도 그 시도 중의 하나이다.

소승이 대상의 표상으로 이해하던 행상을 호법을 비롯한 유식의 논사들은 식의 작용인 견분으로 보면서 논의를 활발하게 전개했다. 규기는 이들과 함께 견분을 행상으로 보는 해석을 풀이하며 정리하면서도 이에 그치지 않고 견분의 상관물인 상분을 행상으로 보는 해석도 새롭게 전개했다.

규기는 견분을 행상으로 보는 해석을 펼 때 세 가지 정의를 제시하는데, 그중 첫째는 견분 행상이 체상에 대해 행한다는 정의이다. 그는 이 예로 진여를 연하는 무분별지를 들지만, 사실 이는 대상 자체인 체상(體相)을 지향하는 것이 아니기에, 체상에 대해 행한다는 정의를 확장하기 위해 의식의 '작용 지향성'이 아닌 주체의 '기능하는 지향성'(fungierende Intentionalität)으로 눈을 돌린다.[1] 또 규기는 상분을 행상으로 보는 해석을 펼 때 『유가론』의 "소연은 동일하고 행상은 동일하지 않다"는 문장[2]을 끌어와서 상분 행상이 본질인 소소연연을 포괄할 수 있다는 것을 보여주고자 한다. 그런데 상분 행상의 필요성을 역설하면서 제시하는 예가 본질이 없는 제8식 및 이와 동시의 심소들이기 때문에, 본질이 없는 식의 성격을 규명하기 위해 『유가론』의 "소연은 동일하고 행상은 동일하지 않다."와 『성론』의 "소연은 상사하고 행상은 각각 다르다."를 회회시키는 시도를 행한다. 통합해 가는 최종 단계의 해석에서 『유가론』의 '동일한 소연'은 진여에, 『성론』의 '상사한 소연'은 본질이 없는 대상에 적용해서, 상분 행상이 견분 행상에 의존한다는 것을 새로운 시각에서 보여준다.

이 문에서는, 규기가 호법을 따라 견분을 행상으로 보는 해석을 제시할 때 세 가지 정의 중 왜 첫째 정의를 본질적인 정의로 생각하는지, 또 견분을

• • •

1. 후설의 '작용지향성'과 '기능하는 지향성'에 대해 닛타 요시히로(新田義弘)는 다음과 같이 설명한다. "메를로-퐁티는 후설이 작용지향성과 기능하는 지향성을 구별하고 있었다는 것에 주의를 촉구하고, 전자는 이른바 대상화적인 정립적 지향성인 작용지향성인 데 반해서, 후자는 '세계와 우리는 자연적으로 선술어적 통일을 형성하고 있다'고 하는 점을 서술하고 있는데, 후설이 보여준 수동적 종합이나 세계 신념의 분석은 의식이 순수한 내면성이 아니라, 의식이 '자기로부터 외출하는 것Aussich-gang' 즉 하이데거적으로 말하면, 탈-자적 실존 Ex-istenz이라는 것의 규정을 촉구하는 것이라는 점이 여기서 가부없이 확인되는 것이리라." 닛타 요시히로 지음, 박인성 옮김, 『현상학이란 무엇인가』, 도서출판 b, 2014, pp. 143.

2. 이 문장이 들어 있는 『유가론』의 대목은 다음과 같다.

彼助伴者, 謂彼俱有相應諸心所有法. 所謂, 作意觸受想思, 及餘眼識俱有相應諸心所有法. 又彼諸法同 一所緣非一行相, 俱有相應一一而轉. 瑜伽師地論(『大正藏 30』) p. 279中.

안식과 상응하는 심소들, 즉 촉·작의·수·상·사 같은 변행심소 및 선이나 불선 심소들이 안식과 동시에 일어날 때 "소연은 동일하고 행상은 동일하지 않다."고 말하고 있다. 이 대목에서 전달하고자 뜻을 있는 그대로 파악한다면, 『성론』의 "소연은 상사하고 행상은 각각 다르다."의 뜻과 다르지 않지만, 규기를 비롯한 법상종의 논사들은 『성론』의 '상사하다'와는 다른 기표를 쓰고 있는 『유가론』의 '동일하다'에 새로운 의미를 담아 『성론』에서 미처 논하지 않은 사상을 새롭게 전개하려 하고 있다.

행상으로 보는 해석을 상분을 행상으로 보는 해석으로 관점을 달리해 해석하면서도 이 상분을 행상으로 보는 해석을 본질인 소소연연으로까지 확장하려 하는지, 또 그 과정에서 『유가론』의 '동일한 소연'을 왜 진여로까지 확대하게 되고, 『성론』의 '상사한 소연'을 왜 본질이 없는 식으로까지 확대하게 되는지 탐구하고자 한다. 이런 과정에서 우리는 규기가 행상을 '작용지향성'으로 이해하면서도 이 지향성에 기반이 되는, 진여를 연하는 무분별지를 포함하는 주체의 '기능하는 지향성'으로도 이해하고 있다는 것을 발견하게 될 것이다.

Ⅰ. 견분을 행상으로 보는 해석

규기는 『술기』에서 『성론』의 "요(了)는 요별을 말하니, 즉 행상이다. 식은 요별을 행상으로 하기 때문이다."("了謂了別, 即是行相. 識以了別為行相故."[3])를 다음과 같이 풀이하면서 행상에 대한 논의를 시작한다.

"이것은 행상을 풀이한 것이다. 식자체분은 요별을 행상으로 하기 때문이다. 행상은 견분이다. 식체의 경우 또한 그러하다. 상(相)이란 체(體)이니 경(境)의 상을 말한다. 경의 상에 대해 행하기에 행상이라 한다. 혹은, 상이란 상상(相狀)을 말한다. 경에 대해 행할 때의 상상이기에 행상이라 한다. 앞의 해석은 무분별지에 통하지만, 뒤의 해석은 무분별지를 배제한다. 혹은, 경에 대해 행하는 행해(行解)의 상모(相貌)이다. 이 해석 또한 무분별지를 배제한다. (무분별지는) 상이 없기 때문이다. 그런데 본래는 상에 대해 행한다는

....
3. 『成唯識論』(『大正藏 31』, p. 10中).

뜻이다. 행해(行解)의 뜻이 아니다.[4]

규기는 먼저 식은 요별을 행상으로 하기 때문에 견분이 행상이라고 말하고 있다. 이렇게 견분을 행상으로 보는 이유는 견분이 체상(體相)에 대해, 또 상상(相狀)에 대해 행(行)하기 때문이다. 체상에 대해 행한다는 것은 견분 작용이 대상 자체를 지향한다는 것을, 또 상상에 대해 행한다는 것은 대상 자체가 대상적 의미를 통해 지향되어 규정된다는 것을 의미한다.[5]

또 규기는 상상에 대해 행하는 견분 행상의 경우와는 달리 체상에 대해 행하는 견분 행상의 경우는 진여를 연하는 무분별지의 경우도 포함할 수 있다고 말하고 있다. 또 규기는 대상을 지향할 때 견분은 일정한 작용의 성격을 갖기에 행해의 상모도 견분을 행상으로 보는 해석에 포함될 수 있다고 생각해 볼 수 있겠지만, 본래는 체상(體相)이나 상상(相狀), 즉 상(相)에 대해 행하는 것이 행상의 뜻이기에 행해(行解)는 제외해야 한다고 주장하고 있다. 작용의 성격, 즉 행해의 상모(相貌)는 대상의 구성적 계기를 이루긴 하지만, 대상 자체를 지향한다는 행상의 본질적 성격에 비추어볼 때 행해는 행상이 될 수 없다고 주장하고 있는 것이다. 또 규기는 행해(行解)의 상모는 물론 행경(行境)의 상상도 무분별지를 배제한다고 말하고 있다. 그는 이렇게 견분 행상의 범위를 체상에 대해 행하는 무분별지의 경우로 제한하고 있는데, 뒤에 가서 『유가론』의 "소연은 동일하고 행상은 동일하지 않다."는 문장을 풀이하면서 상분을 행상으로 보는 해석을 새롭게 제시할 때, 이 견분 행상의 본질적 성격을 더 분명히 밝히고 있다. 그때 그는 규정가능성으

• • •

4. 『成唯識論述記』(『大正藏 43』, p. 315中下), "此解行相. 識自體分以了別爲行相故. 行相見分也. 類體亦然. 相者體也, 即謂境相. 行於境相, 名爲行相. 或相謂相狀. 行境之相狀, 名爲行相. 前解通無分別智, 後解除彼. 或行境之行解相貌. 此解亦非無分別智. 以無相故. 然本但是行於相義. 非是行解義."

5. 견분이 지향하는 대상은 대상 자체, 대상적 의미, 정립성격으로 구성되어 있다. Drummond, J. J., The structure of intentionality, In D. Welton(ed.) The New Husserl—A Critical Reader (pp. 65-92), *Bloomington and Indianapolis*, Indiana University Press, 2003, pp. 71-75.

로서의 대상 자체, 즉 체상이 바로 진여일 수는 없다고 말하면서, 다시 말해 대상 자체로 향하는 견분의 '작용 지향성'이 작용하지 않을 때의 체상이 진여라고 말하면서 견분 행상의 범위를 더 좁혀 확실히 규정하고 있는 셈이다.

"소연은 동일하고 행상은 동일하지 않다."는 『유가론』의 설과 "소연은 상사하고 행상은 각각 다르다."는 『성론』의 설을 화회시키면서 '소연은 동일하다' 할 때의 소연을 진여로 보기에 앞서, 체상에 대해 작용하는 견분 행상을 진여를 연하는 무분별지로 확실하게 좁혀 잡고 있는 것은, 『추요』에서 찾아볼 수 있다.

> 첫째, 영상을 행상이라 한다. 견분 행해의 상상(相狀)이고, 견분 행경의 상모(相貌)이기 때문이다. 둘째, 견분을 행상이라 한다. 경의 체(體)에 대해 행(行)하기 때문이다. 가령 무분별지에는 상상이 없다.

이 『추요』의 글에서 우리는 견분을 행상으로 보는 해석에서 작용의 지향적 상관물인 대상 자체를 행상의 본질적 의미로 삼고 있다는 것을 확인할 수 있다. 아직은 무분별지가 진여를 연하는 경우를 식의 지향성과 관련해서 보고 있지만, 규기가 결국 의도하고자 하는 것은 의식의 '작용 지향성'을 주체의 '기능하는 지향성'에 포섭하는 것이다.

Ⅱ. 상분을 행상으로 보는 해석

상분을 행상으로 보는 해석은 『추요』, 『술기』 등에서 찾아볼 수 있다.[6] 상분을 행상으로 보는 해석에 의해 견분을 행상으로 보는 해석이 명료하게 성립하게 되겠지만, 이 과정에는 다양한 요인들이 개입하고 있어서 문제를 일으키기도 하므로, 유의해서 살펴볼 필요가 있다. 우선, 상분을 행상으로

- - -

6. 후카우라 세이분(深浦正文)은 『유식삼십송풀이』(pp. 175-176)에서 "그런데 또한 행상을 소연의 상분으로 해석하는 경우도 없는 것은 아니다. 중산(中算)의 『사분의사기(四分義私記)』권상에 의하면 이것에 두 가지 해석을 드는데, 첫째는 상분은 견분소행(見分所行)의 상(相)이므로 행상이라 한다고 말하며, 둘째는 상분은 본질(本質)에 행하는 상(相)이므로 행상이라 한다고 말한다. 다만 상분행상(相分行相)은 오로지 소승의 설이므로 대승에서는 저것에 어지럽혀지지 않는 견분행상(見分行相)의 뜻으로서 해석하는 것이 지당하다. 『성론』에서 말하는 내용도 또한 그러하다."고 말하는데, 이는 그릇된 주장이다. 상분은 견분의 상관물이자 견분과는 다른 상분 고유의 성격을 갖고 있기 때문이다. 비록 규기를 비롯한 법상종의 논사들이 상분의 이 고유한 성격을 충분히 궁구진 못했지만, 이들의 발견과 노력의 중요성은 결코 간과할 수 없는 것이다.

보는 해석을 견분을 행상으로 보는 해석과 함께 명확하게 정의하고 있는 『추요』부터 살펴보자.

> 행상에는 둘이 있다. 첫째는 영상상분을 행상이라 한다. 왜 본질의 경과 유사한가? 둘째는 견분을 행상이라 한다. 왜 (본질의 경과) 유사하지 않은가? [답] 첫째, 영상을 행상이라 한다. 견분 행해의 상상(相狀)이고, 견분 행경의 상모(相貌)이기 때문이다. 둘째, 견분을 행상이라 한다. 경의 체(體)에 대해 행(行)하기 때문이다. 가령 무분별지에는 상상이 없다. 그러므로 유사하다, 유사하지 않다고 하는 것이다. 또 영상상분이 오로지 경과 유사하다고 말할 수 있는 것은 결코 아니다. 무위를 연하는 것 등은 유사하지 않기 때문이다.[7]

상분을 행상으로 보는 해석이 가능한 이유는, 이 해석이 견분을 행상으로 보는 해석과 상관관계에 있기 때문이다. 상분은 견분 행해의 상상(相狀)이고 견분 행경의 상모(相貌)이다. 『술기』에서 상상은 행경의 상상이고 상모는 행해의 상모였는데, 이 『추요』에서는 상상은 행해의 상상이고 상모는 행경의 상모라고 하면서 상상과 상모를 엇갈아 대입하고 있다. 그 이유는, 여기서는 작용의 지향적 성격이 아니라 지향된 대상에 초점을 맞추고 있기 때문이다. 지향된 대상은 지향된 의미대로 각각 정립성격을 담고 있다. 견분을 행상으로 보는 해석에서는 배제되었던 행해의 상모가 상분을 행상으로 보는 해석에서는 대상의 한 구성계기인 정립성격으로서 등장하고 있는 것이다.

견분을 행상으로 보는 해석 중 둘째 정의, 즉 견분 행상은 상상(相狀)에 대해 행한다는 정의가 여기서는 배제되어 있다. 견분 행상이 지향하는 대상

• • •

7. 『成唯識論掌中樞要』(『大正藏 43』, p. 647下-648上), "行相有二. 一影像相名行相. 何故即似本境? 二見分名行相. 何故不似耶? 答: 影像名行相. 見分之行解狀, 見分之行境相貌. 見分名行相. 行於境體中故. 如無分別智無狀相. 故似不似. 又未必影像相一向似境. 無為緣等即不似故."

이라 하더라도 상상에 대한 행한다는 정의를 우선으로 삼게 되면, 무분별지가 진여를 연하는 경우를 놓치게 되기 때문이다. 견분 행상은 체상에 대해 행한다는 정의가 견분을 행상으로 하는 해석의 본질적 의미라는 것을 알 수 있다.

그런데 견분을 행상으로 보는 해석과 상분을 행상으로 보는 해석은 『술기』에서 또 찾아볼 수 있다. 앞의 『술기』에서는 견분을 행상으로 보는 해석을 좁히려고 했다면, 이 『술기』에서는 상분을 행상으로 보는 해석을 넓히려고 하고 있다. 규기는 "이 요별의 용은 견분에 속한다(此了別用見分所攝)."[8]는 『성론』의 문장을 다음과 같이 풀이하고 있다.

> 소연상분에 대해 요별의 용(用)이 있다. 행상이기 때문이다. 이는 식의 견분이지 다른 분(分)이 아니다. 그런데 행상에는 두 가지가 있다. 첫째는 견분이다. 이 문(文)[9]에서 설하는 바와 같다. 즉 모든 식(識)들에는 다 이 행상이 있다. 소연에 대해 반드시 있다. 둘째는 영상상분을 행상이라 한다. 그 모든 식에 있거나 혹은 없다. 소연이 일정하지 않기 때문이다. 가령 이 논 하권의 소연연을 논하는 대목에서 두 소연연의 체를 제시하고 있다. 또 『유가론』 등에서 '소연은 동일하다'고 설하는 것이 이것이다. 이제 이 논은 우선 모든 식에 반드시 있다는 것에 의거해서 설하고 있다. 혹은 소승과 체가 다르다는 것을 설하고 있다. 영상을 행상이라 한다면 소승과 같게 되기 때문이다. 그런데 오직 첫째 해석만 있고 둘째 해석이 없다면, 어떻게 제8식 및 이와 동시의 다섯 심소법이 어떻게 "소연은 동일하고 행상은 동일하지 않다."고 말할 수 있겠는가? 그러므로 반드시 두 해석이 필요하다.[10]

- - -

8. 『成唯識論』(『大正藏 31』, p. 10上).

9. 『成唯識論』의 "이 요별의 용은 견분에 속한다(此了別用見分所攝)."

10. 『成唯識論述記』(『大正藏 43』, p. 317中), "謂於所緣相分之上有了別用. 即行相故. 是識見分非是餘分. 然行相有二. 一者見分. 如此文說. 即一切識等皆有此行相. 於所緣上定有. 二者影像相分名為行相. 其一切識或有或無. 所緣不定故. 如此論下所緣緣中, 出二所緣緣體. 又瑜伽等說同一所緣是也. 今此且

이 『술기』의 글에서는 견분 행상과 상분 행상을 앞의 『술기』나 『추요』의 글에서와는 다른 방식으로 서술하고 있다. 규기는 견분을 행상이라 할 때는 모든 식에 행상이 다 있지만, 상분을 행상이라 할 때는 소연이 일정하지 않기 때문에 어떤 식에는 행상이 있고 어떤 식에는 행상이 없다고 말하고 있다. 『추요』에서 말한 대로 본다면, 상분 행상이 없는 경우는 무분별지가 진여를 연하는 경우이다. 무분별지에는 상분이 없기 때문이다. 그러나 이 『술기』의 글을 자세히 들여다보면, 무분별지가 진여를 연하는 경우를 두고 상분 행상이 없다고 말하는 것이 아님을 알 수 있다. 규기는 소연이 일정하지 않은 이유로 두 가지를 든다. 첫째는 『성론』에서 설하는 바와 같이 소연연에는 친소연연과 소소연연이 있기 때문이고, 둘째는 『유가론』에서 설하는 바와 같이 소연은 동일하고 행상은 동일하지 않기 때문이다. 이어서 "제8식 및 이와 동시의 다섯 심소법이 어떻게 소연은 동일하고 행상은 동일하지 않다고 할 수 있겠는가?" 하면서 이 상분을 행상으로 보는 둘째 해석의 필요성을 강조하는 것을 보면, 제8식 및 이와 동시의 다섯 심소법이 이 두 이유를 충족시키고 있다고 보아야 한다.

규기의 주장을 다음과 같이 생각해 볼 수 있다. 영상상분을 행상으로 보는 해석은 견분을 행상으로 보는 해석과 상관관계에 있다. 그런데 소연연에는 친소연연과 소소연연이 있으니, 영상상분은 본질이 있는 경우와 본질이 없는 경우로 나뉠 수 있다. 영상상분을 본질이 있는 경우에 제한한다면, 상분 행상은 본질이 없는 경우에 적용될 수 없기 때문에, 상분 행상은 어떤 식에는 있고 어떤 식에는 없다. 그러나 문제는, '소연은 동일하다' 할 때의 소연을 본질인 소소연연으로 보자고 하는 것이므로, 제8식과 이와 동시의

. . .

約諸識定有者說. 或與小乘別體者說. 以影像相為行相者, 小乘同故. 然唯初解無第二者, 第八俱時五心所法, 如何可說'同一所緣不同一行相'? 故須二解." '有'를 '用'으로 수정했다. 『술기』의 이 문은 논의 "此了別用見分所攝(이 요별의 용은 견분에 속한다)"을 풀이한 것이기 때문이다.

심소들에는 "소연은 동일하고 행상은 동일하지 않다."는 『유가론』의 설을 적용할 수 있는가 하는 것이다. 전7식의 본질 또는 소소연연을 말했다면 상분을 행상으로 보는 해석을 확장하려는 그의 의도를 분명히 드러낼 수 있었을 테지만, 지금 규기는 본질이 없는 제8식 및 이와 동시의 심소들의 예를 들고 있기 때문에, 그의 주장을 이 예로부터 어떻게 이해해야 하느냐 하는 문제가 생긴다. 왜냐하면, 본질이 없는 식을 통해서 상분을 행상으로 보는 해석을 확장할 수는 없기 때문이다. 또 제8식 및 이와 동시의 심소들이라고 한 데 묶어 말했지만, 제8식과 다섯 심소들은 성격이 서로 다르다. 제8식은 타자의 제8식이 변현한 것을 소소연연으로 삼을 수 있지만, 제8식과 동시에 일어나는 다섯 심소들, 즉 촉·작의·수·상·사는 그렇게 할 수 있는 것이 아니기 때문이다.[11] 이 예로 상분을 행상으로 하는 해석을 확장하고자 한다면, 다섯 심소들은 버리고 제8식을 취해야 한다. 어쨌든 규기는 제8식 및 이와 동시의 심소들의 예를 들어 상분을 행상으로 보는 해석을 소소연연으로까지 확장하려는 의도를 명확히 드러냈다고 볼 수 없다.

그런데 이 예를 이렇게 보고 넘어갈 수는 없는 것 같다. 규기가 『유가론』의 "소연은 동일하고 행상은 동일하지 않다."와 『성론』의 "소연은 상사하고 행상은 각각 다르다."를 다섯 단계를 밟아가며 통합할 때, 최종 단계에서 『유가론』의 '소연은 동일하다'는 진여에, 『성론』의 '소연은 상사하다'는 제6식의 본질이 없는 대상인 허공의 꽃, 거북이의 털에 적용한 것을 보면, 상분을 행상으로 보는 해석도 결국은 견분을 행상으로 보는 해석에 기초한다는 것을 보여주고 있다고 할 수 있기 때문이다. 그렇다면 상분을 행상으로 해석을 소소연연으로 확장하려는 시도는 결국은 견분 행상으로 시선을 돌려야 가능하다. 대상으로 향하는 의식의 '작용 지향성'에서 출발점을

- - -

11. "제8식이 자기 대지의 산경을 연하는 경우 심왕의 경은 인연변이기에 성경이지만, 제8식의 심과 상응하는 5변행심소의 경은 독영경이다." 인연변과 분별변에 대해서는 이 책 p. 54, pp. 59-60, p. 82 참조

잡았지만, 이 지향성이 주체의 '기능하는 지향성'에서 유래한다는 것을 보여주려 한다는 것을 여기서 미리 확인할 수 있다.

Ⅲ. 견분을 행상으로 보는 해석과 상분을 행상으로 보는 해석의 화회(和會)

규기는 상분을 행상으로 보는 해석을 본격적으로 확장하기 위해 이제 "소연은 동일하고 행상은 동일하지 않다."는 『유가론』의 설과 "소연은 상사하고 행상은 각각 다르다."는 『성론』의 설을 통합하려는 시도를 행한다. 이 작업이 원활하게 수행될 때, 제8식 및 이와 동시의 심소들의 '소연은 동일하다'의 의미와, 견분을 행상으로 보는 해석 중 첫 번째 정의, 즉 진여를 연하는 무분별지의 견분 행상의 성격이 명백히 규명될 수 있을 것이다.

규기는 진여를 연하는 무분별지 및 본질이 없는 심을 두고 상분 행상을 논하기에는 『성론』과 『유가론』이 모두 한계를 갖고 있다고 지적하며 이 둘을 통합할 필요가 있다고 강조한다.

비록 제3권에서 둘을 화회(和會)하고 있지만, 무분별지가 진여를 연할 때는 소연이 상사하지 않고 동일하다고 말해야 한다. 이 『성론』의 문은 이치를 다한 것이 아니다. 만약 『유가론』에 의거해서 동일하다고 말한다면,

본질이 없는 심(心)은 오직 상사할 뿐이기 때문에 동일하다고 말해서는 안 된다. 두 논의 문을 화회시켜야 바른 이치가 된다. 치우쳐서 취하면 모두 그르치게 된다.[12]

『성론』의 "소연은 상사하고 행상은 각각 다르다."에서는 '상사하다'에, 『유가론』의 "소연은 동일하고 행상은 동일하지 않다."에서는 '동일하다'에 주목하면서 이 둘이 통합되는 과정을 살펴보아야 한다. 규기는 이 '동일하다'와 '상사하다'는 말을 통해 상분 행상을 확장하려고 하고 있기 때문이다.

진여를 연하는 무분별지의 경우와 본질이 없는 대상을 연하는 심의 경우를 상분을 행상으로 보는 해석에 포섭시켜야 하는데, 규기는 『유가론』과 『성론』을 화회(和會)시켜 가는 과정의 최종 단계에서 전자는 『유가론』을 통해서, 후자는 『성론』을 통해서 통합한다. 그러기 위해서 규기는 먼저 다섯 단계의 해석을 다음과 같이 총괄적으로 제시한다.

혹은 두 논서의 문(文)은 다음과 같은 것을 설한다. 『유가론』은 상사함에 의거해서 동일하다고 설한다. 『성론』은 경의 동일함에 의거해서 상사하다고 설한다. 동일한 경(境)에 대해 전전하기 때문에 또한 위배되지 않는다. 『성론』의 '소연은 상사하다'와 『유가론』의 '소연은 동일하다'에 대해서 다섯 가지 해석 방식이 있다. 첫째, 『유가론』의 문에 의거해서 해석하는 방식, 둘째, 『성론』의 문에 의거해서 해석하는 방식, 셋째, 『유가론』은 본질에 의거하고 『성론』은 영상에 의거한다고 해석하는 방식, 넷째, 『유가론』과 『성론』 모두 같은 것에 의거한다고 해석하는 방식, 다섯째, 『유가론』은 무위법에 의거해서 본질의 연이 있고 『성론』은 유위법에 의거해서 본질의

. . .

12. 『成唯識論掌中樞要』(『大正藏 43』, p. 631上), "雖第三卷有二和會, 然無分別智緣於眞如所緣不相似, 應言同一. 此唯識論文不盡理. 若就瑜伽云同一, 卽無本質心唯相似故不可言同一, 應會二論文以爲正理. 偏取可皆非."

연이 없다고 해석하는 방식이다.[13]

규기는 이에 대해 더 이상 아무 말도 하고 있지 않기에 중산(中算; 935~97
6)[14]의 풀이를 보면서 그의 견해를 살펴보도록 하겠다. 먼저 첫째 단계의
해석이다.

> [문] 첫째 해석의 취지는 무엇인가? [답] "첫째, 『유가론』의 문에 의거한다
> 는 것"은 『성론』을 『유가론』과 같게 한다는 것이다. 이 취지에 의하면,
> 『유가론』은 본질에 의거해서 '소연이 동일하다'고 설하고 영상에 의거해서
> '행상이 각각 다르다'고 설하는데, 그렇듯이 이제 『성론』은 본질에 의거해서
> '상사(相似)하다'고 설하고, 영상에 의거해서 '각각 다르다'고 설하는 것이다.
> [문] 본질은 동일한데 왜 『성론』에서 상사하다고 설하는가? [답] '상사하다'
> 란 '동일하다는 뜻이다. 상반되지 않는다. 그래서 『분량결』에 이르길, "상사
> 하기에 동일하다."고 한다.[15]

『유가론』에서 "소연은 동일하고 행상은 동일하지 않다."고 할 때의 이
소연을 영상상분으로 보면, 『성론』에서 "소연은 상사하고 행상은 각각 다르

---

13. 『成唯識論掌中樞要』(『大正藏 43』, p. 631上), "或二文說: 瑜伽約相似同一. 此論約境一名相似. 同一境
轉故, 亦不相違. 釋所緣相似與瑜伽同一所緣有五釋. 一就彼文, 二就此文, 三彼約本質此依影像, 四彼
此約皆同, 五彼依無為有本質緣此依有為無本質緣."

14. 일본 헤이안 시대의 유식논사인 중산은 유식사분의(唯識四分義)를 다룬 『四分義極略私記』,
「行相異說門」에서 규기의 견해를 지지하면서 이 다섯 단계의 해석을 풀이하고 있다. 중산이
규기의 견해를 지지하면서 논의를 전개하고 있다는 것은 이 책 「행상문 2」에서도 확인할
수 있다.

15. 『四分義極略私記』(『大正藏 71』, p. 461上), "問: 初釋意何? 答: 一就彼文者以唯識論令同瑜伽也.
意云, 瑜伽約本質云同一所緣約影像云行相各別. 今唯識論約本質相似約影像云各別也. 問: 本質是
一, 何唯識論云相似耶? 答: 相似者同一義也. 是不相違也. 故分量決云, 相似故名同. 問: 第二釋意何?
答: 以瑜伽論令同唯識論文也. 意云, 唯識約影像云所緣相似, 約見分云行相各別. 今瑜伽約影像云同一
所緣, 約見分云不同一行相. 問: 心心所所變影像不同, 何瑜伽云同一耶? 答: 同一者相似義也."

다.”고 할 때의 소연과 같은 것이 되기에, 규기는『유가론』의 ‘소연은 동일하다’에 특별한 의미를 부여하기 위해 이를 다시 숙고하기 시작한다. 다양한 작용들이 지향하는 동일한 대상은 작용성격대로 대상적 의미를 견지하고 있다. 각 작용들의 대상은 이런 점에서 동일하지 않고 서로 유사하다. 그런데도 상사한 것을 동일한 것으로 이해하려는 것은 다양한 작용성격들의 의미가 동일한 대상 안에 통일되어 있기 때문이다.

그런데 이 첫째 단계의 해석에서 동일한 것은 동일한 대상이 아니라 본질이다. 따라서 동일한 대상 안에 작용성격들의 의미를 통일하기 위해서라기보다 동일한 대상 이전의, 동일한 대상을 유발하는 선구성된 수동성의 영역 상의 차이를 언급하기 위해서일 것이다. 이 차이로 인해 다양한 작용성격들은 동일한 대상으로 통일된다. 그렇기 때문에『성론』의 상사함을 이렇게 해석된『유가론』의 본질의 동일함으로 이해하더라도 이 동일함이 동일한 대상을 유발하는 차이에서 유래한다는 것을 놓치지 않아야 한다.

다음은 둘째 해석이다.

> [문] 둘째 해석의 취지는 무엇인가? [답]『유가론』의 문장을『성론』의 문장과 같게 한다는 것이다. 이 취지에 의하면,『성론』은 영상에 의거해서 ‘소연이 상사(相似)하다’고 설하고 견분에 의거해서 ‘행상이 각각 다르다’고 설하는데, 그렇듯이 이제『유가론』은 영상에 의거해서 ‘소연이 동일하다’고 설하고, 견분에 의거해서 행상이 ‘동일하지 않다’고 설하는 것이다. [문] 심과 심소가 변현한[所變] 영상은 동일하지 않은데, 왜『유가론』에서 동일하다고 설하는가? [답] ‘동일하다’란 ‘상사하다’는 뜻이다.[16]

• • •
16.『四分義極略私記』(『大正藏 71』, p. 461上), “問: 第二釋意何? 答: 以瑜伽論令同唯識論文也. 意云, 唯識約影像云所緣相似, 約見分云行相各別. 今瑜伽約影像云同一所緣, 約見分云不同一行相. 問: 心心所所變影像不同, 何瑜伽云同一耶? 答: 同一者相似義也.”

첫째 단계의 해석에서는 『성론』의 상사함을 『유가론』의 동일함으로 이해했는데, 이 둘째 단계의 해석에서는 『유가론』의 동일함을 『성론』의 상사함으로 이해하고 있다. 서로 유사하게 현현하는 영상을 동일하다고 말하려면, 이 동일함을 동일한 대상으로 이해해야 한다. 다양한 작용성격들이 동일한 대상으로 향하기에 서로 유사할 수 있다. 이렇게 하기 위해서는 애초에 규기가 의도하던 소연을 본질로 간주하는 생각을 포기해야 하는데, 이렇게 하게 되면 상분을 행상으로 보는 해석을 확장하려는 그의 의도에서 벗어나게 된다. 그래서 다음의 셋째 단계의 해석에서 소소연연을 다시 언급하게 된다.

> [문] 셋째 해석의 취지는 무엇인가? [답] 소(疏)의 둘째 해석과 같다. 이 해석에 의거하면, 『유가론』은 영상에 대해 설하지 않고, 『성론』은 본질에 대해 설하지 않는다.[17]

답에 나오는 '소(疏)의 둘째 해석'이란 규기가 『술기』에서 서술하고 있는, "『유가론』은 소소연연에 의거해서 설하고 있고, 『성론』은 친소연연에 의거해서 설하고 있다."는 것을 두고 하는 말이다.[18] 이 셋째 단계의 해석에

....

17. 『四分義極略私記』(『大正藏 71』, p. 461上), "問: 第三釋意如何? 答: 與疏後釋同也. 若依此釋瑜伽不說影像唯識不說本質也."

18. 『成唯識論述記』(『大正藏 43』, p. 319上), "然瑜伽第一說同一所緣不同一行相. 據了別領納各各不同故. 相分雖不同然極相似. 如靑爲境, 諸相俱靑相似名同, 見分各異. 雖俱是靑, 取像各異, 故名不同行相. 此中有行相與見分, 雖各非一, 各據義別, 境據總故名之爲一. 見據別故, 名爲相似. 此卷論中據實爲言, 故與瑜伽說不同也. 又, 彼約疏所緣緣, 此約親所緣緣." "그런데 『유가론』 제1권에서 설하길, "소연은 동일하고 행상은 동일하지 않다."고 한다. 요별·영납에 의거해서 각각 동일하지 않기 때문이다. 상분은 비록 동일하지 않을지라도 극히 상사하다. 가령 청색이 경이 될 때 상(相)들은 모두 청색과 상사(相似)하기에 동일하다고 하지만, 견분은 각각 다르다. 비록 모두 청색이지만 상(像)을 파악하는 것이 각각 다르기 때문에 행상이 동일하지 않다. 이 중 행상과 견분은 비록 각각 동일하지 않고 각각 의미의 다름에 의거하지만, 경은 총괄적인 것[總]에 의거하기 때문에 이를 동일하다고 한다. 견분은 개별적인 것[別]에

의하면, 『유가론』은 소소연연에 의거해서 설하고 있으니 영상에 대해서 말하지 않고, 『성론』은 친소연연에 의거해서 설하고 있으니 본질에 대해서 말하지 않는다. 사실 규기가 '소연은 동일하다'의 소연을 소소연연인 본질로 이해한 것은, 영상상분을 행상으로 보는 해석을 정당화하려면 영상상분의 지반이 되는 본질에 대해서도 견분이 작용한다는 것을 보여주어야 한다는 것을 알았기 때문이다. 식의 층위는 7전식과 제8식으로 나누어지고, 7전식은 제8식이 변현한 신체와 세계를 지반으로 해서 활동한다. 이렇게 볼 때 소소연연을 설하는 『유가론』은 영상에 대해 말하고 있고, 친소연연인 영상을 설하는 『성론』은 본질을 말하고 있는 것인데, 그런데도 규기가 "『유가론』은 영상에 대해 설하지 않고, 『성론』은 본질에 대해 설하지 않는다."고 말한 것은, 영상과 본질을 각각 부각시켜 영상상분을 행상으로 보는 해석을 확장하기 위해서이다. 앞에서 규기는 영상상분을 행상으로 보는 해석을 제시할 때 영상상분을 견분의 직접적인 상관물로서만 보았지, 이 영상상분이 수동성의 영역을 기반으로 해서 구성된다는 것을 고려하지 않았기 때문에, 이제 그는 이 영상상분을 구성하는 견분과 이 영상상분이 지반으로 삼고 있는 수동성의 영역을 구성하는 견분 간의 식의 층위에 따라 지향성을 언급하고 있는 것이다. 다음은 넷째 해석이다.

> [문] 넷째 해석의 취지는 무엇인가? [답] 『유가론』에서는 본질에 의거해서 '소연은 동일하다'고 설하고, 또한 영상에 의거해서도 '소연은 동일하다'고 설한다. 『성론』에서도 본질에 의거해서 '소연이 상사하다'고 설하고, 또한 영상에 의거해서도 '소연이 상사하다'고 설하는 것이다.[19]

. . .

의거하기 때문에 상사(相似)하다고 한다. 논(=『성론』)의 이 권(卷)은 실제에 의거해서 말하기 때문에, 『유가론』에서 설하는 바와 같지 않다. 또 저 논(=『유가론』)에서는 소소연연(疎所緣緣)에 의거해서 설하고 있고, 『성론』은 친소연연(親所緣緣)에 의거해서 설하고 있다.

19. 『四分義極略私記』(『大正藏 71』, p. 461上), "問: 第四釋意何? 答: 瑜伽約本質云同一所緣, 亦約影像云同一所緣. 唯識亦約本質云所緣相似, 約影像亦云所緣相似也."

상분을 행상으로 보는 해석을 소소연연인 본질에까지 확장하고자 하는 규기의 의도는 이 넷째 단계의 해석에 와서 완성된다. 견분 행상은 식의 층위에 따라 영상상분에 작용하기도 하고 소소연연인 본질에 작용하기도 한다는 것을 이 단계의 해석에서 읽어낼 수 있다. 그런데 상분을 행상으로 보는 해석은 견분의 식의 층위에 기반하는 견분을 행상으로 보는 해석에서 기인하는 것이기에, 이제 우리는 시선을 견분행상으로 되돌리게 된다. 다음은 다섯째 해석이다.

> [문] 다섯째 해석의 취지는 무엇인가? [답] 『유가론』에서는 무분별지가 진여를 연할 때 진여는 체(體)가 하나이기 때문에 '소연이 동일하다'고 설하고, 『성론』에서는 유위의 제6식이 본질이 없는 거북이 털이나 허공의 꽃 등을 연(緣)할 때 심과 심소의 영상이 상사하기 때문에 '소연이 상사하다'고 설하는 것이다[20]

규기는 견분을 행상으로 보는 해석을 펼 때 견분 행상이 체상에 대해 행한다는 정의와 상상에 대해 행한다는 정의 이 두 정의를 들었다. 이 두 정의에서와 같이 견분의 지향성이 대상적 의미를 통해서 작용성격대로 대상 자체로 향하기에, 상분이 견분과 상관관계를 맺게 되어 영상상분을 행상으로 삼을 수 있게 된다. 하지만 이렇게 견분 행상의 성격을 본질을 갖는 상분과 상관관계를 맺는 지향성에 한정하게 되면, 진여에 대해 행하는 견분 행상의 성격과 본질이 없는 상분에 대해 행하는 견분 행상의 성격을 밝힐 수 없게 된다. 규기는 '소연은 동일하다' 할 때의 소연을 소소연연으로

----

20. 『四分義極略私記』(『大正藏 71』, p. 461上), "問: 第五釋意何? 答: 瑜伽無分別智緣眞如時眞如體一故云同一所緣, 唯識有爲第六識緣無本質之龜毛空華等時, 心心所**影**像相似故云所緣相似也." '預'를 '影'으로 수정.

이해하면서 견분의 지향성의 범위를 확장하려 하는데, 그렇게 하려면 견분 행상이 진여에 대해 행할 수 있어야 하고, 또 본질이 없는 상분에 행할 수 있어야 한다. 그래서 넷째 단계의 해석에서 본질과 영상 두 가지 상분을 통합했기 때문에 이 단계에서는 이 이외의 대상을 통합할 수 있는 방식을 모색하게 된다. 그 결과 '소연이 동일하다'는 말로 진여를 연하는 무분별지의 경우를 통합하고, '소연이 상사하다'는 말로 본질이 없는 거북이의 털 또는 허공의 꽃을 연하는 심의 경우를 포섭하게 된 것이다. 규기에게 이제 행상은 단지 영상상분으로 향하는 '작용 지향성'일 뿐만 아니라, 신체와 세계의 본질상분으로 향하는 지향성이자 진여 및 본질이 없는 대상에까지 확대되는 주체의 '기능하는 지향성'이다.

『유가론』의 설과 『성론』의 설을 통합해 가는 이 다섯 단계의 해석에서 우리가 확인할 수 있는 것은, 견분을 행상으로 하는 해석을 펼 때 체상에 대해서 행하는 예로 무분별지가 진여를 연하는 경우를 들 때 발생할 수 있는 문제와, 상분을 행상으로 하는 해석을 펼 때 소연을 소소연연으로 확장하기 위해 제8식 및 이와 동시의 심소들의 예를 들 때 발생하는 문제를 규기는 이 다섯 단계의 해석을 통해 해결하려 했다는 점이다. 규기는 행상의 의미를 본질을 갖는 대상으로 향하는 지향성으로 시작했지만, 본질이 없는 대상으로까지 식의 지향적 성격을 확대했다. 이 과정에서 그는 진여를 연하는 경우를 포함하는 주체의 본원적인 기능성을 발견했다고 말할 수 있겠다.

4

·

행상문 2

일본 헤이안 시대의 유식논사 중산(中算, 935~976)은 선주(善珠)의 유식사
분의에 관한 논서『분량결』의 품(品)의 순서를 따라가며『극략사기』를 저술
했다. 그렇지만 이 논서는 선주의『분량결』을 단순히 주석한 논서가 아니다.
선주는『분량결』의 여러 품들을 통해 유식사분의에 관한 모든 논의를 집성
하고 이를 주석하려고 했는데, 중산은 선주의 주석을 계승하면서 그가 미처
다루지 못한 내용들을 보완하고 새로운 논제들을 채택해 설명하면서 보다
더 풍부한 내용을 담은 논서를 저술했다. 중산의「행상이설문(行相異說門)」
은 선주의『분량결』을 따라 제명을 단 것이긴 하지만, 행상에 관한 여러
가지 학설들을 단순히 나열해서 소개하고 있는『분량결』의「행상이설문」
과는 달리 법상종의 여러 논사들의 견해를 소개하며 이를 통합해 가고
있다.

행상은 소승이 바깥 대상(外境)의 표상으로 이해했던 것인데, 대승유식에
와서는 이것이 견분의 지향적 성격으로 재해석되고 있다. 그런데 지향성이

지향하는 계기인 작용과 지향되는 계기인 대상으로 나뉘듯이, 규기를 비롯한 법상종의 논사들은 행상을 정의하고자 할 때 견분을 행상으로 정의하기도 하고 상분을 행상으로 정의하기도 했다. 견분을 행상으로 보는 해석은 체상(體相)을 행상이라 하는 정의, 상상(相狀)을 행상이라 하는 정의, 행해(行解)의 상모(相貌)를 행상이라 하는 정의 이 세 가지 정의로 이루어지는데, 체상을 행상이라 하는 정의와 상상을 행상이라 하는 정의에서는 체상과 상상이 동일한 대상에 구성적 계기들로서 통합되어 있고, 행해의 상모를 행상이라 하는 정의에서는 행해가 견분의 작용성격이 되어 있기에 이 두 부류의 정의를 분명하게 구별해서 이해할 수 있어서 이들 간에는 아무런 충돌이 없다. 그러나 상분을 행상으로 보는 해석은 영상상분을 행상으로 보는 해석 곧 견분 행상이 지향하는 상분을 행상으로 보는 해석과, 본질을 소연으로 하는 영상상분을 행상으로 보는 해석 간에 충돌이 있어서, 법상종의 논사들은 이 두 해석을 화회(和會)시키기 위해 노력하지 않으면 안 되었다. 더구나 규기가 상분을 행상이라 하는 해석의 타당성을 제시하기 위해 『유가론』의 "소연은 동일하고 행상은 동일하지 않다."는 문장을 새롭게 이해했을 때, 즉 제8식 및 이와 동시의 다섯 심소의 '소연이 동일하다'는 것을 설명하기 위해 상분을 행상으로 보는 해석이 필요하다고 주장했을 때 그의 이 주장을 어떻게 이해해야 하느냐 하는 문제가 발생하게 되었다.

중산은 이 문제들을 해결하고자 포괄적 의미[寬]와 협소한 의미[狹]라는 기준을 써서 논의를 펼쳐가고 있다. 이 기준에 의해 견분을 행상으로 보는 해석 내에서 세 가지 정의의 차이를 밝혀내고, 견분을 행상으로 보는 해석과 상분을 행상으로 보는 해석을 구분해내고, 또 상분을 행상으로 보는 해석 내에서 본질이 있는 경우와 본질이 없는 경우를 분별해내고 있다. 가령 견분을 행상으로 보는 해석 내에서 체상(體相)을 행상으로 보는 정의는 포괄적 의미로 이해하고, 상상(相狀)을 행상으로 보는 해석과 행해를 행상으로 보는 해석은 협소한 의미로 이해한다. 그는 이런 방식으로 구분해 가면서 이전 단계들을 보다 높은 단계의 포괄적 의미로 통합해 가고 있다.

이 문에서는 중산이 규기·혜소·지주·도읍 등 중국 법상종의 논사들의 견해를 끌어오면서 견분을 행상으로 보는 해석과 상분을 행상으로 보는 해석을 어떻게 전개하고 이 해석들을 어떻게 통합해 나가고 있는지, 또 이 과정에서 포괄적 의미와 협소한 의미라는 기준이 어떻게 행사되고 있는지 살펴보겠다.

Ⅰ. 행상에 대한 규기의 두 가지 해석

1. 견분을 행상으로 보는 첫째 해석

중산은 "4분에 의거해서 행상을 분별하는 것과 관련해서 여러 논이 같지 않다. 그 차이를 밝히는 것이 이 문의 취지이다."[1]라고 말하면서 논의를 시작하는데, 사실 차이를 밝힌다기보다 차이를 드러내면서 이를 해소해서 통합하는 것이 이 문(門)의 목적이라고 말할 수 있다. 그는 견분을 행상으로 보는 해석과 상분을 행상으로 보는 해석에 관한, 규기·혜소·지주·도읍·여리 등 법상종의 논사들의 견해를 각 사안마다 보여주며 통합해 가고 있다. 이 점에서 중산의 『극략사기』의 「행상이설문」은 선주의 『분량결』의 「행상이설문」과는 다르다. 선주는 규기·현범·신방·원측 등의 설을 순서대로 단순히 소개하고 있을 따름이다.

* * * *

1. 『四分義極略私記』(『大正藏 71』, p. 459上), "約四分分別行相諸論不同. 明其差別此門意也."

먼저, 중산은 우선 4분, 즉 상분·견분·자증분·증자증분 중 어느 분(分)을 행상이라 하는가 묻고, 이에 대해 규기의 『술기』를 인용하며 답한다.

[2]"그런데 행상에는 두 가지가 있다. 첫째는 견분이다. 이 문(文)(=『성론』의 문)에서 설하는 바와 같다.[3] 모든 식(識)들에는 다 이 행상이 있다. 소연에 대해 반드시 있다. 둘째는 영상상분을 행상이라 한다. 그 모든 식에 있거나 혹은 없다. 소연이 일정하지 않기 때문이다."[4]

중산은 규기와 더불어 견분을 행상으로 보기도 하고 상분을 행상으로 보기도 한다. 아래에서 보게 되겠지만, 견분을 행상으로 보는 것은 견분이 대상을 지향하기 때문이고, 상분을 행상으로 보는 것은 상분이 견분, 즉 식 작용의 지향적 상관물이기 때문이다. 그런데 상분을 행상으로 보는 경우 이 상분은 영상상분이기 때문에, 본질이 있는 식에는 행상이 있지만 본질이 없는 식에는 행상이 없다. '소연이 일정하지 않다'는 이 점을 두고 하는 말이다.[5] 이처럼 상분을 행상으로 보는 해석에는 이것이 적용되지 않는 경우가 있기 때문에 중산은 규기를 비롯한 논사들의 설을 통합해 상분을 행상으로 보는 해석을 확장해서 적용할 수 있는 길을 모색하게 된다. 먼저, 견분을 행상으로 보는 해석을 살펴보겠다. 중산은 견분을 행상으로 보는

• • •

2. 이 앞에, "謂於所緣相分之上有了別用. 即行相故. 是識見分非是餘分."(『大正藏 43』, p. 317中) ("소연 상분에 대해 요별의 용이 있다. 행상이기 때문이다. 이는 식의 견분이지 다른 분(分)이 아니다.") 하는 풀이가 있다.

3. "此了別用見分所攝"("이 요별의 용은 견분에 속한다.")를 말한다.

4. 『四分義極略私記』(『大正藏 71』, p. 459上), "然行相有二. 一者見分. 如此文説, 即一切識等皆有此行相. 於所緣上定有. 二者影像相分名爲行相. 其一切識或有或無, 所緣不定故."

5. 규기는 이 풀이에 바로 이어서 "如此論下所緣緣中, 出二所緣緣體."("가령 이 논[=성론] 하권의 소연연을 논하는 대목에서 두 소연연의 체를 제시하고 있다.")고 말하는 것으로 보아, '소연이 일정하지 않다'의 소연은 두 소연연, 즉 친소연연과 소소연연을 가리킨다는 것을 알 수 있다. 소소연연은 본질과 동의어로 쓰일 때가 있다.

해석을 규기를 따라 셋으로 나누어 든다.

　　[문] 우선, 견분을 행상이라 하는 취지는 무엇인가? [답] 소(疏=『술기』)에
세 가지 해석이 있다. 첫째, 상(相)은 체상(體相)을 말한다. 견분이 경(境)의
체상에 대해 행(行)하기에 행상(行相)이라 한다. 둘째, 상은 상상(相狀)을 말한
다. 견분이 경의 상상(相狀)에 대해 행하기에 행상이라 한다. 셋째, 상은
상모(相貌)를 말한다. 견분이 경에 대해 행하는 행해(行解)의 상모를 행상이라
한다.[6]

　　견분을 행상이라 하는 것은 견분이 경(境)에 대해 행하기 때문에, 즉
대상에 대해 작용하기 때문에 행상이라 한다는 것을 알 수 있는데, 이때
상은 체상(體相)이나 상상(相狀)이다. 체상과 상상은 견분의 상관물인 대상의
구성적 계기들인 반면, 셋째 행해의 상모는 견분의 작용성격이라 할 수

---

6. 『四分義極略私記』(『大正藏 71』, p. 459中), "問: 先見分名行相意何? 答: 疏有三釋. 一云, 相謂體相.
　　見分行於境之體相故名行相. 二云, 相謂相狀. 見分行於境相狀, 故名行相. 三云, 相謂相貌. 見分之行於境
　　之行解相貌名行相."

　　이 대문은 『성론』의 "了謂了別, 即是行相. 識以了別為行相故." ("요(了)는 요별을 말하니,
즉 행상이다. 식은 요별을 행상으로 하기 때문이다.")를 풀이한 것이다. 계속 거론되는
대문이고 출입이 조금 있기에 전문을 들면 다음과 같다.

　　"此解行相. 識自體分以了別為行相故. 行相見分也. 類識亦然. 相者體也, 即謂境相. 行於境相, 名為行相.
或相謂相狀. 行境之相狀, 名為行相. 前解通無分別智, 後解除彼. 或行之行解相貌. 此解亦非無分別智.
以無相故. 然本但是行於相義. 非是行解義." (『成唯識論述記』, 『大正藏 43』, p. 315中下) ("이것은
행상을 풀이한 것이다. 식자체분은 요별을 행상으로 하기 때문이다. 행상은 견분이다. 식체의
경우 또한 그러하다. 상이란 체이니 경의 상을 말한다. 경의 상에 대해 행하기에 행상이라
한다. 혹은, 상이란 상상을 말한다. 경에 대해 행하는 상상이기에 행상이라 한다. 앞의
해석은 무분별지에 통하지만, 뒤의 해석은 무분별지를 배제한다. 혹은, 경에 대해 행하는
행해의 상모이다. 이 해석 또한 무분별지를 배제한다. (무분별지는) 상이 없기 때문이다.
그런데 본래는 상에 대해 행한다는 뜻이다. 행해의 뜻이 아니다.")

있다. 지향적 본질 중 작용의 성질을 가리킨다.[7] 대상을 지향하게 하는 의미는 질료로서 대상의 구성적 계기를 이루고, 작용의 성질은 이를 질화한다.[8] 이 세 가지 정의를 중산은 다음과 같이 풀이하고 있다.

> [문] 세 가지 해석의 취지는 무엇인가? [답] 첫째 해석의 취지에 의하면, 견분의 소연경에 그 체상이 있다. 견분이 이 체상을 유력(遊歷)하기에 행상이라 한다. 둘째 해석의 취지에 의하면, 견분의 소연경에 상상(相狀)이 있다. 견분이 이 상상을 유력(遊歷)하기에 행상이라 한다. 셋째 해석의 취지에 의하면, 행(行)이란 행해(行解)이고, 상(相)이란 상모(相貌)이다. 견분이 경에 대해 행하는 행해의 상모이기에 행상이라 한다.[9]

규기는 견분을 행상으로는 보는 해석 내의 세 정의 중 앞의 두 정의가 이 해석에 적합하다고 하고 있으므로,[10] 중산은 이 앞의 두 정의와 셋째 정의의 차이를 밝힐 필요가 있다고 생각하고, 다음과 같이 혜소의 말을 인용한다.

> 그래서 『요의등』에 이르길, "상(相)에 대해 행(行)하는 것이기에, 상(相)을 차고서 행(行)하는 것이기에 행(行)자를 평성(平聲)으로 읽어야 한다. 능연의

---

7. '작용의 질료'와 '작용의 성질'에 대해서는, 숀 갤러거·단 자하비 지음, 박인성 옮김, 『현상학적 마음』(도서출판 b, 2013), pp. 204-205 참조. 또 Dan Zahavi, *Husserl's Phenomenology*, (California: Stanford University Press, 2003.), pp. 22-24 참조.
8. '질화한다(qualify)'는 것은 의미가 작용의 성질(quality)에 담지된다는 것을 뜻한다. Dan Zahavi, *Husserl's Phenomenology*, (California: Stanford University Press, 2003.), p. 23 참조.
9. 『四分義極略私記』(『大正藏 71』, p. 459中), "問: 三釋意何? 答: 初釋意云, 見分之所緣境有其體相, 見分遊歷此體相故名行相也. 第二釋意, 見分之所緣有相狀. 見分遊歷此相狀故名爲行相也. 第三釋意云, 行者行解, 相者相貌也. 見分行境之行解相貌, 故名爲行相."
10. 『成唯識論述記』(『大正藏 43』, p. 315中下), "行於境義正是本解. 非是行解義" "경에 대해 행(行)한다는 뜻이 바르며, 이것이 본래 해석이다. 행해(行解)의 뜻이 아니다."

행해(行解)를 행상이라 하기에 행(行)자를 거성(去聲)으로 읽어야 한다."라고
한다.[11]

　　혜소의 이 말은, 체상이나 상상에 대해 행한다고 하는 경우에는 행상의
상(相) 자에 방점이 놓여야 하지만, 능연의 행해를 행상이라 하는 경우에는
행(行) 자에 방점이 놓여야 한다는 것으로 이해하면 되겠다. 그런데 능연의
행해의 경우 행(行) 자에 방점을 찍는 것은 지각·기억·상상·의지 등
식의 다양한 작용성격을 보여주기 위해서이지 식의 구성능력을 보여주기
위해서가 아니라는 점에 유의해야 한다. 식의 구성능력은 오히려 식이 향하
는 대상에서 확인될 수 있다. 그래서 견분을 행상으로 보는 해석에서는
견분이 대상을 지향할 때 지향되는 대상 자체와 대상적 의미를 보여주어야
하기 때문에 행상의 상(相) 자에 방점을 찍어야 한다고 말하는 것이다.
　　위의 인용문에서 '상에 대해 행하는 것'이 '상을 차고서 행하는 것'과
동의어로 쓰였다는 것을 알 수 있다. 견분은 상을 차고서 일어나는데, 이
'차고서[帶]'는 협대(挾帶)의 '차고서'와 대사(帶似)의 '차고서'[12] 둘로 구분된
다. 견분을 행상으로 보는 해석의 세 가지 정의 중 체상(體相)과 상상(相狀)이
각각 협대와 대사의 성격을 갖는다. 이 점을 눈여겨보아야 하는데, 중산은
이 세 가지 정의를 포괄적 의미와 협소한 의미에 의거해서 나눌 때 체상에
대해 행한다는 맨 앞의 정의만을 포괄적 의미로 보고 있기 때문이다.
　　중산은 이처럼 규기와 혜소의 견해에 동의하면서 이어서 이번에는 첫째
와 둘째 정의의 차이를 다음과 같이 밝힌다.

　　　[문] 세 해석 중에 무엇이 넓은 의미이고, 무엇이 좁은 의미인가? [답]

* * *

11. 『四分義極略私記』(『大正藏 71』, p. 459中), "故燈云, 行於相故, 帶相行故, 行字平聲可讀, 能緣之行解
　　名行相, 行字去聲可讀."
12. 협대와 대사에 대해서는, 후카우라 세이분 지음, 박인성 옮김, 『유식삼십송풀이』(운주사,
　　2012), p. 447 참조.

첫째 해석이 넓다. 무분별지에 통하기 때문이다. 뒤의 두 해석은 좁다. (무분별지에) 통하지 않기 때문이다. [문] 넓음과 좁음의 취지는 무엇인가? [답] 첫째 해석에 의하면 상(相)이란 체상이다. 이제 정체지(正體智)가 진여의 리(理)를 연할 때 직접 경(境)의 체상(體相)을 증(證)한다. 진여는 체상이 있기 때문이다. 뒤의 두 해석에 의하면 상(相)이란 상상(相狀)이고, 또 행해(行解)의 상모(相貌)이다. 정체지가 진여의 리(理)와 계회(契會)할 때 진여는 상상(相狀)이 없고, 또 정체지는 행해(行解)의 상모(相貌)가 아니다. 그러므로 이 두 가지 해석은 무분별지에 통하지 않는다.[13]

중산은 포괄적 의미와 협소한 의미라는 기준에 의거해서 견분을 행상으로 보는 해석과 상분을 행상으로 보는 해석을 점점 구체적으로 확장해서 규정해 가는데, 이 기준이 적용되는 최초의 단계에서 견분을 행상으로 보는 해석의 세 가지 정의 중 첫째 정의를 뒤의 두 정의로부터 분리해낸다. 이는 중요한데, 왜냐하면 견분은 대상 자체를 지향한다는 견분의 대상지향성을 잘 보여주기 때문이다.[14] 체상에 대해 행한다는 앞의 정의는 정체지, 즉 무분별지에 통하지만 상상(相狀)에 대해 행한다거나 행해의 상모라는 뒤의 두 정의는 이에 통하지 않기 때문이다. 즉, 진여를 증득하는 무분별지에는

. . .

13. 『四分義極略私記』(『大正藏 71』, p. 459中), "問: 三釋中何寬何狹耶? 答: 初釋寬. 通無分別智故. 後二狹. 不通故. 問: 寬狹意何? 初釋相者體相也. 今正體智緣眞如理之時親證境之體相. 眞如有體相故. 後二釋相者相狀, 又行解相貌. 令正智會眞如理之時眞如無相狀, 又正體智非行解相貌. 故此二釋不通無分別也."

14. 선주는 『분량결』에서 "能緣見分行於境體, 故名行相. 由此道理亦通正智名爲行相." 『唯識分量決』(『大正藏 71』, p. 442中) "능연의 견분이 경의 체에 대해 행하기에 행상이라 한다. 이 이치에 의거할 때 정체지 또한 이에 해당하기에 행상이라 한다."고 말하는데, 이처럼 그가 '또한'이란 말을 넣은 것을 볼 때 무분별지, 즉 정체지의 진여와, 대상 자체인 법성은 구분되어야 한다는 것을 알 수 있다. 그러나 우리는 이 문에서는 이를 구분하지 않고 진행하겠다. 상분을 행상으로 보는 해석과 견분을 행상으로 보는 해석을 통합해서, 지평적 지향성을 포함한 견분의 지향적 성격을 보여주려는 중산이 걸어가는 길을 일단 그대로 좇아가려고 하기 때문이다.

작용성격이 없고, 의미를 매개로 해서 대상을 지향하는 것이 아니기 때문이다.

2. 상분을 행상으로 보는 둘째 해석

상분을 행상으로 보는 해석은 둘로 나누어 생각해 볼 수 있다. 첫째는 견분이 대상을 지향할 때 이 지향되는 대상을 행상으로 보는 해석이고, 둘째는 본질을 대상으로 하는 상분을 행상으로 보는 해석이다. 전자는 지금까지 서술해 온, 견분의 상관물로서의 대상을 행상으로 보는 해석이고, 후자는 선구성된 영역을 대상으로 보는 해석이다. 중산은 여러 논사의 말을 들으면서 예의 포괄적 의미와 협소한 의미라는 기준에 의거해서 두 해석을 구체적으로 확장해서 통합해 간다.

1) 상분을 행상으로 보는 해석 1

중산은 『성론』과 『술기』에서 끌어와 상분을 행상으로 보는 해석을 설명한 바 있다. 그런데 거기서는 이렇다 할 자세한 규정이 없었기 때문에[15], 이번에는 『추요』에서 끌어와 다음과 같이 말하고 있다.

> [문] 상분을 행상이라 하는 취지는 무엇인가? [답] 견분 행해의 상모(相貌)이기에 행상이라 한다. 그래서 『추요』에 이르길, "영상을 행상이라 한다. 견분 행해의 상상(相狀)이고, 견분 행경의 상모(相貌)이기 때문이다. 견분을 행상이라 한다. 경의 체(體)에 대해 행(行)하기 때문이다."라고 한다. 이 취지에 의하면, 상(相)에 대해 행하는 것[能行]이기에 견분을 행상이라 하고,

---

15. 앞에서 보았듯이 중산은 규기의 다음과 같은 글을 인용하고 있을 뿐이다. "둘째는 영상상분을 행상이라 한다. 그 모든 식에 있거나 혹은 없다. 소연이 일정하지 않기 때문이다."

견분이 행하는 상[所相]이기에 상분을 행상이라 한다.[16]

중산은 견분을 행상으로 보는 해석을 펼 때는 세 가지 정의 중 첫째 체상에 대해 행하는 견분의 지향적 성격을 부각시켰지만, 상분을 행상으로 보는 해석을 펴는 이 대목에서는 정립성격인 행해(行解)의 상모와 대상적 의미인 행경(行境)의 상상(相狀)을 부각시키고 있다. 그리고 특히 주목해야 할 것은, 중산이 "相之能行故見分名行相, 見之所相故相分名行相(상에 대해 행하는 것이기에 견분을 행상이라 하고, 견분이 행하는 상이기에 상분을 행상이라 한다.)"이라고 하면서 규기의 말을 풀이하고 있다는 점이다. 견분은 '相之能行'으로, 또 상분은 '見之所相'으로 견분과 상분의 상관관계를 표현하면서 이 둘을 각각 행상으로 정의하고 있다. 견분은 체상이나 상상으로 향하는 성격을 갖는다고 하면서도 체상이나 상상 등 대상의 구성적 계기들을 보이면서 지향적 성격을 규명하려고 하던 앞에서와는 달리, 견분의 지향적 성격을 능행(能行)으로서 보다 적극적으로 규정하고, 또 이러한 견분의 상관물[所相]로서 상분을 보다 분명하게 규정하고 있는 것이다.

바로 앞 단계에서 포괄적 의미와 협소한 의미의 기준에 의거해서, 견분을 행상으로 보는 해석 내에서 첫째 정의를 다른 두 정의로부터 구분해낸 중산은 이제 또 이 동일한 기준에 의거해서 견분을 행상으로 보는 해석과 상분을 행상으로 보는 해석을 구분한다. 그가 이렇게 하는 것은 이 둘째 단계에 와서도 견분의 포괄적인 지향적 성격을 드러내기 위해서이다.

[문] 견분을 행상이라 하고, 상분을 행상이라 하는 것에 넓고 좁음이 있는가? [답] 견분을 행상이라 하는 것은 넓은 의미이다. 모든 식(識)에 다

• • •

16. 『四分義極略私記』(『大正藏 71』, p. 459下), "問: 相分名行相意何? 答: 見分之行解相貌故 名行相. 故樞要云, 影像名行相. 見分之行解相状, 見分之行境相貌. 見分名行相. 行於境體中故. 意云, 相之能行 故見分名行相, 見之所相故相分名行相耳."

있기 때문이다. 상분을 행상이라 하는 것은 좁은 의미이다. 모든 식에 있고 없음이 일정하지 않기 때문이다. [문] 무엇 때문에 견분을 행상이라 하면서 모든 식에 다 있다고 하고, 상분을 행상이라 하면서 모든 식에 있고 없음이 일정하지 않다고 하는가? [답] 견분은 인위(因位)와 과위(果位)의 모든 식에 다 있기 때문에 넓다고 하는 것이다. 상분은 비록 유루식에는 있지만 정체지 (正體智)가 진여를 연할 때는 영상이 있지 않기 때문에 좁다고 하는 것이다.[17]

중산은 앞에서 행상에는 두 가지가 있다고 논하는 대목에서 견분을 행상으로 보는 해석과 상분을 행상으로 보는 해석이 있다고 했을 때, 규기와 더불어 상분 행상은 어떤 식에는 있고 어떤 식에는 없다고 말했는데, 바로 이어서 나오는 "소연에는 친소연연과 소소연연이 있다."는 규기의 이 말을 온전히 인용해서 풀이하지 않고 넘어갔기 때문에, 견분을 행상으로 보는 해석의 세 가지 정의 중 앞의 정의와 뒤의 두 정의를 구분할 때 그랬듯이 여기서도 이 무분별지를 끌어들여 견분을 행상으로 보는 해석과 상분을 행상으로 보는 해석을 구분하고 있다. 그러나 상분을 행상으로 보는 해석에 서는 본질이 있는 경우와 본질이 없는 경우로 나누어 해석을 전개했어야 했다. 만약에 규기의 말대로 소연연을 둘로 나누어 생각했다면, 중산은 당연히 본질이 있는 식과 본질이 없는 식을 모두 지향하는 견분의 포괄적인 지향적 성격에 대해 말했을 것이다. 다시 말해 유루식과 무루식의 구별이 아니라 유루식 내에서 두 식, 즉 본질이 있는 식과 본질이 없는 식을 구별해 서 이를 상분을 행상으로 보는 해석으로 삼고, 이를 바탕으로 견분을 행상으 로 보는 해석과 구분하려고 했을 것이다. 이렇게 해야 앞 단계에서 구분의 기준으로 쓰던 무분별지가 이 단계에서는 다른 기준 즉 본질이 되고, 또

• • •

17. 『四分義極略私記』(『大正藏 71』, p. 459下), "問: 見分名行相相分名行相有寬狹耶? 答: 見分名行相寬. 一切識等皆有故. 相分名行相狹. 一切識有無不定故. 問: 何故見分名行相一切識皆有, 相分名行相一切 識有無不定耶? 答: 見分因果一切識悉有, 故以爲寬. 於相分者有漏識雖有, 而正智緣眞如時無有影像, 故爲狹. 故義演解此疏文云, 或無者正體智緣眞如無影像故." '豫'를 '影'으로 수정.

이 기준은 견분을 행상으로 보는 해석과 상분을 행상으로 보는 해석을 나누는 타당한 근거가 되었을 것이다. 물론 이렇게 할 경우도 마찬가지로 견분을 행상으로 하는 해석은 포괄적 의미가 되고, 상분을 행상으로 보는 해석은 협소한 의미가 되지만, 이런 방식으로 구분해야 견분의 행상과 상분의 행상을 더 구체적으로 확장해서 규정해 가고자 하는 중산의 의도에 부합하게 된다. 중산의 의도가 이 지점에서 머뭇거리고 있다는 것을 알 수 있다. 그래서인지 이제 중산은 아래에서 본질이 있는 식과 본질이 없는 식을 구분해서 전자를 포괄적 의미로, 후자를 협소한 의미로 이해한다.

2) 상분을 행상으로 보는 해석 2

규기의 '소연이 일정하지 않다'를 간과하고 무분별지의 예를 들어 포괄적 의미와 협소한 의미에 의거해서 견분을 행상으로 보는 해석과 상분을 행상으로 보는 해석을 구분한 중산은 이제 선덕(先德)이 전하는 말을 옮기며 유루식 내에서 본질이 있는 식과 본질이 없는 식을 구분하고, 전자는 포괄적 의미이고 후자는 협소한 의미라고 말한다.

> 선덕(先德)이 전하는 말에 의하면, 유루식 중에 본질이 있는 식(識)에 의거해서 넓다고 하고, 본질이 없는 식에 의거해서 좁다고 한다. ── (본질이 없는 식에 의거해서 좁다고 하는 경우는) 제8식 및 이와 동시의 다섯 심소를 말한다 ── 왜냐하면 견분을 행상이라 할 때는 상분이 소연이 되고 상분을 행상으로 할 때는 본질이 소연이 되기 때문이다. 상분을 행상이라 할 때 제8식 및 이와 동시의 다섯 심소에는 본질이 없기 때문에, '소연이 동일하다'란 뜻을 결여한다. 견분을 행상이라 할 때 모든 식에 다 상분이 있기 때문에 (제8식 및 이와 동시의 다섯 심소는) '소연이 동일하다'란 뜻을 갖추게 된다. 그러므로 넓고 좁음이 있다.[18]

앞에서 견분을 행상으로 보는 해석과 상분을 행상으로 보는 해석을 포괄적 의미와 협소한 의미에 의거해서 나눌 때, 견분을 행상으로 보는 해석은 인위(因位)와 과위(果位)의 모든 식에 적용되기 때문에 포괄적 의미라 했고, 상분을 행상으로 보는 해석은 유루식에는 적용되지만 진여를 연하는 정체지에는 적용되지 않기 때문에 협소한 의미라고 했다. 이제 중산은 선덕이 전하는 말에 의거해서, 유루식을 본질이 있는 식과 본질이 없는 식으로 나누어 각각 포괄적 의미와 협소한 의미로 이해한다. 그런데 다음 단계에서 논의할 "그런데 오직 첫째 해석만 있고 둘째 해석이 없다면, 어떻게 제8식 및 이와 동시의 다섯 심소법이 '소연은 동일하고 행상은 동일하지 않다'고 말할 수 있겠는가? 그러므로 반드시 두 해석이 필요하다."는 규기의 말을[19] 미리 앞당겨 끌어오면서, 이 심과 심소는 본질이 없기 때문에 '소연이 동일하다'는 뜻을 결여하고 협소한 의미라고 말하고 있다. 이 심과 심소들에 '소연이 동일하다'는 뜻이 성립하려면, 영상상분을 행상으로 보는 해석에 갇혀서는 안 되고 다시 견분을 행상으로 보는 해석이 필요하다고 말하고 있다. 그런데 이 견분을 행상으로 보는 해석은 앞에서 행한 견분을 행상으로 보는 해석을 확장한 것인데, 이는 선구성된 영역까지 견분 작용이 지향한다고 할 때 "견분을 행상이라 하는 경우는 상분이 소연이 되고 상분을 행상으로 하는 경우는 본질이 소연이 된다."고 한 데서 유래하는 견분 행상과 상분 행상의 모순을 지양할 수 있기 때문이다. 이어지는 중산의 말을 보면 그가 견분이 행하는 대상을 선구성된 영역까지 확장하고자 한다는 것을

· · ·
18. 『四分義極略私記』(『大正藏 71』, p. 459下), "先德相傳云, 有漏識中約有本質之識爲寬, 約無本質之識 爲狹. 所謂第八俱時五數心所也. 所以然者, 以見分爲行相之時以相分爲所緣, 以相分爲行相之時以本 質爲所緣. 而相分名行相之時第八俱時, 五數心所無本質, 故闕同一所緣義. 若見分名行相時, 諸識相分 皆有, 故具同一所緣義, 故有寬狹也."
19. 규기는 『유가론』의 '소연은 동일하고 행상은 동일하지 않다'는 문장에서 '소연'을 소소연연 으로 보고 있다. 중산이 선덕의 말을 빌려 이 소연을 본질로 본 것은 견분을 행상으로 보는 해석이 상분을 행상으로 보는 해석보다 포괄적이라는 점을 보여주기 위해서이다.

알 수 있다.

[문] 소(疏)의 문에 이르길, "그런데 행상에는 두 가지가 있다. 첫째는
견분이다. 즉 모든 식에 다 이 행상이 있다. ……"고 한다. 이 견분이 행상이라
는 것에 의거해서 모든 식에 대해 (행상의) 유무를 논할 수 있지 않은가?
무엇 때문에 지금 소연에 의거해서 (행상의) 유무를 논하는가? [답] 선덕의
취지에 의하면, 행상의 이름을 얻는 것은 소연에 대해 행(行)한다는 뜻이
있기 때문이다. 이제 소연이 있는 식(識)에 의거할 때 다 행상이 갖추어져
있고, 소연이 없는 식(識)에 의거할 때 행상이 갖추어져 있지 않다. 그래서
소(疏)의 문에 이르길, "첫째는 견분이다. 즉 모든 식에 다 행상이 있다.
소연에 대해 반드시 있다. 둘째는 영상이다. 모든 식에 있거나 혹은 없다.
소연이 일정하지 않기 때문이다."라고 한다.[20]

중산은 행상의 이름을 얻는 것은 소연에 대해서 행(行)한다는 뜻이 있기
때문이라고 하면서, 소연이 있는 식이 행상을 갖추고 있는 것이지 소연이
없는 식은 행상을 갖추지 않는다고 주장하는데, 이 경우 소연은 친소연연과
소소연연을 모두 가리킨다. 영상상분이라는 친소연연에서 본질이라는 소소
연연으로 대상을 확장하고 이를 견분이 모두 지향할 수 있다는 것을 미리
보여주고 있다. 중산은 자신의 이러한 해석을 뒷받침하기 위해 다시 규기를
끌어온다.

[문] 상분을 행상이라 하는 것은 견분이 행하는 것[所行]이기에 행상이라
하는 것이지, 상분이 본질의 상(相)에 대해 행(行)한다는 뜻이 아니다. 왜

---

20. 『四分義極略私記』(『大正藏 71』, p. 459下), "問: 疏文云, 然行相有二. 一者見分. 即一切識皆有此行相
等. 以此見約行相可論諸識行有無耶, 何故今約所緣論有無? 答: 先德意云, 得行相名者行所緣之義也.
今約有所緣之識行相皆具. 約無所緣之識行相不具. 故疏文云, 一者見分. 即一切識皆有行相. 於所緣上
定有, 二者影像. 一切識或有或無, 所緣不定故."

상분을 행상이라 할 때 본질을 소연으로 해서 행상의 이름을 얻는 것인가? [답] 상분을 행상이라 하는 것에는 두 가지 뜻이 있다. 첫째는 견분이 행하는 대상[所行]을 행상이라 한다. 『추요』의 문에서 설하는 바와 같다. 둘째는 본질(本質)의 상(相)에 대해 행(行)하기에 행상이라 한다. 『유가론초』에서 설하는 바와 같다. 그 문(文)에 이르길, "견분을 행상이라 할 때는 영상을 소연으로 한다. 상분을 행상이라 할 때는 본질을 소연으로 한다."고 한다. 지금은 이 뜻에 의거해서 말하는 것이기에 과실이 없다.[21]

물음에 잘 드러나 있듯이, 상분을 행상이라 하는 것은 견분이 행하는 것, 견분의 상관물이기에 행상이라 하는 것이다. 본질을 소연으로 하는 상분은 행상이 될 수 없다. 본질이든 상분이든 모두 소연이기 때문에, 소연인 상분이 본질을 소연으로 삼을 수는 없는 것이다. 그러나 견분이 대상을 지향할 때 지향되는 대상인 영상상분을 행상으로 보는 『추요』에서와는 달리, 규기는 『유가론초』에서 "상분을 행상이라 할 때는 본질을 소연으로 한다."고 말하고 있다. 이 두 상분을 각각 행상으로 보는 해석을 화회시키려 면, 이 문장의 행상이 어떤 문맥에서 쓰였나 잘 살펴볼 필요가 있다. 이 문장에서 '견분을 행상이라 할 때는 영상을 소연으로 한다'고 하는, 대상 자체를 지향하는 견분을 행상이라 하는 해석이 전제되어 있기 때문에, '상분 을 행상이라 할 때는 본질을 소연으로 한다'는 말은 견분 작용의 지향성이 대상 자체는 물론이고 선구성된 영역까지 향해 있다는 것을 의미한다고 독해해야 한다.

21. 『四分義極略私記』(『大正藏 71』, p. 459下-460上), "問: 相分名行相者, 見分之所行故名行相, 非相分 行於本質之相義. 何相分名行相之時, 以本質爲所緣得名行相耶? 答: 相分名行相可有二義. 一以見分之 所行名行相. 如樞要文. 二行本質故名行相. 如瑜伽抄. 彼文云, '見分名行相之時以影像爲所緣, 相分 名行相之時以本質爲所緣.' 今約此義説故無有失."

Ⅱ. 첫째 해석과 둘째 해석에 대한 지주와 도읍의 견해

이제 중산은 『유가론』의 '소연은 동일하다'에 대한 해석의 문제를, 바로
이 말이 담겨 있는 『유가론』의 "소연은 동일하고 행상은 동일하지 않다."는
문장에 대한 해석의 문제로 변환해서, 상분을 행상으로 보는 해석들을 보다
심도 있게 통합하려고 시도한다. 상분을 행상으로 보는 해석들은 모두 견분
을 행상으로 보는 해석과 밀접한 연관이 있기 때문에, 이 연관을 명료하게
이해하려면 또는 둘째 해석의 차이와 연관을 명료하게 이해하려면, 먼저
『유가론』의 이 문장을 포함하는 규기의 풀이 전체를 살펴볼 필요가 있다.

소연상분에 대해 요별의 용(用)이 있다. 행상이기 때문이다. 이는 식의
견분이지 다른 분(分)이 아니다. 그런데 행상에는 두 가지가 있다. 첫째는
견분이다. 이 문(文)(=『성론』의 문)에서 설하는 바와 같다. 즉 모든 식(識)들에
는 다 이 행상이 있다. 소연에 대해 반드시 있다. 둘째는 영상상분을 행상이라
한다. 그 모든 식에 있거나 혹은 없다. 소연이 일정하지 않기 때문이다.

가령 이 논 하권의 소연연을 논하는 대목에서 두 소연연의 체를 제시하고 있다. 또『유가론』등에서 '소연이 동일하다'고 설하는 것이 이것이다. 이제 이 논은 우선 모든 식에 반드시 있다는 것에 의거해서 설하고 있다. 혹은 소승과 체가 다르다는 것을 설하고 있다. 영상을 행상이라 한다면 소승과 같게 되기 때문이다.[22]

그런데 오직 첫째 해석만 있고 둘째 해석이 없다면, 어떻게 제8식 및 이와 동시에 일어나는 다섯 심소법이 어떻게 "소연은 동일하고 행상은 동일하지 않다."고 말할 수 있겠는가? 그러므로 반드시 두 해석이 필요하다.[23]

규기의『술기』에서 끌어온 위와 아래의 두 인용문은 서로 이어져 있다. 중산은 견분을 행상으로 보는 첫째 해석과 상분을 행상으로 보는 둘째 해석의 차이를 다루는 이 대목에서 오직 아래의 인용문만을 들어 논하고 있다. 그러나 이 두 가지 해석이 무엇이고 이 두 해석의 차이를 알기 위해서는 위의 인용문과 함께 살펴보아야 한다. 특히 고딕체로 강조된 문장들을 유의해서 보아야 하는데, 중산은『술기』의 이 대목을 이곳저곳에서 분산해서 인용하면서도 강조된 부분은 한 번도 인용하고 있지 않다. 하지만 규기가 "소연은 동일하고 행상은 동일하지 않다."는『유가론』의 문장을 끌어온 의도를 분명하게 이해하기 위해서는 강조된 부분을 눈여겨보아야 한다. 앞에서 살펴보았듯이, 규기는 행상을 정의할 때 견분을 행상이라 하기도 하지만 상분을 행상이라 하기도 한다. 두 정의를 함께 사용해야 행상의

• • •

22.『成唯識論述記』(『大正藏 43』, p. 317中), "謂於所緣相分之上有了別用. 即行相故. 是識見分非是餘分. 然行相有二. 一者見分. 如此文說. 即一切識等皆有此行相. 於所緣上定有. 二者影像相分名為行相. 其一切識或有或無. 所緣不定故. 如此論下所緣緣中, 出二所緣緣體. 又瑜伽等說同一所緣是也. 今此且約諸識定有者說. 或與小乘別體者說. 以影像相為行相者, 小乘同故."

23.『成唯識論述記』(『大正藏 43』, p. 317中), "然唯初解無第二者, 第八俱時五心所法, 如何可說'同一所緣 不同一行相'? 故須二解."

올바른 의미를 이해할 수 있다는 것이다. 그래서 소승과의 차이를 강조하기 위해 견분을 행상이라 하면서도, 이어서 바로 상분을 행상이라 하는 견해도 접합시키고 있는 것이다. 그런데 견분을 행상이라 할 때는 모든 식이 행상이 지만, 상분을 행상이라 할 때는 행상이 있기도 하고 없기도 하다. 그 이유는 고딕체로 강조된 부분이 의미하듯 상분에는 두 소연연, 즉 친소연연과 소소 연연이 있기 때문이다.

제8식과 이와 동시에 일어나는 다섯 변행 심소, 즉 촉(觸)·작의(作意)·수(受)·상(想)·사(思)에는 본질이 없지만, 타자의 제8식이 변현한 친소연연 을 소소연연으로 삼고 있다. 규기는 이 점에서 제8식과 이와 동시의 심소들 은 다른 식과 다른 성격을 띠고 있기에, 역시 '소연이 동일하다'는 『유가 론』의 정의를 성립시킬 수 있다고 말하고 있다. 그러나 중산은 규기가 말한 이런 방식으로 관계를 맺고 있는 친소연연과 소소연연을 고려하지 않고, 상분을 행상이라 하는 경우 이 상분은 본질이 있는 영상상분이어야 한다고 생각한다. 가령 전5식은 본질을 지반으로 삼는 영상상분이 있고 이 영상상 분을 행상으로 삼고 있지만, 제8식과 이와 동시의 심소들은 본질이 있지 않기 때문에 영상상분이 없고 따라서 행상이 있는 것이 아니다. "그 모든 식에 있거나 혹은 없다. 소연이 일정하지 않기 때문이다."라는 말은 바로 이 사실을 지적한다는 것이다.

그렇다면, 중산이 인용한 아래 인용문 중 "오직 첫째 해석만 있고 둘째 해석이 없다면, 어떻게 제8식 및 이와 동시의 다섯 심소법이 어떻게 '소연은 동일하고 행상은 동일하지 않다'고 말할 수 있겠는가? 그러므로 반드시 두 해석이 필요하다."는 규기의 말을 어떻게 이해해야 하는가? 제8식과 이와 동시의 심소들의 상분은 영상상분이 아니어서 행상이라 할 수 없는데, 어떻게 상분을 행상이라 하는 둘째 해석을 적용할 수 있겠는가? 이 문제를 풀어보기 위해 중산은 지주의 『연비』와 도읍의 『의온』을 들여다본다.

1. 지주의 견해

중산은 먼저 지주의 견해를 살펴본다.

[문] 우선, 『연비』의 취지는 무엇인가? [답] 첫째 해석은 견분을 행상이라 하는 해석이고, 둘째 해석은 상분을 행상이라 하는 해석이다. [문] 상분을 행상이라 할 때, 제8식과 이와 동시의 다섯 심소법은 본질이 없기 때문에, '소연이 동일하다'는 뜻을 결여한다. 그러니 그렇다고 말하지 않는다면 어떻게 말할 수 있겠는가? 그런데 오직 첫째 해석만 있고 둘째 해석이 없다면, 제8식과 이와 동시의 다섯 심소가 '소연이 동일하다'는 뜻을 결여하겠는가? [답] 『연비』에 두 해석이 있다. 첫째 해석에 의하면, 다섯 심소가 변현한 상분은 하나로 상사하기에 '소연이 동일하다'고 말한다. 이것들(=다섯 심소)이 변현한 영상의 차별은 각각 다르기에 행상이 '동일하지 않다'고 말한다. 둘째 해석에 의하면, 소(疏)의 문은 착오이다. 그런데 오직 둘째 해석만 있고 첫째 해석은 없다고 말해야 한다.[24]

말한 대로, 이렇게 둘째 해석과 첫째 해석이 모두 필요한데, 본질이 거론될 수 없는 경우, 즉 제8식과 이와 동시의 다섯 심소들은 어떻게 볼 것인가 하는 문제가 발생할 수 있다. 규기는 위 인용문에서 『유가론』의 "소연은 동일하고 행상은 동일하지 않다."는 문장을 둘째 해석이 꼭 필요하다는 주장을 뒷받침하는 데 쓰고 있다. 사실 그가 이해한 『유가론』의 문장대로 보면 소연은 소소연연이고, 제8식과 이와 동시의 다섯 심소들은 소소연연이

<hr>

24. 『四分義極略私記』(『大正藏 71』, p. 460上), "問: 且演祕意如何? 答: 初解者見分名行相之解, 後解者相分名行相解也. 問: 相分名行相之時, 第八俱時五數心所法無本質, 故可闕同一所緣義. 然不言爾而云何得言? 然唯初解無第二解者, 第八俱時五數闕同一所緣義耶? 答: 演祕有二釋. 一云, 五數心所變相分一相似故云同一所緣. 此所變影像差別各別故云不同一行相. 二云, 疏文倒錯. 可云然唯第二解無初解也."

있기 때문에 '소연은 동일하다'는 뜻을 성립시키고, 따라서 상분을 행상으로 보는 둘째 해석이 성립하게 된다. 그런데 이 소연이 본질을 의미한다고 보면, 제8식과 이와 동시의 다섯 심소들은 본질이 없기 때문에 '소연이 동일하다'는 뜻이 성립할 수 없다. 그런데 규기는 왜 이 문장을 끌어들여 둘째 해석이 필요하다는 주장을 받쳐주는 논거로 삼고 있는 것일까?

중산이 설정한 위의 문답을 보면, 그 자신은 규기가 제시한 주장, 즉 견분을 행상이라 할 때는 모든 식에 행상이 있지만 영상상분을 행상으로 할 때는 어떤 식은 행상이 있고 어떤 식은 행상이 있지 않다는 주장이 초래할 수 있는 문제를 잘 파악하고 있었다는 것을 알 수 있다. 그래서 이렇게 문제를 초래할 바에야 본질이 있는 영상상분을 행상으로 보는 견해를 제쳐놓는 것이 어떻겠느냐 하는 물음을 설정하고 있다. 그러나 규기쪽에서 보면, 이 정의를 제쳐놓을 수 없다. 그는 견분과 상분의 지향적 상관관계를 고려하고 있기 때문이다.

중산에 의하면 지주는 두 해결책을 제시하고 있다. 앞에서 우리는 규기의 주장을 일단 상분을 본질을 지반으로 하는 영상상분으로 보면서 동시에 이를 타자의 제8식이 변현한 것을 소소연연으로 삼는 친소연연으로 확대할 수 있다는 것을 시사했다. 이 해석을 감안할 때 지주의 첫째 해결책은 이와 유사하다고 할 수 있다. 다섯 심소가 변현한 하나의 상분은 소소연연이고 이 다섯 심소가 각각 변현한 영상은 친소연연이라 할 수 있다. 둘째 해결책은 규기의 말을 착오로 보고 있다. 만약 이것이 착오라면 이를 물리쳐야 할 텐데, 그렇다면 견분과 상분의 지향적 관계에 한정하고자 하는 첫째 해석을 내버리고 둘째 해석만을 취해야 한다. 그러나 이는, 중산은 아무 논평도 하고 있지 않지만, 불합리하다. 세계와 세계 속의 다양한 유형의 대상은 식에 의해 구성되는 것이기 때문이다.

2. 도읍의 견해

도읍은 견분을 행상으로 보는 첫째 해석과 상분을 행상으로 보는 둘째 해석을, 본격적으로 "소연은 동일하고 행상은 동일하지 않다."는 『유가론』의 문장에 대한 해석으로 바꿔서 이해한다.

> [문] 『읍기』[25]의 취지는 무엇인가? [답] 『읍기』의 취지에 의하면, 『유가론』의 "소연은 동일하고 행상은 동일하지 않다."를 풀이할 때 두 해석이 있는데, 이를 가리켜서 첫째 해석과 둘째 해석이라 말한다. [문] 그 두 해석은 무엇인가? [답] 첫째 해석에 의하면, 본질은 하나이기에 소연은 동일하지만, 상분은 각각 다르기에 행상은 동일하지 않다. 둘째 해석에 의하면, 상분은 상사(相似)하기에 소연이 동일하다고 하고, 견분은 각각 다르기에 행상이 동일하지 않다고 한다.[26]

지주는 규기가 말한 대로 첫째 해석을 견분을 행상으로 보는 해석으로, 둘째 해석은 상분을 행상으로 보는 해석으로 보고 있는 데 반해, 도읍은 첫째 해석과 둘째 해석을 "오직 첫째 해석만 있고 둘째 해석이 없다면 제8식과 이와 동시의 다섯 심소법이 어떻게 '소연은 동일하고 행상은 동일하지 않다'고 할 수 있겠는가?" 할 때 인용한 『유가론』의 '소연은 동일하고 행상은 동일하지 않다'에 대한 해석으로 보고 있다. 이는 논의를 확장하기 위해 해석의 방식을 변환한 것으로 보아야 한다. 도읍은 규기의 첫째 해석과 둘째 해석의 충돌을 화회시키기 위해, 그가 말하는 두 해석 중 첫째 해석 즉 "본질은 하나이기에 소연은 동일하지만, 상분은 각각 다르기에 행상은

• • •

25. 『읍기(邑記)』는 도읍(道邑)의 「성유식론의온(成唯識論義蘊)」을 가리킨다.

26. 『四分義極略私記』(『大正藏 71』, p. 460中), "問: 邑記意如何? 答: 彼記意云, 解瑜伽同一所緣不同一行相下有兩解. 指此云初解第二解. 問: 其二解何? 答: 一云, 本質是一故名同一所緣, 相分各異故名不同一行相. 二云, 相分相似故名同一所緣, 見分各異故名不同一行相."

동일하지 않다.”가 필요하다는 것을 다음과 같이 말한다.

> [문] 첫째 해석에 의거할 때, 제8식 및 이와 동시의 다섯 심소들은 왜
> ‘소연이 동일하다’는 뜻을 결여하는가? [답] 『읍기』의 문에 이르길, “만약
> 오직 견분만을 행상이라 한다면, 제8식 및 이와 동시의 다섯 심소는 단지
> 둘째 해석만을 성립시키고 첫째 해석은 필요 없게 된다. (단지 둘째 해석만을
> 성립시킨다면) 제8식 및 이와 동시의 심과 심소는 본질이 각각 달라서 동일하
> 지 않게 되기 때문이다. 제8식을 제외한 심과 심소에는 본질과 영상이 있기에,
> 두 해석을 다 성립시킨다. 그러므로 견분과 상분 2분을 같이 취해서 모두
> 행상이라 한다는 것이 소(疏)의 취지이다.”라고 한다.[27]

중산이 도읍의 『의온』에서 인용한 이 대목은 유의해서 읽어야 한다.
물음부터 다시 살펴보면, “첫째 해석에 의거할 때, 제8식 및 이와 동시의
다섯 심소들은 왜 ‘소연이 동일하다’는 뜻을 결여하는가?”에서 첫째 해석은
견분을 행상으로 보는 규기의 첫째 해석이 아니라 “본질은 하나이기에
소연은 동일하지만, 상분은 각각 다르기에 동일하지 않다.”는 그가 재구성
한 해석 중 첫째 해석이다. “제8식 및 이와 동시의 다섯 심소가 ‘소연이
동일하다’는 뜻을 왜 결여하는가?” 하는 물음에 대해서 선덕이 전하는 말에
서 보았듯이 “이 심과 심소들은 본질이 없기 때문이다.”라고 답한다면,
일견 “본질은 하나이기에 소연은 동일하지만, 상분은 각각 다르기에 동일하
지 않다.”라는 첫째 해석을 만족시키지 못하는 것처럼 보인다. 그러나 ‘소연
은 동일하다’는 뜻을 결여한다는 사실 자체가 본질이 있다는 것을 전제하기
때문에 도읍의 첫째 해석을 만족시킬 수 있다고 보아야 한다. 중산도 그가

---

27. 『四分義極略私記』(『大正藏 71』, p. 460中), “問: 依初解何第八心所關同一所緣義耶? 答: 記文云,
　　若唯以見分名行相, 即第八俱五數但成後解, 須無前解. 以第八心心所本質各異非同一故. 除第八識餘
　　心心所有本質**影**像者皆成兩解. 故**雙**取見相二分俱名行相, 疏之意也.” ‘豫’, ‘質’을 각각 ‘影’, ‘雙’으
　　로 수정.

전개해온 대로 이 점을 놓치지 않고 있었다. 그는 도읍을 따라 "만약 오직 견분만을 행상이라 한다면, 제8식 및 이와 동시의 다섯 심소는 단지 둘째 해석만을 성립시키고 첫째 해석은 필요 없게 된다."고 답하는데, 여기서 둘째 해석은 "상분은 상사하기에 소연이 동일하다 하고 견분은 다르기에 행상이 동일하지 않다고 한다."이기에 오직 영상상분과 견분의 상관적 관계만을 바탕에 두고 있으므로, 지금 중산이 거부하는, 견분만을 행상이라 하는 해석이라 할 수 있다. 이 해석에만 의존하면, 제8심과 심소는 동일하지 않게 되고 또 본질이 각각 다른 것이 된다. '소연이 동일하다'는 뜻을 결여하는 것은 동일한 본질이 없기 때문인데, 설사 본질이 있다고 해도 본질이 각각 다른 것이 되어 '소연이 동일하다'는 뜻을 성립시키지 않게 된다. 그래서 중산은 도읍과 더불어, 제8식을 제외한 심과 심소에는 본질과 영상이 모두 있게 되기 때문에 이 두 해석을 모두 취해야 한다고 말하고 있다.

　결과적으로 도읍의 첫째 해석은 규기의 둘째 해석에, 도읍의 둘째 해석은 규기의 첫째 해석에 해당한다고 말할 수 있다. 또 이렇게 보면 도읍의 "본질은 하나이기에 소연은 동일하지만 상분은 각각 다르기에 행상은 동일하지 않다."는 도읍의 첫째 해석은 바로 앞에서 본 지주의 "다섯 심소가 변현한 상분은 하나이기에 상사하지만 이것들이 변현한 영상의 차별은 각각 다르기에 행상이 동일하지 않다."는 지주의 첫째 해석과 비슷하다고 할 수 있다. 도읍의 첫째 해석이든 지주의 첫째 해석이든 모두 규기가 상분을 행상으로 보아야 한다고 할 때 논거로 삼은 『유가론』의 "소연은 동일하고 행상은 동일하지 않다."를 그를 따라 새롭게 확장해서 해석했다고 볼 수 있다. '소연은 동일하다'고 할 때 이 소연을 본질로도 보고 또 소소연연으로도 보아야 한다는 데 모두 동의했던 것이다.

III. 『유가사지론』의 '소연은 동일하고 행상은 동일하지 않다'와 『성론』의 '소연은 상사하고 행상은 각각 다르다'에 대한 해석

이제 중산은 마지막으로 『유가론』의 "소연은 동일하고 행상은 동일하지 않다"는, 규기가 확장해서 해석하고 있는 이 문장을 『성론』의 "소연은 상사하고 행상은 각각 다르다."는 문장과 비교하며 분석한다. 규기가 "소연은 동일하고 행상은 동일하지 않다."는 이 『유가론』의 문장의 의미를 확장해서 해석하게 된 이유는, 영상상분을 행상으로 보는 경우 견분 작용이 바로이 영상상분에 대해서 작용하기도 하지만 영상상분의 지반이 되는 본질에 대해서도 작용한다는 것을 설명해야 했기 때문이다. 또 제8식 및 이와 동시의 심소들처럼 본질을 갖지 않은 식의 작용성격도 규명해야 했기 때문이다. 영상상분 이외의, 견분과 상관관계를 맺는 것을 새로운 방식으로 규정하게 되면 견분 행상도 새롭게 확장해서 규정할 수 있게 된다.

견분의 작용성은 크게 보아 세 종류로 구분할 수 있다. 첫째, 견분이 영상상분을 연하는 경우, 둘째 견분이 본질을 연하는 경우, 그리고 셋째 견분이 진여를 연하는 경우이다. 중산은 견분의 행상을 규정하면서 이 견분이 지향하는 상(相)을 체상 또는 상상으로 보았기 때문에 이 둘을 구분할 필요가 있었다. 중산은 영상상분을 행상으로 보고 이 영상상분이 있는 경우는 견분이 상상에 대해 행하는 경우로, 이 영상상분이 없는 경우는 견분이 체상에 대해 행하는 경우로 보았다. 무루의 식이 진여를 연할 때는 영상상분이 없기 때문이다.

이렇게 해서 중산은 견분 행상을 상분 행상을 통해 구분하긴 했지만 규기의 생각은 이와는 다른 데 있었다. 본질이 없는, 즉 제8식 및 이와 동시의 다섯 변행심소들의 작용성격에 대해 설명하지 않으면 안 되었던 것이다. 다시 말해 견분 행상을 체상과 상상을 통해 구분해 놓았기 때문에, 이제는 체상이나 상상 이외의 대상에 작용하는 심과 심소의 성격을 확정짓지 않으면 안 되었다. 그래서 규기는 "오직 첫째 해석만 있고 둘째 해석이 없다면, 어떻게 제8식 및 이와 동시에 일어나는 다섯 심소법이 어떻게 '소연은 동일하고 행상은 동일하지 않다'고 말할 수 있겠는가?" 하면서 행상의 또 다른 성격을 규정하지 않을 수 없었다.

1. 중산의 해석

중산은 규기를 따라 이 『유가론』과 『성론』의 문장의 의미를 통합할 수 있는 두 가지 해석 방식을 제시하고, 이에 대해 자신의 견해를 피력한다.

[문] 『유가론』 제1권에 이르길 "심과 심소법은 소연은 동일하고 행상은 동일하지 않다."고 하고, 이 『성론』에 이르길 "소연은 상사하고 행상은 각각 다르다."고 한다. 두 논의 취지는 무엇인가? [답] 이 물음에 답할 때 소(疏)에 두 가지 설(說)이 있다. 첫째 해석에 의하면, 『유가론』과 『성론』은 영상(影像)과 견분에 의거해서 (각각) "소연은 동일하고 행상은 동일하지 않다."고 설하고, "소연은 상사(相似)하고 행상은 각각 다르다."고 설한다. 둘째 해석에

의하면, 저 『유가론』은 소소연연(疎所緣緣)에 의거해서 설하고, 이 『성론』은 친소연연(親所緣緣)에 의거해서 설한다. [문] 두 해석의 취지는 무엇인가? [답] 첫째 해석의 취지에 의하면, 『유가론』과 이 『성론』에서는 영상과 견분에 의거해서 (각각) "소연은 동일하고 행상은 동일하지 않다."고 설하고, "소연은 상사(相似)하고 행상은 각각 다르다."고 설한다. 둘째 해석의 취지에 의하면, 『유가론』에서는 소소연연(疎所緣緣)인 본질에 의거해서 '소연은 동일하다'고 설하고, 『성론』에서는 친소연연(親所緣緣)인 영상에 의거해서 '소연은 상사(相似)하다'고 설한다.[28]

첫째 해석은 영상과 견분에 의거해서 통합하는 방식의 해석이다. 이는 『성론』의 해석 방식으로 『유가론』의 해석 방식을 통합하는 방식인데, 비록 『유가론』의 원의가 이와 같다 할지라도, 이러한 방식으로 통합하게 되면 애초에 규기가 의도한 해석 방식, 즉 소연을 소소연연으로 보고 하는 해석 방식에 다가갈 수 없게 된다. 중산은 이 소소연연이 본질이라는 것을 밝히고 규기와 함께 둘째 해석을 취해 첫째 해석을 포괄하고자 한다. 그러기 위해서 먼저 중산은 견분을 행상으로 보는 해석과 상분을 행상으로 보는 해석의 첫째 통합방식이 갖는 유효성을 다음과 같이 말한다.

[문] 우선, 첫째 해석에 의거할 때 『유가론』과 『성론』에서 영상과 견분에 의거해서 어떤 취지를 말하고 있는가? [답] 우선, 안식(眼識)이 본질인 청색을 연할 때 심왕과 심소들의 견분은 각각 영상인 청색을 연한다. 그리고 심왕과 심소들이 변현한[所變] 상분은 상사(相似)하기 때문에 '소연이 상사하다'고

<hr />

28. 『四分義極略私記』(『大正藏 71』, p. 460中), "問: 瑜伽第一云心心所法同一所緣不同一行相, 此論云所緣相似行相各別. 兩論意何? 答云, 會此疏有二說. 一云. 瑜伽唯識約影像與見分云同一所緣不同一行相, 所緣相似行相各別. 二云, 彼約疎所緣緣, 此約親所緣緣. 問: 二釋意何? 答: 初釋意云, 瑜伽此論約影像與見分云同一所緣不同行相, 所緣相似行相各別. 後釋意云, 瑜伽約疎所緣緣本質云同一所緣, 唯識約親所緣緣影像云所緣相似."

설하고, 심왕과 심소들이 변현한 청색은 극히 상사해서 다르지 않기 때문에 '소연이 동일하다'고 설하는 것이다. 심왕과 심소들의 견분은 각각 다르기 때문에, '행상이 동일하지 않다'고 설하고, '행상이 각각 다르다'고 설하는 것이다. 이 취지를 다시 말하면, 심왕의 견분은 요별(了別)을 행상으로 하고, 촉(觸) 심소는 심과 심소로 하여금 경(境)에 접촉하게 하는 것을 행상으로 하고, 작의(作意) 심소는 경각(警覺)시켜서 심의 종자를 일으켜 경으로 나아가게 하는 것을 행상으로 하고, 상(想) 심소는 경의 상(像)을 취하는 것을 행상으로 하고, 사(思) 심소는 심으로 하여금 선이나 악의 업을 짓게 하는 것을 행상으로 하고, 수(受) 심소는 영납(領納)하는 것을 행상으로 한다. 그래서 논에 이르길, "요별(了別)·영납(領納) 등은 작용이 각각 다르기 때문이다."라고 하는 것이다.[29]

영상과 견분에 의거해서 『유가론』과 『성론』의 문장을 통합하는 첫째 해석에서는 '행상이 동일하지 않다', '행상이 각각 다르다'고 말했으므로, 견분에 입각해서 이 행상의 다양성을 보여주어야 한다. 중산은 안식이 청색을 연하는 경우를 예로 들어 촉·작의·수·상 등 견분의 다양한 작용성격을 보여주고 있다. 그런데 주목해야 하는 것은, 그는 '안식이 본질인 청색을 연할 때' 하고 말을 시작하면서 본질이란 용어를 사용하고 있다는 점이다. 영상과 견분에 의거해서 두 논서를 통합하는 이 자리에서도 영상의 지반이 되는 본질에 대해 언급할 수 없었지만, 이 용어를 언급하면서 본질을 포괄해서 행상을 논할 수 없는 이 첫째 해석의 한계를 지적하고 있다고 볼 수 있다. 본질을 포괄해서 행상을 논하려면, 소소연연을 말하는 둘째 해석으로

• • •
29. 『四分義極略私記』(『大正藏 71』, p. 460下), "問: 且, 就初釋, 彼論此論約影像與見分說意何? 答: 且, 眼識緣本質靑色之時, 心王心所見分各緣靑色影像. 而此所變相王所相似故云所緣相似, 王所所變靑色極相似不異, 故云同一所緣. 心王心所見分各別故云不同一行相行相各別也. 重意云, 心王見分以了別爲行相, 觸心所令心心所觸境爲行相, 作意警覺應起心種合趣境爲行相, 想以取境像爲行相, 思以令心作善惡業爲行相, 受以領納爲行相. 故論云, 了別領納等作用各異故." '像'를 '影'으로 수정.

넘어가야 한다.

첫째 단계에서 영상과 견분에 의거해서 『유가론』과 『성론』의 문장을 통합할 수 있었지만, 사실 이 통합은 실질적인 통합이 아니다. 영상과 견분의 상관적 관계라는 틀에 두 문장의 차이를 생략하고 밀어 넣었기 때문이다. 규기가 의도하는 대로 『유가론』의 소연을 소소연연으로 보고 행상을 새롭게 확장하기 위해서는 이 두 문장의 차이를 보존하면서 해석할 수 있는 방식을 찾아야 한다. 중산은 둘째 해석을 역시 안식이 청색을 연하는 예를 들며 다음과 같이 설명하고 있다.

> [문] 둘째 해석에서 『유가론』은 본질에 의거하고, 이 『성론』은 상분에 의거해서 말하는 취지는 무엇인가? [답] 우선, 하나의 안식이 제8식이 변현한 (所變) 본질을 대할 때 청색의 체(體)가 동일하기 때문에 『유가론』은 이 뜻에 의거해서 색의 소연(所緣)이 '동일하다'고 설하는 것이다. (『성론』은) 심과 심소가 변현한 청색의 영상이 비록 동일하지 않을지라도 심과 심소가 모두 청색과 상사(相似)하기 때문에 '소연이 상사하다'고 이르는 것이다.[30]

이제 중산은 첫째 해석을 논급할 때 든 안식이 청색을 연하는 예를 다시 들면서 첫째 해석의 예와 차이를 분명히 보여주고 있다. 첫째 해석을 논급할 때는, 안식이 본질인 청색을 연할 때 심왕과 심소들의 견분은 각각 영상인 청색을 연한다고 말하고 이 청색인 영상을 심과 심소들이 변현한 상분으로 이해했지만, 이 둘째 해석을 논급하는 이 대목에서는 '안식이 제8식이 변현한 본질을 대할 때'라고 말하면서 그 차이를 분명히 드러내고 있다. 본질은 안식이 변현한 것이 아니라 제8식이 변현한 것이다. 소연, 즉 대상이 영상상

· · · ·
30. 『四分義極略私記』(『大正藏 71』, p. 460下), "問: 後釋瑜伽約本質此論約相分說意何? 答: 且, 一眼識對第八識變本質之時, 靑色體一故, 瑜伽依此義云同色所緣. 心心所所變靑色影像雖不同, 彼此俱靑色相似故云所緣相似耳. 又, 論第三疏有此二釋也."

분에서 소소연연인 본질로 확장된 것이다.

『유가론』에서 '소연은 동일하다' 할 때 이 소연을 소소연연인 본질로 보는 경우 행상이 '동일하지 않다' 할 때 이 행상을 어떻게 보아야 하는가 하는 문제가 생길 수 있다. 『유가론』의 이 문장을 『성론』의 문장에 대한 첫째 해석과 둘째 해석처럼 영상상분과 견분에 의거해서 해석할 수는 없는 것이다. 『유가론』의 소연을 본질로 보아야 할 필요가 있다면, 본질을 대상으로 하는 것은 영상상분인가, 아니면 견분인가? 전자는 우리가 앞에서 이미 마주친 바 있는 물음이다. 그러나 이 물음은 영상과 견분의 상관적 관계에 제한되어 있을 때 마지못해 던진 물음일 뿐이다. 영상상분은 견분의 대상이다. 이 견분의 대상이 본질을 대상으로 삼을 수는 없다. 그렇다면 견분인가? 본질을 대상으로 하는 것이 견분이라면 이 견분은 영상상분을 대상으로 하는 견분과 어떻게 조화를 이룰 것인가? 이 문제를 해결하기 위해 규기는 다섯 단계의 해석을 제시하는데, 중산은 최후 단계의 해석으로 네 전 단계들을 통합해 간다.

규기의 이 다섯 단계의 해석을 풀이하기 전에, 중산은 여기서도 포괄적 의미와 협소한 의미라는 기준을 사용해서 앞의 두 해석의 한계를 제시하면서, 이 두 해석을 통합해 가기 위한 예비적 논의를 한다.

[문] 두 논의 넓고 좁음은 무엇인가? [답] 첫째 해석에 의거한다면 두 논에 차이가 없다. 둘째 해석에 의거한다면 『유가론』과 『성론』은 서로 넓고 좁음이 있다. [문] 어떤 식으로 서로 넓고 좁음이 있는가? [답] 『성론』에서 영상(影像)에 의거해서 소연(所緣)이 상사(相似)하다고 하는 경우, 무분별지가 진여를 증득할 때는 상분이 없기 때문에 소연(所緣)이 상사(相似)하지 않게 된다. 따라서 『성론』은 좁은 의미이다. 이제 『유가론』에서 본질에 의거해서 소연(所緣)이 동일하다고 하는 경우, 본질이 없는 식(識)에는 통하지 않기 때문에 『유가론』도 좁은 의미이다. 넓은 의미는 이에 준해서 알 수 있다.[31]

138

『성론』의 경우처럼 '소연은 상사하다'고 하는 경우는 무분별지가 진여를 증득할 때에는 적용되지 않는다 하고, 『유가론』의 경우처럼 '소연이 동일하다'고 하는 경우는 본질이 없는 식에는 통하지 않는다고 하면서 각 해석의 한계를 제시하고 있다. 두 해석 모두 한계가 있기 때문에 협소한 의미에 갇혀 있다. 이 두 해석을 화회해서 포괄적 의미를 획득하기 위해 중산은 이미 제시한 각 해석의 한계를 규기의 말을 빌려 다시 보여준다.

> [문] 이 견해를 증명하는 문(文)이 있는가? [답] 『추요』에 이르길, "비록 제3권에서 둘을 화회(和會)하고 있지만, 무분별지가 진여를 연할 때는 소연이 상사하지 않고 동일하다고 말해야 한다. 이 『성론』의 문은 이치를 다한 것이 아니다. 만약 『유가론』에 의거해서 동일하다고 말한다면, 본질이 없는 심(心)은 오직 상사할 뿐이기 때문에 동일하다고 말해서는 안 된다. 두 논의 문을 화회시켜야 바른 이치가 된다. 치우쳐서 취하면 모두 그르치게 된다."[32]

『유가론』의 '소연은 동일하다'고 할 때의 소연을 소소연연, 즉 본질로 본다면 본질이 없는 상분을 설명할 수 없게 되고, 『성론』의 '소연은 상사하다'고 할 때의 소연을 친소연연, 즉 영상상분으로 본다면 무분별지가 진여를 연할 때 '소연이 동일하다'는 것을 설명할 수 없게 된다. 따라서 두 해석 모두 필요하다고 말하고 있다.

둘째 해석, 즉 "『유가론』은 소소연연인 본질에 의거해서 소연이 동일하다

● ● ●

31. 『四分義極略私記』(『大正藏 71』, p. 460下), "問: 二論寬狹何? 答: 若依初釋二論無別. 若依後釋瑜伽唯識互有寬狹. 問: 互有寬狹方何? 答: 唯識論約影像云所緣相似之時, 無分別智證眞如時無相分故, 所緣不相似. 故唯識論狹. 今瑜伽約本質云同一所緣之時, 不通無本質識, 故瑜伽狹也. 寬准此知."

32. 『四分義極略私記』(『大正藏 71』, p. 460下-461上), "問: 此義有證耶? 答: 樞要云雖第三卷有二和會, 然無分別智緣於眞如所緣不相似, 應言同一. 此唯識論文不盡理. 若就瑜伽云同一, 即無本質心唯相似故不可言同一, 應會二論文以爲正理. 偏取可皆非."

고 말하고 『성론』은 친소연연인 영상에 의거해서 소연이 상사하다.'고 하는 해석은 어느 경우든 첫째 해석과 달리 행상에 대해 언급하고 있지 않음에 주목할 필요가 있다. 이는 견분을 행상으로 보는 해석과 상분을 행상으로 보는 해석의 충돌이 본질을 소연으로 하는 상분을 행상으로 보는 해석에서 비롯되었기 때문에, 이 두 해석을 화회시키려면 행상이 기존에 규정된 방식으로는 존재하지 않을 수도 있다는 것을 시사하고 있는 것이다.

2. 규기의 해석과 중산의 풀이

중산은 『유가론』과 『성론』의 문장을 화회(和會)시키기 위해 규기를 따라 다섯 단계의 해석을 들고 이를 풀이하면서 점진적으로 통합시켜 간다. 첫째 단계에서는 『성론』의 문장을 『유가론』의 문장이 의미하는 대로 이해하고, 둘째 단계에서는 『유가론』의 문장을 『성론』의 문장이 의미하는 대로 이해하고 있다. 셋째 단계에서는 앞의 둘째 해석대로 『유가론』의 문장은 본질에 의거해서 설하고 있는 것으로 보고, 『성론』의 문장은 영상에 의거해서 설하고 있는 것으로 본다. 넷째 단계에서는 『유가론』과 『성론』의 문장이 모두 본질과 영상에 의거해서 설하고 있는 것으로 이해한다. 다섯째 단계에서는 『유가론』의 문장은 무위법을 들어 본질이 있는 식을 설하고 있는 것으로 보고, 『성론』의 문장은 유위법을 들어 본질이 없는 식을 설하고 있는 것으로 본다.

중산은 차례대로 이 단계들을 풀이하면서, "『유가론』에서는 소소연연에 의거해서 설하고 『성론』은 친소연연에 의거해서 설한다."는, 규기가 앞에서 제시한 둘째 해석에 행상이 언급되어 있지 않다는 점에 주목하고, '소연이 동일하다'거나 '소연이 상사하다'를 들어가며 소연의 성격만을 밝혀 간다. 넷째 단계에서 본질과 소연 모두에 의거해서 소연이 '동일하다'거나 '상사하다'고 하게 되므로, 결국 다섯째 단계에서 행상은 견분의 지향적 성격으로 귀착하게 된다.

중산은 먼저 『성론』의 문장을 『유가론』의 문장이 의미하는 대로, 또 『유가론』의 문장을 『성론』의 문장이 의미하는 대로 이해한다. 다음은 첫째 단계이다.

[문] 첫째 해석의 취지는 무엇인가? [답] "첫째 『유가론』의 문에 의거한다는 것"은 『성론』을 『유가론』과 같게 한다는 것이다. 이 취지에 의하면, 『유가론』은 본질에 의거해서 '소연이 동일하다'고 설하고 영상에 의거해서 '행상이 각각 다르다고 설하는데, 그렇듯이 이제 『성론』은 본질에 의거해서 '상사(相似)하다'고 설하고, 영상에 의거해서 '각각 다르다'고 설하는 것이다. [문] 본질은 동일한데, 왜 『성론』에서 상사하다고 설하는가? [답] '상사하다'란 '동일하다'는 뜻이다. 상반되지 않는다. 그래서 『분량결』에 이르길, "상사하기에 동일하다"고 한다.[33]

첫째 단계는 "친소연연인 영상에 의거해서 상사하다."고 설하는 『성론』의 견해를 "소소연연인 본질에 의거해서 소연이 동일하다."고 설하는 『유가론』의 견해로 바꿔 해석하는 단계이다. 『성론』의 '상사하다'를 『유가론』의 '동일하다'로 치환하면서 『성론』의 친소연연인 영상을 『유가론』의 소소연연인 본질로 대체하고 있다. 영상과 본질은 친소연연과 소소연연의 관계이므로, 영상을 본질로 대체할 수 있는 것이 아니다. 그런데도 이런 단계를 설정하는 것은, 『성론』이 견분을 행상으로 하듯이 『유가론』도 영상상분을 행상으로 한다는 것을 보이기 위해서이다. 다음은 둘째 단계이다.

• • •

33. 『四分義極略私記』(『大正藏 71』, p. 461上), "問: 初釋意何? 答: 一就彼文者以唯識論令同瑜伽也. 意云, 瑜伽約本質云同一所緣約影像云行相各別. 今唯識論約本質云相似約影像云各別也. 問: 本質是一, 何唯識論云相似耶? 答: 相似者同一義也. 是不相違也. 故分量決云, 相似故名同. 問: 第二釋意何? 答: 以瑜伽論令同唯識論文也. 意云, 唯識約影像云所緣相似, 約見分云行相各別. 今瑜伽約影像云同一所緣, 約見分云不同一行相. 問: 心心所所變影像不同, 何瑜伽云同一耶? 答: 同一者相似義也."

[문] 둘째 해석의 취지는 무엇인가? [답] 『유가론』의 문장을 『성론』의 문장과 같게 한다는 것이다. 이 취지에 의하면, 『성론』은 영상에 의거해서 '소연이 상사(相似)하다'고 설하고 견분에 의거해서 '행상이 각각 다르다'고 설하는데, 그렇듯이 이제 『유가론』은 영상에 의거해서 '소연이 동일하다'고 설하고, 견분에 의거해서 행상이 '동일하지 않다'고 설하는 것이다. [문] 심과 심소가 변현한[所變] 영상은 동일하지 않은데, 왜 『유가론』에서 동일하다고 설하는가? [답] '동일하다'란 '상사하다'는 뜻이다.[34]

둘째 단계는 "소소연연인 본질에 의거해서 소연이 동일하다."고 설하는 『유가론』의 견해를 "친소연연인 영상에 의거해서 상사하다."고 설하는 『성론』의 견해로 바꿔 해석하는 단계이다. 『유가론』의 '동일하다'를 『성론』의 '상사하다'로 치환하면서 『유가론』의 소소연연인 본질을 『성론』의 친소연연인 영상으로 대체하고 있다. 본질과 영상은 소소연연과 친소연연의 관계이므로, 본질을 영상으로 대체할 수 있는 것이 아니다. 그런데도 이런 단계를 설정하는 것은, 『성론』이 견분을 행상으로 하듯이, 『유가론』도 견분을 행상으로 한다는 것을 보이기 위해서이다. 『유가론』은 본질을 소연으로 하는데, 그렇다면 이 소연은 무엇을 능연행상으로 하는가 하는 문제를 해소하기 위해, 첫째 단계에서는 영상상분을 능연행상으로 보았지만 이 둘째 단계에서는 영상상분을 소연으로 하는 견분을 설하는 『성론』처럼 견분을 능연행상으로 보고 있다. 그렇지만 아직 이 능연행상인 견분이 소소연연인 본질을 연한다는 것을 보여주고 있는 것은 아니다. 다음은 셋째 단계이다.

• • •

34. 『四分義極略私記』(『大正藏 71』, p. 461上), "問: 第二釋意何? 答: 以瑜伽論令同唯識論文也. 意云, 唯識約影像云所緣相似, 約見分云行相各別. 今瑜伽約影像云同一所緣, 約見分云不同一行相. 問: 心心所所變影像不同, 何瑜伽云同一耶? 答: 同一者相似義也."

[문] 셋째 해석의 취지는 무엇인가? [답] 소(疏)의 둘째 해석과 같다. 이 해석에 의거하면, 『유가론』은 영상에 대해 설하지 않고, 『성론』은 본질에 대해 설하지 않는다.[35]

중산은 셋째 단계의 해석이 『술기』의 둘째 해석과 같다고 했으므로, 이 지점에서 이 둘째 해석이 무엇인지 다시 상기할 필요가 있다. 중산은 규기의 두 해석을 앞에서 다음과 같이 문답으로 정리해서 말한 바 있다.

[문] 『유가론』 제1권에 이르길 "심과 심소법은 소연은 동일하고 행상은 동일하지 않다."고 하고, 이 『성론』에 이르길 "소연은 상사하고 행상은 각각 다르다."고 한다. 두 논의 취지는 무엇인가? [답] 이 물음에 답할 때 소(疏)에 두 가지 설(說)이 있다. 첫째 해석에 의하면, 『유가론』과 『성론』은 영상(影像)과 견분에 의거해서 (각각) "소연은 동일하고 행상은 동일하지 않다."고 설하고, "소연은 상사(相似)하고 행상은 각각 다르다."고 설한다. 둘째 해석에 의하면, 『유가론』은 소소연연(疎所緣緣)에 의거해서 설하고 『성론』은 친소연연(親所緣緣)에 의거해서 설한다.[36]

규기의 둘째 해석에 의하면, "『유가론』은 소소연연에 의거해서 설하고 『성론』은 친소연연에 의거해서 설한다." 그런데 지금 중산은 이 둘째 해석을 규기를 따라가며 다섯 단계로 나누어 설명하는 중이고, 이미 앞의 두 단계에서도 이 둘째 해석을 풀이한 바 있다. 첫째 단계에서는 『성론』을 『유가론』으로 통합해서 본질을 소연으로 하는 영상상분을 능연행상으로,

---

35. 『四分義極略私記』(『大正藏 71』, p. 461上), "問: 第三釋意如何? 答: 與疏後釋同也. 若依此釋瑜伽不說影像唯識不說本質也."

36. 『四分義極略私記』(『大正藏 71』, p. 461中), "問: 瑜伽第一云心心所法同一所緣不同一行相, 此論云所緣相似行相各別. 兩論意何? 答: 云, 會此疏有二說. 一云. 瑜伽唯識約影像與見分說同一所緣不同一行相, 所緣相似行相各別. 二云, 彼約疎所緣緣, 此約親所緣緣."

둘째 단계에서는 『유가론』을 『성론』으로 통합해서 견분을 능연행상으로 볼 수 있다는 것을 보여주었다. 그렇지만 아직 본질을 소연으로 하는 견분을 능연행상으로 보는 방식을 발견한 것은 아니다. 이제 셋째 단계에서 중산은 이 규기의 둘째 해석을 "『유가론』은 영상에 대해 설하지 않고 『성론』은 본질에 대해 설하지 않는다."고 풀이함으로써, 견분이 영상상분뿐만 아니라 본질도 연할 수 있는 길을 열어놓는다. 다시 말해, 『유가론』으로 통합하는 첫째 단계와 『성론』으로 통합하는 둘째 단계에서는 각각 영상상분과 견분을 행상으로 보았기 때문에, 두 능연행상이 충돌할 수밖에 없었는데, 이 셋째 단계에서 이 충돌을 피하기 위해, 『유가론』은 영상에 대해 설하지 않았다고 하며 이 영상을 연할 능연행상을 찾고, 『성론』은 본질에 대해 설하지 않았다고 하며 이 본질을 연할 능연행상을 찾는 것이다. 그렇다면 다음 단계에서는 능연행상이 본질도 연하고 영상도 연할 수 있어야 하는데, 그러기 위해서는 『유가론』과 『성론』의 소연의 개념이 각각 확장되어야 한다. 다음은 넷째 단계이다.

> [문] 넷째 해석의 취지는 무엇인가? [답] 『유가론』에서는 본질에 의거해서 '소연은 동일하다'고 설하고, 또한 영상에 의거해서도 '소연은 동일하다'고 설한다. 『성론』에서도 본질에 의거해서 '소연이 상사하다'고 설하고, 또한 영상에 의거해서도 '소연이 상사하다'고 설하는 것이다.[37]

『유가론』의 본질에 의거해서 '소연은 동일하다'를 영상에 의거해서도 '소연이 동일하다'로 확장하고, 『성론』에서도 같은 방식으로 적용해서 영상에 의거해서 소연이 상사하지만 본질에 의거해서도 '소연이 상사하다'고 확장하고 있다. 양쪽을 적극적으로 수용함으로써 본질을 소연으로 하는

• • •
37. 『四分義極略私記』(『大正藏 71』, p. 461上), "問: 第四釋意何? 答: 瑜伽約本質云同一所緣, 亦約影像云同一所緣. 唯識亦約本質云所緣相似, 約影像亦云所緣相似也."

능연행상과 영상상분을 소연으로 하는 능연행상의 충돌을 해소시키고 있다. 그런데 이것이 가능했던 것은 결국 다섯 단계에서 언급하고 있는 견분의 작용 때문이다. 다음은 다섯째 단계이다.

[문] 다섯째 해석의 취지는 무엇인가? [답] 『유가론』에서는 무분별지가 진여를 연할 때 진여는 체(體)가 하나이기 때문에 '소연이 동일하다'고 설하고, 『성론』에서는 유위의 제6식이 본질이 없는 거북이의 털이나 허공의 꽃 등을 연(緣)할 때 심과 심소의 영상이 상사하기 때문에 '소연이 상사하다'고 설하는 것이다.[38]

•••
38. 『四分義極略私記』(『大正藏 71』, p. 460上), "問: 第五釋意何? 答: 瑜伽無分別智緣眞如時眞如體一故云同一所緣, 唯識有爲第六識緣無本質之龜毛空華等時, 心心所影像相似故云所緣相似也." '像'를 '影'으로 수정.

또 중산은 혜소의 "본 소(疏=『술기』)에서 소연은 동일하고 행상은 동일하지 않다는 『유가론』의 설에 대해 세 가지 해석이 있다고 설하고 있다."는 말을 받아들이면서, 규기의 말을 인용하고 있다. 규기의 말을 그대로 옮기면서 세 해석을 순서대로 표기하면 다음과 같다.

"그런데 『유가론』 제1권에서 설하길, '소연이 동일하고 행상은 동일하지 않다'고 한다. 요별·영납에 의거해서 각각 동일하지 않기 때문이다. (1) 상분은 비록 동일하지 않을지라도 극히 상사하다. 가령 청색이 경이 될 때 상(相)들은 모두 청색과 상사(相似)하기에 동일하지만, 견분은 각각 다르다. 비록 모두 청색이지만 상(像)을 파악하는 것이 각각 다르기 때문에 행상이 동일하지 않다. (2) 이 중 행상과 견분은 비록 각각 동일하지 않고 각각 뜻의 다름에 의거하지만, 경은 총괄적인 것[總]에 의거하기 때문에 이를 동일하다고 한다. 견분은 개별적인 것[別]에 의거하기 때문에 상사(相似)하다고 한다. 논(=『성론』)의 이 권(卷)은 축자적으로 해석하고 있기 때문에, 『유가론』에서 설하는 바와 같지 않다. (3) 또 저 논(=『유가론』)에서는 소소연연(疏所緣緣)에 의거해서 설하고 있고, 『성론』은 친소연연(親所緣緣)에 의거해서 설하고 있다."『成唯識論述記』(『大正藏 43』, p. 319上), "然瑜伽第一說同一所緣不同一行相. 據了別領納各各不同故. 相分雖不同然極相似. 如靑爲境, 諸相俱靑相似名同, 見分各異. 雖俱是靑, 取像各異, 故名不同行相. 此中有行相與見分, 雖各非一, 各據義別, 境據總故名之爲一. 見據別故, 名爲相似. 此卷論中據實爲言, 故與瑜伽說不同也. 又彼約疏所緣緣, 此約親所緣緣.
셋으로 나누었지만, 중산이 앞에서 『유가론』과 『성론』의 두 가지 해석을 소개할 때 나온 내용과 다르지 않다는 것을 알 수 있다. 사실 중산은 이 『술기』에 이 대목에 의거해서 첫째 단계와 둘째 단계에서 『유가론』의 '소연이 동일하다'와 『성론』의 '소연이 상사하다'를 한쪽을 다른 한쪽으로 대체해서 통합하거나, 셋째 단계와 넷째 단계에서 둘 각각의 한계를 인정하고 둘 모두를 둘로 적용시킨 것과 대조적으로, 여기서는 '소연이 동일하다'와 '소연이 상사하다'를 명료하게 구분하고 있다. 이런 식의 구분이 가능하게 된 것은 초점을 상분에 두지 않고 견분에 두었기 때문이다. 이를 밝히기 위해 중산은 『유가론』에서는 무위법에까지 본질 개념을 확대하고, 『성론』에서는 유위법에서 본질 개념을 삭제하고 있다. 사실 본질은 예를 들어 제8식이 변현한 색을 가리키는 용어이다. 중산은 『유가론』의 '소연은 동일하다'에서 '동일하다'가 본질인 진여가 동일하고 본질인 색이 동일하다고 생각하고 있다. 전자는 상주하는 무위법이고 후자는 무상한 유위법이기 때문에, '소연이 동일하다' 할 때 '동일하다'의 의미가 같을 수 없겠지만, 중산은 본질이 없는 유위법의 경우와 예리하게 대비하기 위해 이런 의미를 쓰고 있는 것이다.

규기가 견분을 행상으로 규정하고 나서 또 이와 상관적으로 상분을 행상으로 규정하기 위해 "어떻게 제8식 및 이와 동시의 다섯 심소법이 '소연은 동일하고 행상은 동일하지 않다'고 말할 수 있겠는가?"라고 했을 때 이 소연은 이 문맥에서 기본적으로 본질을 가리켜야 상분을 행상으로 보는 해석의 적절한 예가 될 수 있다는 점에서 제8식 및 이와 동시의 심소는 본질을 갖지 않는 식의 한 예가 될 수 있다. 그리고 제6식이 거북이의 털이나 허공의 꽃을 연할 때 이 식은 본질을 갖지 않는다. 같은 유위법 내에서 본질을 갖지 않는 식도 이런 방식으로 나뉠 수 있는 것이다. 그렇다면 이 다섯째 단계의 해석에서 우리는 무위법인 진여를 연하는 경우, 제8식이 변현한 색법을 연하는 경우, 타자들의 제8식이 변현한 색을 연하는 경우, 본질이 없는 대상을 연하는 경우 등을 구분해낼 수 있을 것이다. 이렇게

• • •
두 가지 해석을 소개한 것이다.

법들을 분화해서 생각할 수 있는 근거는 이 법들이 견분의 다양한 지향적 성격에서 유래하는 것이기 때문이다.

5

.

사분상연문

이 「사분상연문」에서는 선주(善珠, 723-797)의 『분량결』「사분상연문」을 다룬다. 일본 헤이안(平安) 전기(前期)의 유식논사 선주는 규기의 『의림장』의 주석서 『법원의경(法苑義鏡)』, 혜소의 『요의등』의 주석서 『증명기』 등을 저술한 학자이다. 그는 또 이곳저곳에 산재해 있는 4분설을 모두 모아 『분량결』이란 논서를 저술했다. 4분을 다루는 이 『분량결』의 전반부는 순서대로 「석명결의문(釋名決疑門)」, 「입분부동문(立分不同門)」, 「행상이설문(行相異說門)」, 「대소이승행상부동문(大小二乘行相不同門)」, 「능소량과문(能所量果門)」, 「내외분별문(內外分別門)」, 「능연소연문(能緣所緣門)」, 「삼량분별문(三量分別門)」, 「사연분별문(四緣分別門)」, 「동종별종문(同種別種門)」, 「개합부동문(開合不同門)」, 「유식해석문(唯識解釋門)」, 「일용다용문(一用多用門)」, 「사분상연문(四分相緣門)」, 「제문분별문(諸門分別門)」 등 15장으로 되어 있다.

선주는 이 「사분상연문」에서 염위(染位; 인위(因位))와 정위(淨位; 과위(果位))

에서의 4분의 상연관계를 다룬다. 염위에서는 심의 4분 간에도, 심소의 4분 간에도 상연관계가 성립하지 않고, 또한 심과 심소 사이에도 상연관계가 성립하지 않는데, 이 점을 짚어내야 정위 4분 간에 성립하는 상연관계의 성격이 분명하게 드러나게 될 것이다. 그러기 위해서 선주는 인위의 4분을 다룰 때는 동취이체의 4분을, 과위의 4분을 다룰 때는 동체(同體)의 4분과 동취이체(同聚異體)의 4분을 구분해서 살펴보고 있다. 인위 4분의 상연관계를 다루는 부분에서 동취이체 4분만을 고려하는 것은, 4분은 각각 일정한 분한(分限)이 있어서 동체 4분 간에는 상연관계가 성립하지 않는다는 것을 다른 문들에서 확인한 바 있기 때문이다.

염위의 4분을 다루는 전반부에서 선주는 규기의 두 가지 설을 소개하고 있다. 우리는 이 두 설의 차이를 알아보고, 이 두 설 모두 결국 염위에서는 상연관계가 성립하지 않음을 주장하고 있다는 것을 확인할 것이다. 정위의 4분을 다루는 후반부에서 선주는 동체 4분의 경우든 동취이체 4분의 경우든 규기와 원측의 설을 순서대로 제시하며 서술하고 있다. 규기는 곧바로 올바른 설을 제시하거나 여러 설을 열거할 때는 뒤에 가서 어느 설이 더 낫다고 판정을 내리지만, 원측은 대체로 여러 설을 단순히 열거할 뿐 판정을 내리지 않기 때문에 어느 설이 원측의 설인지 파악하기 힘들 때가 많다. 그런데 4분의 상연관계에 있어서는 도증(道證)의 말을 통해 원측의 견해를 추정할 수 있으므로, 어느 견해가 원측의 견해인지 파악하기 위해 선주의 논의를 주의 깊게 따라가 볼 것이다.

다른 문(門)과 달리 이 「사분상연문」에는 탈문(脫文)이 있어 중산의 『극략사기』를 참조할 필요가 있다. 『극략사기』는 선주의 『분량결』을 따라 순서대로 문을 설정하고 있지만 내용은 순서대로 따르지 않고 독자적으로 전개해 나가는 경우가 많은데, 이 문은 선주의 논의를 있는 그대로 따라가며 전개하고 있기 때문에 탈문의 내용이 무엇인지 분명하게 확인할 수 있다. 이 글에서는 『극략사기』의 도움을 받아 이 탈문의 내용을 보충하고 또 선주의 논의를 보강하며 논지를 펴나가겠다.

Ⅰ. 염위(染位)에서의 4분상연

    4분의 상연관계를 살펴보고자 할 때, 첫째, 염위와 정위, 둘째, 동체와 동취이체를 구분해서 살펴보아야 한다. 첫째, 염위와 정위를 구분해서 살펴보아야 하는 것은, 염위에서는 정위에서와는 달리 4분 사이에 분한이 성립하기 때문이다. 즉 견분은 상분을, 자증분은 견분과 증자증분을, 증자증분은 자증분을 연하는 분한이 성립하기 때문이다. 이러한 분한은 상박(相縛)과 견박(見縛)에 매여 있어서, 염위에서는 정위에서와 같이 이러한 박(縛)을 벗어나서 연하는, 가령 견분이 자증분을 연하는 경우를 상정해 볼 수 없다. 둘째, 동체와 동취이체를 구분해서 살펴보아야 하는 것은, 염위에서는 비록 동체 4분 간에 상연관계가 성립하지 않는다 해도 혹시 정위에서처럼 동취이체 4분 간에는 성립하는 것은 아닌지 알아보아야 하기 때문이다.

    이렇게 염위와 정위, 동체와 동취이체로 나누어 살펴보고자 할 때, 염위에서는 동체 4분 간에 상연관계가 성립하지 않는다는 것을 알았기 때문에 염위의 상연관계를 다루는 전반부에서는 동취이체 4분의 경우만 살펴보면

된다.

선주는 후반부에서 정위를 다룰 때는 규기와 원측의 견해를 순서대로 서술하고 있지만, 염위를 다룰 때는 원측의 견해를 들고 있지 않고 규기를 따라 첫째 논사와 둘째 논사의 견해로 나누어 서술하고 있다.

1. 첫째 논사의 견해

선주의 『분량결』에는 편자가 지적한 바와 같이 탈문이 있어서[1] 이를 온전히 이해하려면 중산의 『극략사기』를 참조하지 않을 수 없다. 두 논사의 견해를 나열하는 이 대목에서 둘째 논사의 견해가 언급되어 있을 뿐 첫째 논사의 견해가 보이지 않는데, 중산은 그의 『극략사기』 「사분상연문」에서 선주의 체재를 그대로 따라가며 설명하고 있기 때문에, 첫째 논사의 견해를 여기서 확인할 수 있다. 중산은 다음과 같은 말로 시작한다.

  [문] 이 문의 취지는 무엇인가? [답] 일취(一聚)의 심왕과 심소가 서로 상연(相緣)하는 뜻과 상연하지 않는 뜻을 밝히는 것이 이 문의 취지이다. [문] 이 4분이 상연하는 일에는 몇 가지의 위(位)가 있는가? [답] 두 가지의 위(位)가 있다. 하나는 염위(染位)에서 서로 연하는 일을 말하고, 다른 하나는 정위(淨位)에서 서로 연하는 일을 말한다.[2]

심왕과 심소가 서로 소연으로 삼을 수 있는 상연관계를 살펴보고자 할 때, 먼저 염위와 정위에서 나타나는 양상이 다르다는 것을 염두에 두고

- - - -

1. 『唯識分量決』(『大正藏 71』, p. 446上), “四分相緣門也恐有脫文惜哉.” “사분상연문이다. 아마도 탈문이 있는 듯하다. 안타깝다.”
2. 『四分義極略私記』(『大正藏 71』, p. 469下), “問: 此門意如何? 答: 明一聚之心王心所互以相緣不相緣之義, 此門意也. 問云, 此四分相緣有幾位耶? 答: 有二位. 一說染位相緣, 二說淨位相緣也.”

있어야 한다. 선주는 염위에서는 심과 심소 사이에 상연관계가 성립하지 않는다는 것을 첫째 논사와 둘째 논사의 견해를 순서대로 들며 다음과 같이 말한다.

> [문] 염위(染位)에 의거할 때, 우선 안식(眼識)의 일취(一聚)에는 심과 심소의 4분이 있는데 이들이 서로 상연할 수 있는가? [답] 논 제8권에 두 논사의 견해가 있다. [문] 첫째 논사의 견해는 무엇인가? [답] 논에 이르길, "동취(同聚)의 이체(異體)는 전전상망(展轉相望)하기에 오직 증상연(增上緣)만이 있다. 상응법(相應法)들은 의탁하는 본질(本質)이 같고 상연하지 않기 때문이다."라고 한다.[3]

중산은 『성론』을 따르면서 염위에서는 심과 심소가 전전상망하기에, 오직 증상연만이 있다고 말한다. 그러니까 염위에서는 심과 심소 사이에 서로 소연으로 삼는 상연관계가 성립하지 않는다는 말이다. 중산은 이 증상연의 뜻을 분명히 하기 위해 이어서 다음과 같이 말한다.

> [문] 이 문의 취지는 무엇인가? [답] 같은 취[同聚]란, 우선 안식의 일취(一聚)이다. 다른 체[異體]란, 심왕의 체와 촉(觸) 등의 체가 각각 다르기 때문에 다른 체라고 한다. 심왕은 청색을 연하는 심소를 장애하지 않으며, 심소는 청색을 연하는 심왕을 장애하지 않기 때문에 증상연이 있다. 심왕과 심소는 동일한 청색을 소연으로 삼는다. 촉(觸)이 수(受)의 소연이 된다거나, 수(受)가 촉(觸)의 소연이 될 수는 없기 때문에 소연연은 없다. 심왕과 심소는 이에 준해서 고찰할 수 있다.[4]

- - -

3. 『四分義極略私記』(『大正藏 71』, p. 469下), "問: 約染位, 且眼識一聚之中有心與心所四分, **更**互得相緣耶? 答: 論第八有二師義. 問: 初師說如何? 答: 論云, 同聚異體展轉相望唯有增上. 諸相應法所杖質同不相緣故." '若'을 '更'으로 수정.

4. 『四分義極略私記』(『大正藏 71』, p. 469下) "問: 此文意何? 答: 同聚者, 且眼識之一聚也. 異體者心王體

심과 심소 간에는 능연소연관계가 성립하지 않고 서로가 서로를 장애하지 않는 증상연 관계만 성립하는 것은 심과 심소가 다 같이 동일한 대상을 지향하기 때문이다.[5] 만약 심이 심소의 대상을 연하고 심소가 심의 대상을 연한다면 심과 심소는 동일한 대상을 지향할 수 없을 것이다. 이 점에 대해서 선주는 있을 수 있는 물음을 생각하고 다음과 같이 대답한다. 선주의 『분량결』은 여기서부터 시작한다.

[문] 만약 그렇다면, 우선 가령 제8심왕은 본질이 없는 심소의 상(相)을 연할 수 없는데 어떻게 동일한 소연이라고 하는가? [답] 동일한 소연에는 두 가지가 있다. 첫째는 본질이 동일하기 때문에 동일하다고 한다. 5식의 심왕 및 심소 등이 그렇듯이. 둘째는 상사하기 때문에 동일하다고 한다. 제8식이 변현한 것 및 제6식이 연한 과거·미래 등이 그렇듯이. 비록 본질이 없을지라도 타변(他變)에 의탁하지 않고 각각 자변(自變)이 상사하기 때문에 동일하다고 한다. 반드시 심왕이 심소의 경(境)을 연해서 생하기 때문에 동일하다고 이름하는 것은 아니다.[6]

- - -

與觸等體各別故異體. 心王不障心所緣青色, 心所不障心王緣青色, 故有增上緣. 心王心所以一青色爲所緣. 不以觸爲受之所緣以受爲觸所緣, 故無所緣云也. 心王心所准冊可察."

5. 지향성 및 지향하는 대상의 동일성에 대해서는, Drummond, J.J.(2003), The structure of intentionality, In D. Welton(ed.) *The New Husserl —— A Critical Reader* (pp. 65-92), (Bloomington and Indianapolis: Indiana University Press) 참조.

6. 『唯識分量決』(『大正藏 71』, p. 446上), "問: 若爾, 且如第八心王不能緣心所之相即無本質, 如何名爲同一所緣? 答: 同一所緣有二. 一質一故名同一. 如五識心王心所等. 二相似故名同一. 如第八心所變第六緣過末等. 雖或無本質, 不託他變, 各各自變相似名同一. 不要心王緣心所之境生名爲同一."

이에 해당하는 중산의 풀이는 다음과 같다. '[문] 만약 그렇다면, 제8심왕은 심소의 상분[相]을 연하지 않으니 본질이 없는데, 어떻게 소연이 동일하다고 이르는가? [답] 소에 이르길, '소연이 동일하다는 것에는 모두 두 가지 뜻이 있다. 첫째, 의탁하는 본질이 동일하기에 소연이 동일하다고 한다. 가령 5식 등과 이와 동시의 심소법은 반드시 본식이 변현한 본질을 같이해서[同] 생하기 때문이다. 둘째, 상사(相似)하기에 소연이 동일하다고 한다. 즉 제8식과 중산은 상연할 수 없는 이유를 다음과 같이 밝히고 있다.

[문] 만약 상연한다는 것을 인정한다면, 무슨 과실이 있는가? [답] 『유가
론』의 "심과 심소법은 소연이 동일하다."는 견해에 위배된다. 또 대중부의
견해와 같은 것이 된다. 대중부가 이르길, "심과 심소 여섯은 모여서 서로
상연하기 때문이다."라고 한다.[7]

선주는 『유가론』의 '소연이 동일하다'는 설을 지침으로 삼고 있다는 것을
알 수 있다.[8] 그런데 『유가론』의 '소연이 동일하다'는 설이 지침이 될 수
있는 것은 이 '동일한 소연'에는 본질이 있기 때문이다. 가령 전5식은 제8식
이 변위(變爲)한 것, 즉 본질을 소연연으로 삼는다. 그러나 이 '동일한 소연'
만을 인정할 경우 문제가 생길 수 있다. 선주가 규기를 따라 든 예처럼
가령 제8식과 이와 동시의 심소들, 즉 촉(觸)·작의(作意)·수(受)·상(想)·
사(思)는 본질이 없는데 어떻게 동일한 대상을 지향할 수 있으며, 또 제6식의
과거의 대상이나 미래의 대상을 지향하는 경우는 이미 지나갔거나 아직

• • • •

이와 동시의 심과 심소법, 그리고 과거나 미래 등을 연하는 제6식 등은 혹은 비록 본질이
없어서 타변(他變)에 의탁하지 않더라도, 각각 자변(自變)이 상사하기에 소연이 동일하다고
하는 것이다. 반드시 심왕이 심소의 경(境)을 연해서 생하는 경우만을 소연이 동일하다고
하는 것이 아니다.'고 한다."『四分義極略私記』(『大正藏 71』, p. 469下), "問: 若爾, 第八心王不緣心
所相, 即無本質, 何云同一所緣? 答: 疏云, 同一所緣總有二義. 一云, 所**杖質同**名爲同一. 如五識等俱心
所法必同本識所變質生故. 二相似名同一. 即第八俱心心所法及第六識緣過未等, 或雖無本質不託他變,
各各自變相似名同一. 不要心王緣心所之境生名爲同一也. 云云." '杖', '問'을 각각 '杖', '同'으로
수정.

7. 『四分義極略私記』(『大正藏 71』, p. 469下), "問: 若許互相緣有何失? 答: 違『瑜伽論』心心所法同一所緣
   云義. 又同大衆部義. 大衆部云, 心心所六集互相緣故."

8. 『瑜伽師地論』『大正藏 30』, p. 279中), "彼助伴者, 謂彼俱有相應諸心所有法. 所謂, 作意觸受想思,
   及餘眼識俱有相應諸心所有法. 又彼諸法同一**所緣非一行相**, 俱有相應一一而轉." 안식과 상응하는
   심소들, 즉 촉·작의·수·상·사 같은 변행심소 및 선이나 불선 심소들이 안식과 동시에
   일어날 때 "소연은 동일하고 행상은 동일하지 않다."고 말하고 있다.

없는 것이어서 지금 있지 않은데 어떻게 본질이 있는 대상을 지향할 수 있느냐 하는 것이다. 그래서 법상종의 논사들은 '소연이 동일하다'라는 『유가론』의 정의를 '소연이 상사하다'로 확대해서 이해한다.

결론적으로 말해, 선주와 규기에 따르면 '소연이 동일하다'든 '소연이 상사하다'든 심과 심소는 각각의 대상을 지향하는 것이기 때문에, 심이 심소의 대상을, 심소가 심의 대상을 대상으로 삼을 수는 없다.

2. 둘째 논사의 견해

선주는 규기를 따라 첫째 논사의 견해를 제시하는 데 그치지 않고 둘째 논사의 견해도 제시하는데, 이 논사의 견해는 견분에 의거할 때는 상연하지 않지만 상분에 의거할 때는 상연한다는 것이다.

> 둘째 논사가 이르길, "견분에 의거해서 상연(相緣)하지 않는다고 하고, 상분에 의거해서 상연의 뜻이 있다고 한다."고 한다. 풀이해서 이르길, 견분에 의거해서 동취(同聚)의 심과 심소는 상연하지 않는다고 설한 것이다. 동시에 다른 견분을 연할 수는 없기 때문이다. 이것은 인위(因位)에 의거한 것이다. 불(佛)은 그렇지 않다. 만약 상분에 의거하면, 심왕과 심소는 서로 연한다. 왜 그런가? 제8심취에는 5법이 있다. 종자(種子)에 의지해서 이를 본질로 삼고, 영상(影像)의 종자를 변현한다. 즉 본질을 소소연(疎所緣)으로 삼고, 자기의 영상(影像)을 친소연(親所緣)으로 삼는다. 심체(心體)도 또한 그러하다. 자기가 변현한 종자를 친소연(親所緣)으로 삼고, 심소가 변현한 종자를 소소연(疎所緣)으로 삼는다.[9]

· · · ·
9. 『唯識分量決』(『大正藏 71』, p. 446上中), "第二師云, 或依見分說不相緣, 依相分說有相緣義等. 云云. 解云, 或依見分同聚他見心心所說不相緣. 無俱時他見分故. 此依因位. 佛即不爾. 若依相分王所互緣. 所以者

앞에서 우리는 첫째 논사의 견해에서 심과 심소는 상연하지 않는다는 것을 보았다. 그런데 둘째 논사는 이렇게 상연하지 않는 것은 심과 심소, 즉 작용들 간의 관계에서 볼 때 상연하지 않는 것이지, 즉 견분에 의거할 때 상연하지 않는다는 것이지, 상분에 의거할 때는 상연할 수 있다는 것이다. 물론 이 경우 상분은 현행을 가리키는 것이 아니라 종자를 가리킨다. 예를 들어 제8식과 이와 동시의 심소들의 상연관계를 보면, 심소들은 제8식의 종자를 친소연연으로 삼고, 자기의 영상(影像)을 소소연연으로 삼으며, 역도 성립한다. 그런데 여기서 본질이란 말을 쓰지 않고 소소연연이란 말을 쓴 것은 제8식과 이와 동시의 심소들은 본질이 없기 때문이다.

여기까지 요약하면, 염위에서 심과 심소는 상연하지 않는다. 첫째 논사든 둘째 논사든 심과 심소가 서로 상연하지 않는다는 견해를 취하고 있다. 그 이유는 심과 심소는 현행하는 동일한 대상을 지향하기 때문이다.

何. 第八心聚有其五法. 依止種子以爲本質變影像種. 即用本質爲疎所緣, 以自影像爲親所緣. 心體亦爾. 自所變種爲親所緣, 心所所變爲疎所."

Ⅱ. 정위(淨位)에서의 4분 상연

선주는 정위에서의 4분의 상연관계를 다루는 이 후반에서는 규기와 원측의 설을 열거하며 서술한다. 선주는 두 논사를 따라 염위에서와는 달리 정위에서는 동체의 4분 간에도 상연하고, 동취이체의 4분 간에도 상연한다고 본다. 선주를 따라가며 동체의 4분 간에 성립하는 상연관계를 먼저 살펴보고, 이어서 동취이체의 4분 간의 상연관계를 밝혀보겠다.

1. 동체 4분의 경우

먼저 규기는 삼통연삼(三通緣三)·삼통연사(三通緣四) 두 가지 설을, 원측은 견통연삼(見通緣三)·견통연사(見通緣四)·삼통연삼·삼통연사 네 가지 설을 제시하지만, 그들이 모두 삼통연사를 정설로 삼고 있다는 것을 미리 밝혀놓고 선주의 서술을 살펴보겠다. 견통연삼(見通緣三)은 견분이 자분(自

分)을 제외한 여타의 분을 모두 연한다는 것을, 견통연사(見通緣四)는 견분이 자분을 포함한 4분을 모두 연한다는 것을 의미한다. 삼통연삼(三通緣三)은 후3분이 각각 자분을 제외한 여타의 3분을 모두 연한다는 것을, 삼통연사(三通緣四)는 후3분이 자분을 포함한 4분을 모두 연한다는 것을 가리킨다. 선주는 이 「사분상연문」에 바로 이어지는 마지막 문 「제문분별문」에서 다음과 같이 말하고 있다.

> [문] 불과(佛果)에서 4분이 상연하는 일은 어떠한가? [답] 규기 논사의 두 가지 설이 있고, 원측 논사의 네 가지 설이 있다. 그런데 규기 논사의 정의는 3분이 4분 모두를 연할 수 있다는 것이다. 원측 논사의 네 가지 설 중 네 번째가 이것과 같다. 『요집』에서 판정해서 이르길, "이것을 정의(正義)로 한다. 왜 그런가? 무루심 등의 용(用)은 두루하기 때문이다."라고 한다.[10]

원측의 네 번째 설, 즉 삼통연사는 규기의 두 번째 설이다. 원측을 따르는 도증이 『요집』에서 이 설이 정설이라고 했으니 원측이 정설로 삼고 있는 설은 규기와 마찬가지로 삼통연사라는 것을 알 수 있다. 따라서 선주가 서술하는 규기의 두 가지 설과 원측의 네 가지 설을 살펴보면서, 이 설들이 어떻게 삼통연사로 귀결하는지 알아보자.

1) 규기의 견해

선주는 규기의 견해를 인용하며 다음과 같이 말하고 있다.

---

10. 『唯識分量決』(『大正藏 71』, p. 446下), "問: 佛果四分相緣云何? 答: 基師二説, 測師有四説. 然基師正義三通緣四也. 測師四説之中第四同此. 『要集』判云, 以此爲正. 所以者何? 無漏心等用周遍故. 云云." '三'을 '二'로 수정.

다음은 정위(淨位)의 상연관계에 대해 밝힌다. [문] 동체(同體) 4분이 어떻게 상연하는가? [답] 이에 대해 두 가지 해석이 있다. 첫째, 규기의 설에 이르길 "동체의 4분 중 견분은 자증분을 연할 수 있고 또 증자증분도 연할 수 있다. 자증분도 또한 상분과 견분을 연할 수 있다. 이런 일은 오직 불과(佛果)에 있는 자에게만 일어나고, 다른 위(位)에 있는 자에게는 일어날 수 없다. 이 취지에 의하면, 여타의 3분은 서로 모든 법을 연할 수 있다. 변연(遍緣)이기 때문이다."라고 한다.[11]

선주는 바로 앞에서 보았듯이 앞의 문들의 내용을 보충하는 성격을 띠고 있는 『제문분별문』에서 규기가 두 가지 학설, 즉 삼통연삼과 삼통연사를 제시하고 있다고 했지만, 이 문에서는 이 점을 분명히 언급하고 있지 않다. 규기가 정설이라 생각하는 두 번째 견해를 서술하고 있을 따름이다. 견분과 자증분을 들어, 견분은 상분은 물론이고 자증분과 증자증분을, 자증분은 증자증분과 견분은 물론이고 상분을 연할 수 있다[12]고 말하고 난 뒤 여타의 3분은 서로 모든 법을 연할 수 있다고 서술하고 있다. 그러나 이 서술은 자기 자신을 배제하는 삼통연삼을 지칭하는 것인지 자기 자신을 포함하는 삼통연삼을 지칭하는 것인지 분명하지 않다. 중산은 규기를 따라 두 견해의 차이를 분명하게 짚어내고 있다.

[문] 동체에 의거해서 4분을 갖춘다는 것은 무엇인가? [답] 소(疏)에 두 가지 해석이 있다. 첫째 해석에 의하면, 3분이 4분을 모두 연한다. 둘째

· · ·

11. 『唯識分量決』(『大正藏 71』, p. 446中), "後明淨位者: 問: 同體四分如何相緣? 答: 此有二釋. 一基說云. 同體四分中, 見分得緣自證亦緣證自證. 自證亦得緣相見分. 此唯在佛果, 餘者不能. 此中意顯, 餘之三分互緣一切法. 名遍緣故."

12. 인위에서 견분은 상분을 연하고 자증분은 견분과 증자증분을 연하므로, 견분이 상분을 연하고 자증분이 증자증분을 연하는 경우도 말해야 했지만, 과위 4분의 새로운 상연관계를 강조하기 위해 이를 생략한 것 같다.

해석에 의하면, 3분이 (자신을 제외한 여타의) 3분을 모두 연한다. 첫째 견해의 취지에 의하면, 견분이 상분·견분·자증분·증자증분을 연하고, 내지 증자증분도 또한 그러하다. 거듭 이 취지에 의하면, 후의 3분이 4분을 모두 연하기 때문에 삼통연사(三通緣四)라고 한다. 둘째 견해의 취지에 의하면, 견분이 자기를 제외한 여타의 3분을 연하고, 증자증분도 또한 자기를 제외한 나머지 3분을 연한다.[13]

규기에 따르면, 후의 3분, 즉 견분과 자증분과 증자증분은 자분(自分)을 포함한 다른 모든 분들을 연할 수 있다. 즉 견분은 인위에서는 오직 상분만을 연했지만, 과위에서는 자증분과 증자증분도 연할 수 있고 또한 자분도 연할 수 있다. 자증분은 인위에서는 견분과 자증분을 연했지만, 과위에서는 상분도 연할 수 있고 자분도 연할 수 있다. 증자증분은 인위에서는 오직 자증분만을 연했지만, 과위에서는 견분과 상분도 연할 수 있고 자분도 연할 수 있다.

그렇다면, 과위에서도 이렇게 4분이 유지된다면 인위의 4분과 어떤 차이가 있는가 하는 문제가 생길 수 있다. 선주는 규기가 이 지점에서 친득(親得)과 신득(新得)의 개념을 끌어들여, 인위와 과위의 4분의 차이를 밝히고 있다고 말한다.

> [문] 여타의 3분이 모두 모든 법을 연한다면, (이들에는) 무슨 차이가 있겠는가? [답] 3분에는 차이가 있으니, 전에 얻은 것[前所得]은 예전 그대로 얻은 것[親得]이고, 여타의 새롭게 얻은 것[新所得]은 영상을 변현해서 얻은 것[影得]이기 때문에 차이가 난다.[14]

. . .

13. 『四分義極略私記』(『大正藏 71』, p. 470中), "問: 約一具四分何? 答: 疏有二釋. 一云, 三通緣四. 二云, 三通緣三. 初義意云, 見分緣相分見分自證分證自證分, 乃至證自證分亦爾. 重意云, 後三分皆緣四分, 故云三通緣四也. 後義意云, 見分除自緣餘三分, 證自證亦除自緣三分也."

14. 『唯識分量決』(『大正藏 71』, p. 446中), "問: 餘之三分皆緣一切法者有何差別? 答: 三分之別者, 前所得者親得, 餘新所得者影得, 故成差別."

나는 위의 인용문의 친득(親得)을 '예전 그대로 얻은 것'으로, 새롭게 얻은 것인 영득(影得)을 '영상을 변현해서 얻은 것'으로 이해했는데, 다음과 같은 중산의 말이 이를 뒷받침한다.

> [문] 여타의 3분이 모든 법을 모두 연한다면, (이들 간에) 무슨 차이가 있겠는가? [답] 전에 얻은 것[前所得]은 예전 그대로 얻은 것[親得]이고, 여타의 새롭게 얻은 것[新所得]은 영상(影像)을 변현해서 얻은 것이기 때문에 차이가 난다. 이 취지에 의하면, 만약 자증분이 견분을 연하고 증자증분을 연하는 경우라면, 인위(因位)에서와 같이 직접 얻은 것[親得]이다. 만약 견분이 자증분과 증자증분을 연하는 경우라면, 지금 불과(佛果)에서 새롭게 얻은 것[新所得]이기 때문에 반드시 영상을 지어서 연한다.[15]

중산은 자증분과 견분의 예를 들어 이 차이를 설명하고 있다. 가령 인위에서 견분과 증자증분을 연하는 자증분은 과위에서는 상분도 연할 수 있기 때문에, 이 두 위(位)에서 기능하는 자증분의 차이를 밝히려면, 인위에서 얻었던 대로 견분과 자증분을 연하고, 상분을 새롭게 얻어 연한다고 보아야 한다. 또 가령 인위에서 상분을 연하는 견분은 과위에서는 자증분과 증자증분도 연할 수 있기 때문에, 이 두 위에서 기능하는 견분의 차이를 밝히려면, 인위에서 얻었던 대로 상분을 연하고 자증분과 증자증분을 새롭게 얻어 연한다고 보아야 한다. 또 자증분은 자증분대로, 견분은 견분대로 자분(自分)을 연할 수 있다고 보아야 한다.

. . .

15. 『四分義極略私記』(『大正藏 71』, p. 470中), "問: 餘三分皆緣一切法者有何差別? 答: 前所得者親得, 餘新所得者變影得, 故成差別. 意云, 若自證分緣見分緣證自證分時, 如因位親得. 若見分緣自證分證自證分時者, 今佛果新所得故必作影像而緣."

2) 원측의 견해

선주는 원측의 네 가지 설, 즉 견통연삼·견통연사·삼통연삼·삼통연사를 차례대로 다음과 같이 서술하고 있다.

> 둘째, 원측의 설에 이르길, 이것에는 네 가지 해석이 있다. ① 첫째, 4분 중 3분은 염오를 같이하는데, (이 중) 오직 견분 1분만이 능히 3분을 연할 수 있다. 이 견분을 제외하는 것은 (견분이 견분을 연한다고 하면) 능(能)과 소(所)를 구분할 수 없게 되기 때문이다. ② 둘째, 견분이 4분을 두루 연한다. 문(文)에 배제한다는 말이 없기 때문이다. 그런데 "견분은 제외하니 상분의 소연이 되지 않기 때문이다."란 거칠게 말한 것이다. 자세히 분별하면, 상분과 여타의 2분도 제외한다고 말해야 한다. 저 3분과 염오가 다르지 않기 때문이다. ③ 셋째, 3분이 모두 3분을 연할 수 있다. 각각 자분(自分)은 제외한다. 능과 소를 구분할 수 없게 되기 때문이다. ④ 넷째, 3분이 모두 4분을 다 연할 수 있다. 문에 배제한다는 말이 없기 때문이다. 그래서 논에서 배제해서 이르길, "견분은 제외하니 상분의 소연이 아니기 때문이다. 상분은 이치상 능연의 용(用)이 없다."고 한다. 그래서 3분을 따로 배제하지 않는 것이다.[16]

견분이 여타의 분을 모두 연하느냐, 후3분이 여타의 분을 모두 연하느냐에 따라 견통연삼과 견통연사를 한 묶음으로, 삼통연삼과 삼통연사를 한 묶음으로 나눌 수 있다. 다시 앞의 묶음, 즉 견통연삼과 견통연사를 나누는 기준은 견분이 견분을 배제하고 여타의 분들을 연하느냐, 견분이 견분을

---

16. 『唯識分量決』(『大正藏 71』, p. 446中), "二測説云. 此有四釋. 一云, 於四分中三分同染. 唯見一分能緣三分. 除其見分, 能所亂故. 一云, 見遍緣四. 無文遮故. 而言'唯除見分非相所緣'者麤相而説. 若細分別, 應言除相及餘二分. 以彼三分不異染故. 一云, 三分皆得緣三. 各除自分. 能所亂故. 一云, 三分皆通緣四. 無文遮故. 故論簡云, '唯除見分非相所緣. 相分理無能緣用.' 故而不別簡三分."

포함해서 연하느냐이다. 이 중 첫째, 견통연삼의 경우 견분을 배제하는 이유는, 견분이 견분을 연한다고 하면 능연도 견분이고 소연도 견분이 되어서 능(能)과 소(所)가 구분되지 않기 때문이다. 둘째, 견통연사의 경우 견분의 대상에 견분도 포함시키는 것은, 견분이 견분을 연할 수 있어야 초월적 대상으로 향해 있던 견분을 되돌려 내재적 영역 즉 자증분과 증자증분으로 향해 이들을 연할 수 있게 되기 때문이다. 원측이 상분은 능연의 용이 없어서 견분을 연할 수 없기 때문에 견분을 제외한다고 한 것은, 상분은 초월적 대상이기에 내재적인 영역으로 향할 수 없기 때문이다. 이렇게 해서 견분의 능연의 성격을 분명히 하고, 나아가 이 견분을 자증하는 자증분과 증자증분의 성격을 분명히 하고 있다. 즉 능연인 견분에 자증분과 증자증분을 포함시키는 것이기 때문에 자증분과 증자증분을 연한다고 하면 견분도 연한다고 해야 한다는 것이다.

후3분이 여타의 분을 연하는 셋째, 삼통연삼과 넷째, 삼통연사 이 두 경우는 견분만이 능연의 용이 있는 것이 아니라 후의 2분도 능연의 용이 있는 것이므로 셋 모두 셋을 연하는 경우와 넷을 연하는 경우를 생각해 볼 수 있다. 그런데 앞에서 보았듯이 견분이 상분을 연한다고만 규정한다면, 인위에서처럼 견분이 바깥으로 향해 있다고 규정하는 것이므로, 견분이 자증분을 연하고 증자증분을 연한다고 새롭게 규정하려면 견분이 견분을 연한다고 해야 한다. 이렇게 규정해야 항상 바깥으로 향하려고 하는 박(縛)이 없게 된다. 자분(自分)을 제외하는 삼통연삼의 경우는 이 박(縛)의 문제를 해결할 수 없다. 그래서 원측은 넷째, 삼통연사의 경우를 상정해서 이 견해를 정설로 삼고 있는 것이다. 앞에서 보았듯이, 원측의 제자 도증은 규기의 둘째 견해와 이 넷째 견해가 같은 것이고, 이것을 정설로 삼고 있다고 말하고 있다.

후3분이 변연(遍緣)하기 때문에, 견분이 자증분과 증자증분을 연하고, 자증분이 견분과 증자증분을 연하고, 증자증분이 자증분과 견분을 연한다면, 이 3분 간에는 어떤 차이가 있는가 하는 문제가 역시 원측의 경우에도 발생할 수 있다. 선주는 원측을 인용하며 다음과 같이 말하고 있다.

> [문] 만약 3분이 모두 상연한다면 (3분에) 무슨 차이가 있겠는가? [답]
> 원측의 설에 이르길, "겸(兼)과 정(正)의 차이가 있다. 자기의 경(境)을 정(正)으
> 로 취하기 때문에 4분이 구분될 수 있고, 다른 경(境)을 겸(兼)으로 취하기
> 때문에 두루 연할 수 있는 것이다.[17]

규기가 친득과 신득의 개념을 설정해서 이 후3분을 구별했다면, 원측은
정(正)과 겸(兼)의 개념을 끌어들여 이 구분을 설정하게 된다. 가령 견분이
4분을 모두 취하는 경우, 견분은 염위에서처럼 상분을 정으로[일차적으로]
취하고, 자증분과 증자증분은 겸으로[이차적으로] 취하기 때문에, 후3분이
염위에서와는 다른 방식으로 구분될 수 있다고 보는 것이다.

2. 동취이체의 경우

이상 과위에서 동체의 4분 간에 성립하는 상연관계를 살펴보았다. 이제
선주는 동취이체의 4분 간에 성립하는 상연관계를 살펴본다.

심은 발생할 때 항상 심소들을 수반한다. 인위에서는 이 수반되는 심소들
과 심은 서로가 서로를 장애하지 않는 증상연의 관계였지만, 과위에서는
소연연의 관계가 성립한다는 것이 규기와 원측의 공통된 견해이다.

1) 규기의 견해

---

17. 『唯識分量決』(『大正藏 71』, p. 446下), "問: 若三分皆相緣者何差別? 答: 測說云, 兼正有異. 正取自境
四分無亂, 兼取餘境故得遍緣."

선주는 규기를 인용하며 다음과 같이 말하는데 이는 자세히 분석할 필요가 있다. 동체의 4분 사이에는 변현이 이루어지지 않을 때가 있지만 동취이체의 4분 사이에는 반드시 변현이 이루어지는 관계가 있는데 이 관계는 심과 심소 사이에 이루어지는 새로운 관계이기에 이를 확인해야 하기 때문이다.

[문] 취(聚)는 같지만 체(體)가 다른 경우[同聚異體]의 상연은 어떠한가?
[답] 두 가지 설이 있다. 첫째, 규기의 설에 이르길, "① 정위(淨位)의 8식취는 모두 서로 연할 수 있다. ② 동시의 심왕과 심소도 또한 동시의 심왕과 심소를 서로 연하고 스스로 연할 수 있다. ③ 저 공능(功能)이 두루 영상을 변현하기 때문이다. ④ 식(識)의 자증분과 상응법의 견분은 서로 연하고, 자기의 견분을 연한다. 여타의 정위(淨位)의 심소의 뜻도 이 예와 같다. ⑤ 또 혹은 능히 저 상분을 연할 수 있기 때문이다. ⑥ 만약 저 영상을 변현하지 않는다면 일체를 알 수 없을 것이다."라고 한다.[18]

규기는 먼저 ① "정위(淨位)의 8식취는 모두 서로 연할 수 있다."고 말한 뒤, ② "동시의 심왕과 심소도 또한 동시의 심왕과 심소를 서로 연하고, 스스로 연할 수 있다."라고 부연하고 있다. 이렇게 심왕과 심소 모두가 서로 연할 수 있는 것은, ③ "심과 심소의 공능들은 두루 영상을 변현하기 때문이다." 심과 심소가 서로 소연연의 관계를 맺지 않는다면, 심과 심소는 서로 상응하면서도 서로를 알 수 없는 것이다. 규기는 ④와 ⑤에서 구체적인 예를 들어서 상연관계를 밝히고 마지막으로 ⑥에서 심과 심소가 서로 영상을 변현해야 일체를 알 수 있는 것이라고 하며 매듭짓고 있다.

④와 ⑤의 예를 다시 보면서 서로 변현한다는 것을 알아보면 다음과

...

18. 『唯識分量決』(『大正藏 71』, p. 446下), "問: 同聚異體相緣如何? 答: 有二說. 一基說云. 淨八識聚皆得互緣, 同時心心所亦得互自緣同時心心所. 以彼功能遍現影故. 識自證分與相應法見分同緣, 緣自見分. 餘淨心所義例亦然. 又或能緣彼相分故. 若不現彼影, 應非知一切等. 云云."

같다. ④ "식의 자증분과 상응법의 견분은 서로 연하고, 자기의 견분을 연한다."는 규기는 심과 심소를 각각 식과 상응법으로 바꾸어 표현하고 나서, 심의 자증분은 심의 견분을 연하기도 하지만 심소의 견분을 연하기도 하고, 역으로 심소의 견분은 심의 자증분을 연할 수 있다고 말한다. 동취이체 4분의 경우를 따져보면서도 동체 4분의 경우를 놓치지 않으면서, 심의 자증분은 심소의 견분을, 심소의 견분은 심의 자증분을 연할 수 있다고 말하고 있는 것이다. 심소의 견분에 맞추었지만 이어서 "여타의 정위의 심소의 뜻도 그러하다."고 했으므로, 심의 자증분에 대해서 심소의 견분뿐만 아니라 여타의 자증분과 증자증분도 상연관계를 이룰 수 있다는 것을 알 수 있다. 그러니까 심의 자증분이 심소의 견분뿐만 아니라 자증분, 증자증분을 연할 수 있고 역으로 심소의 견분뿐만 아니라 자증분, 증자증분도 심의 자증분을 연할 수 있는 것이다. 이렇게 심의 자증분과 심소의 견분·자증분·증자증분의 상연관계에 대해 말한 뒤 심소의 후3분은 심의 상분을 연할 수 있다고 말하고 있다. 이는 물론 심의 후3분이 심소의 상분을 연할 수 있다는 것을 의미하기도 한다.

결론적으로, 규기에 의하면 정위에서 동체 4분의 경우 후3분이 각각 모두 4분을 연할 수 있다 했으므로, 동취이체 4분의 경우 심왕의 후3분이 각각 모두 심소의 4분을 연할 수 있고, 역으로 심소의 후3분이 각각 모두 심왕의 4분을 연할 수 있다.

2) 원측의 견해

선주에 따르면, 규기는 심의 후3분이 각각 자분을 포함해서 여타의 분들을 연할 수 있다는 삼통연사를 동취이체의 4분에도 확장해서 이해했다고 보았다. 그렇다면 그는 원측은 어떤 설을 제시했다고 보았을까? 그는 원측은 유견연사(唯見緣四)와 삼개연사(三皆緣四)라는 두 가지 설을 제시했다고 언급하고 있다.

둘째, 원측의 설에 이르길, "이것에 두 가지 해석이 있다. 첫째, 오직 견분만이 4분을 연한다. 둘째, 3분이 모두 4분을 연한다.[19]

유견연사는 '오직 견분만이 4분을 연한다'는 설이고 삼개연사는 '후3분이 각각 4분을 연한다'는 설이다. 이는 각각 앞에서 동체 4분의 상연관계를 말할 때 원측이 들었던 네 가지 해석 중 둘째, 견통연사, 넷째, 삼통연사에 기초한다고 말할 수 있다. 첫째, 유견연사(唯見緣四)는 심의 후3분 중 심의 견분만이 4분을 모두 연할 수 있고, 역으로 심소의 후3분 중 심소의 견분만이 심의 4분을 모두 연할 수 있다는 설이다. 그렇다면 동체의 4분에 의거해서 보는 경우 견통연사, 즉 견분만이 4분을 모두 연할 수 있다는 설에 기초한다는 것을 알 수 있다. 둘째. 삼개연사(三皆緣四)는 심의 후3분 중 견분뿐만 아니라 자증분과 증자증분도 각각 심소의 4분을 모두 연할 수 있다는 것이고, 역으로 심소의 후3분 중 견분뿐만 아니라 자증분과 증자증분도 각각 심의 4분을 모두 연할 수 있다는 설이다. 그렇다면 이것은 동체4분에 의거해서 볼 경우 삼통연사, 즉 후3분이 4분을 모두 연할 수 있다는 것에 기초하고 있다는 것을 알 수 있다.

선주는 원측이 한 대로 나열할 뿐이어서 어떤 설이 원측의 설인지 판정하지 않고 있다. 그런데 앞에서 동체의 4분을 다룰 때 네 가지 설을 열거하고 도증의 판정을 들어 네 번째 설이 원측의 정의라고 했으므로, 여기서도 삼통연사에 기초하는 삼개연사 학설이 원측의 설이라고 할 수 있다.[20] 그렇다면 가능한 학설의 열거가 다를 뿐이지 최종적으로 정설로 삼고 있는 학설은 규기나 원측이나 동일하다고 할 수 있다. 즉 과위에서는 변지(遍智)를 행사하려면 변연(遍緣)이 성립해야 하므로, 동체4분의 경우에서도 동취이체

• • •

19. 『唯識分量決』(『大正藏 71』, p. 446下), "二測説云. 此有兩釋. 一云, 唯見緣四. 一云, 三皆緣四."
20. 富貴原章信, 『唯識の研究: 三性と四分』(東京: 國書刊行會, 1988), p. 280.

의 경우에서도 후3분이 각각 4분을 모두 연할 수 있다는 것이 정설이다.

6

삼량분별문

이 문에서는 4분을 3량, 즉 현량, 비량(比量), 비량(非量)에 의해 구분하는, 선주의『분량결』「삼량분별문」을 다룬다. 선주의「삼량분별문」은 서두와 여섯 개의 문답으로 구성되어 있다. 서두에서는 4분을 3량에 의거해서 구분하고, 첫째 문답에서는 견분은 3량에 통하지만 자증분은 견분과 달리 3량에 통하지 않는다는 것을, 둘째 문답에서는 견분의 3량이 동시에 생한다는 견해와 전후로 생한다는 견해 두 견해가 있다고 논급하면서 그중 전후로 생한다는 견해에 대한 전거를 들고, 셋째 문답에서는 견분의 3량은 동시에 생하지 않지만 자증분의 현량과 견분의 3량은 동시에 생한다는 견해를 제시하고 있다. 넷째 문답에서 여섯째 문답까지 세 문답에서는 견분의 현량과 비량이 동시에 생한다는 둘째 논사의 견해를 소개하고 비판하고 있다.

중산의『극략사기』는『분량결』과 동일한 논제들을 다루고 있다. 논의를 전개해 가면서, 선주의 견해와 일치하는 한도 내에서 중산의「삼량분별문」을 자세히 살펴보겠다.

Ⅰ. 4분과 3량 간의 관계

첫째 문답을 분석하기에 앞서, 먼저 서두에서 논하는 4분과 3량 간의 관계를 잘 살펴볼 필요가 있다.

4분 중에 견분은 3량에 통하고, 여타의 2분은 오직 현량이다. 상분은 3량이 아니다. 서명이 해석해서 이르길, "제2분은 단지 제1분만을 연한다. 외부의 경(境)을 연하기 때문에, (제2분은) 양(量)과 비량(非量) 중 두 종류를 모두 갖추고 있고, 양에 속하는 것 중 현량과 비량(比量) 모두를 갖추고 있다. 『집량론』에서 설하는 바와 같다. 세 가지 뜻을 갖추고 있다면, 현량에 포함된다. (세 가지 뜻이란) 첫째, 전도(顚倒)가 아닌 것이고, 둘째, 유예(猶預)가 아닌 것이고, 셋째, 중연(重緣)이 아닌 것이다. 풀이해서 이르길, '중연(重緣)이 아닌 것이란, 심구심(尋求心) 등을 배제하는 것이다. 5식에 의해 이끌리는 심구심과 결정심은 중연(重緣)이기 때문에 현량에 포함되지 않는다.' ……"고 한다.[1]

이 인용문에서 순서대로 다음과 같은 것들을 찾아낼 수 있다. 첫째, 4분, 즉 견분·상분·자증분·증자증분 각각을 3량에 의거해서 구분할 수 있으니, 자증분과 증자증분은 현량이고, 견분은 3량이 다 될 수 있으며, 상분은 양이 될 수 없다. 둘째, 제2분인 견분은 제1분인 상분, 즉 외부의 대상만을 연한다. 셋째, 견분의 3량은 양과 비량(非量), 현량과 비량 이 두 범주로 분류해 이해해볼 수 있다. 셋째, 현량은 세 가지 뜻을 갖추고 있다. 이 네 사항에 주목하면서 위의 인용문을 다시 살펴보도록 하자.

이 장의 제명인 「삼량분별문」은 말 그대로 4분을 3량에 의거해서 분별하는 문이기 때문에, 4분 각각이 어떤 양이 될 수 있는지부터 잘 파악할 필요가 있다. 앞서 보았듯이, 견분은 3량이 다 될 수 있고, 후의 2분, 즉 자증분과 증자증분은 오직 현량일 뿐이며, 상분은 양이 될 수 없다. 선주는 원측을 따라 견분의 3량 중의 현량, 그리고 자증분과 증자증분의 현량은 전도가 아닌 것, 유예가 아닌 것, 중연이 아닌 것 이 세 가지 뜻을 담고 있다고 보고 있다. 이 중 유일하게 풀이되고 있는 '중연이 아닌 것'이란, 전5식 솔이심의 후찰나에 일어나는 심구심과 결정심을 배제하기 위한 규정이다. 후찰나에 일어나는 심구심과 결정심은 제6의식의 심구심과 결정심이다.[2] 전5식 현량 이후 찰나부터는 능동적으로 인식하고자 하는 관심이 작용하기 때문에, 이 의식의 심구심과 결정심은 전5식과 동일한 찰나에 일어나는 현량은 아니다. 전5식과 동일한 찰나에 일어나는 의식은 솔이심의 의식인데,

---

1. 『唯識分量決』(『大正藏 71』, p. 444上中), "於四分中見分通三量, 餘二唯現量. 相分非三量. 西明釋云, "第二分但緣第一. 緣外境故. 量非量中具有二種. 量所攝中通現及比. 如集量論. 其三義者現量所攝. 一非顚倒, 二非猶預, 三非重緣. 解云, '非重緣者簡尋求等. 五識所引尋求決定以重緣故, 非現量攝等.' 云云."

2. 이 심구심과 결정심은 이전 찰나의 솔이심, 이후 찰나의 염정심, 등류심과 함께 5심을 이룬다. 5심에 대해서는 후카우라 세이분 지음, 박인성 옮김, 『유식삼십송풀이』(운주사, 2012), pp. 294-295 참조.

이 의식은 이후 찰나의 심구심과 결정심의 의식과는 달리 현량이다.[3] 선주는 원측의 말에 아무 설명도 보태고 있지 않지만, 현량의 세 가지 뜻 중 처음에 든 '전도가 아닌 것'이란 말로는 착각과 환각이 아닌 것을, '유예가 아닌 것'이란 말로는 유예가 능동적으로 판단하려는 욕구가 작용하지만 아직 결정하지 못하고 머뭇거리는 것을 의미하므로 이와 반대되는 것을 말하고 싶었을 것이다.

중산은 『극략사기』「삼량분별문」에서 이 서두와 유사한 내용을 다음과 같이 말하고 있다.

> [문] 4분을 3량(量)에 의거해서 어떤 방식으로 분별하는가? [답] 상분은 3량이 아니고, 견분은 3량에 통하고, 후의 2분은 오직 현량(現量)일 뿐이다. 의미하는 바는 이렇다. 상분은 능연성(能緣性)이 아니기 때문에 3량에 포함되지 않는다. 견분은 외부를 연(緣)하기 때문에 3량에 통한다. 후의 2분은 직접 자체(自體)를 증(證)하기 때문에 오직 현량일 뿐이다. 그래서 논에 이르길, "제2분은 단지 제1분만을 연하기 때문에, 양이거나 비량(非量), 혹은 현량이거나 비량(比量)이다. 제3분과 제4분은 모두 현량에 속한다. ……"고 한다.[4]

중산 역시 견분은 3량에 통하고 후의 2분은 오직 현량일 뿐이며 상분은 3량이 될 수 없다고 말하고 나서, 선주의 설명을 보강하고 있다. 먼저 상분은 능연성이 아니기 때문에 3량에 포함되지 않는다고 말한다. 양(量)은 모두 능연을 가리키는데, 견분 및 후의 2분은 능연이지만 상분은 그와 같은 능연

. . . .

3. 박인성, 「의식의 솔이심에 대한 규기의 해석」, 『불교학보』 제51집(불교문화연구원, 2009), pp. 76-78 참조.
4. 『四分義極略私記』(『大正藏 71』, p. 465中), "問: 約四分分別三量方何? 答: 相分非三量, 見分通三量, 後二分一向現量. 意云, 相分以非能緣性三量所攝. 見分緣外故通三量. 後二分親證自體故唯現量也. 故論云, 謂第二分但緣第一, 或量非量, 或現或比. 第三第四皆現量攝. 云云."

이 아니기 때문에 양이 될 수 없다는 것이다. 또 후의 2분, 즉 자증분과 증자증분은 직접 자체(自體)를 증(證)하기 때문에 현량이라고 설명하고 있는데, 이 점은 자증분 특유의 현량성을 강조하는 선주의 논의를 이해하기 위해서 중요하다. 선주는 오는 셋째 문답에서 자증분의 현량과 견분의 양들이 동시에 생하는 이유로 견분의 양들은 외부의 대상으로 향해 있지만 자증분의 현량은 식 자체(自體)로 향해 있다는 것을 들어 분명히 논급하기 때문이다. 이제 대상으로 향하는 견분의 현량과 식 자체(自體)로 향하는 자증분의 현량 사이의 차이가 분명해졌다.

중산은 이어서 선주가 든 원측의 말 "제2분은 단지 제1분만을 연한다. 외부의 경(境)을 연하기 때문에, (제2분은) 양(量)과 비량(非量) 중 두 종류를 모두 갖추고 있고, 양에 속하는 것 중 현량과 비량(比量) 모두를 갖추고 있다."가 『성론』에 나오는 말임을 밝히면서 "제2분은 단지 제1분만을 연하기 때문에, 양(量)이거나 비량(非量), 혹은 현량이거나 비량(比量)이다."로 쉽게 바꿔 이해하고 있다. 3량에 통한다는 것을 단지 현량·비량·비량(非量)에 통한다고 해도 될 것을, 원측과 더불어 양과 비량 두 종류에 통할 수 있고, 또 양 중의 현량과 비량에 통할 수 있다고 말하고 있다. 3량을 두 범주로 나누고 있는데, 이하에서 견분의 3량이 동시에 생할 수 있다고 주장하는 둘째 논사의 견해를 잘 이해하고자 한다면 이 분류는 유용하게 쓰일 것이다. 중산은 이를 따로 다음과 같이 설명하고 있다.

[문] 양(量)에 의거하는 경우 3량(三量)이 있다면, 무엇 때문에 양(量)이거나 비량(非量)이라 하고, 혹은 현량이거나 비량(比量)이라고 말하는가? [답] 이 문(文)은 두 가지 대(對)의 뜻을 담고 있다. 첫째, 비량(非量)을 양(量)에 대(對)하게 하는 것이다. (여기서) 양(量)이란 비량과 현량이다. 둘째, 양(量) 중 현량과 비량(比量)을 대(對)하게 하는 것이다. 그러므로 첫째는 양(量)과 비량(非量)의 대(對)이고, 둘째는 현량과 비량(比量)의 대(對)이다.[5]

여기에서 중산은 두 가지 대(對)가 있다고 서술하고 있다. 첫째, 양과 비량(非量)의 대(對), 둘째, 현량과 비량의 대(對)이다. 선주는 이 「삼량분별문」에서 오직 둘째, 현량과 비량의 대(對)만 사용하고 있다. 양과 비량(非量)의 대(對), 그러니까 현량과 비량(非量)의 대(對)는 이 장에서 다 다룰 수 없는, 착각과 같은 또 다른 중요한 문제들을 안고 있기 때문이다.[6]

그런데 여기에 오기까지 이러한 견분의 3량이 어떤 식의 3량인지 확인하지 않고 지나왔다. 8식 모두 이렇게 3량에 통하는지, 아니면 특정한 식만이 3량에 통하는지를 지적하지 않았기 때문에, 지금 본격적으로 문답을 분석하기 전에 이 점을 정확히 밝히고 넘어가야 한다. 그렇지 않으면 선주의 논점을 놓칠 수 있다. 중산은 '견분이 3량에 통한다'고 할 때 견분은 제6의식의 견분이라고 분명히 짚고 있다.

> [문] 견분은 3량에 통한다면, 8식의 견분이 한결같이 모두 그렇다는 것인가? [답] 그렇지 않다. 전5식과 제8식의 견분은 오로지 현량일 뿐이고, 제7식의 견분은 오로지 비량(非量)일 뿐이고, 오직 제6식의 견분만이 3량에 통한다.[7]

제7식의 견분은 제8식을 아(我)라고 집착하는 식이므로 비량(非量)이다. 제8식은 세계와 신체, 그리고 침전된 경험들을 직접 감지하고 있는 식이므로 현량이다. 전5식은 현재전(現在前)하는 대상[境]을 지각하는 것이기에

• • •

5. 『四分義極略私記』(『大正藏 71』, p. 465下). "問: 約量有三量, 何故云或量非量或現或比耶? 答: 此文意二相對也. 初以非量相對量. 云量者比量現量也. 後量中以現比相對. 故初則量非量對, 後則現量比量對也."

6. 아래 넷째 문답에서 둘째 논사의 견해를 비판할 때 중산이 든 예는 이 중 현량과 비량(非量)의 대(對)의 문제에 속한다. 중산은 그의 『극략사기』에서 견분의 양들이 동시에 생하는 경우의 예로서 비량과 비량(非量)의 대(對)를 보기로 들어 설명하고 있다.

7. 『四分義極略私記』(『大正藏 71』, p. 465下). "問: 見分通三量者, 八識見分一向皆爾耶? 答: 不然. 五八識見分一向現量, 第七識見分一向非量, 唯第六識見分通三量"

현량이다. 제6의식은 전5식과 동시에 일어나는 오구의식(五俱意識) 및 전5식 후에 일어나는 오후의식(五後意識)으로 나뉘고, 이 중 오구의식은 다시 전5식과 대상을 같이하는 오동연의식 및 대상을 달리하는 오부동연의식으로 나뉘는데, 오동연의식은 현량이고 오부동연의식은 비량(比量)이며, 오후의식은 비량(非量)이다. 그러므로 현량, 비량, 비량(非量) 이 세 가지 양을 모두 양으로 삼는 식은 오직 제6의식일 뿐이다. 선주가 견분의 3량이라 할 때, 명시적으로 밝히지 않더라도, 이를 제6의식의 견분의 3량으로 알고 있어야 하겠다.

Ⅱ. 견분은 3량에 통하지만 자증분은 3량에 통하지 않는다

다음은 견분은 3량에 통하지만 자증분은 3량에 통하지 않는다는 것을 밝히는 첫째 문답이다. 선주는 서두에서 말한 4분과 3량 간의 관계에 의거해서 자증분과 견분에 대한 의심을 풀어주면서 이들을 반복해서 새로운 관점에서 정의하고 있다.

[문] "제2분이 외부의 경(境)을 연하기 때문에 '양 중 두 종류'를 모두 갖추고 있다. ……"고 한다면, 제3분 또한 외부를 연하는 용(用)이기 때문에 '양(量)과 비량(非量) 중 두 종류'가 있을 수 있다. 만약 그렇다는 것이 인정된다면, 자증분도 3량에 통하는가? [답] 제3분이 비록 외부를 연하는 용(用)일지라도 세 가지 뜻을 갖추고 있기 때문에, 비량(比量)과 비량(非量)에 통하지 않는다. 세 가지 뜻이란 (앞에서 말한) 전도(顚倒)가 아닌 것 등이다. 제2분인 견분은 외부를 따라 연하기 때문에, 혹은 세 가지의 뜻을 구비하거나, 혹은 세 가지 뜻을 결여한다. 그러므로 3량에 통한다.[8]

선주가 문답을 설정하면서 서두의 문을 조금 틀어놓았기 때문에, 한 문장 한 문장 잘 뜯어볼 필요가 있다. 먼저 적자(適者; 반론자)의 물음을 보자. 적자는 "제2분이 외부의 경(境)을 연하기 때문에 '양 중 두 종류'를 모두 갖추고 있다. ……"고 하면서 논주(논자)의 말을 인용하고 있는데, 논주가 서두에서 한 언급 중에는 '양(量) 중 두 종류'란 말이 먼저 나와 있지 않다. 서두에서 한 언급을 그대로 가져와 비교해보자. 논주는 "제2분은 단지 제1분만을 연한다. 외부의 경(境)을 연하기 때문에, (제2분은) '양(量)과 비량(非量) 중 두 종류'를 모두 갖추고 있고, 양에 속하는 것 중 '현량과 비량(比量)' 모두를 갖추고 있다."고 말하고 있다. 살펴보았듯이, 서두에서는 '양과 비량'을 먼저 들고 있어, 적자가 인용한 말 중 '양(量) 중 두 종류'는 '양과 비량(非量)'으로 이해될 가능성이 있다. 그러나 이렇게 이해하면 안 된다는 것은, 이어서 적자가 "제3분은 외부를 연하는 용(用)이기 때문에 '양(量)과 비량(非量) 중 두 종류'가 있을 수 있다"고 하는 데서 알 수 있다. 여기서 '양과 비량(非量)'을 말하는 것을 보면, 적자의 물음 중 '양(量) 중 두 종류'는 '현량과 비량'으로 읽어야 된다는 것을 알 수 있다. 선주는 원측을 따라 한편으로는 양과 비량(非量), 또 한편으로는 현량과 비량을 대비시키고 있는데, 적자(適者)는 이 순서를 바꿔놓은 것이다. 하지만 결국 제2분인 견분은 양과 비량(非量)이 다 될 수 있다고 말하는 셈이기 때문에, 논의를 흐트러뜨리고 있는 것은 아니다.

또 "제3분은 외부를 연하는 용이기 때문에…… 3량에 통하는가?" 하는 물음에서, 또 이 물음에 대한 답에서 적자와 논주 모두 제3분인 자증분을 외부를 연하는 용으로 이해하고 있다. 견분은 외부를 연하고 자증분은 내부

---

8. 『唯識分量決』(『大正藏 71』, p. 444上), "問: 第二分緣外境故, 量中具有二種等者, 第三分緣外用, 故量非量中亦可有二. 若許爾者, 自證分豈通三量耶? 答: 第三分雖緣外用具三義故不通比非. 謂非顚倒 等三義也. 第二見分隨外緣故, 或具三義, 或闕三義. 故通三量."

를 연한다는 표준적인 견해를 고려할 때, 이는 자의적인 물음과 답이라는 생각이 먼저 든다. 그러나 견분이 외부의 대상을 연할 때 자증분이 동시에 생하는 것을 이렇게 표현했다고 이해하면, 외부의 대상을 연하는 견분의 3량과, 이 3량을 각각 증(證)하는 자증분의 현량 사이의 차이를 명확히 보여주고자 하는 의도가 담겨 있다는 것을 간파할 수 있다. 선주는 바로 이어서 견분의 3량을 현량을 기준으로 해서 나누면서, 앞에서 든 현량의 세 가지 뜻을 갖추고 있으면 현량이고, 갖추고 있지 않으면 비량(比量) 또는 비량(非量)이라고 분명히 구분해서 말하고 있기 때문이다. 선주는 견분의 세 가지 양이 외부의 대상을 각각 연하고, 자증분의 현량은 이 양을 각각 증(證)하는 양이라고 단언하고 있다고 볼 수 있다.

Ⅲ. 견분의 3량은 동시에 생할 수 없지만 자증분의 현량과 견분의 3량은 동시에 생한다

다음은 둘째 문답과 셋째 문답이다. 둘째 문답에서는 견분의 3량이 전후에 생한다는 견해와 동시에 생한다는 견해 중 첫째 견해의 전거를 제시하고, 셋째 문답에서는 한 식체의 용들인 자증분의 현량과 견분의 비량은 동시에 생할 수 있지만, 견분의 양들, 즉 현량·비량·비량(非量)은 동시에 생할 수 없다는 것을 보여주고 있다.

[문] 견분이 상분을 연할 때 3량을 얻을 수 있다면, 하나의 심(心)의 견분에서 (3량이) 동시에 함께 생하는가? 아니면 전후로 생하는가? [답] 두 가지 설이 있다. 첫째 설에 이르길, "이와 같은 3량은 이미 서로 상반된다. 하나의 심(心)의 견분에서 동시에 생할 수 없다. 그래서 『유가론』에 이르길, '또 하나의 법(法)에 상(相)이 다른 두 작용이 있는 것이 아니다'라고 한다."고 한다.[9]

첫째 문답에서, 선주는 비록 외부의 대상을 연하는 견분과 동시에 생할지라도 3량에 통하는 견분과 달리 자증분은 오로지 현량일 뿐이라고 말한 바 있다. 이제 선주는 이 견분에서 3량이 동시에 생할 수 있는가, 없는가 하는 문제를 논한다. 전후로 생한다는 견해와, 동시에 생한다고 하는 견해가 있다고 하면서, 먼저 첫째 논사의 견해에 대해 언급한다. 그런데 선주는 이어지는 넷째 문답에서 둘째 논사의 견해를 소개할 때와는 달리 이 둘째 문답에서는 첫째 논사의 견해에 맞는 예를 소개하는 대신에 전거로 『유가론』의 한 문장을 인용하고 있다.

선주는 다음의 셋째 문답에서 견분의 3량은 동시에 생할 수 없지만 자증분의 현량과 견분의 3량은 동시에 생한다고 말한다.

> [문] 만약 그렇다면, 무엇 때문에 자증분의 현량이 비량(比量)이나 비량(非量)과 동시에 생하는가? [답] 비록 체(體)를 같이하지만, 향하는 바의 사(事)가 다르다. 하나는 외부의 사(事)로 향하고, 하나는 자체(自體)로 향하기 때문에 상반되는 작용이 동시에 생할 수 있는 것이다. 하나의 심(心)의 견분은 다 같이 외부의 상(相)으로 향하기 때문에, 사(事)의 경(境)에 대해서 작용이 상반되어 동시에 생할 수 없다.[10]

이 문답에서도 짚어보아야 할 문장이 있다. 접속관계가 불분명한 마지막 문장 "一心見分同向外相, 於事境相違作用不得俱生."이다. 필자는 일단 중산의 설명을 미리 보고 두 절을 이어주는 말로 '故'를 넣어, "하나의 심(心)의 견분은 다 같이 외부의 상(相)으로 향하기에, 사(事)의 경(境)에 대해서 작용들이 상반되어 동시에 생할 수 없다."고 이해해보았다. '다 같이'란 말은 물음

• • • •
9. 『唯識分量決』(『大正藏 71』, p. 444上). "問: 見分緣相三量可得者, 於一心見若一時俱生耶, 若前後耶? 答: 有二説. 一云, 如是三量既互相違. 於一心見不得俱生, 故瑜伽云, 又非一法有別異相二種作用".
10. 『唯識分量決』(『大正藏 71』, p. 444中.) "問: 若爾, 何故自證現量與比非俱? 答: 雖是一體, 所趣事別. 一趣外事, 一趣自體, 故得相違作用俱生. 一心見分同向外相, 於事境相違作用不得俱生."

대로 비량이나 비량(非量)을 지칭하겠지만, 현량을 포함하는 말이기도 하다. 견분은 3량에 통한다고 했기 때문이다. 이 문장을 이렇게 이해하면, 선주는 3량에 통하는 견분이 동시에 생하느냐, 아니냐 하는 문제를 자증분의 현량과 견분의 비량이 동시에 생한다고 주장할 때도 놓치지 않고 분명히 견지하고 있었다는 것을 알 수 있다.

중산은 이 문답을 다음과 같이 이해한다.

> [문] 만약 그렇다면, 무엇 때문에 자증분의 현량이 비량(比量)의 견분과 서로 함께하는가? [답] 견분은 자증분과 비록 체(體)를 같이하지만, 향하는 대상[事]이 다르다. 견분은 외부로 향하는 용(用)이고, 자증분은 자체(自體)로 향하는 용(用)이다. 향하는 바의 용(用)이 다르기 때문에 상반되는 작용이 함께 생할 수 있다. 하나의 심의 견분이 다 같이 외부의 상분으로 향하는 용(用)이 되기 때문에, 작용이 상반되어 함께 생할 수 없다.[11]

현량과 비량이 각각 자증분의 현량과 견분의 비량인 경우는 한 식체 내에서의 용들이기 때문에, 동시에 생할 수 있다. 그러나 한 견분 내의 현량과 비량은 함께 생할 수 없다. 문제가 된 선주의 그 문장은 중산의 문장에 의해 확실히 밝혀졌다. 앞 절은 '하나의 심(心)의 견분이 다 같이 상분으로 향하는 용이기 때문에[故]'로 읽어야 한다. 그렇다면, 미리 말한 대로 선주는 '다 같이'란 말로 현량·비량(比量)·비량(非量)을 가리킴으로써 견분이 비록 이렇게 3량에 통하지만 이 3량이 동시에 생할 수 없다는 것을 밝히고 있는 것이다. 자증분과 달리 견분은 외부의 상분으로 향하는 용이기 때문에, 그 양이 무엇이든 동시에 생할 수 없다.

---

11. 『四分義極略私記』(『大正藏 71』, p. 465下). "問: 若爾者, 何故現量自證分與比量見分相雙耶? 答: 見分與自證分唯是一體, 所趣事異. 見分是趣外用, 自證趣自體用也. 所趣用異故相違作用俱生. 一心見分同是趣外相分之用 故相違作用不得俱生".

IV. 견분의 3량이 동시에 생할 수 있다는 견해를 논파함 ①

넷째 문답에서 마지막 여섯째 문답까지는 견분의 3량이 동시에 생한다고 주장하는 둘째 논사의 견해에 대한 논파라고 할 수 있다. 넷째 문답과 여섯째 문답은 함께 묶여야 한다. 여섯째 문답은 넷째 문답에 대한 비판을 예상한 둘째 논사의 답이기 때문이다. 먼저 넷째 문답이다.

> 둘째 설에 이르길, "하나의 심의 견분에서 현량과 비량(比量)이 동시에 생할 수 있다. 가령 이식(耳識)의 솔이심 및 동시의식(意識)은 음성 및 명(名)·구(句) 등을 동시에 연한다. 소리를 연하는 듣는 용(用)은 현량이다. 실유(實有)를 연하기 때문이다. 명(名)을 연하는 용(用)은 비량(比量)이다. 가유(假有)를 연하기 때문이다."라고 한다.[12]

...
12. 『唯識分量決』(『大正藏 71』, p. 444中). "二云, 一心見分現比得俱. 如耳識率爾同時意識, 雙緣音聲及名句等. 若緣聲聞用即名現量. 緣實有故. 若緣名用即名比量. 緣假有故."

선주는 견분의 3량이 전후로 생한다는 첫째 논사의 견해를 소개하지 않는 반면, 둘째 논사의 견해는 위와 같이 소개하고 있다. 여기서 둘째 논사는 말을 들을 때면 이식(耳識)의 솔이심 및 오구의식이 동시에 생한다고 주장한다. 즉 음성을 듣는 이식과, 의미를 파악하는 의식은 동시에 생한다는 것이다. 음성을 지각하는 양은 현량이고, 단어[名]와 문장[句]과 음절[文]을 파악하는 양은 비량이기 때문에, 즉 한 식은 실법을 연하고 다른 한 식은 가법을 연하기 때문에 동시에 생할 수 있다고 생각한 것이리라. 현량인 이식(耳識)과 비량인 의식이 동시에 생한다는 것을 보았다는 점에서는 옳지 만, 과연 이 현량과 비량이 한 식체 내의 견분의 현량과 비량인가 하는 점은 따져볼 필요가 있다. 지금 선주가 이끌고 있는 논의는 견분의 3량이 동시에 생하는가, 어떤가 하는 것이기 때문이다. 그러나 둘째 논사가 든 이 예에서 현량은 이식(耳識) 및 이 이식(耳識)과 동연(同緣)인 제6의식의 현량이고, 비량은 제6의식의 비량이므로, 식체가 다르다. 이 두 제6의식의 경우 하나는 전5식과 소연을 같이하는 오동연의식이지만 다른 하나는 오부 동연의식이다. 즉 하나는 지각작용이고 다른 하나는 의미작용이다. 둘째 논사는 한 식체 내에서 생하는 견분의 3량의 관계를 두 식체에서 각각 생하는 양과 양의 관계로 오해하고 있는 것이다. 중산이 이런 점을 지적하고 있나 확인해보자.

[문] 둘째 설(說)에 의거하는 경우, 무엇 때문에 3량이 동시에 생한다고 하는가? [답] 이식(耳識)의 솔이심(率爾心) 및 동시의식(意識)은 함께 소리[聲] 및 명(名)·구(句)·문(文)을 연하기 때문에 현량과 비량(比量)이 동시에 생한 다고 하는 것이다. [문] 무엇 때문에 그러한가? [답] 음성[聲]은 실법이기 때문에, 이것을 연(緣)하는 견분은 현량이다. 명(名) 등은 가법(假法)이기 때문에, 이것을 연(緣)하는 견분은 비량(比量)이다.[13]

선주가 말한 내용 이외의 특별히 다른 내용을 찾아볼 수 없다. 역시 적자(適者)는 한 견분 내에서 동시에 생하는 양들을 생각하지 않고 두 식체 각각에서 생하는 양들의 문제를 따지고 있을 뿐이다. 중산 또한 선주처럼 이 견해에 대해서 어떤 논평도 하고 있지 않다. 하지만 중산의 다른 논평들을 볼 때 필자가 지적한 대로 문제점을 파악하고 있다고 볼 수 있다.

둘째 논사는 이러한 비판을 예상한 듯 다른 논거를 끌어온다. 이는 넷째 문답에 바로 이어지는 다섯째 문답에 보이지 않고, 하나 건너뛰어 여섯째 문답에서 보인다. 이 문답을 새로 제시하는 것을 보면, 이 점에서도 선주는 둘째 논사의 견해가 그르다고 생각하고 있었다는 것을 알 수 있다.

다음은 여섯째 문답이다.

> [문] 만약 하나의 심의 견분에서 현량과 비량(比量)이 동시에 생한다면, 앞에서 인용한 바의 『유가론』의 문(文)을 어떻게 회통해야 하는가? [답] 둘째 논사가 회통해서 이르길, "『유가론』에 이르길, '하나의 법에 상(相)이 다른 두 작용이 있는 것이 아니다란, 강한 분별의 제6의식을 제외한, 여타의 5식과 제8식 등에 의거해서 설한 것이기 때문에 모순되지 않는다. 또 오구의 식(五俱意識)이 일찰나에 18계를 연하는 것이 인정된다면, 어찌 5근(根) 등이 현량득(現量得)이라는 것이 인정되지 않겠는가?"라고 한다.[14]

넷째 문답에서 든 산지(散地)의 의식의 예는 전5식과 동시에 생하는 의식의 예이기 때문에, 둘째 논사는 견분의 3량이 동시에 생한다는 견해의 적절

• • •

13. 『四分義極略私記』(『大正藏 71』, p. 465下). "問: 就後説何故三量同時耶? 答: 與耳識率爾心同時意識 雙緣聲名句文, 故云現比二量同時. 問: 何故爾耶? 答: 聲是實法, 緣是見分現量也. 名等是假法, 緣此見 分比量也."

14. 『唯識分量決』(『大正藏 71』, p. 444中). "問: 若一心見分現比得俱者, 如前所引瑜伽論文當何會通? 答: 第二師會云, 伽論云, 非一法有別異相二種作用者, 除強分別第六意識, 約餘五八等説, 故不相違. 又許五俱意識一刹那緣十八界, 豈不許五根等現量得耶?"

한 예가 되지 않는다는 비판을 예상하고, 이러한 예들을 들었을 것이다. 두 예를 들고 있다. 하나는 강한 분별의 제6의식이 가법을 연하는 예이고, 또 하나는 정지(定地)의 오구의식이 18계의 실법을 연하는 예이다. 앞의 넷째 문답에서는 두 식 중 한 식이 현량이고 다른 한 식이 비량이었지만, 이 문답에서는 한 식의 견분이 현량과 비량(非量)이거나 혹은 현량과 비량(比量)이다. 답의 적절함을 떠나, 둘째 논사는 넷째 문답에서와는 달리 견분이 3량에 통한다는 것을 바르게 이해하고 있다는 것을 알 수 있다. 그렇지만 둘째 논사는 이 현량과 비량(非量), 현량과 비량(比量)이 전후가 아니라 동시에 생한다고 생각하고 있다. 중산은 강한 분별의 제6의식이 가법을 연하는 첫째 경우를 다음과 같이 비판한다.

> [문] 둘째 해석이 올바르지 않다면, 무엇 때문에 『요의등』에서 3류경(類境)을 판정해서 이르길, "혹은, 성경불수심(性境不隨心)이면서 또한 독영유종견(獨影唯從見)인 경우가 있다'란, — 산(散)의 제6식이 5식과 함께 5진(塵)의 경(境)을 연할 때, 이때 토끼뿔 등을 연(緣)한다. ……"고 하는가? 5진(塵)을 연하는 것은 현량이고, 토끼뿔을 연하는 것은 비량(非量)이다. 현량과 비량(非量) 2량이 동시에 생하지 않는가? [답] 『요의등』의 문(文)은 하나의 현량심이 5진(五塵)을 연하고 토끼뿔을 연하는 것이지, 현량과 비량(非量) 2량이 동시에 생하는 것은 아니라는 것을 의미한다. [문] 현량심이 어떻게 토끼뿔을 연할 수 있는가? [답] 현량심이 토끼뿔이 있다는 것을 연하는 것이 아니다. 토끼뿔에 체(體)가 없다는 것을 연하는 것이다.[15]

성경불수심(性境不隨心)의 성경은 견분을 따르지 않고, 독영유종견(獨影唯

. . .

15. 『四分義極略私記』(『大正藏 71』, pp. 465下-466上). "問: 後釋非正者, 何故燈判三類境云, "或有性境不隨心, 亦獨影唯從見者, 謂散第六識與五俱緣五塵境時, 即於是時緣兎角等. 云云." 緣五塵是現量, 緣角是非量. 現比二量是非同時雙耶? 答: 燈文一現量心緣五塵緣角, 非是現非二量雙. 問: 現量心何得緣角耶? 答: 現量心非緣有角. 緣角無體."

從見)의 독영경은 견분을 따르는데[16], 지금 중산은 혜소를 따라 성경이면서 독영경인 경우를 둘째 논사가 주장하는 현량과 비량이 동시에 생하는 예로서 들고 있다. 산지(散地)의 제6의식이 전5식과 함께 5경을 연하는 경우는 현량이다. 예를 들어, 토끼의 귀를 볼 때 토끼의 귀를 있는 그대로 보는 것은 전5식과 그 동연의식의 현량이다. 그런데 토끼의 귀를 볼 때 토끼의 뿔이라는 착각이 일어날 수 있다. 그렇다면 이렇게 물을 수 있다. 토끼의 귀를 보는 작용과 토끼의 뿔을 보는 작용은 동시에 생하는 것일까, 아니면 전후로 생하는 것일까? 둘째 논사라면 동시에 생한다고 보고, 이때 토끼의 귀를 보는 것은 현량이지만 토끼의 뿔을 보는 것은 비량(非量)이라 말할 것이다. 그렇지만 중산은 동연의식의 견분에서 두 가지 양이 동시에 생해서 토끼의 귀와 토끼의 뿔을 보는 것이 아니라, 하나의 현량이 토끼의 귀가 있음과 토끼의 귀가 없음을 보는 것이라고 주장한다. 중산이 혜소와 더불어 이렇게 주장할 수 있었던 것은, 토끼의 귀를 본다는 현량을 이 토끼의 뿔에 체가 없음을 본다는 현량으로 이해했기 때문이다. 이렇게 이해해야, 직후에 토끼의 뿔의 있음을 보게 되고, 또 의심이 들 때 다시 토끼의 뿔을 돌아보고 본래 그대로 토끼의 귀를 확인할 수 있게 된다.

중산은 둘째 논사의 두 번째 변론을 다음과 같이 비판한다.

[문] 어떻게 현량심이 가(假)와 실(實)을 모두 연한다는 것을 아는가? [답] 소(疏) 제3권에서 이르길, "그런데 일념의 심은 두 종류를 성립시킬 수 있다. 가령 정심(定心)이 18계(界)를 연하는 경우이다. ……" 하고 있다. 『연비(演祕)』에서 이를 풀이해서 이르길, "근(根)과 진(塵) 등을 연하는 것을 인연변(因緣變)이라 하고, 7심계(心界)를 연하는 것은 분별변(分別變)에 속한다. ……" 하고 있다. 이 의미는 이렇다. 정심(定心)은 현량이다. 이 심(心)이 이미 인연변

· · ·
16. 이 책 「삼류경문」 참조. 또 深浦正文, 『唯識學研究』 下(京都: 永田文昌堂, 1954), pp. 446-471 참조.

(因緣變)의 실경(實境)과 분별변(分別變)의 가경(假境)을 연하기 때문에, 현량 심은 동시에 가경(假境)과 실경(實境)을 연한다.[17]

정심(定心)은 이 경우 정지(定地)의 제6의식을 말한다. 둘째 논사의 표현대로 한다면, 일찰나에 18계를 연하는 오구의식이다. 중산은 규기와 지주(智周)와 더불어 정심(定心)은 근(根)과 진(塵) 등을 연하는 것이기에 인연변의 실경이고, 7심계를 연하는 것은 분별변의 가경이라고 설명하고 있다. 둘째 논사의 주장대로 현량과 비량이 동시에 각각 실경을 연하고 가경을 연하는 것이 아니라, 현량이 동시에 실경과 가경을 연하는 것이다.

• • •

17. 『四分義極略私記』(『大正藏 71』, p. 466上). "問: 以何知現量心通緣假實耶? 答: 疏第三云, "然一念心得成二種. 如定心緣十八界. 云云." 演秘解此云, "緣根塵等名因緣變, 緣七心界分別變攝. 云云." 意云, 定心是現量. 此心已緣因緣變實境分別變假境, 故現量心同時緣假實境也.."

V. 견분의 3량이 동시에 생할 수 있다는 견해를 논파함 ②

다섯째 문답에서는 선・악・무기 3성(性)이 하나의 심에서 동시에 일어 날 수 있는가 하는 문제를 다루고 있다.

> [문] 만약 하나의 심의 견분에서 현량과 비량(比量)이 동시에 생한다면, 선과 악 두 가지 성(性)도 하나의 심에서 동시에 생하는가? [답] 현량과 비량(比量)은 심의 용(用)이기 때문에 하나의 심에서 동시에 생할 수 있지만, 세 가지 성(性)은 체성(體性)이기 때문에 동시에 함께 생할 수 없다. 원홍법사 가 판정해서 이르길, "첫째 설이 올바르다"고 한다.[18]

적절한 예는 아니었지만, 견분의 3량이 동시에 생한다는 견해를 주장하는

---

18. 『唯識分量決』(『大正藏 71』, p. 444中). "問: 若一心見現比俱者, 善惡二性應一心俱? 答: 現比心用故一 心得俱起, 三性體性故不可一時竝. 弘法師判云, 初説爲正."

둘째 논사는 넷째 문답에서 현량과 비량이 동시에 생하는 예를 제시했었다. 논주는 그렇게 하나의 심의 견분에서 현량과 비량이 동시에 생한다고 주장한다면, 선성과 악성도 동시에 생하지 않겠느냐고 따져 묻는다. 이런 물음을 던질 수 있는 것은, 제6의식의 견분이 선성이나 악성으로 물들 수 있기 때문이다. 그렇다면 제6의식의 견분에서 현량·비량·비량 3량이 동시에 생할 수 없듯이, 선성과 악성도 동시에 생할 수 없는 것이다. 한 식체 내의 견분에서 현량과 비량은 동시에 생하지 않기 때문에, 현량과 비량이 동시에 생한다고 하고 싶다면, 한 식체 내에서 자증분의 현량과 견분의 비량이 동시에 생한다고 하지 않으면 안 된다. 그런데 선성과 악성은 자증분의 현량과 견분의 비량이 동시에 생하듯이 생할 수는 없다. 하나의 식체가 선성이면서 악성일 수는 없기 때문이다. 중산은 규기를 인용하면서 선성과 악성이 동시에 생할 수 없는 이유를 다음과 같이 보여주고 있다.

> [문] 소(疏)의 문(文)에서 또 힐난해서 이르길, "제2분의 양이 비량(非量)이고 여타의 2분이 현량이라면, 제2분이 염(染)이거나 비염(非染)일 때, 여타의 2분은 정히 비염(非染)일 것이다. 또 양(量)과 비량(非量)이 (분이) 다르고, 고(苦)와 낙(樂)과 사(捨)가 (분이) 다를 것이다. 또 견분은 해(解)나 비해(非解)일 때, 여타의 2분은 모두 해(解)일 것이다. ……" 취지가 무엇인가? [답] 이 문(文)은 4분을 3량에 의해 분별하면서 세 가지의 힐난을 행하는 것이다.[19]

그런데 중산은 규기와 더불어 이러한 힐난을 설정하면서, 선주가 든 현량과 비량(比量)이 아니라 현량과 비량(非量)을 들고 있다. 그 이유는 선주가 처음부터 양과 비량(非量), 현량과 비량(比量) 두 대(對) 중 현량과 비량(比

19. 『四分義極略私記』(『大正藏 71』, p. 466中). "問: 疏文又難云, 第二量非量餘之二分是現量者, 第二染非染餘之二分定非染. 又量非量殊苦樂捨應異. 又, 見分解非解, 餘二是皆解. 云云. 意何? 答: 此文約四分三量分別作三難也."

量)의 대(對)를 사용해서 논의를 전개해 온 데 반해, 이제 중산은 현량과 비량(非量)의 대(對)를 사용할 때 자증분의 현량은 바르고 견분의 비량(非量) 등은 바르지 않다는 일반적인 경향을 더 적절하게 제시할 수 있다고 생각했기 때문일 것이다.

중산은 규기와 더불어 둘째 논사의 견해를 따를 때 세 가지 힐난을 초래하게 될 것이라 논평하고 있다. 첫째는 견분의 비량이 염오가 되고 자증분의 현량이 비염오가 된다는 힐난이고, 둘째는 견분의 비량이 고(苦)가 되고 자증분의 현량이 낙(樂)이 된다는 힐난이고, 셋째는 견분의 비량이 비해(非解)가 되고 자증분의 현량이 해(解)가 된다는 힐난이다. 견분의 비량에는 염오, 고, 비해(非解) 등 부정적인 것을, 자증분의 현량에는 비염오, 낙, 해(解) 등 긍정적인 것을 배대해서 힐난의 경우들을 설정하고 있다.[20]

• • •

20. 규기를 따라 부정적인 것을 견분에, 긍정적인 것을 자증분에 배대할 때 그렇게 된다는 것이지, 역의 경우가 성립하지 않는 것은 아니다. 자증분은 '그르다', '바르다' 등 부정적인 것과 긍정적인 것에 배대될 수 있는 것이 아니기 때문이다. 중산은 이 점을 다음과 같이 말하고 있다. [문] 세 가지의 힐난이란 무엇인가? [답] 첫째 힐난에 이르길, 이제 심소(心所)에 의거할 때 신(信) 등 심소의 4분은 모두 선(善)이고, 탐(貪) 등 심소의 4분은 모두 불선이다. 만약 견분은 3량에 통하고 후의 2분은 오로지 현량이라면, 신(信) 등 심소의 견분은 염(染)과 비염(非染)이고, 후의 2분은 오로지 비염(非染)일 것이다. 탐(貪) 등 심소도 그러하다. 이는 첫째 힐난이다. 둘째 힐난에 이르길, 수(受) 심소의 4분에 의거할 때 고수(苦受)의 4분은 4분이 모두 고(苦)이고, 낙수(樂受)의 4분은 4분이 모두 낙(樂)이다. 만약 견분이 3량에 통하고 후의 2분이 오로지 현량이라면, 또한 고수(苦受) 심소의 견분은 고(苦)와 낙(樂)에 통하고 후의 2분은 오로지 고(苦)일 것이다. 낙수(樂受)도 이에 준해서 알 수 있다. 이는 둘째 힐난이다. 셋째 힐난에 이르길, 심소에 의거할 때 무명은 불해(不解)이고, 승해(勝解)와 선(善)의 혜(慧) 등은 해(解)이다. 불해(不解) 심소의 4분은 4분이 모두 불해(不解)이고, 해(解) 심소의 4분은 4분이 모두 해(解)이다. 만약 견분이 3량에 통하고 후의 2분이 오로지 현량이라면, 승해(勝解) 등의 견분은 해(解)와 비해(非解)에 통하고, 후의 2분은 오로지 해(解)일 것이다. 불해(不解)도 이에 준해서 알 수 있다. …… 이는 셋째 힐난이다. 『四分義極略私記』(『大正藏 71』, p. 466中), "問: 三難何? 答: 第一難云, 今約心所, 信等心所四分俱善, 貪等心所四分俱不善. 若見分通三量後二分一向現量者, 信等心所見分染非染而後二分可一向不染, 貪等心所亦爾. 是第一難 也. 第二難云, 就受心所四分, 苦受四分四分俱苦, 樂受四分四分俱樂. 若見分通三量後二分一向現量者, 亦應苦受心所見分通苦樂後二分一向苦. 樂受准知. 是第二難也. 第三難云, 約心所, 無明是不解, 勝解善 慧等是解. 不解心所四分四分俱不解, 解心所四分四分俱解. 若見分通三量, 後二分一向現量者, 勝解等見分

196

그런데 이렇게 동시에 생할 수 없는 염오와 비염오, 고와 낙, 해(解)와 비해(非解) 등을 동시에 생하는 견분의 비량과 자증분의 현량에 배대해서 이해하는 것은 문제를 초래한다. 그래서 중산은 역시 규기와 더불어 이 힐난을 다음과 같이 해소하고 있다.

> [문] 이 힐난들을 어떻게 해소하는가? [답] 소(疏)에서 해소해서 이르길, "그런데 타계·무위·무루를 연(緣)하는 것 등은 견분에 의거해서 말하는 것이지, 자증분에 의거해서 말하는 것이 아니다. 또 견고한 집(執)을 비량(非量)이라 하고, 추리하지 않으며 직접 자체(自體)를 증(證)하지 않는 것을 비량(非量)이라 한다. 자증분(自證分)은 비록 대상을 그릇되게 볼 때라 하더라도 직접 자체를 증(證)하기 때문에 그릇되다, 바르다 하는 등의 해(解)를 일으키지 않는다. 그러므로 앞의 힐난들은 이치가 모두 성립하지 않는다. ……"라고 한다.[21]

자증분은 직접 자체(自體)를 증(證)하므로 '그릇되다', '바르다' 등의 해(解)를 일으키지 않기 때문에, 자증분의 현량에 비염오, 낙(樂), 해 등이나 또 이와 역으로 염오, 고, 비해 등을 배대해서 이해할 수는 없는 것이다. 견분의 비량(非量)은 견고한 집(執)의 비량(非量)이든, 집(執)이 없는 사현량(似現量)과 사비량(似比量)의 비량(非量)이든, 자증분의 현량과 동시에 생할 수 있다. 자증분과 견분은 식체의 용이기 때문이다. 그러나 염오와 비염오, 낙과 고, 해와 비해 등은 식의 체성이기 때문에 동시에 생할 수 없다. 중산은 이런 내용을 다음과 같이 정리하며 마무리 짓고 있다.

　　　　通解非解, 後二分應一向解. 不解准知. 云云. 第三難也."

21. 『四分義極略私記』(『大正藏 71』, p. 466中). "問: 此等難如何通耶? 答: 疏通答云, "然他界無爲無漏緣等依見分説, 非自證分. 又, 以堅執名非量, 非比非親證名非量. 自證於境雖是邪見, 親證自體故不作邪正等解. 故前諸難理皆不成. 云云.""

의미하는 바는 이렇다. 견분을 자증분과 오로지 모두 같이하게 해서는
안 된다. (만약 그들이 오로지 모두 같이한다면) 타계(他界)를 연하는 등이
성립하지 않는다. 왜냐하면 견분이 타계(他界)를 연할 때 타계연(他界緣)이라
고 말하기 때문이다. 자증분은 견분을 연할 때는 타계연이 아니라 자계연(自
界緣)이다. 그러므로 (견분과 자증분이) 모두 동시에 타계를 연하는 일 등은
없게 해야 한다. 여러 기(記)를 종합해보면, 이렇게 정리될 수 있겠다. 염(染)과
비염(非染), 해(解)와 비해(非解) 등은 체성(體性)이기 때문에 견분을 자증분과
달리하게 해서는 안 되고, 양(量)과 비량(非量)은 용(用)이기 때문에 견분을
자증분과 같이하게 해서는 안 된다.[22]

이 다섯째 문답에서 둘째 논사의 답을 볼 때 그도 선성과 악성 같은
체성이 동시에 생할 수 없다는 것을 알고 있었지만, 그가 말하는 현량과
비량(比量)이 동시에 생할 수 있는 것이려면, 한 견분 내에서의 현량과 비량
이 아니라 한 식체 내에서의 자증분의 현량과 견분의 비량이어야 하고,
이렇게 된다면 그의 답과는 달리 선성과 악성을 한 식체 내에 있는 두
성(性)이 동시에 생한다는 것을, 즉 선성과 악성이 동시에 생한다는 것을
인정하지 않을 수 없게 된다. 이렇게 해서 중산은 둘째 논사가 주장하는
현량과 비량이 동시에 생한다는 견해를 타파했다.

• • •

22. 『四分義極略私記』(『大正藏 71』, p. 466中). "意云, 見分與自證不可一向令皆同. 不成他界緣等. 所以然
者, 見分緣他界云他界緣. 自證分緣見非他界緣, 是自界緣. 故令皆同時可無他界緣等也. 總諸記意云,
染非染解非解等是體性, 故不可以見令異自證, 量非量是用故不可以見令同自證也."

7

능연소연문

이 「능연소연문」에서는 중산의 『극략사기』 「능연소연문」을 다룬다. 중산은 이 문에서 4분을 능연과 소연의 관계에 의거해서 해석하고자 크게 보아 네 가지 논제를 상정하고 있다. 첫째는 상분의 심은 연려할 수 없다는 것, 둘째는 견분의 심은 연려할 수 있다는 것, 셋째는 증자증분은 견분을 연려할 수 없다는 것, 넷째는 4분은 서로 같지도 않고 다르지도 않기에 유식의 이치가 성립한다는 것이다.

이 문에서는 이 논제들을 따라가며 4분을 각각 능연과 소연의 관계에 입각해서 어떻게 규정하는가를 순서대로 살펴보겠다. 첫째 논제를 다루는 대목에서는 색(色) 같은 상분이 능연이 될 수 없는 것과 마찬가지로 심(心)도 상분이 되어 능연이 될 수 없는 경우가 있다는 것을 검토해보겠고, 둘째 논제를 다루는 대목에서는 그때그때 현재하는 심의 작용을 자증분이 확증하고 있기에 기억하거나 반성할 수 있다는 것을 내적 시간의식과 관련지어 궁구해보겠다. 또, 셋째와 넷째 논제를 다루는 대목에서는 무루의 위(位)에서와는 달리 유루의 위에서는 상분에 계박되어 있기 때문에 식의 분한이 4분으로 확정되고, 또 이렇게 확정된 4분에서 자증분과 증자증분이 자기의 식으로 기능하기에 유식의 이치가 성립한다는 중산의 견해를 공능과 종자에 의거해서 탐구해볼 것이다.

그렇게 하기 위해 이 글에서는 중산의 『극략사기』를 읽어 나아가는 동시에 그가 인용하고 있는 선주의 『분량결』, 호법의 『성론』과 규기의 『술기』, 지주의 『연비』를 면밀히 살펴보면서, 그가 이 문헌들을 어떻게 이해하고 해석하고 있나 알아보고, 그 결과를 일정한 틀에 담아 밝혀보겠다. 또 중산이 둘째 논제에서는 자증분에, 셋째 논제에서는 증자증분에, 넷째 논제에서는 자증분과 증자증분의 관계에 기초해서 논의를 펼치고 있다고 보고 이 관점에서 그의 견해를 이해해보도록 노력하겠다.

Ⅰ. 상분의 심과 견분의 심

4분은 상분·견분·자증분·증자증분이다. 먼저 중산은 능연과 소연의 관계에 입각해서 4분을 하나하나 규정하고 있다.

> [문] 이 문의 취지는 무엇인가? [답] 4분에 있어서 능연과 소연을 분별하는
> 것이 이 문의 취지이다. [문] 4분에 있어서 어떤 방식으로 능연과 소연을
> 변별하는가? [답] 논에 이르길, "최초의 분(分)은 오직 소연일 뿐이고, 후의
> 3분은 둘에 통한다."고 한다. [문] 후의 분(分)들은 어떤 방식으로 능연과
> 소연에 통하는가? [답] 견분이 상분을 연할 때, 상분은 소연이고 견분은
> 능연이다. 자증분이 견분을 연할 때, 견분은 소연이고 자증분은 능연이다.
> 후의 2분은 서로 능연과 소연을 이루기 때문에, 후의 3분은 둘에 통한다.
> ......[1]

---
1. 『四分義極略私記』卷下(『大正藏 71』, p. 464a). "問: 此門意何? 答: 約四分分別能緣所緣此門意也.

중산은『성론』을 따라 상분은 오직 소연일 뿐이고 후의 3분은 능연과 소연 둘 모두일 수도 있다고 전반적으로 규정하고 나서, 후의 3분, 즉 견분·자증분·증자증분에는 각각 특정한 능연과 소연의 관계가 성립한다는 것을 보여주고 있다. 후의 2분, 즉 자증분·증자증분과 마찬가지로 견분도 능연과 소연이 다 될 수 있다. 그러나 자증분과 증자증분은 서로 능연이 되고 소연이 되지만, 즉 자증분이 증자증분을 연할 때는 자증분이 능연, 증자증분이 소연이 되고, 증자증분이 자증분을 연할 때는 자증분이 소연, 증자증분이 능연이 되지만, 견분이 상분을 연할 때는 견분과 상분이 서로 능연과 소연이 되는 것이 아니다. 견분은 상분에 대해서 능연이 되긴 하지만 소연이 되는 것은 아니기 때문이다. 견분이 소연이 되는 것은 자증분이 견분을 연할 때이다.

1. 상분의 심은 연려할 수 없다

중산은 이렇게 4분 하나하나를 능연과 소연의 관계에 의거해서 규정하고 난 후, 상분의 심은 경을 연려(緣慮)할 수 없다는 논제를 다룬다. 그가 이 논제를 다루는 것은 능연인 심도 다른 심의 소연이 될 때는 상분이 될 수 있다는 것을 보여주기 위해서이다. 우선 이런 물음을 던져볼 수 있다. 견분이 상분을 연하는 경우는 오직 전5식이 각각의 경을 연하는 경우, 가령 안식이 색경을 연하는 경우밖에 없는 것일까? 내(內)와 외(外)에 의거해서 구분할 때 안식과 색경은 외, 자증분과 증자증분은 내이다. 그렇다면 이

• • •

問: 約四分辨能緣所緣方何? 答: 論云, 初唯所緣. 後三通二. 云云. 問: 後分通能所緣方何? 答: 見分緣相分時相分所緣也, 見分能緣也. 自證分緣見分時見分所緣也, 自證分能緣也. 後二分互以成能緣所緣故, 後三通二. 云云."

외는 안식과 색경에 한정되는 것일까? 만약에 제6의식이 안식이나 제6의식을 연하는 경우라면 제6의식이 능연이 되고 안식이나 제6의식이 소연이 되는데, 이 경우도 능연을 견분, 소연을 상분이라 할 수 있는 것일까? 의식이 다른 의식을 연하는 경우는 의식의 능연을 견분, 소연을 상분이라 할 수 있다. 안식이 색경을 연하는 경우에는 견분이 초월적 대상인 상분을 지향하지만 의식이 의식을 연하는 경우에는 견분이 내재적 대상을 지향한다는 차이가 있을 뿐 두 경우 모두 대상화작용이기 때문이다.

『분량결』의 저자 선주는 규기의 말을 인용하며 이 점을 보여주고 있기 때문에 잠깐 짚고 넘어갈 필요가 있다.

> [문] 견분이 외부를 연하기에 경(境)을 따라 외부라 이름한다면, 견분은 오직 소연만을 연하기에 오직 소연만을 따라 소연이라 이름할 수 있는가? [답] 이 견해도 옳을 수 있다. 논의 취지는 영현(影顯)이기 때문에 과실이 없다. 이 견해의 취지는, 외부를 연하기에 되돌아 연할 수 없기 때문에 제4분을 세운다는 것을 보여주고자 하는 것이다. 그래서 외부의 이름을 세우는 것이지 이치상 실제로는 (견분은) 외부가 아니다.[2]

선주는 규기를 따라 『성론』의 취지는 영현(影顯), 즉 영략호현(影略互顯)이기 때문에 과실이 없다고 말하고 있다. 이 경우 영략호현이 의미하는 바를 풀어내야 견분이 소연이 될 수 있다는 사실, 또 이때 견분은 외부[外]가 아니라 내부[內]라는 사실을 올바르게 이해할 수 있다. 그렇다면 이 문장에서 영략호현은 어떻게 작동하는 것일까? 영략호현은 관계를 맺고 있는 두 항에 대해 말하고자 할 때 한 항에서 생략한 내용을 다른 항에서 보여주고 다른 항에서 생략한 내용을 한 항에서 보여주어 서로 보완이 되도록 하는

---

2. 『唯識分量決』(『大正藏 71』, p. 443c). "問: 見分緣外從境名外, 見分緣唯所緣, 從唯所緣名所緣? 答: 義亦可然. 論意影顯故無有失. 今意欲顯由緣外不得返緣立第四分. 故立外名, 理實非外."

표현이다. 앞의 『성론』에서 "최초의 분은 오직 소연일 뿐이고, 후의 3분은 둘에 통한다."고 했으므로 바로 이 문장에서 영략호현의 관계를 끌어내야 한다. 앞의 항 '최초의 분은 오직 소연일 뿐이다'에서 최초의 분은 상분을 가리키는데, 이렇게 이 항에서 소연을 드러냈으므로 능연은 숨게 된다. 그런데 만약 이 소연인 상분이 색경 같은 전5식의 대상만을 지칭한다면 이 항에 숨어 있는 능연을 드러낼 수 없게 된다. 영략호현하려면 상분이 능연이 되어야 하기 때문이다. 상분이 능연이 될 수 있는 경우는 제6의식이 다른 제6의식을 연려하는 경우이다. 그리고 앞의 항에서는 상분이 언급되었으므로 뒤의 항 '후의 3분은 둘에 통한다'에서는 자증분과 증자증분은 제외하고 견분만을 숨어내야 한다. 살펴보았듯이, 견분은 자증분의 소연인 동시에 상분에 대해 능연이 될 수 있다. 앞의 항에서 상분이 소연이 된다고 했으므로 이 뒤의 항에서는 견분이 능연이 된다고 말해야 한다. 상분과 견분에 한정해서 『성론』의 문장에 영략호현을 적용해보면 다음과 같이 될 것이다. "상분은 소연이 되고 견분은 능연이 된다."는 문장에서 앞의 항 '상분은 소연이 된다'에서는 능연이 생략되어 있고, 뒤의 항 '견분은 능연이 된다'에서는 소연이 생략되어 있다. 앞의 항에서 드러난 소연은 뒤의 항을 보완하고 있고, 뒤의 항에서 드러난 능연은 앞의 항을 보완하고 있다. 그렇다면 이 경우에 해당하는 것은 제6의식이 다른 제6의식을 연려할 때이다.[3]

견분은 되돌아 연할 수 없다는 점에서 외부[外]라고 지칭하는 것이기에, 굳이 지각대상 같은 초월적 대상만 견분의 대상이 될 수 있는 것은 아니다. 지각작용 자체도 견분의 대상이 될 수 있다. 이 경우 대상은 내재적 대상이다. 그러니까 이 인용문에서 "견분은 오직 소연만을 연하기에 오직 소연만을

• • •
3. 규기는 "이 견해도 옳을 수 있다. 논의 취지는 영현(影顯)이기 때문에 과실이 없다."고 해놓고 더 이상 이에 대해 아무 말을 하지 않고 있다. 이어지는 "이 견해의 취지는……"은 외와 내를 세울 수 있는 최종적인 근거는 증자증분이라는 것을 보여주고 있을 뿐이다.

따라 소연이라 이름하는가?' 하고 물었을 때 이 묻는 이는 견분이 자증분의 소연이 되는 경우를 의도하고 물은 것이 아니라, 제6의식이 제6의식에 대해 소연이 되는 경우를 의도하고 물었다고 볼 수 있다.

이제 중산은 본격적으로 제6식이 전5식이나 제6의식 같은 심법을 연려하는 경우 심법이 상분이 될 수 있다는 것을 논한다.

> [문] 제6식의 견분이 심법을 연할 때의 영상은 능연일 수 있는데, 왜 최초의 분(分)은 오직 소연일 뿐이라고 하는가? [답] 소(疏)에 이르길, "심(心)을 연할 때 심은 상분이 되기에, 또한 오직 소연일 뿐이다. 상분의 심은 연할 수가 없기 때문이다."라고 한다. 이 취지에 의하면, 비록 심법을 연하긴 하지만 그 영상이 능연이 아니다. 상분의 심은 연려(緣慮)할 수 없기 때문이다.[4]

중산은 있을 수 있는 반론자의 물음을 설정하고 이 물음이 그릇되다고 지적한다. 반론자는 "제6식의 견분이 심법을 연할 때 심법은 상분이 된다. 이때의 상분은 영상상분[5]이다. 이 영상상분은 능연이 될 수 있다. 그런데 왜 최초의 분, 즉 상분은 오직 소연일 뿐이라고 하는가?" 하고 묻고 있다. 만약 영상상분이 된 심법이 능연이 될 수 있다면 반론자의 말처럼 색경 같은 상분도 소연에 그치지 않고 능연이 될 수 있을 것이다. 그러나 "최초의 분은 오직 소연일 뿐이다."라는 『성론』의 말에서 확인했듯이 심은 상분이 되었을 때는 더 이상 능연이 될 수 없다.

다시 전5식 중 안식을 예로 들어보면 안식은 색경을 연한다. 안식은

----

4. 『四分義極略私記』卷下(『大正藏 71』, p. 464a) "問: 第六識之見分緣心法時之**影像可是能緣**, 何云初唯所緣耶? 答: 疏云, '縱緣於心以心爲相, 亦唯所緣. 相分之心不能緣故. 云云.' 意雖緣心法, 其影像是非能緣. 相分心不能緣慮故." '豫', '見'을 각각 '影', '是'로 수정.
5. 상분은 영상상분과 본질상분으로 나뉜다. 영상상분은 줄여서 영상이라고 하고 본질상분은 본질이라 한다.

견분이고 색경은 상분이다. 그런데 견분과 상분의 관계는 이 안식과 색경의 경우에만 적용될 수 있는 것이 아니다. 제6의식에 속해 있는 다양한 작용 중 기억작용을 예로 들어보면, 기억작용은 이미 있었던 시각적 지각작용인 안식을 기억할 수 있는데, 이 경우 안식은 제6의식의 대상이다. 시각적 지각은 기억의 대상이 되었을 때는 과정 중에 있는 작용이 아니기 때문에 더 이상 능연이 될 수 없다.

2. 견분의 심은 연려할 수 있다

앞에서는 상분의 심, 즉 견분의 소연인 상분의 심은 연려할 수 없다, 능연이 될 수 없다는 것에 대해 논했다. 이제 중산은 견분의 심은 연려할 수 있다는 것, 능연이 될 수 있다는 것을 다룬다. 견분의 심이 경을 연려할 수 있는 것은 견분의 심이 경을 연려할 때 자증분의 소연이 되어 있기 때문이다.

[문] 만약 소연의 심이 연려할 수 없다면, 자증분의 소연인 견분도 연려할 수 없는가? [답] 소(疏)에서 이 힐난을 해소해서 이르길, "이 견해는 옳지 않다. 자증분이 견분을 연하는 경우, (자증분은) 하나의 능연 상에서 의(義)가 다른 분(分)이기 때문이다. 만약 상분의 심이라 한다면, 필연적으로 능연의 체(體)를 같이하는 것이 아니기 때문에, 다른 사람의 심이거나 혹은 이전과 이후의 심이다. 이 때문에 (상분의 심은) 필연적으로 능연의 성(性)이 아니다. 그러므로 견분 등의 심은 연려할 수 있지만, 상분의 심은 그렇지 않다."고 한다. [문] 이 문(文)의 취지는 무엇인가? [답] 자증분이 견분을 연하는 경우, 이것은 같은 체(體) 상의 의용(義用)이기 때문에 (견분은) 상분이 되지 않는다. 비록 (견분이 자증분의) 소연심이긴 하지만, 능히 연려할 수 있다. 이제 견분의 소연심, 즉 타인의 심(心)이나 나의 이전과 이후의 심은 다른 체(體)의

법이기 때문에 상분인 소연이다. 그 상분의 심은 연려하지 않기 때문에 이 예가 될 수 없다.[6]

자증분이 견분을 연하는 경우는 견분을 대상화하는 것이 아니다. 다시 말해 상분이 견분의 대상이듯이 견분이 자증분의 대상이 되는 것이 아니다. 자증분은 견분에 내재적으로 존재하면서 견분을 나의 작용이라는 것을 확증하는 작용이다. 이를 중산은 같은 체상의 의용(義用)이라고 말하고 있다. 자증분은 능연의 체를 같이하기 때문에, 자증분이 견분을 연하는 것은 견분이 이전과 이후의 심을 연하거나 다른 사람의 심을 연하는 경우와 같지 않다. '자증분이 견분을 연려한다', '견분은 자증분의 소연이다'며 연려나 소연이라는 용어를 쓰더라도, 이때의 연려나 소연은 '견분이 상분을 연려한다', '견분이 상분을 소연으로 한다' 할 때와 같은 대상화작용을 가리키는 것이 아니다.

견분은 자증분의 소연이 되어 있을 때 상분을 연려할 수 있다. 그런데 이때의 소연을 대상화작용의 대상이라고 주장하는 반론자를 상정해서 중산은 자증분은 견분을 대상화하는 것이 아니라는 점을 명확히 하고 있다.

[문] 어떤 이가 논증식을 세워 이르길, "자증분의 소연인 견분은 연려할 수 없다. 소연의 심이기 때문에. 상분의 심이 그렇듯이."라고 하고 있다. 이 논증식에 무슨 과실이 있는가? [답] 확정되지 않음(不定)의 과실이 있다. 후의 2분을 이법유(異法喩)로 삼는 '소연의 심이기 때문에'이다. 인(因)이 저 이법유로 이동하기에 '확정되지 않음(不定)'이 있다. [문] 또 논증식을

....
6. 『四分義極略私記』 卷下(『大正藏 71』, 464a). "問: 若所緣心不能緣慮者, 自證分所緣見分不能緣慮耶? 答: 疏通此難云, "此義不然. 自證緣見, 一能緣上義別分故. 若爲相分心必非一能緣體故, 或別人心或前 後心. 由此必非能緣性, 故見分等心故能緣慮, 相分心不然. 云云. 問: 此文意何? 答: 自證分緣見分是一體 之上義用, 故不作相分. 雖所緣心能緣慮. 今見分所緣心他人之心, 若我前後心, 是別體法故作相分緣. 其相分心非緣慮故不可例也.""

세워 이르길, "그대가 말하는 후의 3분은 연려할 수 없다. 소연의 심이기 때문에. 상분의 심이 그렇듯이."라고 한다. 어떤 과실이 있는가? [답] 또한 확정되지 않음(不定)의 과실이 있다. 본질의 심이 확정되지 않음(不定)이 되고 있다. 본질의 심은 소소연연(疏所緣緣)이기 때문이다. [문] 인(因)을 고쳐서 '친소연이기 때문에'라고 한다면, 무슨 과실이 있는가? [답] 상위결정(相違決定)의 과실이 있다. (그러므로) 논증식을 세워 이르길, "내가 말하는 후의 3분은 연려할 수 있다. 능연 상의 의용(義用)의 구별이기 때문에. 능연의 심이 그렇듯이."라고 하는 것이다.[7]

첫째는 자증분의 소연인 견분은 연려할 수 없다는 주장이고, 둘째는 후의 3분은 연려할 수 없다는 주장이다. 둘째 주장은 다시 이유[因]인 소연의 심이 소소연의 심과 친소연의 심 둘로 나뉘므로 세 가지 주장이 있는 셈이다. 첫째 주장은 중산이 앞에서 이미 논파한 바 있는데, 여기서 다시 논증식의 문제점을 지적하면서 논파하고 있다. 첫째 주장은 다음과 같이 다시 쓸 수 있겠다.

주장문[宗]: 자증분의 소연인 견분은 연려할 수 없다.
이유문[因]: 소연의 심이기 때문에.
예시문[喩]: 상분의 심이 그렇듯이.

중산이 짚었듯이, 이유[因]인 '소연의 심'은 주장을 확정할 수 없다. 소연의 심이라고 해서 반드시 연려할 수 없는 것은 아니기 때문이다. 앞에서

• • •

7. 『四分義極略私記』卷下(『大正藏 71』, p. 464b). "問: 有人立量云, "自證分所緣見分應不能緣慮. 是所緣心故. 如相分心. 云云. 此量有何失? 答: 有不定失. 以後二分爲異喩, 所緣心故, 因轉彼有不定. 問: 又立量云, 汝所說後三分不能緣慮. 是所緣心故. 如相分心. 有何過耶? 答: 亦有不定. 以本質心爲不定. 本質心疏所緣緣故. 問: 改因云親所緣緣故有何過耶? 答: 有相違決定過也. 量云, 我所說後三分應是緣慮. 能緣上義用別故. 如能緣心. 云云."

보았듯이, 견분이 자증분의 소연이 될 때 이 견분은 대상화된 심이 아니기 때문에 바깥의 대상을 연려할 수 있다. 자증분과 증자증분은 서로 연려할 수 있기 때문에, 올바른 논증이라면 이후의 2분이 동법유가 되어야 하는데, 이법유가 되어 있으므로 그릇된 논증이다. 중산은 이를 이유가 주장을 확정하지 못하고 이법유로 이동하고 있다는 말로 표현하고 있다. 둘째 주장은 다음과 같이 다시 쓸 수 있다.

> 주장문: 후의 3분은 연려할 수 없다.
> 이유문: 소연의 심이기 때문에.
> 예시문: 상분의 심이 그렇듯이.

반론자와 달리, 견분이 자증분의 소연이 될 때 이 견분은 연려할 수 있다고 말하는 논자는 후의 3분, 즉 견분·자증분·증자증분이 연려할 수 있다고 주장한다. 자증분이 견분을 연할 때는 앞에서 말한 바와 같다. 자증분이 증자증분을, 그리고 증자증분이 자증분을 연할 때도 역시 서로 소연이 되면서 서로 연려할 수 있다. 그렇기 때문에 이 논증식의 이유문도 역시 확정되지 않음의 과실을 범하고 있다. 친소연의 심은 이런 확정되지 않음의 과실을 범하기 때문에, 이 논증식을 성립시키기 위해 소연의 심을 소소연의 심으로 이해하면 되지 않을까 생각할지도 모르겠다. 그러나 그렇게 해도 확정되지 않음의 과실을 범하게 된다. 왜냐하면 가령 말나식의 소소연의 심인 아뢰야식은 유근신·종자·기세간을 연려할 수 있기 때문이다. 다른 한편, 이유문의 '소연의 심'을 원래대로 친소연의 심으로 이해한다고 해서 이유문이 성립하는 것도 아니다. 후의 3분이 친소연의 심이 되어 능히 연려할 수 있기 때문에, 주장문에 대해 이유문은 모순이 확정된다.[8]

....
8. 상위결정(相違決定)이란 모순이 확립된다는 의미이다. 상위결정의 과실에 대해서는 박인성, 『인명입정리론의 분석』, 경서원, 2000, pp. 66-68, 138-139 참조.

3. 견분이 이전의 심을 연려할 수 있는 것은 자증분 때문이다

지금까지 상분의 심은 연려할 수 없다는 것, 자증분의 소연인 견분의 심은 연려할 수 있다는 것을 보았다. 이제 중산은 이 논의들의 기초를 이루는, 제6의식의 견분이 이전의 심을 연려한다는 것이 어떻게 가능한가 하는 중요한 문제를 다룬다. 이전의 심이 대상화되었다는 것은 '상분의 심은 연려할 수 없음'을 안다는 것을, 또 이전의 심이 대상화된다는 것은 '이전의 심이 이미 자증되어 있음'을 안다는 것을 의미하기 때문이다. 중산은 이전의 심의 견분을 연려하는 자증분이 이후의 제6의식의 견분이 이전의 심을 연려하는 것을 가능하게 한다고 주장한다. 이는 자증분이 견분을 연려할 때 견분이 상분을 연려할 때와는 다른 방식으로 연려하기 때문에 가능한 것이다.

> [문] 만약 견분이 이전의 심을 연한다면, 무엇 때문에 자증분을 세우는 이유를 말하면서, "만약 이것(=자증분)이 없다면 심과 심소법을 스스로 억념(憶念)할 수 없게 된다."고 하는가? 의식이 이전에 일으킨 선심이나 악심을 억념하는 것은 자증분의 공능이지, 견분의 용(用)이 아니지 않은가? [답] 이 문(文)의 취지는 이렇다. 어떤 이가 이전에 선심을 일으켰다면, 이 선심은 견분이기 때문에 견분의 소연이 되지 않는다. 오직 그것을 억념해서 잊지 않는 자증이 있을 뿐이다. 이 자증분의 억념하는 힘 때문에, 후시에 견분도 또한 이전에 일으킨 선심(善心)을 연한다. 그러므로 상위(相違)하지 않는다.[9]

여기서 중산은 억념이라는 용어를 회상(recollection)의 의미로도, 파지(re-

---

* * * *

9. 『四分義極略私記』卷下(『大正藏 71』, p. 464b). "問: 若見分縁先心者, 何故説立自證分之所以云, "此若無者, 應不自憶心心所法"耶? 意憶念先起善惡心者自證分功能也, 非見分用耶? 答: 此文意, 一人先起善心, 此善心是見分故, 不爲見分所縁. 唯有自證憶之不忘. 以此自證分之憶力, 後時見分亦縁先所起之善心. 故不相違也."

tention)의 의미로도 쓰이고 있다. "만약 자증분이 없다면 심과 심소법을 스스로 억념할 수 없게 된다."고 할 때는 파지의 의미로 쓰고 있고, "의식이 이전에 일으킨 선심이나 악심을 억념하는 것은 자증분의 공능이지 견분의 용이 아니다."라고 할 때는 회상의 의미로 쓰고 있다. 우리가 지나간 일을 억념할 수 있는 것은, 즉 회상할 수 있는 것은 우리가 지나간 일을 겪을 때, 가령 지각할 때, 지각함을 자증하기 때문이다. 그런데 이러한 자증 곧 자기의식은 시간의 본원적 구조인 파지-근원인상-예지의 내적 시간의식 속에서 구성된다.[10] 그런 점에서 자증분은, 중산이 말한 바와 같이, 지각작용을 억념한다고 말할 수 있을 것이다. 또 이러한 지각작용에 파지가 있기 때문에 회상작용은 지각작용에 정초할 수 있다.[11] 중산은 이 점을 잘 알고 있었기에 이 자증분의 억념하는 힘 덕분에 후시에 의식의 회상하는 작용이나 반성하는 작용이 이를 연려할 수 있다고 말하고 있다.

그런데 선심(善心)을 일으키는 작용은 의식 견분의 소연이 되지 않는다. 선심을 일으키는 작용은 그때그때 현재하는 작용이기 때문이다. 만약 의식 견분의 소연이 된다면 이 작용은 대상화된 것이므로 선심을 일으킬 수 없다.

• • •

10. 내적 시간의식과 자기의식의 관계에 대해서는 숀 갤러거·단 자하비 지음, 박인성 옮김, 『현상학적 마음』(도서출판 b, 2013), pp. 144-146 참조. 또 후설의 시간개념을 보고자 한다면, Shaun Gallagher, *The Inordinance of Time*, pp. 32-52 참조.

11. Dan Zahavi, *Husserl's Phenomenology*, California: Stanford University Press, 2003. p. 89. Dan Zahavi, *Self-Awareness and Alterity — A Phenomenological Investigation*, Evanston, Illinois: Northwestern University Press, 1999, pp. 186-189.

Ⅱ. 능연의 용의 분한

앞의 논제에서는 자증분의 기능을 중심으로 해서 상분의 심과 견분의 심을 다루었다면, 지금 이 논제에서는 증자증분의 기능을 중심으로 해서 능연의 용의 분한(分限)을 다룬다.

1. 증자증분은 견분을 연려할 수 없다

중산은 각 분의 능연의 성격을 양(量)에 의거해서 밝히면서, 증자증분은 자증분을 연려하지 견분은 연려하지 않는다는 것을 다음과 같이 논한다.

[문] 논 제2권에 이르길, "제2분은 단지 제1분만을 연하고, 양(量)이거나 비량(非量)이고, 혹은 현량(現量)이거나 비량(比量)이다. 제3분은 제2분과 제4분을 연하고, 증자증분은 오직 제3분만을 연한다. 제2분을 연하지 않는 것은 용(用)이 없기 때문이다." 하고 있는데, 취지가 무엇인가? [답] 이것은

제2분은 오직 상분만을 연하고, 제3분은 제2분과 4분을 모두 연할 수 있으며, 제4분은 오직 제3분만을 연한다는 뜻을 나타내는 것이다. [문] 무엇 때문에 제4분은 오직 제3분만을 연하고, 제2분은 연하지 않는가? [답] 논에 이르길, "용(用)이 없기 때문이다."라고 한다.[12]

　제2분 곧 견분이 상분을 연려하는 경우는 양(量)일 때가 있고 양이 아닐 때가 있다. 또 양일 때는 현량일 때가 있고 비량일 때가 있다. 전5식의 견분이 상분을 연려하는 경우, 가령 안식이 색경을 연려하는 경우 안식은 오로지 현량일 뿐이다. 제6의식의 견분이 상분을 연려하는 경우는 현량일 때도 있고 비량(比量)일 때도 있으며, 또 양이 아닐 때[非量]도 있다. 제7식의 견분은 제8식의 견분을 아(我)라고 집착하는 식이기 때문에 항상 비량(非量)이다. 제8식의 견분은 유근신·종자·기세간을 연려하는 현량이다.

　그런데 여기서 문제로 삼고 있는 것은 견분을 연려하는 자증분은 증자증분을 연려할 수 있는데 왜 자증분을 연려하는 증자증분은 견분을 연려할 수 없는가 하는 점이다. 다시 말해, 자증분이 증자증분을 연려할 수 있고 증자증분이 자증분을 연려할 수 있다면 견분을 연려하는 자증분과 같이 증자증분도 견분을 연려할 수 있지 않느냐 하는 점이다. 중산은 이 의문에 대해 『성론』을 따라 "용이 없기 때문이다."라고 말하면서 이 용이 없다는 것에 대해 두 가지 풀이를 제시하고 있다.

　　[문] "용(用)이 없기 때문이다."라고 했는데 취지가 무엇인가? [답] 이 소(疏)에 의거한다면, 두 가지 풀이가 있다. 첫째 풀이에 의하면, 만약 연할 수 있다는 것을 인정한다면, 섭연(涉緣)과 중연(重緣)의 과실이 있게 된다.

----

12. 『四分義極略私記』 卷下(『大正藏 71』, p. 464b). "問: 論第二云, "第二分但緣第一, 或量非量, 或現或比. 第三能緣第二第四, 證自證分唯緣第三. 非第二者以無用故. 云云. 意何? 答: 是顯第二分唯緣相分, 第三通緣第二第四, 第四分緣第三分之義也. 問: 何故第四分唯緣第三分不緣第二分耶? 答: 論云, 以無用故. 云云."

용(用)이 없기 때문이다. 첫째 풀이다. 혹은, 저것(=견분)을 연하는 용(用)이 없기 때문에 연한다고 말하지 않는다. 자증분이 상분을 연하지 않듯이. 능연은 각각 연할 수 있는 분한이 있기 때문에. 둘째 풀이다.[13]

증자증분이 견분을 연려한다고 할 때 범할 수 있는 과실을 두 가지 관점에서 짚어내고 있다. 첫째는 섭연과 중연의 과실이 있게 된다는 것이고, 둘째는 능연이 각각 연려할 수 있는 분한을 위반하는 과실이 있게 된다는 것이다. 능연의 용은 각각 분한이 정해져 있으며, 증자증분의 경우 자증분을 연려한다는 분한이 정해져 있기 때문에, 첫째 과실, 즉 섭연과 중연의 과실을 범하게 된다고 말할 수 있겠다.

> [문] 첫째 풀이의 취지는 무엇인가? [답] 이 취지에 의하면, "만약 증자증분이 견분을 연한다면 섭연과 중연의 과실이 있다." 의미하는 바는 이렇다. 제4분은 필연적으로 전의 분(分)만을 연하고, 건너뛰어 연하지 않는다. 만약 제4분이 제2분을 연한다면, 건너뛰어 견분을 연하는 과실이 있게 된다. 또 자증분이 이미 견분을 연했는데, 증자증분이 또 견분을 연한다면 거듭 연하는 과실이 있게 된다. 섭연과 중연은 무익하기 때문에, (증자증분은 견분을) 연하지 않는다. [문] 둘째 풀이의 취지는 무엇인가? [답] 4분 모두 능연의 분한(分限)이 있기 때문에, 증자증분은 견분을 연하지 않는다. 이 취지에 의하면, 자증분은 제2분과 제4분을 연하는 용이고, 이는 필연적으로 정해져 있다. 제4분은 제3분을 연하는 용이고, 이는 필연적으로 정해져 있다. 분한에는 정해진 양이 있기 때문에 다시 연할 수가 없다. 가령 견분은 상분을 연하는 용(用)이고 이는 필연적으로 정해져 있다. 그러므로 증자증분

---

13. 『四分義極略私記』卷下(『大正藏 71』, p. 464bc). "問: '無用'意何? 答: 付此疏有二釋. 一云, 設許得緣有涉重緣過, 以無用故. 初釋. 或無緣彼用不說緣之. 如自證分不緣於相, 能緣各有分限可緣故. 云云. 後釋."

216

은 견분을 연하지 않는다.[14]

증자증분이 견분을 연려한다면, 자증분을 건너뛰어 연려하게 되어 섭연(涉緣)의 과실을 범하게 되고, 또 자증분이 연려한 견분을 다시 연려하게 되어 중연(重緣)의 과실을 범하게 된다. 자증분은 견분이 상분을 연려할 때의 양과(量果)이면서 동시에 자증분이 증자증분을 연려할 때의 양과이기도 하다. 하지만 견분이 상분을 연려할 때의 양과와 자증분이 증자증분을 연할 때의 양과는 다르다. 양의 목적이 다르기 때문에 그 목적을 충족시키는 양과(量果)가 다른 것이다. 만약에 증자증분이 견분을 연려한다면, 자증분을 연려하고자 하는 양의 목적을 충족시킬 수 없게 된다. 견분은 바깥[外]으로 작용하고 증자증분은 안[內]에서 작용한다는 차이가 있기 때문이다.

각 분(分)의 분한을 이해하자면, 둘째 풀이의 "가령 견분은 상분을 연하는 용이고 이는 필연적으로 정해져 있다."는 말에 주목할 필요가 있다. 다음의 논의를 미리 앞당겨서 말해 본다면, 유루의 위(位)에서 견분은 상분에 계박되어 있는데, 견분이 이처럼 상분에 계박되어 있기에 자증분이 견분에 계박되어 있는 것이다. 견분에 상분에 계박되어 있다는 것은 견분이 자증분을 되돌아보지 않고 오로지 상분으로만 향해 있다는 것을 가리킨다. 그렇기 때문에 유루의 위(位)에서 식의 각 분(分)은 분한이 있게 된다.

---

14. 『四分義極略私記』卷下(『大正藏 71』, p. 464c). "問: 初釋意何? 答: 意云, "證自證分設緣見分有涉重緣過". 意云, 四分必緣前分, 非超越緣. 若第四分緣第二分者, 有涉見分緣過. 又自證分既緣見分, 證自證分亦緣見分有重緣過. 涉緣重緣無益故不緣也. 問: 後釋意何? 答: 四分皆能緣有分限故, 證自證分不可緣見分. 意云, 自證分緣第二第四用必定也. 第四分緣第三用必定也. 分限有定量故更不可緣也. 如見分是緣相分之用必定, 故不可證自證分緣見分也." '云'을 보충해 넣음.

2. 능연의 용에 분한이 있는 것은 상박과 견박 때문이다

이제 중산은 식의 각 분의 기능이 한정되어 있다는 것을 설명하기 위해 상박과 견박에 대해 언급한다.

> [문] 4분의 능연의 용에는 분한이 있어서 서로 뒤섞일 수 없다면, 무엇 때문에 과위(果位)에서 자증분이 상분을 연하고, 내지 증자증분이 상분과 견분을 연하는가? [답] 저것은 자재하기 때문이다. 지금 이것은 유루의 위(位)에 의거해서 능연의 분한을 세운 것이다. [문] 견분이 상분을 연하는 경우 상분에 계박되기에 상박(相縛)이라 한다. 자증분이 견분을 연하는 경우 견분에 계박되기에 견박(見縛)이라 해야 하는가? [답] 소(疏)에 이르길, "이 박(縛)에는 과실이 없다." 이 취지에 의하면, 또한 견분에 계박되기에 견박(見縛)이라 할 수도 있다. 그런데 제반 성교(聖敎)에서 단지 상박(相縛)만을 말하는 것은 투박한 것을 두고 이르는 것이다. 만약 미세한 것까지 말한다면, 견박(見縛)이 있을 수 있다. 『태초(太抄)』[15]의 취지이다.[16]

상박은 투박하지만 견박은 미세하다. 상분은 초월적으로 나타나는 대상이어서 투박하고, 견분은 식의 흐름 속의 작용이어서 미세하기 때문이다. 상분을 연려하는 견분이 상분에 매여 있는 상박이라면, 견분을 연려하는 자증분은 상분에 매여 있는 견분에 계박되어 있기에 견박이다. 그런데 자증분이 견분에 계박되어 있다면 견분의 선성 또는 악성 등의 성격에 따라

- - -

15. 영태(靈泰)의 『成唯識論疏抄』를 가리킨다. 『泰抄』라고 줄여 쓰는데, 더 간이하게 『太抄』라고 하기도 한다.

16. 『四分義極略私記』 卷下(『大正藏 71』, p. 464c). "問: 四分緣用有分限不可相亂者, 何故果位自證分緣相乃至證自證分緣相見耶? 答: 彼自在故. 今此約有漏位立能緣分限耳. 問: 見分緣相分爲相分所縛, 名爲相縛. 自證分緣見分爲見所縛名見縛耶? 答: 疏云, 是縛無失. 云云. 意云, 亦可爲見分所縛名爲見縛. 然諸聖敎但説相縛者是龜相也. 若委細説者可有見縛也. 太抄意也."

자증분이 규정될 것이 아닌가? 그렇다면 견분을 확증하는 자증분이 자증분으로서의 기능을 상실하는 것이 아닌가? 중산은 이 지점에서 증자증분을 설정할 필요가 있다는 것을 더 이상 말하고 있지는 않지만, 앞에서 해 온 논의의 연장선상에 있다고 보면, 증자증분은 자증분이 견분에 대한 계박에서 벗어나 자증분으로서의 기능을 하도록 해주기 위해 설정된 것이라 할 수 있다. 상분에 매여 있는 견분이 식의 흐름의 작용이고 이 흐름의 내재적 영역의 넓이를 확보해 주는 것이 자증분이라면, 증자증분은 그 내재적 영역의 깊이를 확보해주는 것이라 할 수 있겠다.[17]

중산은 자증분이 견분에 계박되어 있지만 내재적 영역에 있다는 것을 보여주기 위해 다음과 같이 말한다.

> [문] 만약 견분에 계박된다면, 가령 상분에 계박된 견분이 오직 현량만은 아니듯이, 자증분은 오직 현량만은 아니지 않은가? [답] 소(疏)에 이르길, "그러나 오직 현량일 뿐이다. 가령 경(境)에 계박된 5식(識)이 현량에 속하는 것과 같다. 자체(自體)를 증(證)하기 때문이다." 이 취지에 의하면, 견분에 계박된 것은 자체(自體)를 증(證)하기 때문에 현량이다. 5식의 견분에 비록 상박(相縛)이 있긴 하지만 현량인 것과 같다.[18]

가령 제6의식의 경우 현량·비량(比量)·비량(非量)이 다 될 수 있다. 만약 자증분이 제6의식의 비량(比量) 또는 비량(非量)을 연려하는 경우 자증분도 역시 비량(比量) 또는 비량(非量)이 되는가? 만약 자증분이 비량 또는 비량(非

• • •

17. 시바 하루히데 지음, 박인성 옮김, 『유식사상과 현상학』(도서출판 b, 2014), pp. 120-122. "…… 즉 지평론적 반성과는 질을 달리하고 오히려 지평론적 반성의 유래를 찾는 '수직적인 되돌아감'의 특질이 제시되고 있는 것은 아닐까?"

18. 『四分義極略私記』卷下(『大正藏 71』, p. 464c). "問: 若爲見被縛者, 自證分應非唯現量, 如爲相被縛見分非唯現量耶? 答: 疏云, 然唯現量. 如五識境縛仍是現量收. 證自體故. 云云. 意云, 爲見所縛而是證自體, 故現量也. 如五識見分雖有相縛是現量也."

量)이 된다면 견분을 확증할 수 없다. 더 구체적으로 말해, 견분의 현량성·비량성(比量性)·비량성(非量性)을 구분할 수조차 없다.[19] 그래서 중산은 규기와 더불어 전5식의 현량성의 예를 들어 설명하는데, 가령 안식이 색경을 연하는 경우 안식이 비록 색경이라는 상분에 계박되어 있지만 현량이듯이, 자증분이 비록 견분에 계박되어 있더라도 그 현량성을 확보하고 있다고 말하고 있다. 이러한 현량성이 초월적 대상으로 향해 있다 하더라도 그 초월이 내재적 초월이기 때문에, 그것은 내재적 영역에서 확보되어 있다고 할 수 있다. 이렇게 내재적 영역에서 현량성이 확보될 수 있는 것은 증자증분 덕분이다. 견분을 확증하는 자증분의 기능이 비록 견분에 계박되어 있지만, 증자증분 덕분에 내재적인 영역에 있을 수 있어서, 견분의 양성(量性)에 좌우되지 않고 현량성을 유지할 수 있게 되는 것이다.

3. 4분은 늘어남과 줄어듦이 없다

첫째 논제에서는 자증분에 기초해서 능연과 소연의 관계를 다루고, 둘째 논제에서는 증자증분에 기초해서 능연의 성격을 다루었다면, 이 셋째 논제에서는 자증분과 증자증분의 관계에 의거해서 식은 분한은 4분으로서 족하다는 것을 논한다.

중산은 증자증분이 견분을 직접 연하지 않는다는 것으로 보아도 바로 그 4분 내에서 모든 능연과 소연의 관계가 확립될 수 있다는 것을 알 수 있다고 말한다. 왜냐하면 증자증분을 연하는 제5분이 있다면 이 제5분이 증자증분을 건너뛰어 자증분을 연할 수 있게 되고 그렇게 되면 자증분도 건너뛰어 견분을 연할 수 있다고 해야 하기 때문이다. 중산은 제5분, 제6분 등이 있어야 할 필요가 없기에 4분으로 충족된다는 것을 다음과 같이 보여주

• • •
19. 이에 대해서는 이 책 「삼량분별문」에서 자세하게 논한 바 있다.

고 있다.

[문] 논에 이르길, "소연과 능연을 갖추는 것은 무궁의 과실이 없다."
라고 하는데, 취지가 무엇인가? [답] 후의 2분은 서로 증(證)하며 능연과
소연이 되기 때문에 무궁의 과실이 없다. 의미하는 바는 이렇다. 만약 자증분
이 증자증분을 연할 수 없다면 제5분을 세워야 한다. 또 제5분을 연하기
위해 제6분을 세워야 한다. 만약 이와 같이 세운다면 끝이 없을 것이다.
그러나 이제 제3분이 제4분을 연하기 때문에 능연과 소연의 분한이 충족된
다. 항상 4분이기에 늘어나거나 줄어듦이 없어 무궁의 과실을 범하지 않게
된다.[20]

자증분이 증자증분의 양과가 되지 않는다면, 견분이 상분을 연할 때
자증분이 양과가 되고 또 자증분이 견분을 연할 때 증자증분이 양과가
되듯이, 증자증분이 자증분을 연할 때 제5분이 양과가 되고, 제5분이 증자증
분을 연할 때 제6분이 양과가 되고, 이런 식으로 제7분, 제8분 등등으로
무한하게 소급하게 된다. 그런데 자증분이 증자증분을 연할 필요가 없기
때문에, 증자증분을 세운다면 무한소급의 오류를 범하게 된다고 생각하는
반론자가 있을 수 있다. 이런 반론자의 견해를 상정해서 중산은 다음과
같은 논의를 전개하고 있다.

[문] 소(疏)의 물음에 이르길, "이에 대해 어떤 사람이 힐난하기를, '예를
들어 득(得)과 생(生)의 경우 (각각) 득(得)과 득(得)과 비득(非得)의 법, 생(生)
과 생(生)과 비생(非生)의 법이 있기에 제4의 득(得)과 생(生)을 세우지 않듯이,

....
20. 『四分義極略私記』卷下(『大正藏 71』, pp. 464c-465a). "問: 論云, 其所能緣無無窮過 云云. 意何?
答: 後二分互相證爲能所緣, 故無無窮過. 意云, 若自證分不緣證自證分者可立第五分. 又爲緣第五分可
立第六分. 若如此立時, 可無窮. 然今第三分緣第四分故, 能所緣分限滿足. 恒四分不增不減, 不犯無窮
失也."

견분이 상분과 자증분을 연하는 경우 제4분을 세우지 않아도 지장이 없지 않은가?'"라 하고 있는데, 취지가 무엇인가? [답] 이것은 살바다부가 그들 자신이 세운 제법으로써 대승의 제4분을 힐난해서 묻는 것이다. 그 학파가 이르길, 색(色)과 심(心)의 제법은 생해서 망실되지 않는다. 득(得)과 득(得)과 비득(非得)의 법, 생(生)과 생(生)과 비생(非生)의 법 때문이다. 처음에 말한 득(得)은 대득(大得)이고, 다음에 말한 득(得)은 소득(小得)이며, 비득(非得)이 란 본법(本法)이다. 본법은 비득(非得)이기 때문이다. 처음에 말한 생(生)은 대생(大生)이고, 다음에 말한 생(生)은 소생(小生)이며, 마지막에 말한 비생(非生)이란 본법(本法)이다. 본법은 비생(非生)이기 때문이다. 의미하는 바는 이렇다. 대득(大得)이 있어서 능히 본법(本法)을 얻을 수 있기에 소득(小得)에 대해서 제4의 득(得)을 세우지 않는다. 대생(大生)이 있어서 능히 본법(本法)을 생할 수 있기에 소생(小生)에 대해서 제4의 생(生)을 세우지 않는다. 이와 같이 그대 대승은 한 종류의 견분이 상분과 자체분을 연할 수 있거늘 무엇 때문에 다시 제4분을 세우는가? 물음의 취지는 이와 같다. 『연비』의 취지이 다.[21]

우선 규기가 설정한 반론자의 물음부터 잘 들여다볼 필요가 있다. 규기의 의도는 자증분과 증자증분이 서로 연하기 때문에 증자증분을 연하는 제5분, 또 이 제5분을 연하는 제6분, 하는 식으로 무한소급하지 않는다는 것을 보여주는 것이다. 그런데 증자증분을 연하는 제5분이 필요 없고 오직 자증 분이 이를 연할 수 있다는 견해에 대해 반론자는 의심을 품는다. 반론자인

. . .

21. 『四分義極略私記』卷下(『大正藏 71』, p. 465a). "問: 疏問云, 此中有人難, 如得及生, 得得非得生生非 生法不立第四得及生, 何妨見分緣相及自證不立第四分? 云云. 意何? 答: 是薩婆多部以自所立諸法問 難大乘第四分也. 彼部云, 色心諸法生而不失. 由得得非得生生非生法也. 初言得者大得, 次言得者少得, 言非得者本法. 本法非得故也. 初云生者大生, 次云生者小生, 後云非生者本法. 本法非生故也. 意云, 有大得能得本法, 與小得不立第四得. 有大生能生本法與小生不立第四生. 如此汝大乘一種之見分可緣 相及自體, 何故更立第四分耶? 問意如此. 『演秘』意也."

설일체유부의 논사들은 불상응행법의 득(得) 및 생·주·이·멸 4상(相)을 설명하는 과정에서 이와 유사한 의문에 봉착했었고 이를 그들 나름대로 해결했다고 생각하기 때문이다. 즉 생(生)의 경우를 들어 말해 본다면, 생이 본법을 생하게 하고 소생, 곧 생생이 생을 생하게 하는데 이때 생생을 생하게 하는 또 다른 생이 필요 없다고 주장하고 있다. 왜냐하면 본법을 생하게 하는 생이 동시에 생생을 생하게 하기 때문이다. 즉 생이 생생을 생하게 하고 생생이 생을 생하게 하기 때문에, 생생을 생하게 하고 이 생생을 다시 생하게 하는 생, 하는 식으로 무한소급하지 않는다고 주장하고 있다. 이렇게 생과 본법, 생과 생생의 경우는 무한소급의 오류를 범하지 않지만, 견분이 상분과 자증분을 연하는 경우 증자증분을 설정하게 되면 무한소급의 오류를 범할 수 있게 된다고 말한다. 견분이 상분을 연할 때 이 견분이 자증분을 연하고 또 이 자증분이 견분을 연한다고 하면 되는데 굳이 왜 증자증분을 설정해서 무한소급의 오류를 범하게 만드느냐 하는 것이다.

규기는 설일체유부의 이런 해결이 4분의 능연·소연의 관계를 설명하는 데에는 적절하지 않다는 것을 보여주기 위해 의도적으로 견분이 상분과 자증분을 연한다는 것을 설정하고 있다. 인위(因位)에 있을 때 견분은 상분을 연하고 또 이때 자증분이 견분을 연하는 것이지 견분이 자증분을 연하는 것은 아니기 때문이다. 이렇게 설정한 것은 상분은 본법에, 견분은 생에, 자증분은 생생에 맞추기 위해서이다. 그러니까 견분이 상분을 연하는 것은 생이 본법을 생하게 하는 것에, 견분이 자증분을 연하는 것은 생이 생생을 생하게 하는 것에, 그리고 자증분이 견분을 연하는 것은 생생이 생을 생하게 하는 것에 배대하고 있는 것이다. 견분이 상분을 연할 때는 동시에 자증분을 연하기도 하기 때문에, 견분과 자증분 사이에는 서로 연려하고 연려되는 관계가 성립하므로 굳이 자증분을 연려하는 증자증분은 필요하지 않다고 설정하고 있는 것이다.[22]

<hr />

22. "得得非得生生非生法不立第四得及生"에서 '得得非得'은 득득과 비득으로, '生生非生'은 '생생과

득(得)은, 선법의 예를 들어 말해 본다면, 아직 얻지 않은 선법을 획득하게 하는 세력이고, 이미 얻은 선법을 상실하지 않고 성취하게 하는 세력이다. 획득하거나 성취했다면 획득되지 않거나 성취되지 않는 법이 있을 터인데 이를 비득(非得)이라 한다. 반론자는, 본법을 획득하게 하는 득이 있다면 이 득을 또 획득하게 하는 법이 있어야 하지 않겠나 하는 의문에 대해서 득이 본법을 획득하게 할 때 득을 획득하게 하는 소득, 곧 득득도 생하게 하기 때문에 무한소급하지 않는다고 주장하고 있다. 생은 생·주·이·멸 4상 중의 하나이다. 법을 생하게 하는 세력을 말한다. 생·주·이·멸하는 법은 유위법이고 이 유위법을 생하게 한다고 해서 생상(生相)이라고 하는데, 하지만 이 생상도 유위법이기에 이 생상을 또 생하게 하는 법이 있어야 하고, 이렇게 무한소급한다는 것을 막기 위해 본법을 생하게 하는 생상이 동시에 생생을 생하게 하는 소생, 즉 생생을 생하게 하기 때문에 무한소급의 과실이 없다고 주장하고 있다.[23]

이런 식으로 무한소급의 과실을 불러올 가능성을 차단한 설일체유부로서는 증자증분을 자증분이 연하기에 무한소급의 오류를 범하지 않는다고 하는 유식학파의 주장이 이해가 되지 않았던 것이다. 굳이 증자증분을 설정하지 않아도 견분이 자증분을, 자증분이 견분을 연려하기 때문에 무한소급의 과실이 없지 않은가 하고, 그들이 득과 생을 시설할 때 해결한 식으로 해결하면 되지 않는가 하고 반론을 제기했던 것이다.

[문] 이 물음에 어떻게 답하는가? [답] 소(疏)에 이르길, "이것은 옳지

. . .

비생'으로 번역하는 게 더 자연스러워 보인다. 그런데 규기가 생의 경우 비생을 법을 표현하기 위해 쓴 것을 보면 득의 경우도 비득은 득과 상반되는 비득으로 이해하면 안 된다. 그리고 득득을 득을 획득하게 하는 득득이 아니라 득과 득득의 조합으로 이해해야 한다.

23. 설일체유부가 설하는 불상응행법 중 득에 대해서는 김동화, 『구사학』, 문조사, 1971, pp. 98-101 참조. 생·주·이·멸 4상에 대해서는 같은 책 pp. 103-104 참조.

224

않다. 이 능연려(能緣慮)에는 일정한 양의 분한이 있기 때문이다. 저것은 단지 성취시키거나 생장시키는 공능(功能)이지 연려의 법이 아니기에 양의 분한이 없어서 (뜻이) 상반된다."고 한다. [문] 이 문(文)의 취지는 무엇인가? [답] 취지는 이렇다. 4분의 연려(緣慮)의 법은 양의 분한이 정해져 있기 때문에 반드시 4분이 성립한다. 득(得)과 득(得), 생(生)과 생(生)의 법은 단지 색법과 심법을 성취시키는 공능일 뿐이기에 양의 분한이 없다. 그러므로 우리의 심법은 연려가 있고 양의 분한이 있지만, 그대의 불상응법은 연려가 없고 양의 분한이 없다. 뜻이 이미 상반되니 예가 같을 수가 없다.[24]

득은 선법이나 염오법을 획득하게 하고 성취하게 하는 세력이고, 생은 법을 생장하게 하는 세력이다. 본법과 득과 득득, 그리고 본법과 생과 생생의 관계는 세력관계이다. 그렇기 때문에 이것들은 4분의 연려관계와 같을 수가 없다고 중산은 결론을 내린다.

---

24. 『四分義極略私記』卷下(『大正藏 71』, P. 465a). "問: 此問如何答耶? 答: 疏云, 此不應然. 此能緣慮有定量故. 彼但成就生長功能, 非緣慮法, 無分量, 相違. 云云. 問: 此文意何? 答: 意云, 四分緣慮法分量定, 故必立四分. 得得生生法但成就色心法功能, 無分量. 故我心法有緣慮有分量, 汝不相應法無緣慮無分量. 義已相違, 不可例同也."

Ⅲ. 4분의 비즉비리

이 마지막 논제에서는 증자증분이 견분을 연려할 수 없다는 엄연한 분한의 사실로부터 유식의 이치를 얻게 되었지만, 이제 중산은 4분설을 통해 유식의 이치가 확인된다는 것을 같지도 않고 다르지도 않다는 비즉비리(非卽非離)로서 설명하려고 하고 있다. 중산은 규기를 따라 두 가지 설을 소개하고, 지주를 따라 두 번째 설을 올바른 것으로 채택한다.

1. 공능에 의거해서

중산은 공능에 의거하는 첫째 풀이와 종자에 의거하는 둘째 풀이를 다음과 같이 설명하며 제시하고 있다.

[문] 논에 이르길, "같지도 않고 다르지도 않기에[非卽非離] 유식의 이치가

성립한다."고 하는데, 취지가 무엇인가? [답] 이 소(疏)에는 두 가지 풀이가 있다. 첫째 풀이에 의하면, 공능이 각각 다르기 때문에 "같지 않다."라 하고, 그 체(體)는 동일하기 때문에 "다르지 않다."라고 한다. 첫째 풀이다. 둘째 풀이에 의하면, 4분은 능연과 소연이 다르기 때문에 "같지 않다."라 하고, 다른 종자에서 생하는 것이 아니기 때문에 "다르지 않다."라고 한다. 둘째 풀이다. 이와 같이 4분은 같은 것도 아니고 다른 것도 아니며 외경이 없기 때문에 유식의 이치가 성립한다.[25]

규기와는 달리[26], 중산은 4분의 비즉비리를 논하면서 『성론』을 따라 유식의 이치가 성립한다는 것을 보여주고 있다. 이 점에 유념하면서 비즉비리의 문제를 따져가려면 일단 중산이 인용하는 『성론』의 부분을 그 앞부분까지 확장해서 살펴볼 필요가 있다.

> …… 제3분과 제4분은 모두 현량에 속한다. 그러므로 심과 심소는 4분이 합해서 성립하는 것이다. 소연과 능연을 갖추고 있기에 무궁의 과실이 없다. 같지도 않고 다르지도 않기에 유식의 이치가 성립한다.[27]

제3분과 제4분이 모두 현량에 속한다는 말이나, 심과 심소는 4분이 합해서 성립한다는 말, 그리고 소연과 능연을 갖추고 있다는 말 등으로부터 상분을 연려하는 견분을 자증분과 증자증분이 확증하고 있기 때문에 유식

---

25. 『四分義極略私記』卷下(『大正藏 71』, p. 465a). "問: 論云, 非即非離唯識理成. 云云. 意何? 答: 此疏有二釋. 一云, 功能各別故名非即, 其體一故爲'非離'. 初釋. 二云, 四分能所緣異故云'非即', 無別種生故名'非離' 後釋. 如此四分不即不離無外境, 故唯識理成矣."

26. 규기는 "據功能別名爲非即, 四用一體名爲非離. 又說四分能・所緣異不可言即, 無別種生一體用異故名非離."라고 말할 뿐이지 논에서와 같이 '唯識理成'라는 말은 하고 있지 않다.

27. 『成唯識論』卷2(『大正藏 31』, p. 10b). "…… 第三第四皆現量攝. 故心心所四分合成. 其所能緣無無窮過. 非即非離唯識理成."

의 이치가 성립한다는 것을 확인할 수 있다.

중산은 규기를 따라 두 가지 풀이를 제시하는데, 첫째 풀이는 공능에 의거해서, 둘째 풀이는 종자에 의거해서 설명하고 있다. 첫째 풀이의 공능은 기능으로 이해되어야 한다. 그렇게 해야 공능차별을 뜻하는 종자와 구분할 수 있게 된다. 둘째 풀이의 종자는 가능태로 이해되어야 한다. 그렇게 해야 첫째 풀이의 공능과 구별할 수 있게 된다.

규기가 제시하고 있는 첫째 풀이에 대해 중산은 다음과 같이 풀이한다.

> [문] (I) 첫째 풀이의 취지는 무엇인가? [답] 상분은 소취(所取)의 공능이고, 견분은 능취(能取)의 공능이고, 자체분은 견분을 증(證)하는 공능이고, 증자 증분은 자증분을 증하는 공능이다. 그래서 공능이 각각 다르다고 이르는 것이다. 그러나 식체의 의용(義用)의 분(分)이기 때문에 "다르지 않다."라고 이르는 것이다.[28]

상분을 공능으로 볼 때, 이 공능의 의미를 이해하고자 한다면 견분은 능취의 공능이고 상분은 소취의 공능이라고 말한 데서 그 의미를 찾아낼 수 있을 것이다. 능취의 공능은 식의 노에시스(Noesis)적 성격을, 소취의 공능은 식의 노에마(Noema)적 성격을 나타낸다고 보면, 소취의 공능의 의미가 분명해진다.

상분·견분·자증분·증자증분은 각각 공능이 있다는 점에서 다르지만, 모두 식체가 분화된 의용이라는 점에서는 같다. 식체가 분화되었을 때는 견분이 상분을 지향하는 것이기에 자체분을 동일한 체상의 의용으로 보았지만, 분화되지 않은 식체와 관련해서는 자체분마저도 의용이기에 식체의 의용의 분(分)이라 말할 수 있다.

• • •

28. 『四分義極略私記』 卷下(『大正藏 71』, p. 465ab). "問: 初釋意何? 答: 相分是所取功能, 見分是能取功 能. 自體分證見分之功能, 證自證分證自證分功能. 故云功能各別. 然識體之義用分故云'不離'也."

2. 종자에 의거해서

규기가 제시하는 둘째 풀이에 대해 중산은 다음과 같이 해석하면서 지주의 말을 빌려 이 풀이는 적합하지 않다고 밝히고 있다.

[문] (2) 둘째 풀이에 의거하는 경우 "다른 종자에서 생하는 것이 아니다."라고 했는데, 이제 상분과 견분의 종자는 색과 심이어서 각각 다른데, 무엇 때문에 다른 종자에서 생하는 것이 아니라고 하는가? [답] 『연비』에 두 가지 풀이가 있다. ① 첫째 풀이에 의하면, 상분과 견분 2분의 종자에서 생하는 것에 대해서 두 논사의 설(說)이 있다. 첫째 논사가 이르길, "상분과 견분 2분은 다른 종자에서 생한다."고 한다. 둘째 논사가 이르길, "상분과 견분 2분은 같은 종자에서 생한다."고 한다. 이 중 같은 종자에서 생한다는 뜻에 입각해서 "다른 종자에서 생하는 것이 아니다."라고 말한 것이다. 그러므로 다르지 않다. 첫째 풀이다. ② 둘째 풀이에 의하면, 3류경(類境) 중 성경(性境)은 다른 종자에서 생하고, 독영경(獨影境)은 같은 종자에서 생한다. 이 중 독영경에 의거해서 "다른 종자에서 생하는 것이 아니다."라고 말한 것이다. 둘째 풀이이다.[29]

규기가 제시하는 둘째 풀이를 다시 보면 "4분은 능연과 소연이 다르기 때문에 '같지 않다'라 하고, 다른 종자에서 생하는 것이 아니기 때문에 '다르지 않다'라고 한다."고 되어 있다. 여기서 같지 않다는 이유, 즉 능연과 소연이 다르다는 것을 설명하지 않는 것은 이미 첫째 풀이에서 4분이 각각 공능이 다르다는 것에 설명되었기 때문이다. 견분이 상분을 연할 때는 견분

. . .

29. 『四分義極略私記』 卷下(『大正藏 71』, p. 465b). "問: 就後釋"無別種生"者, 今相見分種色心各別, 何云無別種生耶? 答云, 演祕有二釋. 一云, 説相見二分種子所生有二師説. 一云, 相見二分從別種生. 一云, 相見二分從同種生. 此中位同種生義云無別種. 故非離. 初釋. 二云, 三類境中性境從別種生, 獨影境從同種生. 此中依獨影境云無別種生. 後釋."

이 능연, 상분이 소연이고, 자증분이 견분을 연할 때는 자증분이 능연, 견분이 소연이며, 증자증분이 자증분을 연할 때는 증자증분이 능연, 자증분이 소연이 되므로, 각 분마다 능연과 소연이 다르다는 것을 확인할 수 있다. 이제 여기서 다르지 않다는 이유로 든 '다른 종자에서 생하지 않는다', 즉 '같은 종자에서 생한다'는 것을 두 가지 풀이를 들어 제시하고 있다. 우선 상견별종과 상견동종 중 상견동종을 채택해서 보여주고, 다음에는 상견혹동혹이를 들어 그중 같은 종자에서 생하는 독영경의 예를 채택해서 보여주고 있다.[30] 어느 풀이든 둘 중의 하나를 편협하게 채택했기 때문에 당연히 비판을 받을 수밖에 없다. 중산은 지주를 따라 다음과 같이 마무리 짓는다.

> [문] 이 소(疏)의 두 가지 풀이 중 어느 것이 바른가? [답] 『연비』에 이르길, "둘째 풀이는 이치를 다하지 못했다."고 한다. 의미하는 바는 이렇다. 상분과 견분 2분이 같은 종자에서 생한다는 것은 정설이 아니다. 이제 정설이 아닌 것에 의거했기 때문에 바르지 않다. 또 3류경 중 오로지 독영경에만 의거하고 성경을 말하지 않았기 때문에, 그래서 이치를 다하지 못했다고 이르는 것이다.[31]

결국 중산이 맺은 결론으로부터 볼 때 규기가 동의한 것은 첫째 풀이였다는 것을 알 수 있다.

* * *

30. 상견별종, 상견동종, 상견혹동혹이에 대해서는 이 책 「상견동별종문」 참조. 또 3류경에 대해서는 역시 이 책 「삼류경문」 참조.
31. 『四分義極略私記』 卷下(『大正藏 71』, p. 465b). "問: 此疏二釋中以何爲正耶? 答: 演祕云, 後釋不理盡. 云云. 意云, 相見二分同種生者不正義. 今依不正義故爲不正. 又三類境中偏依獨影境不說性境. 故理不 盡云也."

230

8

．

사분개합문 1

이 「사분개합문 1」에서는 중산의 『극략사기』 「입분부동문(立分不同門)」에서 호법의 4분 중 2분을 논하는 대목을 다룬다. 중산의 이 「입분부동문(立分不同門)」은 식(識)의 분(分)을 나누는 방식이 여러 유식논사마다 같지 않다는 것을 보여주는 장이다. 안혜의 1분설, 난타의 2분설, 진나의 3분설, 호법의 4분설을 순서대로 논술해 가면서, 안혜와 난타의 식분설의 문제점을 지적하고, 진나의 3분설의 경전적 근거를 추적하고, 최종적으로는 호법의 4분설에 대해 설명하고 있다. 중산은 진나의 3분설과 호법의 4분설이 식의 본질을 올바르게 기술하고 있다고 보는데, 특히 제4분을 설정하는 호법의 4분설은 다른 논사들의 식분설과 달리 3분, 2분, 1분으로 접힐 수 있다고 주장하면서 2분, 3분, 4분, 1분의 순서를 밟아가며 논의를 펼치고 있다.

중산이 호법의 4분설을 다루는 대목 중 이 문에서 다루는 2분을 논하는 부분은 네 가지 논제로 이루어져 있다. 첫째, 4분의 개합, 둘째, 소연상과 능연상, 셋째, 2분의 이증(理證), 넷째, 2분의 교증(敎證)이다. 첫째 논제에서는 호법의 4분설이야말로 올바르게 수립된 2분, 3분, 1분을 설명할 수 있는 설이라는 것을 펴고 접는 개합(開合)의 논리로 보여준다. 둘째 논제에서는 식이 발생할 때는 능연의 상과 소연의 상이 나타난다는 것을 '사(似)'라는 용어를 써서 변계소집과 관련지어 밝혀낸다. 셋째 논제에서는 "능연의 상이 없다"거나 "소연의 상이 없다"는 반론자들의 주장을 예상하고 이를 차단하기 위해 이 상(相)들이 있다는 것을 논증식을 세워 증명하고, 넷째 논제에서는 『후엄경(厚嚴經)』의 한 송을 들어 능연이나 소연의 상이 있다는 주장이 정당하다는 것을 경에 의거해서 증명한다.

이 글에서는 중산이 첫째 논제부터 넷째 논제까지 호법의 『성론』과 규기의 술기를 따라가며 설명하는 과정을 세세하게 살펴보되, 특히 셋째 논제를 다루는 대목에서 "능연의 상이 없다"거나 "소연의 상이 없다"고 하는 반론자의 주장을 논증식을 들어가며 논파할 때 규기가 세운 논증식의 문제점을 중산과 함께 지적하고, 또 넷째 논제를 다루는 대목에서 『후엄경』의 송을 들어 교증을 보여줄 때 규기와는 다른 중산의 해석을 드러내 보여주겠다.

Ⅰ. 4분의 개합

중산은 1분설을 세우는 안혜나 2분설을 세우는 난타에서는 찾아볼 수 없는 개합(開合)의 논리를 전개하면서 호법의 4분설에 대한 논의를 시작한다.

> [문] 호법보살은 몇 분을 세우는가? [답] 펼[開] 때는 4분을 세우고, 접을[合] 때는 2분, 3분, 1분을 세운다.[1]

2분이 1분으로, 3분이 2분으로, 4분이 3분으로 포섭되는 이 4분설에 대해서 중산은 이 「입분부동분」에서는 더 이상 아무 논급도 하지 않고 있는데,[2]

---

1. 『四分義極略私記』卷上(『大正藏 71』, p. 456中), "問: 護法菩薩立幾分耶? 答: 開立四分, 合立二分三分一分也."
2. 후속하는 문에서 3분, 4분, 1분을 다룰 것이기 때문에, 2분을 다루는 이 문에서 미리 개합에 대해서 언급했다.

이는 제11 「개합부동문(開合不同門)」에 가서 이를 따로 논의의 주제로 삼고 있기 때문일 것이다. 「개합부동문」에서 그는,

> [문] 이 문(門)의 취지는 무엇인가? [답] 4분에 의거해서 개합(開合)을 분별하는 것이 이 문의 취지이다. [문] 어떤 방식으로 개합하는가? [답] '펴다(開)'란 4분을 세우는 것이고, '접다(合)'란 3분, 2분, 1분을 세우는 것이다. [문] 무엇 때문에 4분을 세우는 것을 '펴다'라고 하고, 3분 등을 세우는 것을 '접다'라고 하는가? [답] 4분을 세우는 것은 심의 분(分)을 자세하게 분별해서 넓게 여는 것이기에 '펴다'라고 이른다. 그래서 논에 이르길, "또 만약 심과 심소를 자세하게 분별하면 4분이 있다."고 한다. 3분 등을 세우는 것은 포섭된다는 뜻이기 때문에 '접다'라고 이른다. 그래서 논에 이르길, "혹은 셋으로 포섭되고, 혹은 둘로 포섭되고, 혹은 하나로 포섭된다."고 한다.[3]

라고 말하고 있다. 펼 때는 4분이고, 접을 때는 3분, 2분, 1분이라 했으므로, 4분이라 할 때는 상분·견분·자증분·증자증분을, 3분이라 할 때는 상분·견분·자증분을, 2분이라 할 때는 상분·견분을, 1분이라 할 때는 자체분을 가리킨다는 것을 알 수 있다. 중산은 이 「입분부동분」 중 호법의 4분설을 논하는 대목에서 호법의 4분은 3분, 2분, 1분이 될 수 있다는 것을 순서대로 증명해 간다. 3분으로 포섭될 수 있는 것은 제3분과 제4분, 즉 자증분과 증자증분이 모두 양과(量果)의 체(體)이기 때문이고, 2분으로 포섭될 수 있는 것은 후의 3분, 즉 증자증분·자증분·견분이 모두 능연(能緣)의 성(性)이기 때문이다. 또 마지막으로 외경이 없고 오직 심(心)만이 있기 때문에 1분으로 포섭될 수 있다. 이 1분은 자체분이다.[4] 그런데 이는 호법과 규기를 그대로

• • •

3. 『四分義極略私記』 卷下(『大正藏 71』, p. 468上), "問: 此門之意何? 答: 約四分辨開合此門意也. 問: 開合方何? 答: 云開者立四分, 合者立三分二分一分也. 問: 何故立四分爲開, 立三分等爲合? 答: 立四分是細分別廣開心分云開. 故論云, 又心心所若細分別, 應有四分. 云云. 立三分等者, 以義攝入故云合. 故論云, 或攝爲三, 或攝爲二, 或攝爲一. 云云."

따르는 것이기도 하다. 중산이 앞에서 인용한 바와 같이, 『성론』[5]에서 다음
과 같이 말하고 있다.

　　이와 같은 4분은 혹은 셋으로 포섭된다. 제4분은 자증분에 포섭되기
　　때문이다. 혹은 둘로 포섭된다. 후의 3분은 모두 능연의 성이기 때문에
　　다 견분에 포섭된다. …… 혹은 하나로 포섭된다. 체(體)에는 구분이 없기
　　때문이다.[6]

　이처럼 중산은 호법과 규기를 따르고 있으므로, 여기서 먼저 2분을 다루
고 난 뒤 순차대로 3분, 1분을 다루어야 하겠지만, 그는 3분과 1분 사이에
4분을 넣어 3분, 4분, 1분 순으로 논의를 전개하고 있다. 아마도 접어 가면서
다루되 제3분과 제4분은 양과(量果)의 체(體)라는 면에서 서로 밀접한 관계
가 있기에, 제4분을 3분과 1분 사이에 집어넣어서 4분으로 펴질 수 있다는
것을 암시하고 싶었던 것이리라. 그런데 어느 분(分)을 다루든 「개합부동문」
에서 본격적으로 다루는 개합의 논리를 이 문(門)에서는 더 이상 논급하지도
않거니와 이 논리에 의해 4분을 설명하고 있지도 않다. 중산은 「입분부동문」
이 대목에서 각 분(分)의 성격을 명확히 짚어내어 호법의 설을 정확히 보여주
는 것을 주요한 목적으로 삼고 있다.

• • •

4. 이상은 「개합부동문」의 내용을 간결하게 정리한 것이다.
5. 『성론』은 '호법 등'의 저서로 되어 있다. 현장이 호법 이외의 다른 논사들의 학설을 함께
　묶어 편찬하면서 이렇게 저자의 이름을 달아놓은 것이다. 어디까지가 호법의 학설이고
　어디까지가 다른 논사의 학설인지, 또 어디까지 편찬자 현장의 생각인지 분명하지 않을
　때가 있지만, 다른 논사의 학설이 아닌 게 분명한 경우는 이를 호법의 학설로 보고 『성론』을
　호법의 저서로 보아도 될 것이다.
6. 『成唯識論』卷2(『大正藏 31』, p. 10上), "如是四分或攝爲三. 第四攝入自證分故. 或攝爲二. 後三俱是能
　緣性故, 皆見分攝. …… 或攝爲一. 體無別故."

Ⅱ. 2분인 능연상과 소연상

호법은 2분에 대해 설명하는 대목에서 먼저 다음과 같이 말하고 있다.

> 그런데 유루식의 자체가 생할 때 모두 소연과 능연과 유사한 상이 나타난
> 다. 저 상응법도 또한 그러하다고 알아야 한다. 소연과 유사한 상을 상분이라
> 하고, 능연과 유사한 상을 견분이라 한다.[7]

소연과 능연은 식의 자체가 생할 때 나타난다고 하고 있는데, 이 대목은
상분과 견분을 논하고 있는 자리이므로 소연의 상과 능연의 상이 있다는
것을 말할 뿐이지 식 자체가 생한다는 의미를 이 두 상과의 관계 속에서
파악하고 있지는 않다. 중산은 이에 대해서 바로 뒤의 자증분을 다루는

• • •

7. 『成唯識論』 卷2(『大正藏 31』, p. 10上), "然有漏識自體生時. 皆似所緣能緣相現. 彼相應法應知亦爾.
似所緣相說名相分. 似能緣相說名見分."

대목에서 서술하고 있으므로 여기서는 일단 접어두고 사능연상(似能緣相)과 사소연상(似所緣相)에서 보이는 이 '사(似)'의 의미에 주목하면서 그 두 상을 살펴보아야 하겠다. 소연이 나타난다든가 능연이 나타난다고 하면 될 터인데 왜 호법은 굳이 능연과 유사한 상(似能緣相), 소연과 유사한 상(似所緣相)이라는 표현을 썼을까? 이에 대해 규기는 다음과 같이 설명한다.

> '자체가 생할 때'란, 식의 자체가 생할 때이다. '모두 소연과 능연과 유사한 상이 나타난다'란, 의타기의 2분, 즉 정계(情計)의 변계소집과 유사한 2분이 나타난다는 것이다. '능연과 유사한 상'이란, 대승의 견분에 해당하고 소승의 사(事)에 해당한다. 저 행상과 유사하게 소연을 파악하기 때문에 능연과 유사하다고 하는 것이다. '소연과 유사한 상'이란, 대승의 상분에 해당하고 소승의 행상(行相)에 해당한다. 저 심외의 소연과 유사한 상분이 견분의 소연이 되기 때문에 소연과 유사한 상이라 한다. 이것에는 심외의 법이 없기 때문이다.[8]

규기는 상분과 견분이 의타기의 2분이라고 하면서 이를 망정(妄情)이 계탁할 때 나타나는 변계소집과 유사한 2분이라고 말하고 있다. 그러므로 사능연상, 사소연상 할 때 능연과 소연은 변계소집의 능연이고 변계소집의 소연이라는 것을 알 수 있다. 그러면서 규기는 '저 행상과 유사하게', 또 '저 심외의 소연과 유사하게'라고 말하면서 변계소집을 취하는 것은 소승의 관점이라고 말하고 있다. 소승은 대승의 상분을 행상(行相)으로, 대승의 견분을 사(事)로 보고 있는데, 바로 이런 행상이나 사(事)와 유사하게 상이 나타나는 것이 대승의 견분과 상분의 의타기라고 하는 것이다. 그러니까

8. 『成唯識論述記』 卷3本(『大正藏 43』, p. 317下), "自體生時者, 識自體也. 皆似所緣能緣相現者, 依他二分. 似遍計所執情計二分現也. 似能緣相者, 大乘見分收, 當小乘事攝. 似彼行相取所緣故, 名似能緣. 似所緣相者, 大乘相分收, 當小乘行相. 似彼所緣心外相分, 爲見分所緣故, 似所緣相. 是心外法此中無故."

범부나 소승이 소연이나 능연으로 생각하는 것은 바로 변계소집이고 이 변계소집은 다른 태도를 취하게 되었을 때 의타기의 소연이나 능연으로 전환하게 된다는 것을 말하고 있다는 점을 간취해낼 수 있다.

중산은 호법과 규기를 따르면서 다음과 같이 풀이한다.

[문] 4분을 세우는 논의 문(文)은 어떻게 설하고 있는가? [답] 논에서 "유루식의 자체가 생할 때 모두 소연과 능연과 유사한 상이 나타난다. 저 식과 상응하는 법도 또한 그러하다는 것을 알아야 한다."고 설하고 있다. [문] 이 논의 문의 취지는 무엇인가? [답] '자체가 생할 때'란 자체분을 두고 하는 말이다. '소연과 유사하다'란 상분을 두고 하는 말이다. '능연과 유사하다'란 견분을 두고 하는 말이다. 이 취지에 의하면, 식의 자체분이 생할 때 견(見)과 유사한 분, 상(相)과 유사한 분이 나타난다. '저 식과 상응하는 법'이란 심소를 말한다. 심소는 심왕의 자체분이 그렇듯이 2분과 유사하게 나타난다고 이르고 있다. [문] '유사하다'란 무슨 의미인가? [답] 유루의 자체분이 의타기의 상분과 견분을 변현할 때, 이 의타기의 2분이 변계소집의 2분과 유사하게 변현되는 것이다. 그래서 소(疏)에 이르길, "'모두 소연과 능연과 유사한 상이 나타난다'란, 의타기의 2분, 즉 정계(情計)의 변계소집과 유사한 2분이 나타난다는 것이다."라고 한다. 이 취지에 의하면, 유사하게 나타나는 것[能似]은 의타기이고, 유사하게 나타나게 되는 것[所似]은 변계소집 이다.[9]

- - -

9. 『四分義極略私記』卷上(『大正藏 71』, p. 456中下), "問: 説立四分論文如何? 答: 論説有漏識自體生時, 皆似所緣能緣相現. 彼相應法應知亦爾. 問: 此文意何? 答: 自體生時者自體分也. 似所緣者相分也. 似能緣者見分也. 意云, 識自體分生時, 似相見二分現也. 彼相應法者心所也. 心所如心王自體分, 似二分現云也. 問: 言似者何義? 答: 有漏自體分變現依他相見分, 此依他二分似偏計所執二分也. 故疏云, 皆似所緣能緣相現者, 依他二分似偏計所執情計二分現. 意云, 能似者依他. 所似者偏計也." '發', '藏'을 각각 '立', '說'로 수정.

먼저 유의해서 읽어야 할 문장이 있다. "識自體分生時, 似相見二分現也." 이다. 이는 "식의 자체분이 생할 때 상분과 견분과 유사한 상이 나타난다."라고 읽을 수는 없다. 왜냐하면 앞에서 규기를 따라 사능연상은 견분, 사소연상은 상분이라 말했기 때문이다. 그렇게 읽으면 상분과 견분이 다시 변계소집이 되고 만다. 따라서 상(相)과 견(見)과 유사한 상, 다시 말해 상(相)과 유사한 상, 견(見)과 유사한 상으로 읽어야 하는데, 그렇다면 여기서 상(相)은 소승의 행상(行相)으로 견(見)은 소승의 사(事)로 이해된, 각각 소연과 능연인 것이다.

규기는 호법이 표현한 대로 사능연상, 사소연상이라는 말을 써서 이들을 정의한 반면, 중산은 이 말들에서 '상' 자를 떼어버리고 사능연, 사소연이란 말로 고쳐 써서 이들을 정의하고 있다. 이는 '유사하다(似)'가 의타기의 상을 드러내고자 할 때 핵심이 되는 말이라는 것을 그가 간파했기 때문인데, 이 점은 끝에 가서 규기의 해석에서는 보이지 않는 해석을 베푸는 데서도 확인될 수 있다. 이는 주목해야 하는데, 왜냐하면 규기가 미처 말하지 않은 의타기와 변계소집의 관계를 능사(能似)와 소사(所似)로 풀어냈기 때문이다. 앞에서 인용한 호법의 "似所緣相說名相分, 似能緣相說名見分."을 규기는

이것은, '유사하게 나타나다(能似)'란 견분과 상분에 속한다는 것을 말한다.[10]

라고 풀이하는데, 이를 놓고 중산이 속뜻을 드러냈다고 보아야 할 것이다. 사능연할 때든 사소연할 때든 그냥 '사(似)'로 되어 있지 '능사(能似)'로 되어 있지 않지만, 변계소집의 능연과 소연과 유사하게 현현하는 것이기에 이 경우 의타기는 능동을 의미하는 능사(能似)가 되고, 따라서 변계소집은 수동을 의미하는 소사(所似)가 되는 것이다. 주지하다시피, 변계소집을 보는 것에서 의타기를 보는 과정은 범부의 태도에서 성자의 태도로 전환하는 과정이다.

. . . .
10. 『成唯識論述記』 卷3本(『大正藏 43』, p. 317下), "此說能似攝於見相."

Ⅲ. 2분의 이증과 경증

　다른 항보다 2분의 이증을 다루는 이 항에서 중산의 독특한 해석을 만나게 될 것이다. 호법, 규기의 해석을 먼저 본 다음 중산이 이를 어떻게 돌파해 가고 있나 확인해 보겠다.

　소연의 상과 능연의 상은 있다. 이것들이 없다고 하는 반론자의 견해를 논파하기 위해 호법은 다음과 같이 논증한다. 우선, 소연의 상이 없다는 주장을 논파하기 위해서 다음과 같이 두 논증을 펴고 있다.

　(A) ⓐ 만약 심과 심소에 소연의 상이 없다면, 그 자신의 소연의 경을 연할 수 없을 것이다. 혹은, ⓑ 하나하나의 심이 모든 경을 연할 수 있을 것이다. ⓒ 그 자신의 경은 다른 심의 경과 같고, 다른 심의 경은 그 자신의 경과 같기 때문이다.[11]

• • •

11. 『成唯識論』 卷2(『大正藏 31』, p. 10上), "若心心所無所緣相, 應不能緣自所緣境. 或應一一能緣一切.

다음은 능연의 상이 없다는 주장을 논파하는 논증이다.

(B) ⓐ 만약 심과 심소에 능연의 상이 없다면, 능히 (그 자신의 심과 심소의 경을) 연할 수 없을 것이다. 허공 등이 그렇듯이. 혹은, ⓑ 허공도 또한 능히 연할 수 있을 것이다.[12]

이 두 논증을 펴고 난 후 호법은 이렇게 결론을 내린다.

그러므로 심과 심소에는 반드시 2상이 있다.[13]

아래에서 우리는 규기의 논증과 중산의 논증을 차례대로 살펴보고 두 논증의 차이를 밝혀 볼 것이다.

1. 이증

1) 규기의 논증

(1) 소연의 상이 없다는 주장에 대한 논파

규기는 먼저 (A) ⓐ에 대해 다음과 같이 두 가지 논증식을 세운다.

가령 청색을 연할 때 만약 심과 심소 상에 소연의 상모(相貌)가 없다면,

自境如餘, 餘如自故."

12. 『成唯識論』卷2(『大正藏 31』, p. 10上), "若心心所無能緣相, 應不能緣. 如虛空等. 或虛空亦是能緣."

13. 『成唯識論』卷2(『大正藏 31』, p. 10上), "故心心所必有二相."

생할 때 그 자신의 소연의 경을 연할 수 없을 것이다. 이것은 종을 세운 것이다. 소연의 상이 없다는 것을 인정하기 때문이다. 인이다. 연할 수 없는, 다른 심의 경이 그렇듯이(=다른 심의 소연의 경을 연할 수 없듯이). 유이다. 혹은, 다른 사람의 경이 그렇듯이(=다른 사람의 경을 연할 수 없듯이).[14]

내가 다른 때에 소리 등을 연하는 심은 또한 지금의 색을 연할 수 있을 것이다. 소연의 상이 없다는 것을 인정하기 때문이다. 지금 이 청색 등을 연하는 심이 그렇듯이(=지금 이 청색 등을 연하는 심이 다른 심의 경을 연할 수 있듯이). 다른 사람의 심도 또한 그러하다(=다른 사람의 심이 이 사람의 경을 연할 수 있듯이).[15]

(A) ⓑ에 대해서는 다음과 같이 논증식을 세운다.

이 소연의 색 이외의 모든 법들도 또한 이 색을 연하는 심의 소연이 될 것이다(=이 색을 연하는 심은 이 색 이외의 법들도 연할 것이다). 소연의 상이 없기 때문이다. 그 자신의 심의 소연의 색이 나타나듯이(=그 자신의 소연의 색이 모든 심들에 나타나듯이. =모든 심들이 그 자신의 심의 소연의 색을 연하듯이.) 다른 사람의 심도 또한 그러하다(=다른 사람의 심이 모든 사람의 심의 경들을 연할 수 있을 것이다).[16]

이렇게 논에 맞추어 논증식을 세우고 나서 ⓒ "그 자신의 심의 경은

• • •

14. 『成唯識論述記』卷3本(『大正藏 43』, p. 317下), "如緣靑時, 若心心所上無所緣相貌, 應不能緣當正起時自心所緣之境. 此立宗也. 許無所緣相故. 因也. 如餘所不緣境. 喩也. 或如餘人境."

15. 『成唯識論述記』卷3本(『大正藏 43』, p. 317下), "我餘時緣聲等心, 亦應緣今色. 許無所緣相故. 如今緣自靑等之心. 餘人亦爾."

16. 『成唯識論述記』卷3本(『大正藏 43』, p. 317下), "除所緣色外諸餘法, 亦應爲此緣色心緣. 無所緣相故. 如現自所緣色. 他人亦爾."

다른 심의 경과 같고 다른 심의 경은 그 자신의 심의 경과 같기 때문이다."를 이 두 논증식의 동유(同喩)로 보고 다음과 같이 풀이하면서 두 논증식에 배대하고 있다.

혹은, 그 자신의 심의 경은 다른 심의 경과 같기에 또한 연하지 않을 것이다. 혹은, 다른 심의 경은 그 자신의 경과 같기에 또한 연할 것이다. ㉠ 이 두 유(喩)는 각각 앞의 논증 모두에 적용된다. 혹은, ㉡ 논의 두 논증에 순서대로 배속된다. 앞의 것은 위의 논증에 배속된다. 뒤의 것은 아래의 논증에 배속된다.[17]

㉠에서 '앞의 논증 모두'라고 했으므로 이는 앞의 (A) ⓐ에 대해 든 규기 자신의 두 가지 논증식일 테고, ㉡에서 '논의 두 논증'이라고 했으므로 이는 『성론』의 (A) ⓐ와 ⓑ 두 논증식이리라 생각된다. 정리해 보면, ③ "그 자신의 심의 경은 다른 심의 경과 같고 다른 심의 경은 그 자신의 심의 경과 같기 때문이다."에서 앞의 "그 자신의 심의 경은 다른 심의 경과 같다."는 예시(喩)와 뒤의 "다른 심의 경은 그 자신의 심의 경과 같다."는 예시는 (A) ⓐ "만약 심과 심소에 소연의 상이 없다면 그 자신의 소연의 경을 연할 수 없을 것이다."에 대해 규기가 세운 두 논증식에 각각 적용될 수 있다.

주장문: 가령 청색을 연할 때 만약 심과 심소 상에 소연의 상모(相貌)가 없다면, 생할 때 그 자신의 심의 소연의 경을 연할 수 없을 것이다.
이유문: 소연의 상이 없다는 것을 인정하기 때문이다.
예시문: 연할 수 없는, 다른 심의 경이 그렇듯이(=다른 심의 소연의 경을

• • •
17. 『成唯識論述記』 卷3本(『大正藏 43』, pp. 317下-318上), "或自境如餘境亦不緣. 或餘境如自境亦應緣. 卽此二喩各通前量. 或論中二量次第配之. 初屬上, 後屬下."

연할 수 없듯이). 혹은, 다른 사람의 경이 그렇듯이(=다른 사람의
경을 연할 수 없듯이).

주장문: 내가 다른 때에 소리 등을 연하는 심은 또한 지금의 색을 연할
수 있을 것이다.
이유문: 소연의 상이 없다는 것을 인정하기 때문이다.
예시문: 지금 이 청색 등을 연하는 심이 그렇듯이(=지금 이 청색 등을
연하는 심이 다른 심의 경을 연할 수 있듯이). 다른 사람의 심도
또한 그러하다(=다른 사람의 심이 이 사람의 경을 연할 수 있듯
이).

또 『성론』의 (A) "@ 만약 심과 심소에 소연의 상이 없다면 그 자신의
소연의 경을 연할 수 없을 것이다. ⓑ 하나하나의 심이 모든 경을 연할 수
있을 것이다."에 대해서 두 예시를 적용하면, 앞의 예시 즉 "그 자신의 심의
경은 다른 심의 경과 같다."는 @에, 뒤의 예시 즉 "다른 심의 경은 그
자신의 심의 경과 같다."는 ②에 배속된다. 그런데 뒤의 예시가 규기의
말대로 "ⓑ 하나하나의 심이 모든 경을 연할 수 있을 것이다."에 배속된다면,
앞에서 그가 든 두 가지 논증식과 어떤 차이가 밝혀지지 않는다. 왜냐하면
규기가 이 ⓑ에 대해 "이 색을 연하는 심은 이 색 이외의 법들도 연할
수 있게 되고, 모든 심들이 이 소연의 색을 연할 수 있게 된다."고 풀이했는데,
이 풀이는 앞에서 든 그 자신의 논증식은 이 심이 이 경을 연할 수 없다는
것, 다른 심이 이 경을 연할 수 있다는 것이어서, 그 자신의 심이 모든
경을 연할 수 있다는 것을 말하는 것은 아니기 때문이다. "그 자신의 심의
경은 다른 심의 경과 같다."는 예시와 "다른 심의 경은 그 자신의 심의
경과 같다."는 예시는 규기 자신이 든 두 가지 논증에 적합하지 호법이
든 ⓑ에는 적합하다고 말할 수 없다. 아마도 규기는 호법이 예시들을 ⓑ
다음에 들었기 때문에 이 예시들이 ⓑ에도 적용되어야 한다고 생각했던

것 같다. 아니면 호법이 말한 "그 자신의 심의 경은 다른 심의 경과 같고 다른 심의 경은 그 자신의 심의 경과 같기 때문이다."는 이유를 예시로 바꿔 새롭게 논증식을 세운 데서 생긴 문제일 수도 있다. 규기의 이런 새로운 해석에 대해 중산은 의문을 품은 것 같다. 의문을 드러내지는 않았지만, 그는 규기와는 전혀 다른 논증식을 세우고 있기 때문이다. 아래에서 규기가 능연의 상이 있다는 주장을 논파하고 있는데, 중산은 소연의 상이 있다는 주장과 이 능연의 상이 있다는 주장을 한데 묶어 호법의 "그 자신의 심의 경은 다른 심의 경과 같고 다른 심의 경은 이 심의 경과 같기 때문이다."를 이 논증식의 예시로 제시하고 있다.

(2) 능연의 상이 없다는 주장에 대한 논파

이제 능연의 상이 없다는 주장으로 가보도록 하자. 규기는 먼저 『성론』을 인용하고 있다.

> (B) ⓐ 만약 심과 심소에 능연의 상이 없다면, 그 자신의 소연의 경을 연할 수 없을 것이다. 허공 등이 그렇듯이. 혹은, ⓑ 허공도 또한 능히 연할 수 있을 것이다.

이 중 ⓐ에 대해서는

> 심과 심소법은 능연의 상이 있다. 그렇지 않다면, 심 등은 연할 수 없을 것이다. 능연의 상이 없기 때문이다. 허공 등이 그렇듯이.

라고 말하는데, 이는 다음과 같이 정리해 볼 수 있다.

> 주장문: 심과 심소에 능연의 상이 없다면 연할 수 없을 것이다.
> 이유문: 능연의 상이 없기 때문이다.

예시문: 허공 등이 그렇듯이.

이 논증식에 대한 수반명제와 배제명제를 만들어 보면, 반파량 ⓑ로 바꾸어 논증해 볼 수 있다. 수반명제는 "능연의 상이 없는 것은 연할 수 없는 것이다."이고 배제명제는 "연할 수 있는 것은 능연의 상이 없는 것이 아니다."이다. 배제명제의 '연할 수 있는 것'은 동품이 될 텐데, 호법은 이 동품으로 허공을 들고 있다.[18] 그래서 규기는

> 이 반난(反難)에 이르길, 그대의 허공 등은 능히 연할 수 있을 것이다. 능연의 상이 없기 때문이다. 심과 심소가 그렇듯이.[19]

라고 말한다. 여기서 반난이란 중산의 용어로 반파량이다. 반론자의 견해를 일단 인정하고 이를 논파하는 논증식이다.

이제 아래 중산의 논의에서 보겠지만, 규기는 호법대로 소연의 상이 없다는 주장과 능연의 상이 없다는 주장을 나누어 분석하지만, 중산은 이 두 주장을 한데 합해서 해석한다. 중산이 이렇게 합해서 해석하는 것은 앞의 예시와 뒤의 예시를 각각 호법이 든 위와 아래의 논증에 적용하는 것은 규기가 든 논증의 반복이거나 아래의 논증의 예시로 적합하지 않다고 생각했기 때문일 것이다.

. . .

18. 수반명제, 배제명제, 동품, 이품 등에 대해서는 三枝充德 편, 심봉섭 옮김, 『인식론·논리학』(불교시대사, 1995), pp. 205-213과, 카츠라 쇼류 지음, 권서용 외 옮김, 『인도인의 논리학』(산지니, 2009), pp. 218-222, pp. 248-252 참조. 박인성, 『입명입정리론의 분석』(경서원, 2000), pp. 32-37, pp. 110-117 참조.

19. 『成唯識論述記』 卷3本(『大正藏 43』, pp. 317下-318上), "此返難云, '汝虛空等應是能緣. 無能緣相故. 如心心所.'"

2) 중산의 논증

규기의 논증식 및 호법의 논증에 대한 규기의 해석을 염두에 두면서 중산의 해석을 살펴보도록 하자. 중산은 규기를 인용하며 다음과 같이 소연의 상이 있다고 주장한다.

> [문] 호법이 세운 2분을 증명하는 문(文)이 있는가? [답] 교증과 이증 두 가지 증명 방식이 있다. [문] 우선, 상분의 이증(理證)은 무엇인가? [답] 논에 이르길, "만약 심과 심소에 소연의 상(相)이 없다면, 그 자신의 소연의 경(境)을 연할 수 없을 것이다. 혹은, 하나하나의 심이 모든 경을 연할 수 있을 것이다. 그 자신의 심의 경은 다른 심의 경과 같고, 다른 심의 경은 그 자신의 심의 경과 같기 때문이다."라고 한다. [문] 이 논문의 취지는 무엇인가? [답] 소(疏)에 이르길, "이 견해의 취지에 의하면, 그 자신의 심이 경을 연할 때 심 상에 반드시 경의 상(相)을 차고 있다. 마치 거울 면 상에 얼굴과 유사한 상(相)이 생기듯이. 이를 소연이라 한다."라고 한다.[20]

소연의 상이 없다고 주장할 때의 문제점을 지적한 다음 중산은 규기의 말을 빌려 적극적으로 소연의 상이 있다는 것을 새로운 용어로 서술하고 있다. 변계소집과 의타기의 관계로 설명할 때는 '사(似)'라는 용어에 주목했지만 여기서는 '대(帶)'라는 용어에 주목해야 한다. '대'는 식이 대상을 지향한다는 것을 가리키는 용어이다. 식이 일어날 때는 대상이 나타난다는 것을 이 용어로 잘 보여주고 있다고 하겠다. 이렇게 중산은 대상이 현현한다는 것을 '사(似)'와 '대(帶)'라는 표현으로 적극적으로 보여준 다음 이제 반대의

---

20. 『四分義極略私記』卷上(『大正藏 71』, p. 456下), "問: 護法立二分有證文耶? 答: 有敎理二證. 問: 且相分理證何? 答: 論云, 若心心所無所緣相, 應不能緣自所緣境. 或應一一能緣一切. 自境如餘, 餘如自故. 問: 此文意何? 答: 疏云, 此義意云, 緣此自境時, 心上必有帶境之相. 如鏡面上似面相生, 方名所緣. 云云."

견해를 논증식을 펴서 논파한다.

[문] 이 이증에 의거해서 어떤 방식으로 논증식을 세우는가? [답] 두 가지 논증이 있다. (A) ⓐ "만약 심과 심소에 소연의 상이 없다면, 그 자신의 소연의 경을 연할 수 없을 것이다."는 첫 번째 논증이다. ⓑ "혹은, 하나하나의 심이 모든 경을 연할 수 있을 것이다."는 두 번째 논증이다. [문] 첫 번째 논증식은 어떻게 되는가? [답] 논증식은 이렇게 세울 수 있다. 만약 청색을 연할 때 심과 심소 상에 소연의 상모(相貌)가 없다면, 유법(有法)이다. 지금 생할 때 이 심의 소연의 경을 연할 수 없을 것이다. 종의 법이다. 소연의 상이 없다는 것을 인정하기 때문이다. 인(因)이다. 연할 수 없는, 다른 심의 경이 그렇듯이. 유(喩)이다. 또 논증식은 이렇게 세울 수도 있다. 내가 다른 때에 소리 등을 연하는 심은 또한 지금의 색을 연할 것이다. 종이다. 소연의 상이 없다는 것을 인정하기 때문이다. 인이다. 지금 이 청색 등을 연하는 심이 그렇듯이. 유이다.[21]

[문] 논에서 "그 자신의 경은 다른 심의 경과 같고, 다른 심의 경은 그 자신의 경과 같기 때문이다." 하고 이르는데, 이 취지는 무엇인가? [답] 이는 앞의 두 논증식의 동유(同喩)를 제시하는 것이다.[22]

중산은 "그 자신의 경은 다른 심의 경과 같다."와 "다른 심의 경은 그 자신의 심의 경과 같다."는 예시(喩)가 규기를 따라 첫 번째 논증 (A) ⓐ의

• • •

21. 『四分義極略私記』卷上(『大正藏 71』, p. 456下), "問: 就此理證, 立量方何? 答: 有二量也. 若心心所乃至自所緣境者是初量也. 或應一一者後量也. 問: 初量作法何? 答: 立量云, 若緣青時, 心心所上無所緣相貌. 有法. 應不能緣當正起時自心心所緣境. 法宗. 許無所緣相故. 因. 如餘所不緣境. 喩. 又云, 我餘時緣聲等心亦應緣今色. 宗. 許無所緣相故. 因. 如今緣自青等之心."

22. 『四分義極略私記』卷上(『大正藏 71』, p. 457上), "問: 論云, 自境如餘餘如自故. 云云. 意何? 答: 是出前二量之同喩也."

두 논증식 모두의 예시가 된다고 하면서도, 이어서 바로 첫 번째 예시는 앞의 논증에, 두 번째 예시는 뒤의 논증에 배대된다고 수정해서 다음과 같이 말하고 있다.

[문] 어떤 방식으로 배대할 수 있는가? [답] 소(疏)에 두 가지 해석이 있다. ㉠ 첫 번째 해석에 의하면, 이 두 유(喩)는 각각 앞의 논증식 모두에 적용된다. ㉡ 두 번째 해석에 의하면, 혹은 논의 논증에 순서대로 배속된다. 앞의 것은 위의 논증에 배속되고, 뒤의 것은 아래의 논증에 배속된다. ……
[문] 두 가지 해석의 취지는 무엇인가? [답] 첫 번째 설의 취지에 의하면, 소에 먼저 나온 순성량(順成量)은 "다른 심의 경과 같다."를 예시[譬]로 삼은 것이고, 반복량(返覆量)은 "그 자신의 경과 같다."를 예시[譬]로 삼는다.[23]

중산은 규기가 말한 대로 이 두 예시가 각각 앞에서 규기가 든 논증식에 모두 적용된다고 말했지만, 이런 적용이 정확하지 않다는 것을 간파하고 이 두 예시가 의미하는 대로 앞의 예시는 앞의 논증에, 뒤의 예시는 뒤의 예시에 적용하고 있다. 규기가 든 앞의 논증 즉 "만약 청색을 연할 때 심과 심소 상에 소연의 상모(相貌)가 없다면, 지금 생할 때 그 자신의 심의 소연의 경을 연할 수 없을 것이다. 소연의 상이 없다는 것을 인정하기 때문이다. 연할 수 없는, 다른 심의 경이 그렇듯이(=다른 심의 소연의 경을 연할 수 없듯이)."는 앞의 예시, 즉 "그 자신의 심의 경은 다른 심의 경과 같다."에 잘 배합된다. 주장문에 순행해서 예시문이 배당되는 순성량이기 때문이다. 또 뒤의 논증, 즉 "내가 다른 때에 소리 등을 연하는 심은 또한 지금의 색을 연할 것이다. 소연의 상이 없다는 것을 인정하기 때문이다. 지금 이

<hr />

23. 『四分義極略私記』卷上(『大正藏 71』, p. 457上), "問: 相配方何? 答: 疏有二釋. 一云, 即此二喩各通前量. 一云, 或論中量次第配之. 初屬上, 後屬下. 云云. 問: 二釋意如何? 答: 初說意云, 疏先所出之順成量以如餘爲譬. 返覆量以如自爲譬也."

청색 등을 연하는 심이 그렇듯이(=지금 이 청색 등을 연하는 심이 다른 심의 경을 연할 수 있듯이).”는 뒤의 예시 “다른 심의 경은 그 자신의 심의 경과 같다.”에 잘 배합된다. 앞의 주장문의 주어인 심과 다른 심이 나와 그 자신의 심의 경을 연할 것이라고 하는, 역행하는 논증, 즉 반복량이기 때문이다.

중산은 이렇게 첫 번째 해석에서는 규기가 미처 보지 못한 점을 보강해서 바로잡았지만, 두 번째 해석에서는 규기와는 완전히 다른 해석을 제시하고 있다. 이는 앞에서 본 대로 규기의 두 해석이 서로 충돌을 일으키기 때문이다.

중산은 두 번째 해석을 앞에서 규기를 따라 소연의 상이 없다는 주장을 논파하는 『성론』의 두 논증에 각각 순서대로 배대되는 것으로 보았으면서도, ㉡ 두 번째 해석을 능연의 상이 없다는 주장을 논파하는 논증으로 완전히 새롭게 이해한다.

> [문] 두 번째 설의 증거가 되는 문(文)은 무엇인가? [답] 논에 이르길, “만약 심과 심소에 능연의 상이 없다면, (이 심과 심소의 경을) 능히 연할 수 없을 것이다. 허공 등이 그렇듯이. 혹은, 허공 등도 또한 능히 연할 수 있을 것이다.”라고 한다. [문] 이 논문의 취지는 무엇인가? [답] 소에 이르길, “이 견해의 취지는 심과 심소가 생할 때 반드시 능연의 상이 있어야 한다. 거울에는 반드시 비춤[能照]의 상이 있어야 하듯이. [문] 이 논문에 의거해서 어떤 방식으로 논증식을 세우는가? [답] “만약 심과 심소에 ……”란 순성량(順成量)이다. 논증식은 이렇게 세울 수 있다. 만약 심과 심소에 능연의 상이 없다면, 유법이다. 능히 연할 수 없을 것이다. 좋이다. 능연의 상이 없기 때문이다. 인이다. 허공 등이 그렇듯이. 유이다. 다음 문장인 “혹은, 허공 등도 또한 능히 연할 수 있을 것이다.”는 반파량(反破量)이다. 논증식은 이렇게 세울 수 있다. 그대의 허공 등은 능히 연할 수 있을 것이다. 능연의 상이 없기 때문이다. 심과 심소가 그렇듯이.”라고 한다.[24]

첫 번째 설은 첫 번째 해석 (A) ⓐ를 가리키므로, 고딕체로 강조된 두 번째 설은 두 번째 해석 (A) ⓑ를 가리킨다는 것을 알 수 있다. 그런데 중산이 이렇게 두 번째 해석을 능연의 상이 없다는 주장에 대한 논파로 본 것은 아마도 여기에 나오는 두 논증식의 고딕체로 강조된 부분 "능히 연할 수 없을 것이다."와 "능히 연할 수 있을 것이다."를 대립하는 것으로 보았기 때문일 것이다. 앞의 예시는 즉 "그 자신의 심의 경은 다른 심의 경과 같다."에서는 순성량이, 뒤의 예시 즉 "다른 심의 경은 그 자신의 심의 경과 같다."에서는 반파량이 적합하다고 생각했기 때문일 것이다. 소연의 상이 있다는 주장을 논파할 때 나온 이 해석은 물론 능연의 상이 있다는 주장을 논파하는 이 경우에도 적합하다고 볼 수 있다. 그렇다면 중산은 규기의 설명의 문제점을 이렇게 해소하려 했다고 볼 수 있을 것이다.

2. 교증

교증에서도 규기와 다른 해석을 만나볼 수 있는데, 먼저 『성론』에서 교증으로 들고 있는 『후엄경』의 한 송을 보자.

> 일체는 오직 각(覺)이 있을 뿐이네. 소각(所覺)의 의(義)[25]는 모두 없네.
> 능각의 분(分)과 소각의 분은 각각 자연히 전전하네.

---

24. 『四分義極略私記』卷上(『大正藏 71』, p. 457上), "問: 後說證何? 答: 論云, 若心心所無能緣相, 應不能緣. 如虛空等. 或虛空等亦是能緣. 問: 此文意何? 答: 疏云, 此義意云, 心心所生時必有能緣之相. 如鏡必有能照之相. 問: 就此文立量方何? 答: 若心心所等者, 順成量也. 即作法云, 若心心所無能緣相有法. 應非能緣. 宗. 無能緣相故. 因. 如虛空等. 喩. 次文或虛空等亦是能緣者, 反破量也. 即作法云, 汝虛空等應是能緣. 無能緣相故. 如心心所."

25. 이 '의(義)'는 의미가 아니라 대상으로 보아야 할 듯싶다. 유식학에서 보통 '의(義)'는 'artha'의 역어로 경(境)을 가리킨다.

一切唯有覺　所覺義皆無

能覺所覺分　各自然而轉[26]

이 송을 규기는 제1구와 2구를 한 짝으로, 제3구와 4구를 한 짝으로
보고 다음과 같이 풀이하고 있다.

　　『후엄경』을 인용해서, 위의 두 구는 내심(內心)은 있지만 외경(外境)은
　　없다는 것을 밝히고 있고, 아래의 두 구는 자기의 내심에 견분과 상분 2분이
　　있다는 것을 밝히고 있다. 여기서 견분과 상분 2분은 각각 능연과 유사한
　　상, 소연과 유사한 상이다.[27]

　　제1구와 2구는 오직 내심이 있을 뿐 외경이 없다는 것을 의미한다고
보고 있다. 또 제3구의 능각(能覺)의 분(分)을 견분, 즉 능연과 유사한 상으로,
소각(所覺)의 분(分)을 상분, 즉 소연과 유사한 상으로 이해하고 있다. 중산의
해석과 대비해서 눈여겨보아야 할 것은 규기가 제2구의 소각의 의(義)를
외경으로, 제1구의 각을 내심으로 이해했다는 점이다.
　　이제 중산의 풀이를 보자. 중산은 앞에서와 마찬가지로 먼저 규기의
풀이를 끌어와서 다음과 같이 말한다.

　　[문] 상분과 견분 2분의 교증(教證)은 무엇인가? [답] 후엄경에 이르길,
　　"일체는 오직 각(覺)이 있을 뿐이네. 소각(所覺)의 의(義)는 모두 없네. 능각의
　　분(分)과 소각의 분(分)은 각각 자연히 전전하네."라고 한다. 교증이다. [문]
　　이 송문의 취지는 무엇인가? [답] 소에 이르길, "앞의 두 구는 내심(內心)은

- - -

26. 『成唯識論』卷2(『大正藏 31』, p. 10上中).
27. 『成唯識論述記』卷3本(『大正藏 43』, pp. 317下-318上), "引厚嚴經, 上之二句明內心有, 外境是無,
　　下之二句明自內心見相二分有. 謂即似能所緣相是."

254

있지만 외경(外境)은 없다는 것을 밝히고 있고, 뒤의 두 구는 자기의 내심에 견분과 상분 2분이 있다는 것을 밝히고 있다. 여기서 견분과 상분 2분은 각각 능연과 유사한 상, 소연과 유사한 상이다."라고 한다.[28]

중산은 규기를 따라 앞의 두 구는 내심은 있지만 외경은 없다는 것을, 뒤의 두 구는 자기의 내심에 견분과 상분 2분이 있다는 것을 밝히고 있다고 보면서도, 규기와 달리 앞의 두 구가 견분과 상분이 있다는 것을 나타내는 것이라고 다르게 해석하고 있다.

> 이 취지에 의하면, "일체는 오직 각(覺)이 있을 뿐이네."란 내심이 있다는 것을 보여주는 것이다. 각이란 연려(緣慮)의 뜻이다. "소각(所覺)의 의(義)는 모두 없네."란 변계소집의 외경이 모두 없다는 것을 보여주는 것이다. 소각이란 경(境)의 뜻이다. "일체에는 오직 각이 있을 뿐이다."에는 능각의 견분과 소각의 상분이 있다는 것을 의미한다.[29]

"각이란 연려의 뜻이다.", "소각이란 경의 뜻이다."를 제3구 "능각과 소각의 분(分)은"을 풀이할 때 보여주었으면 좋았을 텐데, 왜 제1구의 각을 연려로, 제2구의 소각을 경으로 해석한 것으로 보게끔 각각 제1구와 제2구에 뒤에 놓았을까? 중산은 제1구의 각을 내심이 아니라 능각 곧 견분으로 이해하고 있다. 이는 그가 "일체에는 오직 각이 있을 뿐이다."라는 제1구가 능각의 견분과 소각의 상분이 있다는 뜻을 품고 있다고 해석하기 위해서일

• • •

28. 『四分義極略私記』卷上(『大正藏 71』, p. 457中), "問: 相見二分教證何? 答: 『厚嚴經』云, 一切唯有覺, 所覺義皆無. 能覺所覺分 各自然而轉. 是其教證也. 問: 此文意何? 答: 疏云, 上之二句明內心有外境是無. 下之二句明自內心見相二分有. 謂即似能所緣相是."

29. 『四分義極略私記』卷上(『大正藏 71』, p. 457中), "意云, 一切唯有覺者顯有內心. 覺者是緣慮義也. 所覺義皆無者顯遍計所執之外境都無. 所覺者境義也. 俱一切唯有覺之中, 能覺之見分所覺之相分是有云也."

것이다. 규기는 단순히 외경이 없다고 말했지만 중산은 이 외경이 변계소집의 외경이라고 더 분명히 언급하면서 제1구에서 의타기를 보여주려고 의도했다. 그러니까 제1구는 '의타기의 심이 있다'는 것을, 제2구는 '변계소집의 외경이 없다'는 것을, 제3구과 4구는 이 의타기심의 견분과 상분이 자연히 전전한다는 것을 의미하는 것으로 해석하고자 했다. 여기에서도 중산은 일단 규기를 있는 그대로 끌어와서 그의 견해를 보여준 후에 자신의 견해를 새롭게 제시하고 있다.

다음은 제4구에 대한 규기의 풀이이다.

> "각각 자연히 전전(展轉)한다."란, 견분과 상분은 각각 자연히 그 인연을 따라 화합해서 일어나지, 심외의 경을 기다리는 일을 필요로 하지 않는다는 것을 의미한다. 혹은, 대자재천이 창조한 것이므로 이에 전전할 수 있다고 계탁하는데, 이제 저 설과 다르기에 '자연히'란 말을 한 것이다. 그러므로 거북이의 털을 연해 심의 영상이 일어난다. 이는 2분이 있다는 것을 증명하는 것이다.[30]

규기가 끝에 가서 "거북이의 털을 연해 심의 영상이 일어난다."는 말을 왜 했을까? 사물을 지각한다는 것은 실경(實境)을 연한다는 것이기에 이 문장은 이 문맥에 자연스러워 보이지 않는다. 거북이의 털을 연하는 경우는 연못에 떠다니는 거북이의 등에 수초가 낀 모습을 보고 거북이의 털이라고 착각하는 경우이기 때문에, 거북이의 등에 낀 수초를 있는 그대로 지각하는 경우가 아니다. 실경인 수초를 지각하는 경우 외경은 존재하지 않는데, 규기는 왜 이런 실경을 들지 않고 착각의 대상, 즉 가경(假境)을 외경이

. . .

30. 『成唯識論述記』 卷3本(『大正藏 43』, pp. 317下-318上) "各自然而轉者, 謂見相分各各自然. 從其因緣 和合而起, 不必須待心外之境. 或計大自在天之所作故方乃得轉. 今異於彼說自然言. 故緣龜毛心影像 起. 此證有二分也."

없다는 예로 든 것일까? 규기가 이런 오해가 있으리라는 것을 무릅쓰고 거북이의 털을 들어 말한 것은, 앞에서 말한 첫째, 심외의 경이 없어도 영상이 일어날 수 있다는 것을, 둘째, 외도들이 제법은 대자재천이 창조한 것이기에 전전할 수 있다는 생각을 물리치기 위한 것이다. 그러니까 심외의 경이 있다고 집착하는 견해나, 대자재천이 만물을 창조했다는 견해 모두 거북이의 털을 연해 일어나는 영상처럼 착각에 불과하다는 것을 역설하기 위해서이리라.

> [문] "각각 자연히 전전한다."는 말의 취지는 무엇인가? [답] 견분과 상분
> 2분은 자연히 인연을 따라 화합해서 일어나지, 심외의 경을 기다리는 일을
> 필요로 하지 않는다는 것을 말하는 것이다. 또 여러 외도들이 제법은 대자재
> 천이 창조한 것이라 계탁하기 때문에, 이 계탁을 배척하기 위해 '자연히'라는
> 말을 하는 것이다.[31]

이 대목에서 중산은 규기의 말을 보다 분명히 했을 뿐 규기의 말을 그대로 따르고 있는데, 그러면서도 규기가 마지막에서 언급한 "그러므로 거북이의 털을 연해 심의 영상이 일어난다."는 말을 생략하고 있다. 중산은 심외의 경이 있어야 견분과 상분이 일어난다는 견해나 대자재천이 만물을 창조한 다는 견해는 그저 우리 스스로가 만들어낸 허황한 것이라는 규기의 의도를 놓치고 있다고 볼 수 있겠지만, 거북이의 털을 연해 심의 영상이 일어난다는 것은 외경이 없다는 것을 보여주기에는 충분하지 않다고 생각했기 때문이 리라. 다시 말해, 외경이 없다는 것은 거북이의 털과 같은 가경(假境)이 아니라 거북이의 등에 덮여 있는 수초 같은 실경이 현현한다는 것을 보여줄 때 더 설득력이 있기 때문이리라.

----

31. 『四分義極略私記』卷上(『大正藏 71』, p. 457中), "問: 各自然而轉云意何? 答: 見相二分自然從因緣和
合而生起, 不須待心外境云也. 又諸外道計諸法大自在天之所作, 爲簡此計說自然言也."

9.

사분개합문 2

이 「사분개합문 2」에서는 중산이 『극략사기』「입분부동문」에서 호법의 4분 중 3분, 4분, 1분을 논하는 대목을 다룬다. 호법의 4분설은 자체분만 있다고 보는 안혜의 1분설이나 상분과 견분 2분만이 있다고 보는 난타의 2분설과는 달리 4분이 각각 3분, 2분, 1분으로 포섭되기도 하기에 3분설, 2분설, 1분설이라고 말할 수 있다. 중산은 호법과 규기를 따라 이 분(分)들을 하나하나 설명하는데, 그는 호법의 2분을 다룰 때와는 달리 이 3분, 4분, 1분을 다룰 때는 이 분(分)들이 각각 심분(心分)이라는 사실을 분명히 하는 동시에 이 분(分)들 역시 일식(一識)을 여의지 않는다는 점에서 일식에 포섭된다고 주장하고 있다.

중산은 호법의 이증과 교증을 규기의 해석에 의거해서 설명하면서도 이를 보완해서 명시적으로 밝히고 있다. 이 문에서는 중산을 따라가며 먼저 이증을, 이어서 교증을 논하되, 3분의 이증을 논하는 대목에서는 자증분의 존재를, 4분의 이증을 논하는 대목에서는 증자증분의 존재를 밝혀갈 것이다.

3분과 4분의 교증을 논하는 대목에서는 자체분의 성격을 1분의 교증을 논하는 부분에서 볼 수 있는, 진여를 포섭하는 일식(一識)의 성격을 강조하면서 새로운 시각에서 이해해볼 것이다. 이는 물론 호법이나 규기가 명시적으로 전개한 것은 아니지만, 그들의 근본적인 취지가 여기에 있다고 보고 중산의 논의를 주의 깊게 살펴보겠다.

이 논의를 정확히 규정하기 위해서 일본의 가마쿠라(鎌倉) 시대의 걸출한 유식논사 양편(良遍; 1194-1251)의 『관심각몽초(觀心覺夢抄)』의 4분과 유식에 대한 해석을 끌어와서, 자증분이 왜 식의 핵을 이루는지, 그러면서도 왜 진여를 포함하는 일식(一識)을 말하지 않으면 안 되는지를 보여주겠다.

Ⅰ. 3분의 이증과 교증

　　호법은『성론』의 1분을 증명하는 곳에서 4분이 3분으로, 2분으로, 또
1분으로 포섭되는 과정을 이렇게 말하고 있다.

　　　이와 같은 4분은 혹은 3분으로 포섭된다. 제4분은 자증분에 포섭되기
　　때문이다. 혹은 2분으로 포섭된다. 후3분은 모두 능연성이기 때문에 다
　　견분에 포섭된다. 여기서 말하는 견이란 능연의 뜻이다. 혹은 일체(一體)로
　　포섭된다. 구분이 없기 때문이다.[1]

　　호법에 따르면, 4분이 3분으로 포섭될 수 있는 이유는 제4분인 증자증분
이 자증분에 포섭되기 때문이고, 4분이 2분으로 포섭될 수 있는 이유는

---

1. 『成唯識論』(『大正藏 31』, p. 10下), "如是四分或攝爲三. 第四攝入自證分故. 或攝爲二. 後三俱是能緣性
故皆見分攝. 此言見者是能緣義. 或攝爲一體. 無別故."

후3분 곧 자증분·증자증분·견분이 모두 견분, 즉 능연에 포섭되기 때문이다. 또 4분은 1분으로 포섭될 수 있는데, 여기서 호법이 1분(分)이라 말하지 않고 1체(體)라 말한 것은 1분이라 말하면 심의 부분, 즉 심분(心分)이 되고, 심분이 되면 다시 암묵리에 2분·3분·4분을 지시하게 되어, 이 1분이 본래 무엇을 의미하는지 분명하지 않게 되기 때문이다.

이 포섭과정에서 2분의 견분은 증자증분·자증분·견분의 능연이다. 그래서 2분이 1분으로 포섭된다고 말하리라 예상되는 곳에서 호법은 일체(一體)로 포섭된다고 말하고 있는데, 이는 일단 자증분으로 포섭된다고 보아도 된다. 양편의 『관심각몽초』 「사분안립」을 보면 이 점을 확인할 수 있다.

> 또 심의 미세한 체의 상은 알기 어렵기에, 단지 작용으로써 이를 나타내 보일 뿐이다. 그러므로 4분은 모두 심의 용[작용]이다. 그러나 이 4분 중에서 굳이 체와 용을 가른다면 제3의 자증분만이 그 체에 해당한다. 이 분만이 중간에 있으면서 전과 후를 두루 증(證)하기에 심의 근본의 뜻이 다른 분과 다르기 때문이다.[2]

심분이 없기에 식의 일체가 자증분이라 꼭 집어서 말할 수는 없겠지만, 자증분이 견분의 능연이고 동시에 증자증분의 능연이라는 점에서 능연의 핵을 이루기 때문에 일단 식의 일체(一體)는 자증분이라 말할 수 있다. 자증분을 자체분이라 표현할 수 있는 것도 이 때문이다.

4분이 3분으로, 2분으로, 또 1분으로 포섭된다고 해서 각 분(分)을 증명하는 과정이 이 포섭과정을 밟을 수는 없다. 4분에서 제4분의 존재를 증명하려 하면 제3분이 전제되어 있어야 하고, 3분에서 제3분의 존재를 증명하려 하면 제2분이 전제되어 있어야 하기 때문이다. 그래서 호법은 상분과 견분

• • •

2. 『觀心覺夢鈔』 卷上(『大正藏 71』, p. 72中), "次, 心微細體相難知, 只以作用顯示之耳. 所以四分皆是心用. 然而於此四分之中強判體用, 第三自證獨當其體. 獨居中間善證前後. 心根本義異餘故也."

2분에서부터 3분, 4분, 1분을 밟아가면서 각각에서 자증분 · 증자증분 · 일식(一識)을 증명해 나간다.

1. 이증

중산은 호법과 규기를 따라 3분에 대해 세 가지 이증(理證)을 제시하고 이를 설명하고 있다. 그런데 3분을 증명하려면 자증분의 존재를 증명해야 한다. 앞에서 증명한 2분이 3분으로 펼쳐지는 것이기 때문에 이 능연성의 핵에 자증분이 존재한다는 것을 증명해야 한다. 호법은 다음과 같이 세 가지 이증을 서술하고 있다.

① 식을 떠나 소연경이 없다고 통달한 자는 상분을 소연이라 하고 견분을 행상이라고 설한다. 상분과 견분이 의지하는 자체(自體)를 사(事)라 한다. 즉 자증분이다. ② 만약 이것이 없다면 심과 심소법을 스스로 기억할 수 없을 것이다. 가령 이전에 경험하지 않은 경은 결코 기억할 수 없기 때문이다. 심과 심소는 소의근(所依根)을 같이한다. 소연은 상사하고 행상은 각각 다르다. 요별, 영납 등의 작용이 각각 다르기 때문이다. 비록 사(事)는 수가 같지만, 상(相)은 각각 다르다. 식, 수 등의 체가 각각 다르기 때문이다. ③ 그런데 심과 심소가 하나하나 생할 때 이치로써 따져보건대 각각 3분이 있다. 소량과 능량과 양과가 다르기 때문이고, 상분과 견분에는 반드시 소의의 체(體)가 있기 때문이다.[3]

. . .

3. 『成唯識論』(『大正藏 31』, p. 10中), "達無離識所緣境者, 則說相分是所緣, 見分名行相. 相見所依自體名事, 即自證分. 此若無者, 應不自憶心心所法. 如不曾更境必不能憶故. 心與心所同所依根. 所緣相似. 行相各別. 了別領納等作用各異故. 事雖數等而相各異. 識受等體有差別故. 然心心所一一生時, 以理推徵各有三分. 所量能量量果別故. 相見必有所依體故."

중산은 이를 다음과 같이 정리해서 말하고 있다.

> [문] 자증분의 이증(理證)은 무엇인가? [답] 세 가지의 이증(理證)이 있다. ① 첫째, 상분과 견분이 의지하는[소의] 자체(自體)를 사(事)라 한다. 즉 자증분이다. ② 둘째, 만약 이것[자증분]이 없다면, 심과 심소법을 스스로 기억할 수 없을 것이다. 가령 이전에 경험하지 않은 경은 결코 기억할 수 없기 때문이다. ③ 셋째, 소량과 능량과 양과는 다르기 때문이고, 상분과 견분이 반드시 의지하는 체(體)이기 때문이다.[4]

세 가지 이증은 첫째, 상분과 견분이 의지하는 자체, 둘째, 기억 가능성의 조건, 셋째, 양과로 간단하게 요약할 수 있겠다. 첫째 이증부터 살펴보도록 하자.

1) 이증 1

중산은 첫 번째 이증을 다루는 이 대목에서 두 가지 문제를 설정하고 이 문제에 대한 해답을 제시하고 있다. 첫째는 열거된 내용대로 상분과 견분이 의지하는 자체(自體)라 할 때 이 '의지한다'는 말의 의미가 무엇인지, 둘째는 이렇게 자증분이 상분과 견분을 아우르는 체라면 자증분이 견분을 연할 때 심이 스스로를 어떻게 연할 수 있는지 하는 문제를 다룬다. 먼저 상분과 견분이 의지하는 자체, 즉 상분과 견분을 하나로 아우르는 자체에 대해 중산이 어떻게 설명하고 있나 살펴보자.

• • •

4. 『四分義極略私記』(『大正藏 71』, p. 457中), "問: 自證分理證何? 答: 有三理證. 一云, 相見所依自體名事. 即自證分. 二云, 此若無者, 應不自憶心心所法. 如不曾更境必不能憶故. 三云, 所量能量量果別故, 相見必所依體故."

[문] 첫 번째 이증(理證)을 제시하는 문(文)의 취지는 무엇인가? [답] 이 문(文)의 취지에 의하면, 상분과 견분 2분에는 소의(所依)인 자체(自體)가 있으니 이를 사(事)라 이름한다. '소의'란 의지하는 곳이란 뜻이다. 그러므로 자증분이 있다. [문] 만약 그렇다면, 상분과 견분 2분에는 (이 둘을) 하나로 아우르는 소의가 없다면, 이것에는 무슨 과실이 있는가? [답] 만약 소의가 없다면, 상분과 견분 2분은 서로 떨어져서 있게 될 것이다. 심과 심소가 체를 달리하듯이. 이미 각각 다른 두 법이 아니기 때문에 (두 법을) 아우르는 체(體)가 있다.[5]

소연의 상과 능연의 상이 있다는 2분을 다룰 때 소연과 능연이 서로 분리될 수 없는 관계에 있다는 것을 밝히면서, 그 이유가 자증분 때문이라는 것을 확인한 바 있다. 여기서는 자증분을 적극적으로 드러내어 이와 유사한 내용을 전개하고 있다. 중산은 이 점을 다음과 같이 설명한다.

그러므로 소(疏)에 이르길, "이 둘에 만약 (이 둘을) 하나로 아우르는 소의가 없다면, 상분은 견분과 떨어져서 존재하게 될 것이다. 두 법이기 때문이다. 심과 심소가 그렇듯이. 그러니 별도의 체가 없고 단지 두 공능이 있을 뿐이다. 하나의 소의의 체가 별도로 있어야 한다. 두 용(用)을 일으킬 때 이 체(體)가 있기 때문에, 상분과 견분의 자체(自體)를 사(事)라 한다. 즉 자증분이다."라고 한다. 이 취지에 의하면, 소의 머리가 있기 때문에 두 뿔이 서로 떨어지지 않는 것이다. 만약 소의 머리가 없다면 두 뿔이 서로 떨어질 수 있다. 자증분에 의지하기 때문에 상분과 견분은 서로 떨어지지 않는다. 그래서 『현유초』에 이르길, "2분(分)이 있다고 말한다면 이는

. . .

5. 『四分義極略私記』(『大正藏 71』, p. 457中下), "問: 初證文意何? 答: 此文意云, 相見二分有所依**自體**, 是名爲事. 所依者是依止義也. 故有自證分也. 問: 若爾, 相見二分無總一所依, 有何失耶? 答: 若無所依者, 相見二分應相離而有. 如心心所別體. 旣非各別二法, 故應有所總體." '事'를 '自'로 수정.

자증분이 반드시 있다는 것을 의미한다. 소의 머리에 비유하자면, 자증분은 소머리에 비유되고 견분과 상분 2분은 소의 두 뿔에 비유된다."고 한다.[6]

하나로 아우르는 소의가 없다면 상분과 견분은 서로 떨어져서 존재하게 되고, 그렇게 되면 결국 하나의 체가 없고 단지 두 공능만이 있게 된다. 그런데 중산은 상분과 견분을 용으로 보면서 이 두 용을 일으킬 때 상분과 견분의 체, 즉 사(事)가 있다고 말하고 있다. 이는, 2분을 다룰 때에 본 "식의 자체가 생할 때 소연과 능연과 유사한 상이 나타난다."와 동일한 표현이라 할 수 있다.

다음은 심이 어떻게 스스로를 연할 수 있는가 하는 두 번째 문제이다.

[문] 자증분이 상분과 견분을 아우르는 체라면, 이제 자증분이 견분을 연할 때 심이 어떻게 스스로를 연할 수 있는가? [답] 대승의 견해가 그러하다. 심체(心體)가 되돌아 스스로를 연한다. 소승은 자증분을 세우지 않기 때문에 심이 스스로를 연한다는 견해를 인정하지 않는다. [문] 소승이 대승을 힐난해서 이르길, "칼은 스스로를 벨 수 없고, 손가락은 스스로를 만질 수 없다. 그런데 어떻게 심이 스스로를 연한다고 하면서 별도로 자증분을 세우는가?" 라고 한다. [답] 『불지론』에 이르길, "등불 등이 능히 스스로를 비추는 것을 보지 못하는가?"라고 한다. 이 취지에 의하면, 만약 그대 소승이 비유를 들어 심이 스스로를 연한다는 뜻을 힐난한다면, 우리 대승도 비유를 들어 심이 스스로를 연한다는 뜻을 보여줄 수 있다.[7]

. . .

6. 『四分義極略私記』(『大正藏 71』, p. 457下), "故疏云, '此二若無一總所依者, 相離見應有. 是二法故. 如心與心所. 然無別體, 但二功能故. 應別有一所依體. 起二用時, 由有此體故, 云相見自體名事即自證分.' 云云, 以有牛頭, 兩角不相離. 若無牛頭者, 兩角可相離. 以有所依自證分故, 相見分不相離也. 故顯幽抄云, '言有二分者, 即謂定有自證分. 譬如牛頭, 牛頭譬自證分, 牛二角譬相見二分.'"

7. 『四分義極略私記』(『大正藏 71』, p. 457下), "問: 自證分者相見之總體者, 今自證分緣見分, 心何得自緣耶? 答: 大乘義爾也. 心體還緣自. 小乘不立自證分, 故不許心自緣義. 問: 小乘難大乘云, 刀不自割,

268

소승은 칼은 스스로를 벨 수 없고 손가락은 스스로를 만질 수 없다는 비유를 들어 심이 스스로를 증(證)할 수 없다고 말하면서 대승의 자증분을 비판한다. 이에 대승도 또한 비유를 들어 이 비판에 응답하는데, 그 비유가 등불의 비유이다.

[문] 등불은 어둠[闇法]이 아니기 때문에 밝고 뚜렷하게 나타나 있다. 그런데 왜 반드시 스스로를 비춘다고 하는가? [답] 물단지와 옷 등은 어둠이 아니지만 스스로를 나타나게 할 수 없다. 등불 등은 그렇지 않기에 스스로를 비춘다고 하는 것이다. [문] 무엇 때문에 물단지 등은 어둠이 아닌가? [답] 어둠이란 빛에 의해 파괴되는 것이다. 이제 물단지 등은 빛에 의해 파괴되는 것이 아니기 때문에 어둠이 아니다. 그러나 다른 빛을 기다려서야 나타날 수 있다. 등불과 해 등은 능히 다른 것을 비출 수 있기 때문에 또한 스스로를 비출 수 있다. 그러므로 심은 스스로를 연할 수 있다.[8]

* * *

指不觸自. 如何心能緣自別立自證分耶? 答: 『佛地論』云, 不見燈等能照自**耶**. 云云. 意云, 若汝小乘以譬難心自緣義者, 我大乘亦以譬可顯心自緣義.” ‘矣’를 ‘耶’로 수정.

8. 『四分義極略私記』(『大正藏 71』, p. 457下), “問: 燈非闇法故分明顯現也. 何必云照自耶? 答: 瓶衣等雖非暗法, 不得自顯. 燈等不然故云自照. 問: 何故瓶等非暗法耶? 答: 言暗法者爲明所破. 今瓶等非明之所破, 故云非暗法. 然待他光明而得顯現. 燈日等能照他故亦照自. 故得心自緣矣.”

중산의 이 해설을 풀이하려면 그가 앞에서 인용한 『불지경론』을 살펴볼 필요가 있다. 『불지경론』의 이 대목의 같은 내용을 달리 설명하고 있다고 생각되기 때문이다.

『佛地經論』(『大正藏 26』, p. 303上中), “『集量論』說, ‘諸心心法皆證自體, 名爲現量. 若不爾者, 如不曾見不應憶念.’ 是故, 四智相應心品一一亦能照知自體. 云何不與世法相違? 刀不自割指端, 不能觸指端故. 不見燈等能自照耶? 云何得知燈等自照, 見見無闇分明顯現? 若不自照, 應有闇障, 應不見見. 由此故, 知燈等自照. 燈等非闇, 何須照耶? 如瓶衣等體雖非闇, 無燈等照, 邊有闇障, 不得見見. 燈等照時, 除彼邊闇, 令得見見, 說名爲照. 燈等亦爾, 自體生時, 邊闇障除, 令現得見故名自照. 諸心心法雖有勝劣皆能外緣, 內證自體, 猶如光明旣能照他, 亦能自照. 非如刀等諸法. 法爾不可一類.”

“『집량론』에서 설하길, ‘심과 심소법들은 모두 자체를 증(證)하는데 이를 현량이라고 중산은 자증분의 예로 등불을 들면서 소승이 든 칼이나 손가락의 예를 물단지나 옷 등의 예로 바꾸어놓았다. 등불이든 물단지나 옷 등이든 어둠이 아니다. 그러나 등불은 다른 것을 비추지만 물단지나 옷 등은 다른 것을 비추지 못한다. 다른 것을 비추는 등불과 다른 것을 비추지 못하는 물단지를 구분하는 것은 바로 다른 것을 비추는 등불이 스스로를 비추고 있다는 점에 있다. 중산은 이처럼 자증분을 등불에 비유해서 등불처럼 스스로를 비출 수 있다고, 다시 말해 스스로를 연할 수 있다고 주장하고 있다.

2) 이증 2

다음은 두 번째 이증이다. 상분과 견분을 아우르는 소의가 되는 자증분은

· · ·

한다. 만약 그렇지 않다면 가령 이전에 본 것을 기억하지 못할 것이다.' 그러므로 4지상응심품은 하나하나 또한 능히 자체를 비추어 알 수 있다. (그러니) 어떻게 세간의 법과 다르다 하지 않겠는가? 칼은 스스로를 자를 수 없고 손가락 끝은 손가락 끝을 만질 수 없기 때문이다. 등불 등이 능히 스스로를 비출 수 있음을 보지 못하는가? 어떻게 등불 등이 스스로를 비추어 어둠이 없기에 밝고 뚜렷하게 나타난다는 것이 경험되는가? 만약 스스로를 비추지 않는다면 어둠의 장애가 있을 터이니 (등불이 나타나는 것이) 경험되지 않을 것이다. 이 때문에 등불 등은 스스로를 비춘다는 것을 안다. 등불 등은 어둠이 아닌데, 어떻게 비출 필요가 있겠는가? 가령 물단지나 옷 등의 체는 비록 어둠이 아닐지라도 등불 등의 비춤이 없기에 가장자리에 어둠의 장애가 있어서 (물단지나 옷 등이 스스로 나타나는 것이) 보이지 않는다. 등불 등은 비출 때 저 가장자리의 어둠이 제거되기에 (스스로 나타나는 것이) 보이는데, 이를 비춤이라고 한다. 등불 등도 이와 같아서 자체가 생할 때 가장자리의 어둠의 장애가 제거되어 보이게 하기에 스스로를 비춘다고 한다. 심과 심소법들은 비록 월등한 것과 열등한 것이 있지만 모두 능히 바깥을 연하면서 안으로 자체를 증할 수 있다. 마치 빛이 이미 능히 다른 것을 비추면서 또한 스스로를 비출 수 있는 것과 같다. 칼 등의 법들과 같은 것이 아니다. 본래 그러한 것이기에 (등불 등과 칼 등의 법 또는 심심소법과 칼 등의 법은) 같은 부류라 할 수 없다."

물단지에는 가장자리에 어둠이 없지만 등불에는 가장자리에 어둠이 있다. 이렇듯 가장자리에 어둠이 있다는 것은 이 어둠을 몰아내는 빛을 비추고 있다는 것을 의미한다.

예를 들어 안식이 색을 볼 때 이 안식이 색을 지향하는 기반이 되는 소의이다. 이와 관련해서 이런 물음이 일어날 수 있다. 안식이 지각한 색을 후에 어떻게 이미 본 색으로 기억하는 것일까? 색을 본다 할 때 이 보았다는 것을 어떻게 기억할 수 있는 것일까? 중산은 상분과 견분의 소의가 되는 자증분은 또한 이전의 대상이나 작용을 기억하는 가능성의 조건이 된다고 말한다.

> [문] 논에 이르길, "만약 이것[자증분]이 없다면, 심과 심소법을 스스로 기억할 수 없을 것이다. 가령 이전에 경험하지 않은 경(境)은 결코 기억할 수 없기 때문이다."라고 한다. 이 논문의 취지는 무엇인가? [답] 앞에서 든 소승을 힐난해서 자증분이 있다는 것을 보여주는 것이다. 이 취지에 의하면, 만약 자증분이 없다면 이전에 선심(善心)이 발했더라도, 이후에 스스로 기억할 수 없게 된다. 그런즉 색과 심의 제법이 이전에 견분의 소연이 되기 때문에 이후에 기억할 수 있는 것이다. 그러니 자심(自心)이 일으킨 선심이나 악심이 이전과 이후에 견분의 소연이 되지 않는다면, 무엇을 연으로 삼아 후에 기억할 수 있겠는가? 그러므로 자증분이 있기 때문에 기억하여 잊지 않는다고 하는 것이다.[9]

선심이 발했을 때 선심이 증장할 수 있는 것은, 선심이 발했을 때 선심이 자증되었기 때문이다. 선심이 자증되지 않았다면 이후에 이 선심을 연으로서 해서 새로운 선심을 낼 수 없을 것이다. 이렇게 선심이 증장할 수 있는 것을 보면, 또 악심을 끊을 수 있는 것을 보면, 선심이나 악심이 발할 때 이 심들이 자증되었다는 것을 알 수 있다. 그런데 중산은 예를 하나 더 들고 있는데, 안식이 색을 보는 경우이다. 조금 전에 색을 보았다고 말할

---

9. 『四分義極略私記』(『大正藏 71』, p. 457下-458上), "問: 論云, 此若無者, 應不自憶心心所法. 如不曾更境 必不能憶故. 意何? 答: 難前小乘, 顯有自證分也. 意云, 若無自證分者, 先發善心, 後時應不自憶念. 是則色心諸法曾爲見分所緣, 故後時得憶念. 然於自心所發之善惡心, 先發時, 不爲見分所緣, 以何爲緣 後得憶念. 然有自證分故, 憶念不忘云也." '境', '何'를 각각 '憶', '是'로 수정.

수 있으려면 색을 보는 순간 자증되어야 한다. 그런데 어떻게 조금 전에 보았을 때 자증된 색이 흘러가 사라지지 않고 기억되어 지금 그 같은 색을 볼 때 이 색이 그 색이라고 말할 수 있는 것일까? 중산은 이 두 경우를 다음과 같이 풀어내고 있다.

> [문] 자증분이 어떻게 후찰나를 위해 기억의 인(因)이 되는가? [답] 소(疏) 제6권에 이르길, "심 등이 경을 파악하고 나서 공능을 본식 중에 훈습한다. 족히 후시에 기억의 인(因)이 된다."라고 한다. 이 취지에 의하면, 제8식 자증분에 의거해서 말하는 것이다. 여타의 식은 이에 준해서 알 수 있을 것이다.[10]

자증분이 이 색을 보았다는 자증분이 될 수 있는 것은, 자증분이 색을 볼 때 자증하고 종자가 되어, 이후에 이 색을 보았다는 것을 기억할 때 다시 현행하기 때문이다. 중산은 색을 보았다는 지각 경험이 종자가 되어 제8아뢰야식에 보존되는 한에서 이후에 기억의 인(因)이 된다고 말하고 있다. 기억의 문제는 단순히 전7식에 그치는 것이 아니라 가장 깊고 미세한 식인 제8식과 관련되어 있다는 것을 엿볼 수 있는 대목이다.[11]

3) 이증 3

다음은 세 번째 이증이다.

• • •
10. 『四分義極略私記』(『大正藏 71』, p. 458上), "問: 自證分如何爲後念爲憶念因耶? 答: 疏第六云, 心等取境已. 熏功能在本識中. 足爲後時有憶念因. 意云, 約第八識自證分云也. 餘識可准知之." '薰'을 '熏'으로 수정.
11. 이 점에서 보았다거나 들었다는 것을 아는 제6의식의 기억작용은 제8아뢰야식의 기억작용이 전제되어 있다는 것을 알 수 있다.

[문] 세 번째의 이증(理證)은 무엇인가? [답] 논에 이르길, "소량(所量)과 능량(能量)과 양과(量果)의 구별이 있기 때문이고, 상분과 견분은 반드시 의지하는 체(體)가 있어야 하기 때문이다."라고 한다. [문] 이 논문의 취지는 무엇인가? [답] 상분은 소량이고, 견분은 능량이다. 이 능량과 소량은 반드시 양과가 있으니 자증분을 말한다. 만약 양과가 없다면, 심 등이 경을 측량[量] 할 때 이익이 없다는 것을 이르는 것이다. 이 뜻은 아래의 능량·소량·양과 의 문(門)에 이르면 알 수 있을 것이다. 이제 내가 생각해 보건대, 앞의 두 이증(理證)과는 별도로 제3분에 대한 증명을 세우는 것이다. 이제 이 문의 뜻은 3분의 이증을 세우는 것이다.[12]

이 이증을 이해하려면 양과에 대해 알아야 한다. 중산은 「능소량문」에서 소량, 능량, 양과에 대해서 다음과 같이 말하고 있다.

[문] 우선, 무엇을 소량, 능량, 양과라고 하는가? [답] 양(量)이란 양탁(量度) 의 의미이다. 심 등이 경(境)을 측량[量]하는 것을 능량이라고 한다. 심 등에 의해 측량되는 경을 소량이라고 한다. 과(果)란 인(因)을 원만하게 성취하는 것이란 의미이다. 그 소량과 능량을 심찰(審察)하는 것을 양과라고 한다. 마치 자로 비단을 측량할 때 비단이 소량이 되고, 자는 능량이 되고, 수를 헤아리는 사람의 앎은 양과가 되는 것과 같다. [문] "과란 인(因)을 원만하게 성취하는 것이란 의미이다."라는 말의 취지는 무엇인가? [답] 사람이 자로 비단을 측량할 때의 본래적 의도는 그 수의 많고 적음을 알고자 하는 것이니, 이것이 인(因)이다. 이미 계량을 마쳐서 그 많고 적음을 알았다면, 전의 인(因)을 원만하게 성취하는 것이니, 이것이 과(果)이다. 심 등이 경의 부류를

---

12. 『四分義極略私記』(『大正藏 71』, p. 458上), "問: 第三理證何.? 答: 論云, 所量能量量果別故, 相見必有 所依體故. 問: 此文意何? 答: 相分是所量, 見分是能量. 此能量所量必有量果, 謂自證分也. 若無量果者, 心等所境可無益云也. 此義至下能量所量量果門具可知之. 今案, 前二理證別立第三分證也. 今此文想 立三分之理證也."

9. 사분개합문 2   273

측량하는 것도 이와 같다. 능연의 심이 경을 연할 때의 본래적 의도는 경이 청색인지 황색인지 헤아려 알고자 하는 것이니, 이것이 인(因)이다. 이미 그것이 청색인지 황색인지 알아냈다면 전의 인(因)을 원만하게 성취하는 것이니, 이것이 양과(量果)의 의미이다.[13]

중산은 "만약 양과가 없다면, 심 등이 경을 측량[量]할 때 이익이 없다."라는 말을 그 자신의 『능소량문』에서 '본래적 의도[本意]'나 '하고자 한다'는 '욕(欲)'이란 표현을 써서 다시 설명하고 있다. 알고자 함을 원만하게 충족시키는 것이 양과이다. 자증분은 이처럼 알고자 함을 충족시키기에 자증분이다. 이 이증은 세 가지 이증 중 가장 근본이 되는 것이라 할 수 있다.[14] 왜냐하면 자증분이 상분과 견분의 의지처가 된다는 첫 번째 이증도, 자증분 덕분에 이전에 경험한 것을 다시 기억할 수 있다는 두 번째 이증도 이 '알고자 함'과 이 알고자 하는 욕구를 충족시키는 일과 관련이 있기 때문이다. 전반성적 수준에서 일어나는 미세한 욕구이어서 자와 타가 명백히 구별되지 않는 욕구이지만, 이 욕구 역시 '나'의 욕구이다. 이 나의 알고자 함이라는 욕구로 인해 견분은 상분을 지향하게 되고, 또 이 욕구가 충족될 때 이전에 경험함이나 경험한 것을 기억할 수 있게 되는 것이다. 이 점에서 본다는 것을 앎이나 보았다는 것을 앎은 알고자 함이라는 욕구가 충족될 때 일어난다는 것을 알 수 있다. 앞의 두 이증과 별도로 이 이증을 세우는 것이라 했을 때 중산 역시 이 이증이 두 이증의 기초를 이루는 것이라는

• • •

13. 『四分義極略私記』(『大正藏 71』, p. 462上中), "問: 先何云所量能量量果耶? 答: 量者量度義也. 心等量境名能量. 爲心等被量之境爲所量. 果者成滿因義也. 審察其所量能量云量果. 譬如以丈尺量絹之時, 絹爲所量, 丈尺爲能量, 解數之人智爲量果也. 問: 果是成滿因義意何? 答: 人以尺量絹本意欲知其數多少, 是即因也. 既量計畢知其多小者成滿前因也, 是即果也. 心等量境類亦如是. 能緣之心緣境, 本意擬知境之青黃, 是因也. 既知其青黃了成滿前因也, 是即量果義也."

14. 시바 하루히데 지음, 박인성 옮김, 『유식사상과 현상학』(도서출판 b, 2014), pp. 117-119 참조. 또 Iso Kern, The Structure of Consciousness According to Xuanzang in; *Journal of the British Society for Phenomenology*, Vol.19. No3, October 1988, p. 289 참조.

274

점을 말하고 싶었을 것이다.[15] 이는 그가 호법을 따라서 첫째 이증에서 든 소의를 이 세 번째 이증에서 다시 들어 양과가 소의가 된다고 말한 데서도 확인할 수 있다.

2. 교증

중산은 교증(敎證)을 논할 때, 이증을 논할 때처럼 상분이 소량, 견분이 능량, 자증분이 양과임을 보여주면서도 동시에 자증분 일체(一體)가 곧 일식 (一識)으로 확장해 이해하고 있다. 3분의 교증을 논하는 여기서도 그렇지만, 이어 나오는 4분과 1분의 교증을 논하는 곳에서도 이 점을 주목해서 보아야 한다. 이증을 논할 때와는 달리 교증을 논하는 곳에서는 유식의 유식성이 진여에 있다는 것을 보여주려 하고 있기 때문이다.

[문] 3분을 세우는 교증(敎證)은 무엇인가? [답] 『집량론』에 이르길, "경(境) 과 유사한 상(相)은 소량이네. 능히 상(相)을 취하는 것은 능량이고, 자증(自證) 하는 것은 양과이네. 이 셋의 체(體)는 구분이 없네." 『집량론』은 진나보살이 지은 것이다. 호법이 이를 인용해서 증거로 삼았다. [문] 이 송문의 취지는 무엇인가? [답] '경(境)과 유사한 상(相)'이란 상분이니, 즉 소량이다. '능히 상을 취하는 것'이란 견분이니, 즉 능량이다. '자증하는 것'이란 자증분이니, 즉 양과이다. 그래서 소에 이르길, "상분은 오직 소량일 뿐이고, 견분은 능량이고, 자증분은 양과이다. 이 송의 취지에 의하면, 지금 이 세 종류의 체(體)는 일식(一識)이다. 식을 여의지 않기 때문에 이를 '오직'[唯]이라 말하는 것이다."라고 한다. 공능이 각각 다르기 때문에 셋을 말하는 것이다."[16]

····
15. 인(因)을 원만하게 성취한다는 뜻의 성만인은 철학의 목적인에 해당한다. 위의 책들, 같은
   쪽 참조

중산은 호법을 따라 『집량론』의 한 게송을 3분의 교증으로 삼고 있는데, 그 송을 다시 적어 보겠다.

　　경(境)과 유사한 상(相)은 소량이네. 능히 상(相)을 취하는 것은 능량이고, 자증(自證)하는 것은 양과이네. 이 셋의 체(體)에는 구분이 없네.

첫째 구에서는 상분인 소량을, 둘째 구에서는 견분인 능량을, 셋째 구에서는 자증분인 양과를 말하고 있다. 그런데 이 교증을 논하는 대목에서 중산은 자증분, 즉 자체분에 한정하지 않고 논의를 전개하는데, 이를 바로 "이 셋의 체는 구분이 없네."라는 넷째 구에서 볼 수 있다. 중산은 상분, 견분, 자증분, 이 세 종류의 체를 규기를 따라 일식(一識)으로 표현하고 있다. 그러고 나서 식을 여의지 않기 때문에 이 일식을 유식(唯識)으로 바꿔 말하고 있다. 이렇게 일식을 식을 여의지 않는다는 점에서 유식이라고 언명하는 것은 다음에 증자증분을 논하는 곳에서도, 마지막에 일체(一體)를 논하는 곳에서도 발견할 수 있다.

상분, 견분, 자증분, 이 셋은 공능이지만 일식(一識)은 체이다. 이렇게 보면 『집량론』의 마지막 구 "이 셋의 체는 구분이 없네."에서 이 구분이 공능인 상분, 견분, 자증분이라는 것을 알 수 있다. 이는 무엇을 말하는 것일까? 자증분은 체로 보면 일식이지만 공능으로 보면 셋이라는 것을 뜻하고자 한 것일까? 그렇다면 왜 공능인 자증분을 증명하는 곳에서 이 일식(一識)을 제시하는 것일까? 그 이유는 일식에는 진여도 포섭되어 있기

• • •

16. 『四分義極略私記』(『大正藏 71』, p. 458上), "問: 立三分之敎證何? 答: 『集量論』云, '似境相所量. 能取相自證, 即能量及果, 此三體無別.' 『集量論』者陳那菩薩所造也. 護法引以爲證也. 問: 此文意何? 答: 言似境相者相分也, 是所量也. 能取相者見分, 是能量也. 自證者自證分也, 即是量果也. 故疏云, 相唯所量, 見分爲能量, 自證爲量果. 此頌意謂今此三種體是一識. 不離識故, 說之爲'唯'. 功能各別故說言 三."

276

때문이다. 자증분을 자체분이라 일컫는다 할지라도 식의 공능이기에 심분의 하나이지만, 진여는 식의 실성이다. 이 식의 실성인 진여를 포섭하기위해 구분이 없다고 한 것이다.

Ⅱ. 4분의 이증과 교증

1. 이증(理證)

중산은 4분에서 증자증분의 존재를 증명하면서 먼저 다음과 같이 두 가지로 요약하고 있다.

> [문] 증자증분의 이증(理證)은 무엇인가? [답] 두 가지 이증이 있다. 첫 번째 이증은 "만약 이것이 없다면 무엇이 제3분을 증(證)하겠는가? 마찬가지로 이미 심분(心分)이기 때문에, 모두 증(證)이 있을 것이기 때문이다."이다. 두 번째 이증은, "또 자증분에 과(果)가 있지 않게 된다. 능량이라면 모두 반드시 과(果)가 있기 때문이다."이다.[17]

• • •

17. 『四分義極略私記』(『大正藏 71』, p. 458上中), "問: 證自證分理證何? 答: 有二理證. 一云, 此若無者, 誰證第三? 心分既同, 應皆證故. 二云, 又自證分應無有果. 諸能量者必有果故."

자증분도 심분(心分)이다. 분(分)이라면 이 분을 일체(一體)로 통합할 수 있도록 이 자증분을 증(證)할 수 있는 분이 있어야 한다. 이것이 첫 번째 이증이다. 또 자증분은 견분을 연할 때 능량이 되는데, 이렇게 능량이 된다면 과(果)가 있어야 한다. 그런데 견분은 현량에 한정되는 것이 아니기에 과(果)가 될 수 없다. 그러므로 다른 분(分)이 있어야 한다. 이것이 두 번째 이증이다.

1) 이증 1

중산은 첫 번째 이증에 대해 다음과 같이 말한다.

> [문] 첫 번째 이증의 문(文)의 취지는 무엇인가? [답] 제2분을 연하기 위해 이미 제3분을 세웠다. 만약 제4분이 없다면 무엇이 제3분을 증(證)하겠는가? 가령 제2분이 심분(心分)이어서 증(證)이 있듯이, 또한 제3분도 심분(心分)이어서 증(證)이 있을 것이라는 취지이다. …… [문] 만약 제3분의 심을 제4분으로써 능히 증(證)한다면, 또한 제5분이 있어서 제4분을 위해 능히 증(證)해야 하는가? [답] 후의 2분은 서로 상연(相緣)하고, 서로 증(證)하기 때문에 제5분을 세우지 않아도 된다.[18]

상분도, 견분도, 자증분도 분(分)이라는 말이 들어가고 있는 데서 알 수 있듯이, 모두 심의 부분, 곧 심분(心分)이다. 심분은 부분이기에 자립할 수 없다. 상분이 견분에, 견분이 자증분에 의존하듯이 다른 분에 의존한다. 다른 분에 의존한다는 것은 견분이 상분을 연하고, 자증분이 견분을 연하듯

---

18. 『四分義極略私記』(『大正藏 71』, p. 458中), "問: 初證文意何? 答: 爲緣第二分既立第三分. 若無第四分者, 以誰證第三分? 如第二分心分而有證, 亦應第三分是心分故有證**意**也. …… 問: 若第三分心以第四分爲能證者, 應亦有第五分, 爲第四分爲能證耶? 答: 後二分互以相緣, 互以爲證. 故不可立第五分也." '言'을 '意'로 수정.

이 다른 분을 연한다는 것과 같은 뜻이기도 하다. 이와 같이 연한다는 것은 심의 작용이기에, 연할 때는 연하는 작용을 증(證)하는 작용이 있어야 한다. 가령 견분이 상분을 연할 때는 자증분이 이 견분을 연한다. 그렇다면 자증분이 견분을 연할 때는 또 다른 분이 있어서 이 자증분을 연해야 한다. 그러나 견분이 자기를 연하는 자증분을 연할 수는 없는데, 왜냐하면 견분은 외부, 즉 초월적 대상을 지향하는 것이기에 현량, 비량, 비량(非量)이 모두 될 수 있어 자증분을 증할 수 없기 때문이다. 따라서 또 다른 분이 필연적으로 있어야 하는데, 이 분(分)이 바로 증자증분이다.

그렇다면 이런 의문이 남게 된다. 증자증분이 자증분을 증한다면 견분을 자증분이 증할 때처럼 다른 분이 있어서 이 증자증분을 연해야 하지 않겠는가? 하지만 자증분을 증하는 증자증분은 외부를 연하는 작용이 아니기 때문에 또 다른 분이 필요하지 않다. 오히려 또 다른 분이 있게 되면, 자증분이 초월적 대상이 되고, 증자증분 또한 초월적 대상이 되고, 다시 또 제5의 분이 초월적 대상이 되어 무한소급하게 되기 때문이다.

2) 이증 2

다음은 두 번째 이증이다.

[문] 두 번째 이증(理證)의 취지는 무엇인가? [답] 견분이 능량이 될 때 제3분은 양과가 된다. 이제 제3분이 능량이 될 때는 무엇이 양과가 되겠는가? 그러므로 별도로 제4분이 있어서 제3분을 위해 양과가 된다.[19]

증자증분이 자증분을 연한다는 것, 증(證)한다는 것은 증자증분이 능량이

• • •

19. 『四分義極略私記』(『大正藏 71』, p. 458中), "問: 後理證意何? 答: 見分爲能量之時以第三分爲量果. 今第三分爲能量之時, 以誰爲量果? 故應別有第四分, 爲第三分成量果云也."

된다는 것을 뜻하기도 한다. 이렇듯 능량이 된다면 양과가 있어야 하는데, 그 양과는 바로 소량(所量)인 자증분이다. 자증분과 증자증분은 내부에서 서로를 증하는 상연관계에 있기 때문이다. 따라서 이 자증분에 대해 양과가 되는 증자증분의 성격은 견분에 대해 양과가 되는 자증분의 성격과 같지 않다. 자증분이 견분의 현량・비량・비량(非量)・선심・악심 등 외부를 지향하는 견분을 횡적으로 증하는 것이라면, 증자증분이 자증분을 증할 때는 이 자증분의 자증성을 종적으로 증하는 것이기 때문이다.[20] 증자증분과 자증분의 상연관계는 바로 이 자기의식의 깊이[21]를 보여주는 것이라 할 수 있다.

2. 교증(敎證)

앞에서 말한 바와 같이 중산이 교증을 논하는 대목들은 이증을 논하는 대목들에서와는 달리 일식(一識)에 주목하면서 3분, 4분, 1분으로 넘어가는 과정을 읽어내야 한다. 4분의 교증을 논하는 대목에서는 일식을 언급하고 있지는 않지만, 일식의 본질적인 성격인 유루성에 대해 표명하고 있으므로 역시 이 일식을 말하고 있다고 보아야 한다. 일식은 유루식이기 때문이다. 중산은 다음과 같이 4분의 교증을 논한다.

• • •

20. 종적 지향성과 횡적 지향성은 후설의 내적 시간 의식의 지향성들이다. 자기의식의 형성과 관련 있는 횡적 지향성에 대해서는 숀 갤러거・단 자하비 지음, 박인성 옮김, 『현상학적 마음』(도서출판 b, 2013), pp. 145-146 참조. 또 Dan Zahavi, *Self-Awareness and Alterity ── A Phenomenological Investigation*(Evanston, Illinois: Northwestern University Press, 1999), pp. 72-73 참조.

21. '자기의식의 깊이'에 대해서는 시바 하루히데 지음, 박인성 옮김, 『유식사상과 현상학』(도서 출판 b, 2014), pp. 120-122 참조.

[문] 4분을 세우는 교증은 무엇인가? [답] 『후엄경』에 이르길, "중생의 심은 두 가지 본성이 있으니 내와 외의 일체분이네. 소취와 능취의 전박이 있네. 견(見)은 종종의 차별이 있네."라고 한다. [문] 이 송문의 취지는 무엇인가? [답] 논에 이르길, "이 송의 취지에 의하면 중생의 심의 본성은 두 부분이 합해서 이루어져 있다. 내든 외든 모두 소취와 능취의 전박(纏縛)이 있다. 견(見)에는 혹은 양(量)이거나 혹은 비량(非量), 혹은 현량(現量)이거나 혹은 비량(比量) 등 다수의 종종의 차별이 있다. 이 중 견이란 견분이기 때문이다."라고 한다. [문] 이 논문의 취지는 무엇인가? [답] 중생의 심에는 두 본성이 있으니 내와 외를 말한다. '내의 일체분'이란 제3분과 제4분이다. '외의 일체분'이란 상분과 견분이다. 견분은 3량에 통하기 때문에 별도로 제4분을 세운다고 이르는 것이다. [문] "소취와 능취의 전박(纏縛)이 있네."의 취지는 무엇인가? [답] 중생은 4분에 상박(相縛)과 추중박(麤重縛)을 갖추고 있기 때문에 소취와 능취의 전박이 있다고 이르는 것이다. 『현유초』에 이르길, "능취의 전박이란 추중박(麤重縛)이다. 능연이다. 소취의 전박이란 상박(相縛)이다. 소연이다." [문] 4분은 무루위에도 통하는데, 무엇 때문에 여기서 전박(纏縛)을 말하는가? [답] 우선 여기서는 중생의 4분에 의거하기 때문에 전박을 말하고 있다. 비록 무루심 등에도 4분이 있지만, 전박은 아니다. …… [문] "견은 종종의 차별이 있네."의 취지는 무엇인가? [답] 이 문장은 제4분이 있다는 것을 곧바로 증명하고 있다. 이 취지에 의하면, 견분은 세 가지 양에 통하기에 제3분을 위해서 양과를 이루지는 못하기 때문에 별도로 제4분을 세우는 것이다.[22]

. . .

22. 『四分義極略私記』(『大正藏 71』, p. 458中下), "問: 立四分教證何? 答: 厚嚴經云, 衆生心二性, 内外一切分, 所取能取纏, 見種種差別. 問: 此文意何? 答: 論云, 此頌意説, 衆生心性二分合成. 若内若外, 皆有所取能取 纏縛. 見有種種, 或量非量, 或現或比, 多分差別. 此中見者是見分故. 問: 此文意何? 答: 衆生心有二性, 謂内與外也. 内一切分者是第三第四分也. 外一切分者相及見也. 見分通三量故別立第四分云也. 問: 言所取能取纏意何? 答: 衆生四分具相縛麤重縛故, 云所取能取纏也. 顯幽抄云, 能取纏者麤重縛也. 是能縁也. 所取纏者相縛也. 是所縁也. 問: 四分通無漏位, 何故此云纏縛? 答: 且此就衆生四分故云纏縛. 無漏心等雖有四分而非纏縛. …… 問: 見種種差別也意何? 答: 此句正證有第四分也.

282

중산이 4분의 교증으로 들고 있는 『후엄경』의 한 송을 다시 적어보겠다.

중생의 심은 두 가지 본성이 있으니 내와 외의 일체분이네.
소취와 능취의 전박이 있네. 견(見)은 종종의 차별이 있네.

내인 자증분과 증자증분, 외인 견분과 상분 모두 소취와 능취의 전박(纏縛)이 있다. 능취, 즉 능연의 전박은 추중박이고, 소취, 즉 소연의 전박은 상박이다. 이렇게 중생의 4분에는 전박이 있다는 것을 먼저 보여주고, 이어서 중산은 증자증분의 존재를 증명하기 위해 견분은 자증분이나 증자증분처럼 현량의 성격만을 띠고 있는 것이 아니라, 비량(比量)이나 비량(非量)도 될 수 있다고 말하고 있다. 이는 견분이 자증분의 양과가 될 수 없다는 점을 증명하는 이유가 된다. 자증분 역시 심분이기에 이를 증(證)하는 현량의 성격을 띠는 분이 있어야 하는데, 견분은 설사 현량이라 하더라도 비량(非量) 또는 비량과 관련을 맺는 현량이기 때문에, 다시 말해 외부로 향해 있는 현량이기 때문에 자증분을 증할 수 없다. 이렇듯 교증을 논하는 대목에서도 이증을 논하는 대목에서처럼 견분은 자증분을 증할 수 없기 때문에 다른 분이 필연적으로 있어야 한다고 주장하고 있다.

그런데 증자증분의 존재를 증명하는 이 대목에서 견분이 자증분을 증할 수 없는 이유로 견분이 현량·비량·비량(非量)이 모두 될 수 있으니 자증분을 증할 수 없다고 하면 되는데, 왜 능취의 전박, 소취의 전박을 언급하는 것일까? 이는 자증분을 증명하는 교증을 논하는 대목에서 나온, '식을 여의지 않음'의 의미에서 일식(一識)이 유루식이라는 것을 말하기 위해서라고 보아야 할 것이다. 또 내인 자증분과 증자증분도 능취 또는 소취로서 전박이 될 수 있다고 하면서, 중생의 유루식과 달리 무루심은 이 모든 분들의 전박이

• • •

意云, 見分通三量故, 爲第三分不成量果故, 別立第四分也."

없다는 것을 말하기 위해서일 것이다. 1분을 증명하는 다음 대목에서 일식 (一識)이 식을 여의지 않는다는 의미에서 심소·심불상응행·진여·무루 종자도 포섭하고 있다고 말하는 것을 보면 이 점은 분명하다. 식이 변현해서 일체의 만법이 생기는 자리를 관(觀)하는 것이 그대로 진여를 증득하는 무분별지를 얻는 것이기 때문에 유루식인 일식, 즉 유식을 언급하고 있는 것이다.

Ⅲ. 1분의 교증

중산은 1분에 대해서는 교증만을 들고 있다. 왜 이증은 말하지 않은 것일까? 호법의 『성론』의 이 대목에서는 이증을 찾을 수 없어서일까? 만약 이증을 찾아본다면, 아마도 1분을 논하는 초입의 다음 문단일 것이다.

> 이와 같은 4분은 혹은 3분으로 포섭된다. 제4분은 자증분에 포섭되기 때문이다. 혹은 2분으로 포섭된다. 후3분은 모두 능연성이기 때문에 다 견분에 포섭된다. 여기서 말하는 견(見)이란 능연의 뜻이다. 혹은 일체(一體)로 포섭된다. 구분이 없기 때문이다.[23]

이 문단은 호법의 4분설이 3분설이기도 하고 2분설이기도 하다는 것을

----

23. 『成唯識論』(『大正藏 31』, p. 10下), "如是四分或攝爲三. 第四攝入自證分故. 或攝爲二. 後三俱是能緣性故皆見分攝. 此言見者是能緣義. 或攝爲一體. 無別故."

9. 사분개합문 2 285

표방하고 있다. 또 1분설이기도 하다는 것을 표방하고 있기도 한데, 마지막에 일체(一體)로 포섭된다고 말하고 있기 때문이다. 그런데 "구분이 없기 때문이다."란 말로 표현되는 일체(一體)는 심분으로서의 심 자체를 가리키는 것이 아니라, 이 심분으로서의 심 자체는 물론이고 진여 등을 포함하는 심 자체를 가리키고 있다. 그러므로 3분을 증명하는 대목에서 언급한 자증분, 즉 자체분과는 성격이 같으면서도 다르다고 할 수 있다. 같은 것은 심 자체가 자체분을 가리키기 때문이고, 다른 것은 이 심 자체가 자체분을 가리키는 데 그치지 않고 진여도 포섭하고 있기 때문이다. 이 점에 유의하면서 중산이 들고 있는 교증을 보도록 하자.

> [문] 1분을 세우는 교증은 무엇인가? [답] 『능가경』의 게송에 이르길, "자심(自心)의 집착 때문에 심이 외경과 유사하게 전전하네. 심에 보여지는 것(所見)은 있는 것이 아니네. 그래서 유심이라고 말하네."라고 한다. [문] 이 송문의 취지는 무엇인가? [답] 소(疏)에 이르길, "이 게송의 취지에 의하면, 외경이 없기 때문에 오직 일심(一心)이 있을 뿐이다. 집착 때문에 (심이) 외경과 유사하게 전전한다. 결코 외경은 없고 자심이 있다는 것이 인정된다. 심을 여의지 않기 때문에 총합해서 일식(一識)이라고 한다." 이 취지에 의하면, 중생은 변계소집에 의거해서 외경이 있다고 집착한다. 이 외경은 그 체가 도무지 없기 때문에, 일심 외에 심외(心外)의 법은 있지 않다고 말하는 것이다.[24]

교증으로 들고 있는 『능가경』의 한 게송을 다시 적어보겠다.

24. 『四分義極略私記』(『大正藏 71』, p. 458下), "問: 一分敎證何? 答: 楞伽經頌云, '由自心執著, 心似外境轉. 彼所見非有, 是故說唯心.' 問: 此文意何? 答: 疏云, 此頌意言外境無故唯有一心. 由執著故似外境轉. 定無外境, 許有自心. 不離心故總名一識. 意云, 衆生依遍計所執執有外境. 此外境其體都無故, 一心之外無有心外法言也."

자심(自心)의 집착 때문에 심이 외경과 유사하게 전전하네.

심에 보여지는 것(所見)은 있는 것이 아니네. 그래서 유심이라고 말하네.

이 게송에서 유심은 즉 일심(一心)이고 일식(一識)이다. 3분을 증명할 때도 보았지만, 중산은 여기서도 일식(一識)을 언급하고 있다. 그런데 이렇게 일식이라 말할 수 있는 것은 식을 여의지 않기 때문이다. 상응, 분위차별, 소변현(所變現) 및 진여, 무루종자 등이 모두 식을 여의지 않기에 총합해서 일식이라 하는 것이다. 그러므로 1분이라 하더라도 이 1분은 심분으로서의 1분인 자체분에 그치지 않고 진여와 무루종자를 포함하는 1분, 즉 일식(一識), 일심(一心)이다. 지금까지 4분을 통해 유식을 증명해 오면서 자증분, 즉 자체분이 최종적인 유식의 근거라고 생각했는데, 이제는 무루종자와 진여를 포함하는 일식이 유식의 최종적인 근거가 된다는 것을 알 수 있게 되었다.[25] 만법이 자심(自心)에서 생할 때 이 만법이 생함을 자증하는 것은 자체분이겠지만, 그러나 이것은 진여의 이(理)를 증득하는 무분별지 직후의 지(智)에 출현하는 자체분이다. 중산은 규기를 인용하며 다음과 같이 맺고 있다.

[문] 만약 오직 일심뿐이라면, 무엇 때문에 경문에서 5법의 사(事)와 이(理)가 있다고 설하는가? 5법이란 심, 심소, 색, 불상응, 무위를 말한다. 이미 심외에 심소 등이 있는데, 무엇 때문에 심외에 법이 없다고 이르는가? [답] 소(疏)에 이르길, "심소는 심과 상응한다. 색법은 심이 변현한 것이다. 진여는 식의 실성(實性)이다. 4분은 식의 의용(義用)의 분(分)이다. 위의 이 네 부류[26]

. . .

25. 이는 근거 없는 근거, 즉 탈근거이다. 진여가 창조성(creativity)이기에 그렇기도 하지만, 진여의 부즉불리(不卽不離)의 이(理)들과 불일불이(不一不異)의 사(事)들이 서로 의지하고 있기 때문이기도 하다. 진여를 화이트헤드의 창조성으로 해석하려면, Peter Paul Kakol, *Emptiness and Becoming* (New Delhi; D.K. Printworld (P) Ltd., 2009)이 참고가 될 것이다.

26. 심소, 색, 불상응, 진여를 가리킨다.

는 각각 별도의 뜻이 있다. 또 모두 식을 여의지 않기 때문에 이를 아울러서 '오직'이라 하는 것이다. 무루종자는 단지 하나의 뜻만을 갖추고 있다. 즉 식을 여의지 않는 것이기에 '오직'이라고 하는 것이다."[27]

중산은 일식, 일심을 사(事)와 이(理)의 관계 속에서 파악하려 하고 있다. 이는 무척 중요한데, 4분을 논할 때는 오로지 사(事)의 측면에서만 이야기했지 이(理)의 측면에서는 말하지 않았기 때문이다. 설사 견분과 상분의 나타남을 말하는 데 그쳤다 하더라도, 이 논의에는 심과 상응하는 심소, 심과 색의 분위차별인 심불상응행, 심이 변현한 것인 색이 포함되어 있었을 뿐이기에, 이(理)인 진여와 이를 증득하는 무루종자에 대해서는 말하지 않았기 때문이다.

중산이 규기를 따라 무루종자는 단지 하나의 뜻만을 갖추고 있다고 한 것은 심·심소·색·불상응·무위가 각각의 뜻을 갖고 있으면서 식을 여의지 않는 것이지만, 무루종자는 단 하나의 뜻 즉 식을 여의지 않는다는 점에서만 뜻을 갖추고 있기에 이렇게 말한 것이다. 무루종자는 아뢰야식의 자체분에 의부(依附)하는 것이지[28] 아뢰야식의 상분이 아니다. 만약 무루종자가 아뢰야식의 상분이라면 무루종자에서 진여를 연하는 지(智)가 현행할 수 없을 것이다.

일식(一識)은 유루식이다. 그런데 유루식인 일식으로 일체의 법들이 포섭된다고 말하는 데에는 그럴 만한 이유가 있다. 일심(一心)에서 만법이 생하는 것을 보는 그 자리가 바로 진여가 현현하는 자리라는 것을 보여주기 위해서이다. 중산은 이 점에 대해 더 이상 말하고 있지는 않지만, 일식으로 일체의

---

27. 『四分義極略私記』(『大正藏 71』, p. 458中), "問: 若唯一心者, 何故經文說有五法事理? 所謂心心所色不相應及無爲也. 旣心外有心所等, 云何云心外無法耶? 答: 疏云, '心所與心相應. 色法心之所變. 眞如識之實性, 四分識義用分. 此上四類各一別義. 又皆不離識, 故竝名唯. 無漏種子但具一義, 謂不離識, 故說名唯.'"
28. 후카우라 세이분 지음, 박인성 옮김, 『유식삼십송풀이』(운주사, 2012), p. 162 참조.

법들이 포섭된다고 할 때 그도 역시 암묵리에 이에 대해 말하고 있었다고 볼 수 있다. 양편의 『관심각몽초』를 보며 이 점을 분명히 하면서 중산의 논의를 마무리 짓도록 하겠다.

> [문] 이제까지 밝혀온 종종의 법문은 어떤 법으로 돌아가는가? [답] 만약 유위법으로 돌아간다면 일체가 모두 유식이라는 것을 위주로 하게 되고, 만약 무위법으로 돌아간다면 일체가 모두 진여라는 것을 위주로 하게 되고, 만약 간택으로 돌아간다면 일체가 모두 반야라는 것을 위주로 하게 된다. [문] 이 3문 중 어느 뜻의 문을 가장 주요한 것으로 삼는가? 또 유식이란 유루와 무루 두 종류의 식 중 어느 식으로 돌아가는가? [답] 이 3문 중 유식을 가장 주요한 것으로 삼는다. 만약 이 문으로 들어간다면 일체를 갖추기 때문이다. 또 유식이란 유루식으로 돌아가는 것을 근본으로 삼기 때문이다. 왜 그런가? 만약 일체법이 모두 자심에서 일어나고 제법이 꿈과 같다는 것을 알면, 깨달음이 홀연 현전함을 얻는다. 만약 꿈과 같다는 것을 알고 나면 실아와 실법이 신속히 제거된다. 그 실아와 실법이란 유와 무, 일과 이 등 일체의 허망한 집착을 손감하거나 혹은 증익하는 것이다. 이와 같은 허망한 집착이 모두 그침을 얻는다면, 무분별지가 홀연 현기해서 일진법계의 이(理)와 명합한다.[29]

29. 『觀心覺夢鈔』 卷上(『大正藏 71』, p. 84中下), "問: 上來所明種種法門, 其所歸者是何法耶? 答: 若歸有爲主一切皆唯識. 若歸無爲主一切皆眞如. 若歸簡擇主一切皆般若. 問: 此三門中, 以何義門爲最要耶? 又唯識者, 有漏無漏二類識中, 歸何識耶? 答: 此三門中, 唯識爲最. 若入此門, 具一切故. 又唯識者, 以歸有漏識爲本也. 所以者何? 若知一切法皆從自心起, 諸法如夢, 悟忽然得現前. 若知如夢已, 實我法速除. 其實我法者, 損減或增益有無一異等一切妄執也. 如是妄執皆得止者, 無分別智忽然現起, 合一眞法界理也."

맺는 말

이제까지 「상견동별종문」, 「삼류경문」, 「행상문 1」, 「행상문 2」, 「사분상연문」, 「삼량분별문」, 「능연소연문」, 「사분개합문 1」, 「사분개합문 2」 등 아홉 문을 들어 상분, 견분, 자증분, 증자증분의 성격을 탐구해 왔다. 간단한 비평을 곁들이며 그 내용을 요약하면 다음과 같다.

첫째 상견동별종문. 이 문에서는 혜소의 『요의등』과 선주의 『증명기』의 도움을 받으며 규기의 『술기』와 『추요』를 읽으면서 견분과 상분이 같은 종자에서 생하는가 다른 종자에서 생하는가를 논하는 상견동종별종론을 다루었다. 상견동종별종론은 식소변(識所變)을 더 깊게 이해하기 위한 것이고, 이어서 「삼장가타」를 해석하면서 삼류경론을 전개하기 위한 것이기도 하다. 규기는 『술기』와 『추요』에서 똑같이 상견동종과 상견별종 이 두 경우를 상정하고 있다. 상견동종의 경우 『술기』에서는 상분과 견분은 자증분에 의지하고, 또 자증분의 상(相)과 용(用), 또는 자증분의 용(用)이기 때문에 상분과 견분의 종자는 같다고 서술하는 반면에 —— 상분의 종자가 견분의 종자가 다를 때에도 상분은 견분과 마찬가지로 자증분을 의지처로 하기 때문에 이 서술은 모호한 면이 있다 ——,『추요』에서는 본질이 있는 경우와 본질이 없는 경우를 나누어 견분과 상분과 본질이 같은 종자에서 생하는 경우 그리고 견분과 상분이 같은 종자에서 생하는 경우가 있다고 서술하고 있다.『술기』에서도『추요』에서도 이 상견동종에 대한 비판을 서술하고 있지 않은데, 이러한 비판은 혜소의『요의등』에서 찾아볼 수 있다. 혜소는 규기의 제자이고, 또 그 역시 호법의 학설을 정설로 삼기 때문에, 상분과 견분이 어떤 때는 같은 종자에서 생하고 어떤 때는 다른 종자에서 생한다는 상견혹동혹이(相見或同或異)를 펴는 호법의 주장에 입각해서 상견동종을 비판하고 있다. 그에 의하면, 상견동종설은 제8식을 전7식과 같은 예로 보는 과실인 제8상례실(第八相例失), 18계 제법이 뒤섞여 어지럽게 되는 과실인 제법잡란실(諸法雜亂失), 3계가 뒤섞여 어지럽게 되는 계잡란실(界雜亂失) 등을 범하고 있다.

상견별종의 경우『술기』에서는 "상분의 종자가 전변해서 상분과 유사하게 나타난다."고 하며 견분의 종자와 다른 상분의 종자가 있다는 것을 명시하고 있다. 이 점은 앞에서 상견동종을 서술할 때와는 다른 것이다.『추요』에서는『술기』에서와 같이 상견별종을 표제로 들고 있지만, 이에 대한 설명을 보면 규기가 상견혹동혹이(相見或同或異)의 견해를 취한다는 것을 알 수 있다. 또 이에 대한 혜소와 선주의 해석에서도 규기가 호법을 따라 상견혹동혹이의 견해를 갖고 있었다는 것을 찾아볼 수 있다. 또 규기가 「삼장가타」를 해석하는 삼류경론으로 넘어가기 직전에 호법을 따라 상분과 견분의 종자는 종자 이외에도 계(界), 성(性)의 기준에 따라 상분과 견분의 종자는 같은 경우도 있고 다른 경우[相見或同或異]도 있다고 천명하는 데서도 확인할 수 있다.

『추요』에서 상견별종을 논하는 경우에 표제가 상분과 견분이 다른 종자에서 생한다는 뜻의 상견별종이기 하지만, 이는 본질과 견분이 다른 종자에서 생하는 경우, 상분과 견분이 다른 종자에서 생하는 경우, 상분과 본질이 다른 종자에서 생하는 경우 이렇게 셋으로 나누어 이해해볼 수 있다. 이 중 상분과 견분이 다른 종자에서 생하는 경우는 상분과 본질이 다른 종자에서 생하는 경우를 전제하며, 따라서 본질과 견분은 필연적으로 다른 종자에서 생한다는 것을 알 수 있다. 본질과 견분이 다른 종자에서 생한다는 사실은 주목할 필요가 있는데, 왜냐하면 이는 규기가 「행상문」에서 견분 행상이 상분에 작용하는 경우와 본질에 기능하는 경우를 통합하려는 한 이유가 되고 있기 때문이다.

둘째, 삼류경문. 이 문에서는 혜소의 『요의등』과 선주의 『증명기』의 도움을 받으며 규기의 삼류경론을 다루었다. 규기는 그의 『추요』에서 상견동종별종론에 이어 삼류경론을 전개한다. 삼류경론은 상견동종별종론을 기초로 해서 대상의 유형들을 규정하는 문제와 관련되어 있다. 상견동종별종론에 의거해서 볼 때 상분의 종자가 견분의 종자와 같다면 독영경이고, 다르다면 성경이고, 같기도 하고 다르기도 하다면 대질경이다. 상견동종별종론은 상분과 견분의 관계를 다루면서 식소변을 명료하게 하려는 데 목적이 있었지만, 규기는 이 논의를 기초로 해서 작성된 현장의 「삼장가타」를 해석하는 과정에서 마지막으로 성류(性類)와 계계(界繫) 개념을 끌어들여 대상을 더 세분해서 규정하려고 시도했다. 이는 규기가 성경을 규정할 때 드는 예로 보아 알 수 있다. 그는 「삼장가타」의 제1구 성경불수심(性境不隨心)을 해석할 때 상견별종의 전형적인 예라 할 수 있는 전5식이 대상을 연하는 경우를 들고 있긴 하지만, 상견동종별종론을 논할 때와는 달리 상분의 본질 유무를 문제 삼지 않고 성류나 계계의 동이를 문제 삼는다. 성경(性境)을 정의하는 대목의 마지막 문장에서 "이와 같은 류는 심(心)을 따라 한 종자에서 생하는 것이 아니다. 견분과 상분의 종자는 각각 체가 다르기 때문이다."라며 마무리 짓고 있어 상견동종별종론을 이어받아 상견동별종의 문제를 다루는 것 같지만, 「삼장가타」를 해석하는 마지막 부분에서 "이 한 송으로 제법의 체를 결정한다."고 말하는 것으로 보아 규기의 관심은 식소변보다는 대상의 유형을 세분해서 결정하는 일에 있었다는 것이 분명하다. 이렇게 제법(諸法)의 체를 결정하는 문제였기에 규기는 「삼장가타」의 마지막 구가 "성과 종 등이 각 경우에 따른다."로 되어 있는데도 불구하고 성류(性類)나 계계(界繫)의 상호관계를 먼저 고려하지 않고 삼류경 상호 간의 관계를 먼저 분석했던 것이다.

대상의 유형을 세분해서 규정하려는 그의 시도는 성경과 독영경, 성경과 대질경의 결합에서 성공적으로 이루어졌다. 먼저, 성경과 대질경의 결합에 서는 제8식의 심왕과 심소의 차이를 보여줄 수 있었다. 일반적으로 심소는 심왕과 화합사일(和合似一)하기에 심왕과 성류·종자·계계 모든 범주에 있어서 동일한 성격을 갖는 것이지만, 제8식의 경우 심왕의 대상은 성경이 고 심소의 대상은 독영경인 차이가 있다. 둘째, 성경과 대질경의 결합에서는 두 가지 성경의 차이를 분명하게 인지하게 해주었다. 가령 제8식이 자기 대지[自地]의 산경을 연하는 경우와 전5식이 5경을 연하는 경우 대상은 모두 성경이지만, 제8식의 대상은 본질이 없고 전5식의 대상은 제8식이 변현한 것을 본질로 하기 때문에 차이가 있다.

그러나 대상을 세분해서 대상의 유형을 확정지으려는 이러한 시도는 두 가지 문제점을 남기고 있다. 첫째, 「삼장가타」의 제3구 대질통정본(帶質通情本)을 해석할 때의 대질경과 제4구 대상 상호 간을 결합해서 대상을 이해 할 때의 대질경은 다르다는 점이다. 앞의 대질경은 정(情)과 질(質)에 통하는 대질경이지만 뒤의 대질경은 정과 질에 통하지 않는 대질경이다. 다시 말해 서 앞의 대질경은 한 경의 두 가지 성격을 같이 지니고 있지만, 뒤의 대질경 은 성경이 성경으로서, 독영경이 독영경으로서 성립할 수밖에 없는 지반이 되고 있다. 이렇게 대질경의 의미가 바뀔 수 있는 것은 이미 대질경의 의미가 의설(義說)이기 때문인데, 규기는 이러한 특수한 의미의 대질경을 넘어 일반 적인 의미의 대질경으로 확장해서 이를 적용하고 있었다. 다시 예를 들어 말하면, 제7식의 견분이 제8식의 본질을 연할 때의 상분인 대질경의 의미와, 제6식이 과거와 미래의 대상을 연할 때의 상분인 대질경의 의미, 전5식이 자기 대지의 대상을 연할 때의 상분인 대질경의 의미는 분명히 다른데도 규기는 이를 규명하고 있지 않다. 둘째, 이렇게 크게 세 부류로 나누어 이를 결합해서 세분하는 것은 한계가 있을 수밖에 없었다. 세 부류로 대상을 나누고 이것들을 결합하는 방식에 의해서 대상을 세분하는 것은 성경을 나누는 데는 설사 도움이 된다 할지라도 독영경을 나누는 데는 별로 도움이 되지 않는다. 거북이의 털, 허공의 꽃, 과거와 미래의 대상은 모두 단일(單一)에 의거할 때 독영경이고, 두 부류 대상의 결합에 의거할 때는 독영경이자 대질경이지만, 이 대상의 결합방식에 의해서도 성류와 종자와 계계의 결합 방식에 의거해서도 이 차이가 설명되지 않는다는 점이다. 특히 석녀의 자식의 경우는 순수하게 논리학적이기 때문에 다른 독영경과 같은 수준에서 설명이 될 수 있는 것이 아니다. 거북이의 털과 허공의 꽃은 인식론적 문제를 담고 있지만, 석녀의 자식은 논리학적인 문제를 담고 있다. 대상을 세분하기 위해 끌어들여온 계계와 성류도 이 대상들을 설명하기에는 부족하다. 성류와 계계의 범주를 끌어들여 대상을 세분하려는 그의 노력은 무엇보다 이 독영경에 대한 분석에서 한계를 드러냈다고 말할 수 있겠다. 물론 이러한 한계는 이미 상분 중심으로 종자의 동별을 논하는 상견동종별종론에 나타나는 것이기에 그 울타리 안에서 삼류경론을 전개하고 있었던 규기가 넘어설 수 있는 한계는 아니었다. 어쨌든 이 문제를 극복하려면, 잠정적인 결론이지만, 대상[상분]의 분류에서 작용[견분]의 분류 및 작용 상호 간의 관계에 대한 분석으로 넘어가야 한다고 생각한다.

셋째, 행상문 1. 이 문에서는 『술기』와 『추요』를 읽으면서 규기가 행상(行相)을 어떻게 이해하고 있나 알아보았다. 소승이 행상을 외부 대상의 표상으로 보는 데 반해, 대승유식은 견분을 행상으로 본다. 규기는 유식학자답게 견분을 행상으로 보는 해석을 제시하면서도 여기서 더 나아가 상분을 행상으로 보는 해석을 제시하기도 했다. 견분과 상분 간에는 지향적 상관관계가 있다는 것을 분명히 알고 있었기 때문이다.

규기에 따르면, 견분을 행상으로 보는 해석에는 세 가지 정의가 포함되는

데, 첫째는 체상(體相)에 대해 행(行)하는 견분 행상, 둘째는 상상(相狀)에 대해 행하는 견분 행상, 셋째는 행해(行解)의 상모로서의 견분 행상이다. 규기는 『술기』에서는 첫째와 둘째의 정의를, 『추요』에서는 첫째의 정의만을 견분을 행상으로 보는 해석에 포함시켰다. 첫째의 정의는 견분 작용이 그 상관물인 체상, 즉 대상 자체를 향하기에 견분을 행상으로 본 것이다. 그러나 견분 작용이 상상(相狀)으로 향하는 경우와 구분하기 위해 진여를 연하는 견분의 경우를 체상을 향하는 행상에 포함시키기도 했다. 그런데 체상을 향하는 경우도 상상(相狀)을 향하는 경우처럼 상(相)으로 향하는 경우이기 때문에, 상이 없는 진여를 연하는 경우가 체상을 향하는 경우에 포함된다는 것을 정당화하기 위해 『유가론』의 "소연은 동일하다."는 전거에 의지해서 이 '동일한 소연'을 진여로 보아 체상을 향하는 견분을 행상으로 보는 해석을 보강했다.

　또 규기는 상분을 행상으로 보는 해석을 확장하기 위해 『유가론』의 "소연은 동일하고 행상은 동일하지 않다."는 문장을 다시 끌어오는데, 이때 여기서 든 예가 제8식 및 이와 동시의 심소들이기 때문에, 원래 그가 의도했던 상분 행상을 소소연연으로까지 적용하려던 문제 외에 상분을 행상으로 보는 해석을 어떻게 정당화해야 하는가 하는 문제가 생기게 되었다. 영상상분은 본질이 있는 경우가 있고 없는 경우가 있기 때문에, 제8식 및 이와 동시의 심소들은 본질이 없어서 본질이 없는 경우에 해당하기는 했지만, 그럴 때 과연 상분을 행상으로 보는 해석을 확장할 수 있느냐 하는 문제가 생기게 된 것이다. 제8식은 타자의 제8식이 변현한 것을 소소연연으로 삼는다는 점에서 본질이 있는 경우로 볼 수도 있지만, 제8식과 동시에 일어나는 심소들은 제8식과는 달리 본질이 성립하는 경우가 없기 때문이다. 그래서 규기는 본질이 없는 심의 경우도 상분을 행상으로 보는 해석에 포함시키기 위해, 『유가론』의 "소연은 동일하고 행상은 동일하지 않다."는 설과 『성론』의 "소연은 상사하고 행상은 각각 다르다."는 설을 화회(和會)시켜가는 과정의 최종 단계에서 허공의 꽃, 거북이의 털과 같은 제6식의 대상을 제8식과 동시에 일어나는 심소들 곧 촉·작의·수·상·사의 대상들과 같이 본질이 없는 대상의 예로 들었다. 이는 상분을 행상으로 보는 해석을 확장하기 위해서는 다시 견분을 행상으로 보는 해석으로 시선을 돌려야 한다는 것을 의미한다. 또 견분을 행상으로 보는 해석을 펼 때 체상에 작용하는 견분 행상이 진여에도 기능한다고 언급하기는 했지만, 이것이 실제로 가능하게 되려면 대상으로 향하는 견분 행상이 진여로 향할 수 있다는 것을 보여주어야 한다. 그래서 규기는 두 논서의 설을 화회시켜 가는 과정의 최종 단계에서 진여를 연하는 무분별지의 경우를 상분을 행상으로 보는 해석에 포함시켜 확장했다. 이는 의식의 '작용 지향성'을 의미하던 행상 개념이 주체의 '기능하는 지향성'에 포섭되어 이해되었다는 것을 의미한다.

넷째, 행상문 2. 이 문에서는 중산의 『극략사기』 「행상이설문」을 읽으면서 중산이 어떻게 규기의 행상 개념을 보강했는가 알아보았다. 소승은 바깥 대상의 표상 곧 상분을 행상으로 보는 데 반해 대승유식은 견분을 행상으로 본다. 견분이 대상으로 향하는 지향성을 갖는다고 생각하기 때문이다. 법상종의 논사들은 규기를 따라 영상 상분은 견분의 지향적 상관물이기 때문에 이를 행상으로 보기도 했다. 행상과 관련해서 견분을 행상으로 보는 해석과 상분을 행상으로 보는 해석이 있는 셈이다. 중산은 상분을 행상으로 보는 해석은 견분이 영상상분 이외에 본질에도 기능한다는 것을 수용할 수 있어야 한다고 주장한다. 그래서 견분이 대상을 지향할 때 지향되는 대상으로서의 상분 그리고 본질을 대상으로 하는 상분이라는, 상분을 행상으로 보는 두 가지 해석을 통합하기 위해, 포괄적 의미와 협소한 의미라는 기준에 의거해서 『유가론』의 "소연은 동일하고 행상은 동일하지 않다."와 『성론』의 "소연은 상사하고 행상은 각각 다르다."를 분석해서 먼저 두 정의의 한계를 지적한다. 그런 다음 다섯 단계를 설정해서 각 단계마다 이 두 정의의 통합을 보여주고, 마지막 단계에서 앞의 단계들을 포괄하는 궁극적 통합을 제시한다. 중산은 상분을 행상으로 보는 두 해석을 통합하기 위해서는 규기가 그랬듯 견분의 지향적 작용에 다시 눈을 돌려야 한다고 주장한다. 새롭게 확장된 견분의 지향적 작용성격에 따라 다시 새롭게 견분의 대상성이 규정될 수 있기 때문이다.

자세히 보충해서 말하면 다음과 같다. 중산은 포괄적 의미와 협소한 의미라는 기준에 의거해서 견분을 행상으로 보는 해석과 상분을 행상으로 보는 해석을 각각 혹은 함께 구분하면서 포괄적 의미로 협소한 의미를 통합해 간다. 이 포괄적 의미와 협소한 의미의 기준을 네 번 사용하는데, 각 단계마다 전환점을 이루고 있다. 첫째 단계에서는, 견분을 행상으로 보는 해석 내에서 체상(體相)에 대해 행(行)하는 작용을 포괄적 의미로 보고 상상(相狀)에 대해 행하는 작용과 행해(行解)의 작용을 협소한 의미로 본다. 전자는 무분별지가 진여를 연하는 경우에도 적용되지만 후자는 이 경우에 적용되지 않기 때문이다. 둘째 단계에서는, 상분을 행상으로 보는 해석도 필요하다고 하면서 견분을 행상으로 보는 해석과 상분을 행상으로 보는 해석을 이 기준에 의거해서 나누고 있다. 견분을 행상으로 보는 해석은 포괄적 의미이고 상분을 행상으로 보는 해석은 협소한 의미이다. 견분은 모든 식에 다 있지만 상분은 모든 식에 다 있는 것이 아니기 때문이다. 무분별지가 진여를 연할 때는 영상이 있지 않으므로 상분은 모든 식에 다 있는 것이 아니다. 그런데 이 경우는 첫째 단계와는 달리 행해의 상모는 고려되지 않는다. 상분이 아니기 때문이다. 셋째 단계에서는, 상분을 행상으로 보는 해석 내에서 본질이 있는 식을 포괄적 의미로 보고, 본질이 없는 식을 협소한 의미로 본다. 이렇게 해서 『유가론』의 "소연은 동일하고 행상은 동일하지 않다."는 문장을 논거로 해서 규기가 상분을 행상으로 보는 해석도 필요하다고 말하는 이유를 밝혀낼 수 있었다. 본질이 있는 식을 포괄적 의미를 갖는 것으로 볼 때 제8식 및 이와 동시의 심소들은 본질이 없으므로 협소한 의미를 갖는 것이 되고 따라서 포괄적 의미에 포섭된다. 제8식 및 이와 동시의 심소들은 '소연이 동일하다'는 뜻을 결여함으로써 규기의 해석이 타당성을 얻게 된다는 것이다. 넷째 단계에서는, 견분을 행상으로 보는 해석과 상분을 행상으로 보는 해석을 다른 시각에서 파악하면서, 즉『유가론』의 "소연은 동일하고 행상은 동일하지 않다."와『성론』의 "소연은 상사하고 행상은 각각 다르다."로 바꿔 이해하면서 개진한다. 그런데 포괄적 의미와 협소한 의미를 다 적용하던 앞의 세 단계와는 달리 이 단계에서는『유가론』과『성론』의 정의 모두 협소한 의미라고 말한다. 왜냐하면,『유가론』은 본질이 없는 식에 대해 언급할 수 없고,『성론』은 진여를 증득하는 무분별지에 대해 언급할 수 없기 때문이다.

영상상분을 행상으로 보는 해석의 경우 규기의『추요』에 따르면, 견분을 행상으로 보는 해석과 상관관계가 있었다. 다시 말해, 견분 작용이 대상을 지향하는 성격을 지닌다면, 상분은 이 작용의 성격에 따라 의미가 부여되는 대상의 구조에 관한 것이었다. 그런데 대상이 구성되기 이전 선구성되는 수동성의 영역을 본질이란 이름으로 발견하게 되면서 이를 상분과 관련지어 설명하지 않으면 안 되는 새로운 과제에 놓이게 되었다. 소승의 행상은 바깥 대상의 표상, 즉 대승 유식의 용어로 말하면 상분이지만, 지금 이 행상은 견분 작용에 의해 구성되는 대상이기에 이 대상이 성립하기 이전에 지반이 되는 영역을 설명하지 않으면 안 되었던 것이다. 규기는『유가론』의 "소연은 동일하고 행상은 동일하지 않다."는 문장의 소연을 두 가지의 소연, 즉 친소연연과 소소연연으로 해석함으로써 상분을 행상으로 보는 해석을 확장하려 했는데, 이 과정에서 소소연연인 본질을 견분과의 관계에서 보지 않고 상분과의 관계에서 보았다. 이로부터 파생되는 문제를 해결하기 위해 『유가론』과『성론』의 해석을 통합할 수 있는 다섯 단계의 해석을 제시한다. 중산은 이 다섯 단계의 해석에 주목하고서, 이를 앞의 네 단계가 다섯째 단계로 점점 구체적으로 통합해 가는 과정으로 보고, 상분을 행상으로 보는 두 해석 간의 충돌을 견분을 행상으로 보는 해석을 확장함으로써 해결한다.

『유가론』은 본질에 의거해서 '소연이 동일하다'고 하고 있으므로, 본질이 없는 대상을 포섭할 수 없었고,『성론』은 영상에 의거해서 '상사하다'고 하므로 무분별지가 진여를 증득하는 경우를 포섭할 수 없었다. 이 둘을 회회시켜 포괄적 의미를 구하기 위해 중산은 규기의 해석 방식에 입각해서,

『유가론』의 '소연은 동일하다'는 말을 무분별지가 연하는 진여로까지 확장해서 적용할 수 있었고, 『성론』의 '소연은 상사하다'는 말을 본질이 없는 거북이의 털 등을 연하는 제6식으로까지 확장해서 적용할 수 있었다. 각각 이 '동일하다', '상사하다'는 의미로 무위법과 본질이 없는 유위법에까지 확장한 것이다. 이는 단순히 상분의 범위를 확장한 것에 그치는 것이 아니다. 본질이 있는 유위법에 한정되어 작용하는 견분의 능력을 무위법과 본질이 없는 유위법에까지 확장한 것이다. 이것은 상분을 행상으로 보는 해석을 영상상분을 넘어 본질상분으로 확장하고자 하는 경우 견분을 행상으로 할 때의 상분과, 본질을 소연으로 하는 상분 간의 충돌이라는 문제를 해결할 수 있는 길은 상분이 아니라 견분에 놓여 있다는 것을 의미한다.

다섯째, 사분상연문. 이 문에서는 중산의 『극략사기』의 도움을 받으며 선주의 『분량결』「사분상연문」을 읽으면서 인위(因位)와 과위(果位)에서의 4분의 상연관계를 다루었다. 4분의 상연(相緣) 운운하게 되면 인위에서의 상연관계, 즉 자증분과 증자증분이 서로 연하는 관계를 떠올리게 된다. 그러나 이 문(門)에서 말하고자 하는 것은 인위에서의 자증분과 증자증분의 상연관계가 아니다. 인위에서는 4분의 분한이 성립하기 때문에 특정한 분(分)은 특정한 분을 연할 수밖에 없지만, 과위에 다다르게 되면 이 관계는 달라진다. 선주는 선대의 논사들인 규기와 원측을 따라 과위에서의 4분의 상연관계를 따져보기 위해 먼저 인위에서의 4분의 상연관계를 짚어본다. 인위든 과위든 동체와 동취이체로 나누어 살펴볼 수 있는데, 인위에서는 심이든 심소이든 동체 간에는 상연관계가 없다는 것을 이미 확인한 바이기 때문에, 이제 심과 심소의 동취이체 간에도 이 관계가 성립하지 않는다는 것을 보여준다. 이렇게 인위에서 동체의 4분 간에도 동취이체의 4분 간에도 상연관계가 성립하지 않는 것을 보여주어야, 과위에서 동체 간에 또 동취이체 간에 4분의 상연관계가 성립한다는 것을 분명히 할 수 있게 된다.

그런데 과위에서의 4분의 상연관계를 따져볼 때 무엇을 주체로 삼을 것인가 하는 문제가 생긴다. 능연작용을 하는 것은 견분 이외에도 자증분과 증자증분이 있기 때문이다. 이 능연작용 중 견분을 주체로 삼느냐, 견분을 포함하는 후3분을 주체로 삼느냐에 따라 논의가 달라질 수 있다. 그렇다고 자증분이나 증자증분을 견분처럼 따로 떼어놓고 주체로 삼을 수는 없는데, 그 이유는 자증분이나 증자증분은 견분을 자증하는 것들로서 본다는 작용인 견분을 전제하기 때문이다. 그렇다면 견분이 주체가 되느냐, 견분을 포함한 후3분이 주체가 되느냐 하는 두 경우를 상정할 수 있을 것이다. 이렇게 해서 원측은 견분이 주체가 되는 견통연삼(見通緣三)과 견통연사(見通緣四), 그리고 후3분이 주체가 되는 삼통연삼(三通緣三)과 삼통연사(三通緣四) 설을 내놓게 되는 반면, 규기는 견분이 주체가 되는 경우를 생략하고 후3분이 주체가 되는 삼통연삼과 삼통연사 설을 내놓게 된다. 원측이든 규기는 제시한 설의 수가 다를 뿐 두 논사 모두 삼통연사 설을 정설로 삼고 있다는 점에서 일치한다.

그리고 동취이체 4분의 경우, 즉 심과 심소를 서로 연하는 경우에도 규기는 심과 심소가 모두 서로 연할 수 있다는 견해를 제시하는 반면, 원측은 '오직 견분만이 4분을 연한다'는 유견연사(唯見緣四) 그리고 '후3분이 각각 4분을 모두 연한다'는 삼개연사(三皆緣四) 설을 내놓는다. 규기는 동체의 4분을 다룰 때 후3분이 4분을 모두 연할 수 있다는 견해를 이미 정설로 삼았기 때문에 동취이체의 4분을 다루는 자리에서는 다시 견해를 내놓지 않고 후3분이 각각 자분(自分)을 포함한 모든 분을 모두 연할 수 있다는 견해를 내놓은 반면, 원측은 동체의 4분을 다룰 때 말한 네 가지 견해에 맞추어 두 견해를 제시한 것이다. 이 경우는 원측이 무엇을 정설로 삼는 것인지 선주와 도증의 말로부터 확인할 길이 없지만, 그가 도증이 말한 것처럼 삼통연사를 정설로 삼은 것을 감안해보면 여기서도 삼개연사를 정설로 삼고 있다고 볼 수 있다. 이는 규기의 견해와 일치하는 것이다.

선주에 의하면, 인위에서는 4분마다 각각 분한이 있어서 4분을 서로 구분할 수 있었지만, 이 분한이 없는 과위에서는 4분을 어떤 식으로 구분하는가 하는 문제를 규기와 원측 모두 인지하고 있었다. 그들이 정설로 삼고 있는 삼통연사와 삼개연사 모두 후3분이 각각 자분(自分)을 포함한 모든 분(分)을 연한다고 하는 견해이기 때문에, 그들은 4분을 새로운 방식으로 구분할 필요를 느끼고 있었다. 규기는 친득(親得)과 신득(新得)의 개념을 끌어들여 인위와 과위에서의 4분의 차이를 설명하고자 한다. 가령 견분이 상분을 연하는 경우는 인위에서처럼 연하는 경우이기 때문에 친득이지만, 이 견분이 자증분을 연하는 경우는 인위에서와 달리 새롭게 연하는 것이기 때문에 신득이다. 이런 방식으로 견분의 성격을 새롭게 규정할 수 있게 되고, 그렇게 하면 자증분과 증자증분과도 구분할 수 있게 된다는 것이 규기의 생각이다. 그런데 원측은 규기와 달리 정(正)과 겸(兼)의 개념을 끌어들여 이 차이를 설명하고자 한다. 가령 견분이 인위에서와 같이 상분을 연할 때는 정(正)이지만, 견분과 자증분과 증자증분을 연할 때는 겸(兼)이기 때문에, 인위와 과위에서의 4분을 구분할 수 있게 된다는 것이 원측의 생각이다. 이런 방식으로 구분하게 되면, 가령 견분이 상분을 연하는 정(正)의 경우와 자증분이 상분을 연하는 겸(兼)의 경우 등에서처럼 인위와 과위의 차이가 없게 되는 것이 아닌가 하는 물음이 생길 수 있는데, 이는 원측의 제자인 도증과 규기의 제자인 혜소 사이에 큰 논쟁을 불러일으켰다.

여섯째, 삼량분별문. 이 문에서는 중산의 『극략사기』에 의탁해서 선주의 『분량결』「삼량분별문」을 다루었다. 「상견동별종론문」과 「삼류경문」에서는 상분[대상]에, 「행상문 1」과 「행상문 2」와 「사분상연문」에서는 견분[작용]에 중점을 두고 논의를 전개했다면, 이 문부터는 자증분과 증자증분[자기의식]에 중점을 두고 논의를 전개했다고 볼 수 있다. 선주는 자증분은 바깥[外]의 상분을 연려하는 견분과 달리 대상화작용이 아니라는 것을 드러내기 위해 다음과 같은 내용을 순차적으로 전개한다. 첫째, 4분을 3량에 의거해 구별하면서 견분은 현량·비량(比量)·비량(非量), 3량이 다 될 수 있고, 자증분과 증자증분은 현량이고, 상분은 3량이 다 될 수 없다고 명시한다. 둘째, 견분이 3량에 통할 때 이 3량이 전후로 생하는지 동시에 생하는지 하는 문제를 다루기 시작하면서, 전후로 생한다고 주장하는 견해의 전거를 끌어들이며 이 견해가 올바르다는 것을 보여준다. 견분의 현량과 비량(比量)과 비량(非量)은 모두 바깥으로 향하는 양이기 때문에 동시에 생할 수는 없다. 셋째, 자증분의 현량은 자체(自體)로 향하는, 자체(自體)를 증(證)하는 양(量)이고, 견분의 양들은 바깥의 대상으로 향하는 양이기 때문에, 자증분의 현량과 견분의 양들은 동시에 생할 수 있다고 주장한다. 넷째, 견분의 3량이 동시에 생할 수 있다고 주장하는 적자[반론자]인 둘째 논사를 비판하면서, 그렇게 되면 자증분의 현량이 견분의 양들을 증(證)할 수 없다는 점을 강조하고 있다. 적자는 다른 사람의 말을 들을 때 음성을 듣는 이식(耳識)의 현량과 의미를 파악하는 동시의식의 비량(比量)이 동시에 생한다는 예를 들면서 견분의 3량이 동시에 생할 수 있다고 주장하지만, 중산은 논주가 되어 이식(耳識)의 현량과 동시의식의 비량은 한 식체(識體)의 두 양이 아니므로 적자의 주장은 성립할 수 없다고 비판하고 있다. 또 적자처럼 현량과 비량이 동시에 생한다고 주장하게 되면, 선성과 악성도 동시에 발생할 수 있게 되어, 체성(體性)이 다른 심은 동시에 생할 수 없다는 사실을 위반하게 된다고 역설하고 있다. 또 적자는 강한 분별의식의 비량(非量) 및 정지(定地)의 오구의식(五俱意識)이 18계(界)를 연할 때의 현량을 예로 들어 현량과 비량(非量), 현량과 비량(比量)이 동시에 생한다는 주장을 다시 제시하지만, 중산은 이 양(量)들 역시 동시에 발생하는 것이 아니라고 비판하면서, 자증분이 견분을 증(證)하려면 견분의 3량은 동시에 생하는 것이어서는 안 된다고 거듭 강조하고 있다. 견분의 3량이 동시에 생하고 선심과 악심이 동시에 생한다면, 자증분은 이것들을 각각 증(證)할 수 없게 되어, 사물들을 구별하게 될 수 없을 뿐만 아니라 선과 악을 구분할 수 없게 되어 악을 끊고 선을 증장하는 일도 불가능하게 된다는 것이다.

일곱째, 능연소연문. 이 문에서는 중산의 『극략사기』「능연소연문」을 다루었다. 중산은 능연과 소연의 관계에 입각해서 4분의 관계를 다루는 이 문에서 먼저 상분과 소연의 차이를 밝히고 있다. 상분은 견분이 지향하는 대상이면서 다른 3분과 관계를 맺고 있는 식의 분한을 의미하는 반면, 소연은 단순히 능연에 의해 연려되는 대상을 가리킬 뿐이다. 능연과 소연 관계의 한 항인 소연은 다시 능연이 될 수 있는 경우가 있지만, 4분 중의 상분은 오로지 소연이 될 뿐이기 때문에 능연이 될 수는 없다. 중산은 상분과 소연의 이런 차이를 보이기 위해 색경(色境) 같은 상분이 능연이 될 수 없는 것과 마찬가지로 전5식이나 제6의식 같은 심도 대상화된 심인 경우에는 상분심 이기 때문에 능연이 될 수 없다고 말한다.

　둘째, 중산은 자증분의 소연이 되는 견분의 심은 능연이 될 수 있다고 말한다. 견분의 심이 과정 중에 있는 작용이 될 수 있는 것은 자증분의 소연이 되어 있기 때문이다. 즉 자증분에 의해 견분의 작용이 확증되어 있기 때문이다. 자증분의 소연이 되는 견분의 작용은 견분이 상분을 연려할 때와 같은 대상화작용이 아니다. 능연의 체 상의 의용(義用)이란 표현에서 알 수 있듯이, 자증분은 견분에 내재적으로 존재해서 견분을 확증하는 작용 이다. 바로 이런 자증작용이 있기에 이후에 이 심을 기억하거나 반성할 수 있게 된다. 중산은 자증작용을 시간의식 속에서 파악하는데, 그가 자증은 견분을 억념(憶念)한다고 할 때 이 억념은 심을 기억하는 회상(recollection)으 로서의 억념이 아니라 내적 시간의식의 한 계기를 이루는 파지(retention)로 서의 억념이다. 이 파지작용을 기초로 해서 기억하거나 반성하는 작용이 가능하게 되는 것이다.

　셋째, 중산은 식의 분한으로 4분이 확정될 수 있는 것은 증자증분이 견분을 연려할 수 없는 것에서도 확인할 수 있기 때문에, 더 이상의 분(分)이 필요하지 않다고 주장한다. 자증분이 증자증분을 연할 때 자증분이 양과(量 果)가 되고 또 증자증분이 자증분을 연할 때 증자증분이 양과가 되어 서로 능연과 소연 관계를 이루고 있으므로, 증자증분을 다시 연려하는 제5분, 또 이 제5분을 연려하는 제6분 등 무한소급하지 않는다고, 예상되는 설일체 유부의 논박을 비판하며 말하고 있다. 만약 증자증분이 자증분을 건너뛰어 연하게 되면, 자증분 역시 견분을 건너뛰어 상분을 연하게 되어, 무한소급의 오류를 범하게 된다는 것이다. 그런데 자증분 이외에도 증자증분을 두어야 하는 이유는 유루(有漏)의 위(位)에서는 견분이 상분에 계박되고 자증분이 견분에 계박되어 있기 때문이다. 자증분이 견분의 선성이나 악성 또는 현량이나 비량 등 작용성격에 구애받지 않고 견분을 나의 것으로 확증할 수 있는 것은, 자증분을 연하는 증자증분이 자증분으로 하여금 그 고유의 역할을 수행하도록 하고 있기 때문이다. 다시 말해 증자증분은, 견분에 계박되어 견분과 마찬가지로 바깥으로 향하는 자증분의 초월적 성격을 다시 안으로 되돌려 내재적 성격을 확보하게 하고 있기 때문이다. 자증분이 초월적 관계에서 본 자기의식이라면, 증자증분은 내재적 관계에서 본 자기의식이라고 할 수 있겠다.

마지막으로, 중산은 4분의 비즉비리(非卽非離), 즉 같지도 않고 다르지도 않음을 논하면서 유식의 이치를 증명하고 있다. 4분은 각각의 공능(功能)이 있기 때문에 같지 않지만, 다시 말해 상분은 소취 곧 노에마의 공능, 견분은 능취 곧 노에시스의 공능, 자체분은 견분을 증(證)하는 공능, 증자증분은 자증분을 증하는 공능으로 이렇게 공능이 다르기에 같지 않지만, 모두 식체의 의용(義用)의 분(分)이기 때문에 다르지 않다고 설파하고 있다. 그런데 중산은 자증분이 능연의 체 상의 의용이라고 말한 바 있는데 이번에는 이 용어를 상분과 증자증분까지 확장해서 쓰고 있다. 상분은 견분이 지향하는 대상이란 점에서, 또 견분은 자증분에 의해 확증되고, 자증분은 증자증분에 의해, 증자증분은 자증분에 의해 확증된다는 점에서 모두 식체의 의용이라고 말할 수 있는데, 이렇게 해서 유식의 이치가 성립하게 된다는 것이다. 이렇게 해서 얻은 유식의 이치는 아래의 「사분개합문 2」에서 진여와 무루종자를 포섭하는 일식(一識)에 의거해서 다시 규명된다.

여덟째, 사분개합문 1. 이 문에서는 중산의 『극략사기』 「입분부동문」을 다루었다. 중산은 첫 번째 논제에서 호법의 4분설의 4분을 2분, 3분, 1분의 순으로 전개하는 이유를 설명하기 위해 4분이 3분으로, 4분이 2분으로, 4분이 1분으로 포섭될 수 있다고 주장한다. 이 논제는 이 「입분부동문」에서는 자세히 서술해놓지 않았기 때문에 4분의 개합을 다루는 「개합부동문」에서 미리 끌어다가 논지를 보강했다. 4분설에서 2분을 따로 다룰 수 있는 이유는 증자증분과 자증분이 견분과 마찬가지로 능연의 성(性)이라는 점에서 견분에 포섭될 수 있기 때문이다. 물론 중산은 이 문(門)에서는 이 점에 대해 더 이상 아무 말도 하고 있지 않지만, 식의 자체가 발생할 때 소연의 상과 능연의 상이 나타난다고 말함으로써 간접적으로 논급하고 있다고 볼 수 있다. 또 2분, 3분, 1분 이렇게 접혀지는 순으로 다루면서도 3분과 1분 중간에 제4분 증자증분에 대해 논하는데, 이는 3분과 4분은 다 같이 양과의 체이기 때문에 3분에 이어 4분을 잠깐 펴서[開] 설명할 수 있다는 것을 보여주는 것이다.

두 번째 논제에서는 견분과 상분 2분, 즉 능연의 상과 소연의 상이 존재한다는 것을 사능연상(似能緣相)과 사소연상(似所緣相)의 '사(似)'라는 용어를 풀이하면서 명시하고 있다. '사(似)'는 변계소집과 의타기의 관계 속에서 의타기의 능연상과 소연상의 의미를 드러내기 위해 채택된 용어이다. 그런데 중산은 소연의 상의 경우 이 의타기의 사(似)로써 소연의 상이 있다는 것을 밝히기도 하지만, 이어 논증식을 다룰 때는 '대(帶)'라는 용어를 끌어들여 새로운 시각에서 밝히기도 한다. '사(似)'가 능연과 소연이 식에 의해 변현된 것을 나타내는 용어라면, '대(帶)'는 식이 발생할 때는 항상 대상을 지향한다는 것을 보여주는 용어이다.

세 번째 논제에서 중산은 규기가 "능연의 상이 없다"거나 "소연의 상이 없다"고 주장하는 반론자들의 견해를 논파하기 위해 세운 논증식을 검토한다. 규기는 호법의 서술해놓은 논증에 자신의 논증식을 덧붙여 놓았기 때문에 호법의 논증과 규기의 논증식이 섞여 분명하게 구분되지 않는 점이 있었다. 중산은 이 점을 간파하고 소연의 상이 있다는 것을 증명하는 부분에서는 두 동유(同喩), 즉 "그 자신의 심은 다른 심과 같기에 다른 심의 경을 연할 수 없을 것이다."와 "다른 심은 그 자신의 심과 같기에 연할 수 있을 것이다."를 각각 규기가 들어놓은 논증에 다 배속되는 것이 아니라 순서대로 배속된다고 보다 정확히 보았으며, 또 규기가 호법이 든 논증대로 배대할 때의 문제점을 알아차리고 "소연의 상이 없다"는 주장과 이어 나오는 "능연의 상이 없다"는 주장을 새로 한데 묶어 논파하면서 이 동유들을 적용해 새로운 논증식을 구성했다.

네 번째 논제는 『후엄경』의 교증에 대한 해석에서 발견할 수 있다. 중산은 『후엄경』에 나오는 한 송의 제1구 "일체에 오직 각(覺)이 있을 뿐이다."를 규기처럼 이 각을 내심(內心)으로만 해석할 경우 후에 나오는 1분을 다룰 때의 내심과 구별이 되지 않을까 우려해서 이를 또한 견분과 상분으로 해석했다. 또 그는 규기의 주석 맨 마지막에 나오는 "거북이의 털을 연해 심의 영상이 일어난다."는 문장이 외경(外境)이 없이 식이 일어난다는 것을 증명하기에는 적절하지 않은 발언이라 간주해서 생략하고 더 이상 이에 대해 아무런 논급도 하지 않았다.

이상 네 논제에 대해 중산은 규기의 해석을 정리해서 인용하며 해석하면서도 이를 보강하거나 수정하기도 했다. 특히 중산은 네 가지 모든 논제를 소연의 상과 능연의 상이 존재한다는 것을 증명하려는 기회로 삼았기에, 셋째 논제와 넷째 논제에서 보았듯이 규기와는 완전히 다른 해석을 제시하기도 했다.

아홉째, 사분개합문 2. 이 문에서도 또한 중산의 『극략사기』「입분부동문」을 다루었다. 중산은 식의 4분은 2분이기도 하고 3분이기도 하고 1분이기도 하다는 호법의 식4분설을 호법과 규기를 따라 2분에서 1분까지 이증과 교증에 입각해서 순서대로 논증해 가는데, 이 문에서는 3분에서 1분까지 진행되는 논증을 살펴보았다. 3분을 입증하려면 자증분의 존재를, 4분을 입증하려면 증자증분의 존재를, 1분을 입증하려면 식체에 진여를 비롯한 모든 법들이 포섭된다는 것을 보여주어야 한다. 그래서 중산은 3분을 입증하는 대목에서는 자증분이 첫째 상분과 견분의 의지처[所依]가 되고, 둘째 기억이 가능하기 위한 조건이 되고, 셋째 인식할 때 성취하는 양과(量果)가 된다는 것을 밝혔다. 나는 이 셋 중 인식할 때 성취하는 양과를 가장 기초가 되는 경우로 보았는데, 왜냐하면 알고자 하는 욕구가 가능하고 또 이 욕구가 충족되는 과정 속에서 견분은 상분을 지향하게 되고, 또 이렇게 지향하는 작용과 지향되는 대상이 기억될 수 있기 때문이다. 증산은 이렇듯 세 번째 이증에 기초해야 다른 두 이증이 적합하게 설명될 뿐만 아니라, 또한 교증으로 든 『집량론』의 송의 네 번째 구 "이 셋의 체는 구분이 없네."가 설명될 수 있다고 보았다. "이 셋의 체는 구분이 없네."라는 것은 1분의 교증을 논할 때 4분이 3분, 2분, 일식(一識)으로 포섭된다고 하는 호법의 논의를 설명할 때도 발견할 수 있다. 이 체(體)는 자증분·상분·견분으로 분화되기 이전의 체, 다시 말해 이 3분을 포섭하는 체이기에, 이것이야말로 자심(自心)에서 만법이 생한다는 만법유식의 일식(一識)이다.

중산은 증자증분의 이증을 논하는 대목에서는 자증분도 심분(心分)이므로 이 심분을 증(證)하는 분이 필요하다고 주장하고 있다. 또 자증분이 견분을 연할 때 견분이 자증분의 양과가 될 수 없는 것은 견분이 현량뿐 아니라 비량(非量)이나 비량(比量)도 될 수 있기 때문에 다른 분이 필요하다고 주장하고 있다. 그러면서 증산은 이어지는 교증 『후엄경』의 송에서 중생심은 내(內)든 외(外)든 전박(纏縛)이 있고 이 전박이 있기에 2분으로 분화될 수 있다고 말하는데, 이로써 자증분의 교증을 논하는 대목에서 언급했던 일식(一識)이 중생의 유루식이라는 것을 드러내고 있는 것이다.

중산은 1분의 교증을 논하는 대목에서 이 일식(一識)을 유심(唯心)으로 바꿔 표현하고 있다. 중산은 규기를 따라 유심(唯心)을 '심을 여의지 않음'의 의미로 이해하면서, 심소·심불상응행·색이 이에 포섭되고 또한 진여와 무루종자도 포섭된다고 말하고 있다. 식의 2분, 3분, 4분을 논하는 대목에서는 식의 자체분에 의지해서 상분과 견분이 나타난다고 말할 뿐이기에, 무루종자와 진여가 이 식 자체에 포함된다고 볼 수는 없다. 그런데 이 대목에서 중산은 일식(一識), 즉 유식(唯識)을 '식을 여의지 않음'으로 정의하면서 무루종자와 진여도 일식에 포함시키고 있다. 유루식의 4분을 의타기로 보는 것은, 다시 말해 자증분을 4분의 핵으로 보는 것은 이러한 자증분이 진여와 불일불이(不一不異)의 관계에 있을 때 올바르게 4분설을 펼 수 있다는 것을 의미한다. 그렇다면 4분이 3분으로, 4분이 2분으로, 또 1분으로 수렴되는 과정은 결국 진여와 무루종자를 포섭하는 일식으로 수렴되는 과정이다. 이러한 과정 속에서 만법유식의 성격이 분명해지게 된다.

안혜의 1분설이나 난타의 2분설은 호법의 4분설처럼 개합의 논리가 적용될 수 있는 설이 아니다. 4분이 3분, 2분, 일식(一識)으로 포섭되는, 개합의 논리에 의거하는 호법의 4분설이야말로 만법유식을 올바르게 설명할 수 있는 학설이다. 일식(一識)에서 만법이 전개된다는 것을 알 때 홀연 무분별지가 현행한다는 양편의 말처럼 호법의 4분은 단순히 만법이 전개되는 과정을 보여주는 데 그치는 것이 아니라, 유위법의 올바른 전개를 아는 순간 깨달음이 현현한다는 것을 보여주는 것이기도 하다고 중산은 규기와 함께 역설하고 있다.

대승불교사의 정점에 있는 호법의 유식에 기반하며 전개되는 규기의 유식이라고 해서 문제점이 없으리라는 법은 없다. 여러 문을 통해 4분에 접근하며 이를 이해하고 해석하는 과정에서 우리는 몇 가지 해결해야 할 문제점을 발견할 수 있었다. 특히 상분의 유형을 결정하고자 하는 「삼류경문」, 견분을 행상으로 보면서도 동시에 상분을 행상으로 보고자 하는 「행상문 1」과 「행상문 2」, 그리고 인위와 과위에서 4분이 서로 연려하는 관계를 따지는 「사분상연문」에서 이 점을 읽어낼 수 있었다. 「삼류경문」에서는 무엇보다 규기가 특수한 의미를 대질경을 넘어 일반적 의미의 대질경으로 확장해서 이해하고자 할 때, 예를 들어 제7식의 견분이 제8식의 본질을 연할 때의 상분인 대질경의 의미와, 제6식이 과거와 미래의 대상을 연할 때의 상분인 대질경의 의미, 그리고 전5식이 자기 대지의 대상을 연할 때의 상분인 대질경의 의미는 서로 다른데도 규기는 이를 구분해서 규명하고 있지 않다. 「행상문 1」과 「행상문 2」에서는 상분을 행상으로 보는 해석을 확장하기 위해 『유가론』과 『성론』의 학설을 통합해 가는 과정에서 『유가론』의 '소연은 동일하다' 했을 때 이 '동일한 소연'을 본질로 보아도 될지,

또 나아가 진여로 보아도 될지 하는 문제가 있었다. 그리고 「사분상연문」에서는 과위에서 성취되는 무분별지가 진여를 연하는 경우를 과연 견분이 자증분을 연한다 하는 식 등으로 설명해도 되는가 하고 의문을 던질 수밖에 없는 어떤 미흡한 점이나 통일되지 않은 점을 발견할 수 있었다.

그러나 호법을 대변하는 규기 유식학의 문제점이 일부 도출되었다 하더라도, 이 책의 목적은 그 문제점을 지적해서 새롭게 더 발전된 유식학으로 길을 뚫고자 하는 데 있지 않고, 규기와 규기를 따르는 법상종 논사들의 해석을 호법의 유식이라는 이름하에 통일적으로 보고자 하는 데 있다. 우리에게 남은 과제가 있다는 것은 분명하지만, 법상종 논사들의 사분의(四分義) 해석을 읽으며, 상분에서 견분으로, 견분에서 자증분으로, 자증분에서 증자증분으로, 또 자증분과 증자증분이라는 자기의식에서 '식을 여의지 않음'이란 의미로 진여와 무루종자를 일식(一識)으로 전개해 가는 과정에서 유식무경(唯識無境)을 구체적으로 받아들이게 될 것이다. 유식학에서 깨달음을 얻는다는 것은 이처럼 유식무경(唯識無境)을 얻는 일이다. 가령 『능연소연문』에서 4분 간의 불일불이(不一不異)를 논하든, 『사분개합문』에서 일식(一識)을 논하든, 사분의의 목적은 유식무경(唯識無境)을 밝히는 데 있다. 이 점은 수행의 단계에서 4심사(尋思)와 4여실지(如實智)를 통해 견도(見道) 초찰나의 무루지가 현행하는 과정에서도 설명되고 있는 데서 알 수 있듯이, 범부의 태도에서 성자의 태도로 전환하는 과정이다. 후설 현상학의 용어를 빌려 말한다면, 자연적 태도에서 현상학적 태도로 전화하는 과정이다. 유식학에는 이 태도의 변혁을 말하기 위해 삼성의(三性義)라는 장치를 마련하고 있지만, 호법의 사분의를 논하는 이 자리에서도 이 태도의 변혁을 말하고 있다고 볼 수 있다. 이는 물론 고따마 싯다르타 붓다가 말한 3해탈, 즉 공해탈(空解脫), 무상삼매(無相解脫), 무원삼매(無願解脫)를 얻는 일과 다른 것이 아니다. 사마디[사마타]를 말하고 말하지 않는, 또 번뇌장을 말하고 말하지 않는 큰 차이가 불교와 철학 사이에 놓여 있기는 하지만 말이다.

불교에서 본 칸트 윤리학의 근본개념들

Ⅰ. 들어가기 —— 사마타의 위빠사나를 위하여

불교와 칸트 윤리학의 차이를 알아내려면 무엇보다 사마타를 잘 이해하고 있어야 한다. 불교의 체계에는 사마타가 들어 있지만 칸트 윤리학의 체계에는 사마타가 들어 있지 않다. 체계 내에 사마타가 있고 없음은 불교와 칸트 윤리학의 차이이기도 하지만 불교와 서양철학, 불교와 서양 윤리학의 차이이기도 하다. 철학자들은 사마타의 능력이 있는 사람들이기에 이러한 사마타를 기반으로 해서 위빠사나를 해 왔지만 사마타를 실제로 수습(修習)하지 않았기에 위빠사나가 사마타를 기반으로 하고 있다는 것을 충분히 알지 못했고 철학 체계 내에 사마타의 방법, 과정, 결과를 담을 수 없었다. 또 사마타의 기능이 마음을 평화롭게 하는 데 있으므로 윤리학에서 이를 적극적으로 수용했어야 했는데 실제로는 그렇질 못했다. 인지과학자 중에서 사마타와 아주 밀접한 관계가 있는 정념(念)과 정지(正知)의 기능[1]을 철학에 수용하고 메를로-퐁티 같은 현대의 철학자들의 성과를 수용하면서 새로운 철학의 가능성을 모색한 사람들이 있지만[2] 윤리학의 측면에서는 아직 사마타가 다루어지고 있지 않은 것 같다. 물론 심리학이나 정신의학에서 심리치료나 정신치료의 한 방법으로서 위빠사나 수행[3]이 채택되면서 이것이 갖고 있는 의학적인 효능이 증명되었지만 말이다.[4]

　육체에 기대지 않는 사유함은 없다. 그런데 육체가 온갖 번뇌들이 자리 잡는 곳이라면 이러한 육체를 다스려야 번뇌들에 동요하지 않고 올바르게 사유할 수 있다. 올바르게 사유함은 이런 육체를 다스리는 과정에서, 그리고 그 결과에서 나와야 한다. 그렇기 때문에 사유함에는 이미 의지함이 내재되어 있다. 온갖 번뇌들의 기반인 산란함을 극복하려는 의지야말로 고요함 속에서 올바르게 사유함의 전제이기 때문이다.

　이 글에서는 사마타의 위빠사나, 육체에 의지하되 육체에 동요하지 않는 사유함이란 잣대로 칸트 윤리학의 근본개념을 다루고자 한다. 근본개념은 그의 윤리학을 보는 방식에 따라 조금씩 달라질 수 있겠지만, 그의 윤리학을 의무의 윤리학으로 부르는 데서 알 수 있듯이 의무야말로 가장 중심이 되는 개념이라 할 수 있다. 이 의무 개념을 중심으로 해서 근본이 되는 개념들이 모여들 것이다. 당위, 명령, 강요, 실천이성, 도덕법칙, 선의지, 예지계, 감성계, 자유의지, 이런 것들이 칸트 윤리학의 근본개념이 될 것이다. 이런 개념들을 직접 표방해서 설명하지 않더라도 이와 유사한 불교의 개념들과 비교하며 설명해 가면, 불교와 차이가 드러나면서 그 본질적 성격

- - -

1. 정지(正知)와 염(念)이 지속되어야 사마타가 형성된다.
2. 바레라, 톰슨, 로쉬 함께 지음, 석봉래 옮김, 『인지과학의 철학적 이해』(옥토, 1997).
3. 정확히는 '4념주를 기반으로 한 위빠사나 수행'이다.
4. 존 카밧진 지음, 장현갑·김교헌·장주영 옮김, 『마음챙김 명상과 자기치유』 상, 하(학지사, 2005).
　Z. V. Segal, J. M. G. Williams, J. D. Teasdale 공저, 이우경·조선미·황태연 옮김, 『마음챙김 명상에 기초한 인지치료』(학지사, 2006).

이 파악될 수 있을 것이다. 칸트 윤리학의 저서로는『윤리형이상학 기초』, 『실천이성비판』등과 같은 저서가 있지만, 이 논문에서는『윤리형이상학 정초』에 한정해서 논의를 진행할 것이다. 이 저서에서 필자의 관심을 끄는 논제를 언급하는 대목을 발췌해서 읽어가며 설명해 갈 텐데, 이는 대체로 칸트 윤리학의 빈틈을 불교가 채워주는 방식이 될 것이다.

Ⅱ. 왜 철학에 사마타가 있어야 할까?

1. 산란함에 대하여

(서양)철학은 철학자의 위빠사나의 체험을 담은 체계라 말할 수 있다. 하지만 어떠한 철학도 사마타를 담고 있진 않다. 위빠사나의 체험을 담은 체계에 사마타가 들어 있지 않다는 것은 철학자들이 사마타를 실제로 체험하지 않았다는 것을 의미한다. 물론 칸트를 비롯한 위대한 철학자들은 위빠사나의 체험을 담은 웅대한 체계에 걸맞게 사마타의 능력을 갖추고 있는 사람들이라 말할 수 있다. 그러나 그들은 위빠사나의 능력에 맞게 위빠사나가 일어나서 펼쳐지는 과정을 치밀하게 관찰하긴 했지만 사마타의 능력에 맞게 사마타가 일어나서 펼쳐지는 과정은 관찰하지 못했다. 정확히 말하자면, 그들은 그들의 사마타의 능력에 맞게 스스로 사마타를 계발하고 실현하지 않았다. 철학자들 역시 특정한 역사, 특정한 문화의 소산이기에 어쩌면 이는 필연적인 일인지도 모르겠다. 동과 서가 인류 역사의 그 어느 때보다도 소통하는 오늘날 철학자들은 사마타를 배우고 체험하면서 그들의 철학을 전개해야 한다. 왜냐하면 올바른 위빠사나는 올바른 사마타와 함께할 수밖에 없기 때문이고, 같은 말이 되겠지만 그렇게 해야 철학자 자신이 진정으로 마음의 평화를 얻을 수 있기 때문이다. 철학을 하면서 마음의 평화를 얻지 못한다면 얻고자 하는 진리에 진정으로 도달했다고 말할 수 없을 것이다.

왜 사마타를 해야 하는가? 이를 이해하려면 먼저 산란함을 이해해야 한다. 우리의 인식은 산란함 속에서 이루어진다. 이것을 보았다 저것을 보았다 하며 이것을 들었다 저것을 들었다 한다. 이것을 보았다 저것을 들었다 하며 이것을 느꼈다 저것을 느꼈다 한다. 행동하면서 행동에 필요한 것들을 보고 듣고 하는 과정에 불필요한 것들이 개입한다. 이 모든 것들이 산란함이다. 한 사물에 주의를 기울여 바라볼 때도 마찬가지다. 한 사물에 주의를 기울이다가도 이내 다른 사물로 주의가 옮겨가기 때문이다. 주의를 기울일 때는 주의를 기울인 만큼 덜 산란한다고 말할 수 있겠지만, 우리의 마음이 평온해진 것은 아니기 때문에 산란함에서 벗어났다고 말할 수 없다. 주의를 기울이지 않을 때보다 오히려 주의를 기울일 때 한 사물을 장악하고자 하는 욕구가 더 크다고도 말할 수 있다. 분명하게 보이고 들리지만 말이다.

의도적으로 주의를 기울일 때든 그렇지 않을 때든 우리의 마음은 끝없이 동요한다. 이 현상을 바로 보기 위해서 산란함이 무엇인지 더 자세히 알아보자. 『성유식론』에서 산란함을 다음과 같이 규정한다.

산란이란 무엇인가? 대상들에 대해서 마음을 유탕(流蕩)하게 하는 것을 본성으로 한다. 바른 정(定)을 장애하고 나쁜 혜[惡慧]의 의지처가 되는 것을 기능으로 한다. 이를테면 산란이란 나쁜 혜를 일으키기 때문이다.[5]

산란은 사마디를 장애한다. 사마디가 장애를 받으면 바른 위빠사나가 일어날 수 없다. 도거(掉擧)와 비교해보면, 도거는 한 대상에 대해 다수의 이해를 일으키는 반면 산란은 마음을 다수의 대상으로 향하게 한다.[6] 마음이

• • • •
5. 『성유식론』(『대정장 31』, p. 34중하), "云何散亂? 於諸所緣令心流蕩爲性. 能障正定惡慧所依爲業. 謂散亂者發惡慧故."
6. 『성유식론술기』(『속장경 46』, p. 645하), "掉擧擧於心, 境雖是一令俱生之心心所解數轉易, 卽一境多解也. 散亂之功令心易緣別境, 卽一心易多境也."

다수의 대상으로 이렇게 저렇게 바뀐다는 것은 마음이 한 대상에 집중이 잘 안 된다는 것과 같은 말이다. 집중이 안 될 때 사유는 답을 얻기 전에 당연히 이렇게 저렇게 흔들릴 수밖에 없다. 도거는 한 대상에 대해 답을 얻기는 하지만 다수의 답을 얻기 때문에 결정력을 얻을 수 없다.

이러한 산란은 여섯 가지로 나뉘는데 이를 살펴보면 산란의 특성을 더 잘 파악할 수 있다. 이를 산스끄리뜨어본 『변중변론』에서 다음과 같이 정리하고 있다.

> 그중 6종의 산란함이란 본래의 산란함, 바깥의 산란함, 안의 산란함, 가상의 산란함, 추중(麤重)의 산란함, 그리고 작의(作意)의 산란함이다. 그것은 어떤 특징을 갖는가 하고 묻는다면, 답한다.

> (삼매에서) 나오는 것, 경계로 치닫는 것, (삼매의) 맛을 즐기는 것과 혼침과 도거,

> 존중을 받고자 의도하는 것, 작의에 있어서 '나'가 있다고 하는 것, 마음이 열등한 것이 산란함이라는 것을 지혜가 있는 자는 변지해야 하네.

하는 특징을 갖는 것이 6종의 산란함이니, 보살이 변지(遍知)해야 하는 것이다. 그중 삼매에서 나오는 것이란 5식신(識身)들에 의한 것이니 본성의 산란함이다. 경계[대상]로 치닫는 것이 바깥의 산란함이다. 삼매의 맛을 즐기는 것, 혼침, 도거가 안의 산란함이다. 존중을 받고자 의도하는 것이 가상의 산란함이다. 그 꾸밈을 짓고서 가행(加行)하기 때문이다. '나'가 있다고 작의하는 것이 추중의 산란함이다. 추중의 힘에 의해 아만(我慢)이 현행하기 때문이다. 마음이 열등함이 작의의 산란함이다. 열등한 승(乘)의 작의가 현행하기 때문이다.[7]

여섯 가지 산란함 중에서 여기서 다루어야 할 산란함은 본래의 산란함, 바깥의 산란함, 안의 산란함, 추중의 산란함이다. 먼저 본래의 산란함을 살펴보겠다. 인식작용은 산란함 속에서 이루어진다는 우리의 논의와 관련해서 우선 주목해야 하는 것은 '본래의 산란함'이다. 미륵은 본래의 산란함을 '삼매에서 나오는 것'이라고 규정하고 세친은 '5식신(識身)'이라고 풀이했다. 5식신이란 안식신(眼識身)·이식신(耳識身)·비식신(鼻識身)·설식신(舌識身)·신식신(身識身)을 말한다. 보고, 듣고, 냄새 맡고, 맛보고, 감촉하는 우리의 일상의 지각작용을 말한다. 우리는 한 대상만 보지 않는다. 보기만 하는 것도 아니다. 듣기도 하고 느끼기도 한다. 능동적으로 주의를 기울인다 해도 우리의 인식은 이 대상, 저 대상으로 옮겨간다. 행동을 하지 않고 한 곳에 머물러 있어도 우리의 감관들은 다수의 대상들로 요동친다. 한 대상에 집중하지 않고 집중할 수도 없다. 인식만 동요하는 것이 아니다 사유도 동요한다. 『성유식론』에서 바른 정(定)을 장애한다고 하는 것은 바로 이런 사태를 두고 하는 말이다.

'바깥의 산란함'은 지각된 대상에 좋지 않은 정서가 깃드는 것을 말한다. 볼 때 보이는 것을 보고만 마는 것이 아니다. 지각도 바깥으로 뻗쳐나가는 과정이기에 바깥의 산란함이라 할 수 있지만, '삼매에서 나오는 것'을 지각이라 했기 때문에 지각되는 대상에 대해서 쾌, 불쾌, 호, 불호를 느끼는 것을 바깥의 산란함이라 하는 것이다. '안의 산란함'은 삼매의 고요함을 즐기는 것, 가볍게 들뜨는 것, 무겁게 가라앉는 것이다. 고요함을 즐기면 그 수준의 삼매에 머물러 더 높은 수준의 삼매로 올라가지 못하거나, 다시 낮은 수준의 삼매로 내려가거나 이내 산란함으로 향하게 된다. 그렇게 되면 고요함을 유지하며 위빠사나를 진행해 갈 수가 없다. 가볍게 들뜨는 것인 도거(掉擧)는 사마타에 장애가 된다. 도거는 한 대상으로 향하기는 하지만

• • •

7. 송 마이뜨레야, 논 바수반두 지음, 박인성 역, 『중과 변을 구별하기』(주민출판사, 2005), pp. 136-137.

이 대상에 대해 다수의 해결을 내기 때문에 하나의 명쾌한 해답을 내는, 결정력이 있는 위빠사나를 얻는 데 장애가 된다. 무겁게 가라앉는 것인 혼침(惛沈)은 위빠사나를 얻는 데 장애가 된다. 위빠사나는 문제가 되는 한 대상에 대해 예리한 해답을 얻는 것이다. 그런데 둔탁하게 기운이 가라앉으면 치밀하게 위빠사나를 행할 수 없다. '추중의 산란함'은 말 그대로 거칠고 무거움의 산란함이다. 수동적인 주의작용이 마음 바깥으로보다는 안으로 향하면서 지난날에 대한 후회, 비통, 탐욕, 증오를 일으키고 올 날에 대한 불안, 근심, 초조를 느끼는 것을 말한다.

삼매를 얻어 산란함을 제거한다는 것은 이러한 다양한 산란함을 제거하는 것이며, 이렇게 제거하게 되면 사마타와 위빠사나의 힘을 얻게 된다.

2. 사마타에 대하여

사마타는 마음을 한군데에 집중해서 고요하게 하는 것을 말한다. 사마디[삼매]는 단순히 마음을 한군데에 집중하는 것을 말하는데, 그런 점에서 사마타도 삼매라 할 수 있다. 다른 점은 사마타에는 삼매의 결과인 고요하게 함, 그치게 함의 특성이 추가된다는 점이다. 이러한 사마타는 그 자체가 번뇌를 가라앉히는 힘을 형성하지만 위빠사나가 올바르게 힘차게 진행할 수 있도록 돕는 역할을 하기도 한다.

이런 사마타는 가장 높은 단계인 '원만하게 모아들여 간직하는 단계'에 이르기까지 모두 아홉 단계가 있다.[8] 첫 단계는 '마음을 안으로 머물게 하는 단계'이고, 둘째 단계는 '마음을 동등하게 머물게 하는 단계'이고, 셋째 단계는 '마음을 안정되게 머물게 하는 단계'이고, 넷째 단계는 '마음을 가까이에 머물게 하는 단계'이고, 다섯째 단계는 '길들이는 단계'이고, 여섯

. . .

8. 이하 설명되는 사마타의 단계들에 대해서 더 자세한 것을 알려면, 박인성, 「대승장엄경론의 아홉 심주(心住)에 관한 연구」(『한국불교학』 제46집, 2006 동계) 참조.

째 단계는 '적정하게 하는 단계'이고, 일곱째 단계는 '지극히 적정하게 하는 단계'이고, 여덟째 단계는 '오직 한 대상에만 마음을 쏟는 단계'이고, 아홉째 단계는 '원만하게 모아들여 간직하는 단계'이다.

첫째 국면인 마음을 안으로 머물게 함[內住, sthāpanā]과 둘째 국면인 마음을 동등하게 머물게 함[等住, saṃsthāpanā]은 들음[聞]과 생각함[思]의 힘에 의해 형성되는 것이다. 듣고 생각하면서 집중하고자 노력하는 주의작용[作意]이 작동한다. 그러나 두 국면 다 들음과 생각함의 힘에 의지해서 노력하는 국면이지만 노력의 방향과 강도가 다르다. 안에 머물게 함[內住]이 바깥으로 향하는 마음을 안으로 거두어들이려는 노력이라면, 동등하게 머물게 함[等住]은 집중하고자 하는 대상에 머물게 하는 노력이다. 한 대상에 집중하고자 할 때 아직 집중이 덜 되었을 때는 마음은 다시 다른 대상으로 쉽게 향할 수 있다. 집중하고자 하는 대상에서 마음을 벗어나지 않게 하려면 반복해서 한 대상에 머물고자 노력해야 한다. 그러면서 억념[念]의 힘이 강화되겠지만 아직은 들음과 생각함의 힘에 더 의지하고 있는 국면이다.[9]

셋째 국면인 마음을 안정되게 머물게 함[安住, avasthāpanā]과 넷째 국면인 가까이에 머물게 함[近住, upasthāpanā]은 여섯 종류의 힘 중 억념의 힘에 의지해서 형성되는 것이다. 또 이 국면부터는 네 종류의 작의 중 간격이 있고 결함이 있는 작의가 작동한다. 안정되게 머물게 함[安住]과 가까이에

· · ·

9. 『유가사지론』에서는 여섯 종류의 힘과 네 종류의 작의에 의거해서 아홉 심주(心住)를 구분하고 있다. 여섯 종류의 힘 중 듣고 생각하는 힘에 의지해서 첫째 내주와 둘째 등주가, 억념하는 힘에 의지해서 셋째 안주와 넷째 근주가, 알아차리는 힘에 의지해서 다섯째 조순과 여섯째 적정이, 정진하는 힘에 의지해서 일곱째 최극적정과 전주일취가, 반복해서 수습하는 힘에 의지해서 등지가 형성된다. 또 네 종류의 작의에 의거해서 구분한 대로 아홉 심주가 전개된다. 네 종류의 작의 중 첫째 듣고 생각하면서 집중하고자 노력하는 힘이 작동하는 작의에 의지해서 첫째 둘째의 심주(心住)가, 간격이 있고 결함이 있음이 작동하는 작의에 의지해서 셋째 심주에서 일곱째 심주까지가, 간격이 없고 결함이 없음이 작동하는 작의에 의지해서 여덟째 심주가, 노력하지 않아도 작동하는 작의에 의지해서 아홉째 심주가 형성된다. 『유가사지론』(『대정장 30』, p. 451).

머물게 함[近住]은 억념에 의지해서 형성되는 것이다. 이 앞의 국면에서는 들음과 생각함의 힘에 의지해서 바깥 경계로 향하는 마음을 안으로 거두어 들였다면, 이 국면에서는 억념에 의지해서 바깥 경계로 향하는 마음을 곧바로 알아차려 안으로 거두어들인다. 알아차리는 일[正知]과 억념하는 일[念]은 밀접한 관계에 놓여 있다. 억념이 깊어갈수록 집중하고자 하는 대상 바깥으로 빠져나가는 마음을 쉽게 알아차릴 수 있기 때문이다. 그러나 이 국면들에서는 알아차림에 의지해서 형성되는 다음 국면인 길들임[調順]과는 달리 알아차림이 주된 기능을 하는 것은 아니다. 이 국면은 바로 앞의 국면인 안정되게 머물게 함[安住]과 함께 억념의 힘에 의지해서 형성되는 심주(心住)이다. 앞 국면들인 안에 머물게 함[內住]과 동등하게 머물게 함[等住]이 하나는 바깥의 경계[대상]로 치달리는 마음을 안으로 거두어들이고 또 하나는 안의 경계에 마음을 모으는 것이듯, 안정되게 머물게 함[安住]과 가까이에 머물게 함[近住] 또한 그렇다고 할 수 있다. 그러나 차이가 있는데, 이를 단순하게 말해본다면, 앞의 두 국면이 주로 들음과 생각함의 힘에 의지해서 형성되는 것이라면, 뒤의 두 국면은 주로 억념의 힘에 의지해서 형성되는 것이다.

　다섯째 국면인 길들임[調順, damana]의 앞 국면들에서는 마음을 바깥 경계에서 거두어들여 한 대상에 집중하게 하려는 사마타의 양상을 강조했다. 이 길들임의 국면부터는 앞의 국면들에 의탁하면서 사마타가 발전하는 과정에서 삼매의 공덕과 과실을 준별하게 되고 과실을 대치(對治)하게 되는 양상을 보여준다. 이 국면에 들어오면 이제 기쁨이 일어난다. 이 앞의 국면에서는 경계가 바깥으로 향할 때 기쁨을 더 느낀다고 할 수 있다. 이 국면에서는 안의 경계에 더 깊이 집중하기 때문에 이 집중에서 오는 기쁨에 의지해서 기쁘지 않은 것을 다스릴 수 있다. 여섯째 적정하게 함(寂靜, śamana)의 바로 앞의 국면에서는 즐거움을 느낌으로써 삼매의 공덕을 보고 즐겁지 않은 것을 끊는 것이었지만 이 국면에서는 산란의 과실을 보고 이를 대치(對治)한다. 이 국면은 바로 앞의 마음을 길들임[調順]의 국면과 함께 알아차림

[正知]에 의지해서 형성되는 것이다. 기쁨을 느끼며 삼매의 공덕을 본다고 해서 혼침(惛沈)과 같은 안의 산란이 완전히 소멸하는 것은 아니다. 또 공덕을 볼 수 있다고 해서 과실을 완전히 볼 수 있는 것도 아니다. 과실은 과실대로 보면서 이를 대치(對治)해야 한다.

일곱째 국면인 지극히 적정하게 함[最極寂靜]과 다음 국면인 오직 한 대상에만 마음을 쏟음[專注一趣]은 정진[노력]의 힘에 의지해서 형성되는 것이다. 아직 간격이 있고 결함이 있는 작의가 작동한다. 이 '마음을 지극히 청정하게 함'[最極寂靜]과 다음의 '오직 한 대상에만 마음을 쏟음'[專注一趣]은 정진의 힘에 의지해서 형성되는 사마타의 국면들이다. 물론 이 국면들에서도 억념[念]이나 알아차림[正知]이 작동하긴 하지만 정진이 더 두드러지게 작동하기 때문에 앞의 국면들과는 구분되는 것이다. 앞의 국면들보다 깊은 분별과 번뇌들을 끊으려면 더욱 노력을 경주해야 하기 때문이다. 여덟째 국면인 오직 한 대상에만 마음을 쏟음 역시 정진의 힘에 의지해서 형성되지만 바로 앞의 국면과는 달리 간격이 없고 결함이 없는 작의가 작동한다. 정진의 힘에 의지해서 형성된다는 점에서 앞의 지극히 적정하게 함[最極寂靜]의 국면과 같지만 이 국면에는 앞 국면들과 달리 간격이 없고 결함이 없이 작동하는 작의(作意)가 있다. 간격이 없다는 것은 마음이 바깥의 경계로 빠져나가지 않고 강력하게 억념하는 힘에 의지해서 상속한다는 것이고, 결함이 없다는 것은 안에서 분별과 번뇌들이 일어날 때 곧바로 알아차리는 힘과 노력하는 힘에 의지해서 끊었다는 것이다. 그러므로 이 국면에서는 오직 한 대상에만 마음이 집중해서 흘러간다. 다만 다음 국면인 '원만하게 모아들여 간직함'과는 달리 노력[정진]이 수반된다.

아홉째 국면인 원만하게 모아들여 간직함[等持]에서는 공용이 없이, 인위적으로 노력하지 않아도 사마타의 상태가 지속된다. 부단히 집중하고자 노력해서 수습(修習)한 결과이다. 이 국면은 반복해서 수습함의 힘에 의지해서 형성되는 것이다. 또 공용이 없이 작동하는 작의가 있다.

이와 같이 사마타를 형성하는 데는 들음[聞], 생각함[思], 잊지 않음[念],

알아차림[正知], 노력함[精進] 등 여러 계기들이 작동한다. 다 집중하려는 의지 속에서 이루어지는 일이다. 그래서 사마타를 유지하며 사유한다는 것은 그 자체가 실천이성이 하는 일이다. 필자가 볼 때 칸트의 이론이성은 산란함 속에서 활동하는 이성이고 실천이성은 산란함이 배제된 고요함 속에서 활동하는 이성이다. 만약 이론이성과 실천이성이 결국 동일한 것이라면 이러한 동일함은 산란함 속에서 활동하는 의지에서 찾을 것이 아니라 고요함 속에서 활동하는 의지에서 찾아야 할 것이다.

철학이 산란함 속에서 이루어지는 인식에만 주목한다면 이 인식과정 속에 활동하는 이성은 실천의 기반이 없는 이성일 뿐이다. 이론이성은 일상생활의 인식과정 속에, 실천이성은 일상생활의 실천 속에 활동하는 것이라면 이론이성과 실천이성의 접점은 이상 속에서만 이루어질 것이다. 그러나 만약 수행하는 과정이라면 이론이성과 실천이성은 현실 속에서 이루어질 것이다.

3. 위빠사나에 대하여

위빠사나[vipassanā, 觀]는 있는 그대로 나누어 본다는 뜻이다. 위빠사나는 반야의 능력에서 나오는 기능이다. 반야[prajñā, 慧]가 간택(簡擇), 즉 가려봄으로 규정되는 것을 보면 위빠사나와 뜻이 유사함을 알 수 있다. 분별(分別)이란 있지 않은 것을 있는 것으로, 있는 것을 있지 않은 것으로 보는 것인 반면, 위빠사나란 있는 것을 있는 것으로, 있지 않은 것을 있지 않은 것으로 있는 그대로 보는 것이다.

이러한 위빠사나를 계발해서 성숙하게 하는 것을 우리가 보통 위빠사나 수행이라 부르는데, 정확히 말하면 이는 '4념주 수행을 기반으로 한 위빠사나 수행'이다. 그러므로 위빠사나 수행은 4념주 수행이라 부를 수도 있다. 4념주는 신념주, 수념주, 심념주, 법념주이다. 신념주(身念住)는 몸의 감각을 관하는 것이고, 수념주(受念住)는 몸과 마음의 느낌을 관하는 것이고, 심념주

(心念住)는 마음의 상태들을 관하는 것이고, 법념주(法念住)는 붓다가 설한 5온, 12처, 18계, 12연기 등의 법(法)을 관하는 것이다. 위빠사나 하면 보통 법념주를 지칭하는 것이지만, 4념주의 매 단계마다 위빠사나가 구성계기로서 들어가 있기 때문에 '4념주를 기반으로 한 위빠사나 수행'이라 하는 것이다. 그런데 법념주 단계에서 법들을 올바르게 관하려면 먼저 심념주 단계에서 마음의 상태들을 올바르게 관할 수 있는 힘이 있어야 한다. 또 심념주 단계에서 이 마음의 상태들을 올바르게 관할 수 있는 힘이 있으려면 신념주와 수념주 단계의 관(觀)을 잘 형성해야 한다. 예를 들어 미움과 같은 불선법(不善法)을 관한다고 해보자. 미움을 관할 때 미움을 관하는 힘이 약하면 미움을 관하자마자 바로 미움에 다시 휩싸이게 된다. 이처럼 선법이든 불선법이든 마음의 상태들을 잘 관하려면, 신념주와 수념주를 잘 형성해야 한다. 이렇게 해서 마음의 상태들을 잘 관할 수 있어야, 다시 말해 사마타가 형성돼 있어야 법들을 관할 때 결정력을 얻을 수 있다. 염(sati, 念)은 4념주에서만 만나볼 수 있는 말이 아니다. 37보리분법의 5근, 5력, 7각지, 8정도에서도 만나볼 수 있다. 37보리분법이란 보리를 이루기 위한 37가지 법이란 뜻인데 크게 보아 7가지로 구성되어 있다. 4념주, 4정근(正勤), 4신족(神足), 5근(根), 5력(力), 7각지(覺支), 8정도(正道)이다.[10] 그런데 염은 대승에서도 정확히 알고 있던 말이다. 『성유식론』에서 염을 다음과 같이 규정하고 있다.

염(念)이란 무엇인가? 이미 경험한 경계를 명료하게 기억하는 것이다. 잊지 않음을 본성으로 하고, 정(定)의 의지처가 되어주는 것을 기능으로

• • •

10. 37보리분법 중 8정도는 불교에 아직 깊이 발을 내딛지 않은 사람들도 익히 알고 있는, 고따마 싯다르타 붓다의 수행과 철학을 대변하는 말이다. 이 8정도에도 정념이 나오는데 보통 '바른 기억'이라 번역해서 쓰고 있다. 설혹 그렇게 쓰더라도 이때의 염을 단순히 회상 정도의 의미로 이해해서는 안 된다. 이 정념의 의미가 정확히 파악될 때 8정도의 가치가 다시 인식될 것이다.

한다. 이를테면 이미 수용한 경계를 반복해서 기억해서 간직하고 잊지 않게 해서 정(定)을 이끌어오기 때문이다.[11]

한 마디로 말해, 염이란 잊지 않음[不忘失]이다. 기억이란 말로 번역될 수 있지만 이때의 기억은 회상을 의미하지 않고, 한 찰나 전의 경험을 기억함을 의미한다. 또, 인식과정에서 일어나는 기억이 아니라 인식과정을 반성하는 과정에서 일어나는 기억이다.

4념주 중 신념주를 통해서 '잊지 않음'이 무엇을 뜻하는지 알아보도록 하자. 신념주는 몸의 동작과 감각을 관하는 것이다. 걸을 때의 동작을 예로 들어보자. 왼발 딛고 오른발 딛고 하면서 걷는다. 오른 발 디뎠을 때 방금 전 왼발 디뎠다는 사실을 놓치지 않는다. 조금 더 미세하게 보면 왼발의 뒤꿈치에서 앞꿈치로 동작이 옮겨갈 때 방금 전에 디딘 뒤꿈치를 놓치지 않는다. 왼발에서 오른발로 가면서 왼발을 알아차리고[正知], 오른발을 알아차리고, 왼발을 알아차리고, 오른발을 알아차리면서 방금 전에 했던 것을 놓치지 않으니까[念] 사마타가 되고 위빠사나가 된다. 4념주를 위빠사나 수행이라 하는 것은 그때그때의 알아차림[正知]이 있기 때문이다. 그런데 이 알아차림은 지속하면서 다른 것이 개입하지 않을 때 사마타가 된다. 위빠사나가 지속하면서 사마타를 이루는 것이다. 그래서 4념주는 사마타와 위빠사나의 능력을 동시에 길러준다. 더 자세하게 말하면, 신념주와 수념주는 위빠사나보다는 사마타를, 심념주와 법념주는 사마타보다는 위빠사나를 길러준다고 할 수 있다. 이는 신념주와 수념주는 행선, 주선, 좌선, 와선할 때 다 행할 수 있지만, 심념주와 법념주는 주로 좌선을 하면서 행한다는 데서도 알 수 있다. 몸의 동작이 줄어드는 만큼, 다시 말해 몸이 안정된 자세를 취하는 만큼 마음에서 일어났다 사라지는 것들을 올바르게 관할

---

11. 『성유식론』(『대정장 31』, p. 28中), "云何爲念? 於曾習境令心明記. 不忘爲性, 定依爲業. 謂數憶持曾所受境, 令不忘失, 能引定故."

수 있기 때문이다. 와선이 그렇게 하기에 더 좋지 않겠나 생각할지 모르지만 누운 자세는 아주 편안한 자세이기 때문에 잠에 빠져들기 쉽고 또 잠에 빠져들지 않더라도 마음이 몸에 따라 자꾸 편안해지려는 경향성을 띠기 때문에 관(觀)의 힘이 솟구쳐 나올 수 없다.

이처럼 4념주를 구성하는 계기인 알아차림[正知]과 잊지 않음[念]은 우뻭샤[upekṣa, 捨]에 도달하게 하는 기능을 갖고 있기도 하다. 이 과정을 『변중변론』에서 다음과 같이 정리하고 있다.

> 다른 4종의 단행(斷行)[12]은 억념[念], 알아챔[正知], 의지함[思], 평형상태[捨]
> 이다. 각각의 경우에 맞게 4종의 과실[13]의 대치이다. 또 그 억념 등은 순서대로

> 소연(所緣)을 망실하는 것, 혼침과 도거를 알아채는 것,
> 그것을 제거하고자 가행하는 것, 진정되었을 때 평등하게 흐르는 것이네.

> 라는 것을 알아야 한다. 억념이란 소연을 망실하지 않는 것이다. 알아챔이란
> 억념해서 망실하지 않을 때 혼침과 도거를 알아채는 것이다. 알아채고 나서
> 그것들을 제거하기 위해 가행(加行)하는 것이 의지함[思]이다. 그 혼침과
> 도거가 진정되었을 때 평등하게 흐르는 것이 마음의 평형상태[捨]이다.[14]

해야 할 일들을 잊지 않으면서[念] 본격적인 의미의 위빠사나가 잘 되는 조건을 만들기 위해 혼침이 일어날 때는 이를 알아차려 기운을 위로 올리고 도거가 일어날 때는 이를 알아차려 기운을 아래로 내리면서 평형상태를

* * *

12. 바로 앞에서 8종의 단행 중 4종의 단행에 대해 말했다. 의욕함[欲], 노력함[勤], 믿음[信], 경안(輕安)인데, 이들은 태만함을 끊기 위한 것이다.
13. 가르침을 잊는 것, 혼침과 도거, 가행을 하는 것, 가행을 하지 않는 것.
14. 송 마이뜨레야, 논 바수반두 지음, 박인성 역, 『중과 변을 구별하기』(주민출판사, 2005), pp. 105-106.

이루게 한다. 이처럼 잊지 않음과 알아차림이 본격적인 의미의 위빠사나가 평온하게 진행될 수 있도록 기반이 되어준다는 것을 알 수 있다. 사유는 이처럼 몸을 기반으로 하고 있는 것이다.

Ⅲ. 칸트 윤리학의 당위 개념은 불교의 어느 지점에 있을까?

칸트 윤리학의 당위 개념은 도덕법칙과 함께 그의 윤리학의 특성을 가장 잘 보여주는 개념이라 할 수 있다. 칸트 윤리학의 근본개념들을 살펴보는 대목에서 이 개념이 그의 윤리학 체계의 다른 개념들에 영향을 미치며 작동하고 있는 모습을 살펴보겠지만, 그 대목에 들어가기에 앞서 이 개념이 불교의 체계에서 어떤 지점에 있나 찾아보겠다. 당위 개념은 불교에서 체계 내 한 지점을 차지하는 개념이라 할 수 없다. 소망 개념과 의욕 개념은 칸트 윤리학이나 불교나 비슷한 목소리를 내고 있지만 당위 개념은 그렇지 않은 것 같다. 그런데 불교의 소망 개념과 의욕 개념을 잘 살펴보면 칸트의 윤리학의 당위 개념이 놓일 수 있는 지점을 찾을 수 있을 것이다.

1. 8고 중 '구부득고(求不得苦)'에서 찾아보다

불교는 고를 8고라 해서 여덟 가지로 나누기도 한다. 이렇게 나뉘는 고에 '구부득고'라는 게 있다. 구하고자 해도 얻을 수 없을 때 오는 괴로움이란 뜻이다. 이 "구부득고"로 "무상하니까 괴로움이다"는 명제를 풀어보고 칸트가 말하는 당위가 어디쯤 있나 살펴보겠다. 구하고자 하는 것은 돈일 수도 있고 명예일 수도 있고 권력일 수도 있고 이성일 수도 있다. 다 3독(毒), 즉 탐(貪), 진(瞋), 치(癡) 중의 탐의 대상이다. 구하고자 하는 것을 얻지 못할 때 괴로움을 겪는다. 괴로움을 겪을 때 어떻게 하나? 벗어나고 싶다고 소망한다. '하고 싶음'이다. 벗어나고 싶으면 탐욕이 일어나지 않도록 해야 한다. 탐욕을 끊겠다고 의욕해야 한다. '하고자 함'이다. 탐욕을 끊고 났을 때 편안함이 온다. 이 평안함을 더 누리고자 한다. 이러한 평안함은 탐욕이 충족되었을 때 오는 만족감과는 다른 것이다. 우리는 보통 일시적으로 이러한 편안함을 맛보기 때문에 이 평안함이, 칸트의 용어를 빌려 말한다면, 도덕법칙에 기대고 있다는 것을 명시적으로 의식하지 못한다. 아직 유루(有漏)의 선이기 때문이다. 그러나 반복해서 끊어서 평안함을 유지하게 할 수 있는 능력이 지속된다면 이때 선은 무루(無漏)의 선이 된다. 이렇게 할 수 있는 것은 평안함이 편안함을 불러오기도 해서지만 이 평안함이 열반으로 가는 길일 수도 있다고 생각하고 이미 접했든 이제 접했든 접한, 열반을 체득한 성자들의 말씀을 더욱 믿게 되면서 그 길을 계속 가겠다고 굳게 결의를 다지기 때문이다. 이때 우리는 명시적으로 도덕법칙에 부합하고 있다는 것을 의식한다. 이처럼 도덕법칙에 부합할 때 선한 의지는 평안함을 수반하지 않을 수 없다.

칸트는 신이 아닌 우리 이성적 존재자들은 직접 도덕법칙에 부합할 수 없고 오직 명령을 통해서만 우리의 준칙을 도덕법칙에 부합하게 의욕한다고 했다. '의무로부터' 의지해야 하고 의무에 맞을 때 도덕법칙에 대한 존경심을 갖는다고 한다. 일체의 경험을 배제하면서 선험적으로 도출한 도덕법칙이기에 여기에 느낌이나 정서가 깃들 수가 없다. 다만 명령에 맞게 의무를 다하며 도덕법칙에 부합하고자 할 때 도덕법칙에 대한 존경심이 있다고 했다. 도덕법칙에서 느낌을 배제하고 싶어 하는 칸트도 존경심을 끌어와 느낌을 거부할 수 없었는데 사실 이 존경심은 도덕법칙에 다가갈 수 없다는 것을 에둘러 표현한 것일 뿐이다.

'해야 한다'는 당위는 '하고 싶다'는 소망, '해야 하겠다'는 의욕이 나태해 졌다는 증거일 뿐이다. 기다리면 다시 의욕이 일어나는 법이지만 기다려도 의욕이 일어나지 않을 때 우리는 억지로 해야 한다고 생각한다. 결국 나태에 완전히 젖어들지 않았다는 점에서 '해야 한다'는 당위는 나름대로 도덕적 가치가 있는 것이겠지만 우리의 마음을 평안하게 하는 자유롭고 적극적인 방식은 아니다. 나태는 불교에서 해태(懈怠)라 부르는 것으로 번뇌이다. 붓다는 이러한 나태에서 벗어나게 하기 위해 자주 의욕[欲]을 강조한다. 의욕은 이른바 37분리분법이라 부르는 것 중에서 억념[잊지 않음, 念]과 함께 가장 많이 발견할 수 있다. 4신족의 신족이 삼매를 뜻하는 걸 보면 욕신족은 의욕이 지속해서 집중해 있다는 뜻이다. 이처럼 의욕에 집중을 부여하는 것은 의욕 자체이지 당위는 아닌 것이다. 물론 의욕하려면 믿음이 있어야 하고 또 노력이 있어야 하지만 말이다.

2. 3고 중 행고(行苦)에서 찾아보다

다시 돌아가서 "무상하니까 괴로움이다"는 명제를 보자. 이 명제는 우리의 실천이성이 붓다를 통해 발견한 위대한 명제이다. 이 명제는 사실 3고 중 행고로 표현되기도 한다. 고는 앞에서처럼 여덟 가지로 나뉘기도 하지만 세 가지로 나뉘기도 한다. 고고(苦苦), 괴고(壞苦), 행고(行苦)이다. 고고는 괴로움 자체가 괴로움이라는 것이요, 괴고는 즐거움이 영원히 지속하지 않고 무너지기에 괴로움이라는 것이다. 행고는 괴로움이든 즐거움이든 천류(遷流)하는 것이기에, 다시 말해 무상하게 흐르는 것이기에 괴로움이라는 것이다. 무상하게 흐르는데 왜 괴로움인가? 4법인의 '제행무상'과 '일체개고'를 열반적정과 함께 생각해봐야 하듯이, 이 또한 같은 말이기에 '열반적정'이란 말과 함께 생각해봐야 할 것이다. '열반적정'은 보통 무상(無常)과 상대해서 상주(常住)라는 말로 표현된다. 상주는 영원하다는 뜻이다. —— 무상의 시간에 비추어서 상주라고 말했을 뿐 상주는 무상의 시간에 비추어 이해된 상주와는 다른 시간개념이다. —— 그런데 무상하게 흐르는 것들은 내가 의욕한다 해도 쉽게 파악되지도 않고 쉽게 제어되지도 않는다. 무상하게 흐르는 것들 자체가 이미 의지의 힘을 갖추고 있기 때문이다. 이 의지의 힘을 갖추고 무상하게 흘러가는 것들을 파악하고 제어하려면 일단 한 대상에 집중하는 사마디[samādhi, 삼매]를 행해야 한다. 사마디를 행할 수 있어야 의지의 힘을 갖추고 흘러가는 것들을 다시 자각적인 의지의 힘을 일으켜 파악하고 제어할 수 있기 때문이다. 새로 자각적인 의지의 힘을 일으키려면 올바른 사마디의 능력이 필요하고 흘러가는 것들을 새로운 내용으로 채우기 위해 부정관(不淨觀), 자민관(慈愍觀), 연기관(緣起觀), 계차별관(界差別觀), 수식관(隨息觀) 같은 관을 병행해야 한다. 이처럼 새로운 대상, 새로운 내용을 경험하면서 의지의 힘을 키웠을 때 무상하게 흘러가는 것들을 올바르게 파악할 수 있고 또 제어할 수 있는 것이다. 그런데 이러한 경험들은 성자들이 보고하고 있다. 성자들의 보고는 법계(法界)에서 등류(等流)한 것일 터이므로 "무상하니까 괴로움이다"라는 명제를 체험한 사람들은 이에 쉽게 동의하고 따르게 된다. 그러니까 성자들의 말씀을 우선 듣되 이렇게 들을 수 있는 능력이 생긴 것은 나 자신이 괴로움을 체험했기 때문이다. 따라서 괴로움이 비록 느낌이라 하더라도, 다시 말해 설사 즐거움으로 다시 돌아가기 위한 반전이라 하더라도 이미 성자들의 말씀을 귀 기울여 듣는 사람은 이미 묵시적으로나마 법계에서 등류한 말씀들을 듣고 자신의 마음에 적용한 사람들이다. 몸에 병이 나 괴로움을 느끼는 사람은 병을 치유하기 위해 의사에게 달려갈 것이다. 병을 치유하겠다고 의욕하지만 병을 치유할 수 있는 의지의 힘도, 방법도 없기 때문에 남에게 의지하는 것이리라. 또한 그의 목적은 평소처럼 건강한 삶을 영위하기 위해서이지 건강을 되찾아 열반이라는 목적으로 향하고자 하는 것은 아닐 것이다. 그러나 이 몸의 병을 마음의 병으로 바꾸면 사정은 좀 달라진다. 소위 신경증이나 정신병 등 지나친 마음의 병을 얻은 사람들이라면 대체로 몸에 병이 난 사람들처럼 평소의 건강한 마음을 되찾기 위해 의사에게 달려갈 것이다. 그러나 무엇인가 얻고자 탐욕했을 때 탐욕을 성취하지 못하거나 탐욕을 성취했다 하더라도 허탈감을 느끼는 사람이라면 탐욕 때문에 마음이 크게 동요해서 평안하지 못하며 그래서 이에 마음의 평안을 되찾고자 애쓰면서 내처 궁극적인 마음의 평안을 찾고자 노력할 것이다. 이런 사람은 마음의 흐름을 보면 우선 '좋지 않음의 느낌', '괴로움의 느낌'이 오고 이어 이 느낌에서 '벗어나고자 의욕함'이 온다. 이는 벌써 묵시적으로 법계에서 등류한 말씀을 듣기 시작했다는 말이 된다. 더구나 벗어나고자 의욕하는 데서 그치지 않고 무상하게 흐르는 마음의 흐름을 보고 이를 끊고자 한다면 성자들의 체험을 읽기 시작할 것이고 이를 믿을 것이다. 그러니까 이런 과정을 살펴보면 '해야 한다'는 당위가 등장할 자리가 없다. 혹자는 마음의 흐름을 관찰하고 끊으려면 성자들의 체험을 믿어야 한다 하며 '해야 한다'는 당위를 여기서 찾게 될지 모르나, 이는 사실 부적절한 것이다. "무상하니까 괴로움이다"는 명제에 완전히 동의할 만큼은 아니더라도 자기 자신이 그 명제에 부합하는 것을 체험했기 때문이다. 칸트의 용어를 빌려 말한다면 도덕법칙에 부합하라고 명령을 하는 것이 아니라 내가 나의 체험을 통해 동의하기 시작했다는 것이다. 물론 나의 체험 자체가 이미 도덕법칙에 부합하기 시작했기에 말이다. '해야 한다'는 당위는 세간의 가치에 젖어 출세간의 가치를 모르는 사람들에게 급격하게 다그칠 때 사용할 수 있는 것이다. 또는 내가 스스로 '해야 한다'고 다그칠 때가 있는데 그것은 앞에서 말한 대로 내가 나태에 젖어 있을 때이다. 당위는 나태에 대해 당당히 나무라는, 학생을 훈계하는 교사의 모습일지는 모르지만 내가 내 마음을 적극적으로 다스려가는 데는 이렇다 하게 도움이 되는 개념은 아니다.

더구나 칸트의 당위 개념은 대상이 없는 번뇌를 다잡는 데는 지침이 될 수 없다. 나의 주관적 원리인 준칙이 객관적 원리인 도덕법칙에 부합하기 위해서는 명제로 표현될 만큼 대상이 명료해야 하는데 우리의 무상하게 흐르는 마음은 대상으로 현현하지 않는 채로도 흘러간다. 번뇌, 예를 들어 증오는 특정한 대상이 존재하지 않아도 일어날 수 있다. 그것은 우리의 몸과 마음이 시작이 없는 때로부터 이미 나[我]에 집착하고 법(法)에 집착해 있기 때문이다. 보이지 않는 대상을 두고 '해야 한다'는 당위는 마치 과녁 없이 총을 쏘라고 하는 말과 같다. 우리의 마음은 총을 겨눌 수 있는 과녁이 없을 수 있다. 위빠사나가 사마타에 기대고 있을 때 사마타가 깊어지면 이런 대상 없는 번뇌들은 사마타의 힘 자체에 의해 가라앉기도 하지만,

수면 밑에 있다가 사마타의 힘에 의해 서서히 수면 위로 떠올라 위빠사나의 대상이 될 수도 있는 것이다.

Ⅳ. 칸트 윤리학과 불교는 어디서 어떻게 헤어질까?

1. 이성적인 의지도 육체에 기댄다

우리는 왜 번뇌들에서 벗어나고 싶어 하나? 우리는 어떻게 해야 번뇌들에서 벗어날 수 있나? 이 두 물음이 윤리학을 올바르게 정립하기 위해서 반드시 던져야 할 물음들이라면, 첫째 물음에 대해서는 불교는 바로 앞에서 본 대로 대답한다. 두 번째 물음에 대해서도 불교는 대답을 하고 있는데 —— 이 물음 자체가 꽤 불교적인 물음이지만 말이다. —— 칸트의 대답을 설명할 때 같이 말하겠다. 이 두 물음에 대해서 칸트는 아마도 이렇게 대답할 것이다. 첫째 물음에 대해서는 "도덕법칙이 우리에게 명령하기 때문에 번뇌들에서 벗어나고 싶어 한다"고, 둘째 물음에 대해서는 "명법에 따라 의욕하고 의지해야 번뇌들에서 벗어날 수 있다"고. 이렇게 대답한다 해서 과연 물음이 해결된 것일까? 명령과 명법[15]을 규정하는 다음과 같은 대목에서 칸트가 하는 말을 살펴보자.

> 객관적인 원리의 표상은, 그것이 의지에 대해 강요적인 한에서, (이성의) 지시명령이라 일컬으며, 이 지시명령의 정식을 일컬어 **명령**이라 한다.
> 모든 명령은 당위['해야 한다']로 표현되며, 그에 의해 이성의 객관적 법칙과, 주관적 성질상 그에 의해 필연적으로 결정되지 않는 의지에 대한 관계 (즉, 강요)를 고지한다. 명령들은 어떤 것을 하거나 또는 하지 않는 것이

• • •
15. 명령과 명법은 백종현의 지시명령과 명령이다.

선한 것이라고 말한다. 그러나 명령들이 그 말을 하는 상대는, 어떤 것을 하는 것이 선한 것이라고 그 앞에 제시된다고 해서 언제나 그 어떤 것을 하는 것은 아닌 의지이다. 그러나 실천적으로 **선한** 것은 이성의 표상들에 의해, 그러니까 주관적 원인에서가 아니라, 객관적으로 다시 말해 모든 이성적 존재자에게 그 자체로서 타당한 근거들에서 의지를 결정하는 것이다. 그것은 **쾌적한 것**과는 다르다. 쾌적한 것은 오로지 이런저런 감관에만 타당한, 한낱 주관적인 원인들로부터 말미암은 감각에 의해서만 의지에 영향을 미치는 것으로, 모든 사람에게 타당한 이성의 원리인 것이 아니다.[16] (pp. 116-117/pp. 59-60.)[17]

명법의 당위를 말하기 위해 도덕법칙의 선험성을 강조하는 대목인데, 여기서 칸트는 우리의 의지는 도덕법칙을 따르기가 쉽지 않다고 암암리에 말하고 있다. 우리의 의지는 도덕법칙을 잘 따르지 않기에 명법은 우리의 의지에게 도덕법칙을 따르도록 강요하고 강제한다는 것이다. 강요하고 강제해서 도덕법칙에 도달하게 하기 위해서, 도덕법칙에 도달하는 과정에서 겪는 느낌과 정서 등 경험적인 것을 깎아내리고 도덕법칙의 객관성만을 돋보이게 하고 있다.

칸트의 명법들은 어떤 것을 하는 것이, 또는 어떤 것을 하지 않는 것이 선이라고 명령하지만, 우리는 이 명법이 단정하는 선을 늘 행하는 것은 아니다. 도덕법칙의 명법이기에 선이라는 것을 의심하지는 않겠지만 말이다. 이렇게 보면 번뇌들이 우리의 마음에서 일어난다고 해서 쉽게 제어될 수 없는 것은 아니라는 점에 칸트도 동의하는 것 같다. 쉽게 제어될 수 없는 번뇌들을 제어할 수 있는 능력이 있어야 우리의 의지는 도덕법칙을

• • • •
16. 이하 인용문은 백종현 옮김, 『윤리형이상학 정초』(아카넷, 2005)에서 인용한 것이다.
17. 앞의 쪽수는 백종현의 역서의 쪽수이고, 뒤의 쪽수는 이원봉 옮김, 『도덕형이상학을 위한 기초놓기』(책세상, 2002)의 쪽수이다.

실현할 수 있고 도덕법칙을 수립할 수 있을 터이다. 번뇌들을 제어하려면 번뇌들이 어떻게 일어나는지 잘 알고 있어야 한다. 그러나 칸트는 도덕법칙은 순수이성이 수립한 법칙이기 때문에 우리가 경험적 과정을 거쳐서 실현하고자 하는 도덕법칙과 무관하다고 말하는 듯하다.

도덕법칙을 만나기 위해 번뇌들을 제거하는 과정에 느낌이나 정서 같은 경험적인 것들이 수반되지 않을 수 없다. 번뇌가 일어나는 과정에 느낌과 정서 같은 경험적인 것들이 수반되기 때문에, 그 역의 과정인 번뇌가 제거되는 과정에도 느낌과 정서가 수반되지 않는다고 볼 수 없다. 육체에 기대고 있지 않은 번뇌가 없듯이 번뇌를 제거해 가는 과정에서 일어나는 사유와 의지 역시 육체에 기대고 있는 것이다. 이런 육체에는 항상 느낌과 정서가 수반된다는 것은 말할 필요조차 없다. 그러나 칸트는 "쾌적한 것은 오로지 이런저런 감관에만 타당한, 한낱 주관적인 원인들로부터 말미암은 감각에 의해서만 의지에 영향을 미치는 것"이라 말하며 느낌이나 정서는 객관성과 보편성을 갖지 않는다는 것을 보여주려 하고 있다. 보편적으로 타당한 도덕법칙의 객관성을 강조하려는 그가 "주관적인 원인들"이 객관적 법칙을 구해 가는 과정에서 다양하게 기여한다는 것을 쉽게 인정할 리가 없다. 다음과 같은 대목을 읽으면 이 점을 더 확인할 수 있다.

> 그러므로 물음은 이렇다: 그들 자신이 보편적 법칙들로 사용될 것을 의욕할 수 있는 그런 준칙들에 따라 항상 그들의 행위를 평가하는 것이 **모든 이성적 존재자에 대해서는** 필연적인 법칙인가? 만약 그것이 그러한 것이라면, 그것은 (온전히 선험적으로) 이미 이성적 존재자 일반의 의지 개념과 결합되어 있어야 한다. 그러나 이 연결을 발견하기 위해서는, 내키지는 않더라도 한 걸음 더, 곧 형이상학으로 나아가지 않으면 안 된다. 비록 사변철학과는 구별되는 다른 구역의 형이상학, 즉 윤리 형이상학으로이기는 하지만 말이다. 실천 철학에서는 **일어나는** 것의 근거들을 납득하는 것이 문제가 아니라, 비록 결코 일어나지 않더라도 **일어나야만 할** 것의 법칙들,

다시 말해 객관적-실천적 법칙들을 납득하는 것이 문제이다. 여기서 우리는 왜, 어떤 것이 마음에 드는가 또는 들지 않는가, 순전한 감각의 즐거움이 취미와는 어떻게 구별되며, 또 과연 취미는 이성의 일반적인 흡족함과는 구별되는가, 쾌·불쾌의 감정은 무엇에 의거하며, 어떻게 이로부터 욕구와 경향성들이 생기며, 그러나 어떻게 이 욕구와 경향성들로부터, 이성의 협력 아래, 준칙들이 생기는가에 대한 근거들을 탐구할 필요가 없다. 왜냐하면 이런 것들은 모두 경험적 영혼론(심리학)에 속하는 것이기 때문이다. 이 경험적 영혼론이 경험 법칙들에 기초하고 있는 한에서, 사람들이 그것을 자연철학으로 본다면, 그것은 자연이론(자연학)의 제2부문을 이루겠다. 그러나 여기서의 현안 문제는 객관적-실천적 법칙이고, 그러니까 순전히 이성에 의해 규정되는 한에서, 의지의 자기 자신에 대한 관계(태도 취함)이다. 여기서는 도대체가 경험적인 것과 관계를 갖는 모든 것은 저절로 제외된다. 왜냐하면 이성이 독자적으로 홀로 이 태도를 결정한다면(우리는 이제 이런 가능성을 연구하고자 한다), 이성은 이 일을 반드시 선험적으로 해야 하기 때문이다.(pp. 142-144/pp. 80-81.)

우리가 번뇌를 본다는 것은 번뇌를 선법(善法)이 아닌 불선법(不善法)으로 본다는 것이고 불선법으로 본다는 것은 이미 끊어야 할 것으로 본다는 것이다. 따라서 번뇌를 본다는 것은 단순히 사변이성이 눈앞의 사물을 보는 사태와는 다른 것이다. 그것은 '단순히 일어나는 사태'가 아니다. 번뇌가 일어나는 사태 역시 '단순히 일어나는 사태'가 아니다. 번뇌가 일어나는 사태가 '단순히 일어나는 사태'라면 우리는 번뇌를 끊어서 없애야 할 것으로 보지 않는다. '일어남'과 '일어나야 함'을 나누는 칸트가 쾌·불쾌의 감정은 무엇에서 일어나고, 어떻게 그것들에서 욕구와 경향성이 생기고, 또 어떻게 이러한 욕구와 경향성들로부터 준칙들이 생기는지에 대해서 탐구할 필요가 없다고 말하는 것은 당연한 일이다. 그는 도덕법칙을 얻으려면 번뇌들을 제거해야 한다는 것을, 다시 말해 선한 의지를 개발해야 한다는 것을 알고 있으면서도, 번뇌들을 제거하는 경험적 과정을 선험적 도덕법칙과 유관하게 연결시키지 않는다.

2. 신의 의지와 우리의 의지 사이에는 단계들이 있다

이성적 존재자들에게 도덕법칙은 정언명법을 통해 나타난다. 이성적 존재자들은 신과 달리 도덕법칙에 부합해 있지 않기 때문이다. 도덕법칙이 이처럼 명법을 통해 나타나기 때문에 이 법칙은 이성적 존재자들에게는 강요된다. 신에게는 도덕법칙이 명령과 명법으로 나타나지 않는다. 의욕이 이미 도덕법칙에 부합해 있기 때문이다. 이러한 칸트의 견해는 다음과 같은 대목에 잘 표출되어 있다.

> 그러므로 완전한 선의지는 마찬가지로 (선의) 객관적인 법칙들 아래에 서 있을 터이지만, 그로 인해 그것이 법칙에 맞는 행위를 하도록 **강요된 것**이라고 생각할 수 없다. 왜냐하면 완전한 선의지는 그것의 주관[주체]적인 성질상 스스로 오로지 선의 표상에 의해서만 규정될 수 있기 때문이다. 그래서 신적인 의지에 대해서는, 그리고 도대체가 신성한 의지에 대해서는 아무런 명령도 타당하지가 않다. 여기서는 당위가 있을 바른 자리가 없다. 왜냐하면 의욕이 이미 스스로 법칙과 필연적으로 일치해 있기 때문이다. 그래서 명령은 의욕 일반의 객관적 법칙과 이런저런 이성적 존재자의 의지의, 예컨대 인간 의지의, 주관적 불완전성과의 관계를 표현하는 정식일 따름이다.(p. 118/p. 60.)

이성적 존재자들은 경향성, 충동, 욕구 따위에 매여 있어서 쉽게 선한 의지를 발현할 수 없다. "그 준칙이 보편적 법칙이 될 것을, 그 준칙을 통해 네가 동시에 의욕할 수 있는, 오직 그런 준칙에 따라서만 행위하라."(백종현, p. 132)는 정언명법에 따라 이성적 존재자들은 도덕법칙에 부합하고자 의욕해야 한다. 사실 그러나 이렇게 의욕한다고 해서 쉽게 도덕법칙에 부합할 수 있는 것은 아니다. 신의 의지와 우리의 의지 사이에는 깊은 간극이 있기 때문이다. 이 간극을 명령과 당위가 메우고 있고 있긴 하지만 우리가 늘 자발적으로 이 명령과 당위를 실현할 수는 있는 것은 아니다. 만약 우리가 신의 의지를 얻을 수 있다면, ── 칸트한테는 이게 가능한 일이 아니지만 ── 우리의 의지와 신의 의지 사이에는 깊은 간극은 사라지고 그 대신 신의 의지를 얻기 위한 수많은 과정들이 놓일 것이다. 반복되는 명령과 당위 대신에 다양한 과정들이 출현할 것이다.

목적을 의욕할 때 반드시 수단을 의욕하게 하는 명법인 가언명법과는 달리, 정언명법은 목적 자체만을 의욕하게 하는 명법이다. 그런데 목적이 불교의 열반이라면 어떨까? 열반의 목적을 얻기 위한 많은 수단들이 있을 것이다. 목적과 부합하는 의지는 무루(無漏)의 선인 반면 수단이 되는 의지는 유루(有漏)의 선이다. 목적인 무루의 선과 수단인 유루의 선 사이에는 밀접한 관계가 있다. 유루의 선을 많이 집적하면 무루의 선이 발현하기 때문이다. 물론 유루의 선이 직접적인 원인[因緣]이 되어 무루의 선이라는 결과를 얻는 것은 아니다. 유루의 선의 가능태가 간접적 원인, 즉 증상연(增上緣)이 되어 무루의 선의 가능태를 증장하게 하고 성숙하게 하면 그때 가서 무루의 선이 이 성숙한 가능태에서 발현한다. 무루의 선을 얻었을 때, 칸트의 용어로 말한다면, 도덕법칙에 부합했다고 할 수 있다.

무루의 선은, 칸트의 용어로 말한다면, 선의지라 할 수 있는데 이러한 선의지는 법칙에 순응해서 행위한다. 칸트는 이러한 선의지를 의무 개념과 비교해서 다음과 같이 부각시킨다.

그러나 그 자체로 높이 평가되어야 할, 더 이상의 의도가 없는, 선의지라는 개념을, ── 이 개념은 이미 자연적인 건전한 지성에 내재해 있고, 가르칠 필요는 없으며, 오히려 단지 계발될 필요만 있는 것이다 ── 즉 우리의 행위들의 전체적 가치를 평가하는 데 언제나 상위에 놓여 있어 여타 모든 가치의 조건을 이루는 이 개념을 발전시키기 위해, 우리는 **의무** 개념을 취해 보기로 한다. 이 의무 개념은 비록 주관적인 제한들과 방해들 중에서이기는 하지만, 선의지의 개념을 함유하는바, 그럼에도 이 제한들과 방해들이 그 개념을 숨겨 알아볼 수 없도록 만들기는커녕, 오히려 대조를 통해 그 개념을 두드러지게 하고, 더욱더 밝게 빛나게 해준다.(p. 84/pp. 32-33.)

선의지는 아직 발현하지 않았을 뿐 자연적인 지성에게도 내재해 있다. 이는 마치 불교에서 무루의 선이 종자(種子)로서 내재해 있는 것과 같다. 무루의 종자는 아무 때나 발현하지 않는다. 4선근위(善根位), 즉 난(煖)·정(頂)·인(忍)·세제일법(世第一法) 중 세제일법의 단계에서 명(名)·의(義)·자성(自性)·차별(差別)에 대한 상품(上品)의 4여실지(如實智)을 일으켜서 견도(見道)에 들어갔을 때 무루의 종자가 발현해서 출세간(出世間)의 마음이 된다. 이때부터 성자이다. 불교에서 볼 때 칸트 말대로 설사 '의무로부터' 행위한다고 해서 무루종자가 발현한다고 말할 수는 없다. 정확히 말하자면, '의무로부터' 행위한다고 해서 이 행위가 무루종자에서 발현한 것인지 아닌지는 알 길이 없다. 칸트한테는 무루의 종자를 발현하도록 하는 단계들이 체계적으로 보여지지 않기 때문이다. '의무로부터' 하는 행위는 무루, '의무에 맞게' 하는 행위는 유루라고 볼 수도 있다. 그러나 '의무로부터' 하는 행위가 무루라는 것을 단정하려면 이 행위가 '의무에 맞게' 하는 행위를 부단한 노력에서 나온 것임을 보여주어야 하고, 무엇보다 무루인 '의무로부터' 하는 행위가 진정으로 도덕법칙과 부합하려면, 칸트 윤리학의 체계로 보아 그럴 수 없겠지만, 정언명법에서 벗어나야 한다.

자연의 사물은 모두 법칙들에 따라 작용한다. 오로지 이성적 존재자만이 법칙의 **표상**에 따라, 다시 말해 원리들에 따라 행위하는 능력, 내지는 **의지**를 가지고 있다. 법칙들로부터 행위들을 이끌어내는 데는 **이성**이 요구되므로, 의지는 실천 이성 외에 다른 아무것도 아니다. 만약 이성이 의지를 반드시 결정한다면, 그러한 존재자의, 객관적으로 필연적인 것이라 인식된 행위들은 주관적으로도 필연적이다. 다시 말해, 의지란 이성이 경향성에 독립해서 실천적으로 필연적인 것이라고, 다시 말해 선하다고 인식하는 것만을 선택하는 능력이다. 그러나 이성이 혼자만으로는 의지를 충분하게 결정하지 못한다면, 즉 의지가 언제나 객관적인 조건들과 합치하는 것이 아닌, 주관적인 조건들(어떤 동기들)에도 종속하는 것이라면, 한 마디로 말해 (인간의 경우가 실제로 그렇듯이) 의지가 자체로 온전하게는 이성과 맞지 않다면, 객관적으로 필연적이라고 인식된 행위들이 주관적으로는 우연적이고, 그러한 의지를 객관적인 법칙들에 맞게 결정하는 것은 강요이다. 다시 말해, 철두철미하게 선하지 않은 의지에 대한 객관적인 법칙들의 관계는 비록 이성의 근거들에 의한 이성적 존재자의 의지의 규정으로 표상되기는 하지만, 이 의지는 본성상 이성의 근거들에 필연적으로 순종적이지 않다.(pp. 115-116/ pp. 58-59.)

"만약 이성이 의지를 반드시 결정한다면, 그러한 존재자의, 객관적으로 필연적인 것이라 인식된 행위들은 주관적으로 필연적이다"라는 도덕법칙과 부합하는 행위가 무엇인지를 보여주는 참 중요한 문장이다. 도덕법칙과 부합하는 존재자는 아마 신일 것이다. 도덕법칙이 상주(常住)하는 것이기에 이러한 법칙에 상주하는 신이 존재하겠지만, 문제는 칸트의 신이 그러한 법칙에 부합하기 위해 노력해 온 신이 아니라는 점이다. 불교의 붓다는 칸트의 신과 달리 수행의 단계들을 밟아가며 성숙해서 불과(佛果)에 도달한 성자다. 이러한 붓다를 비롯한 성자들한테는 "객관적으로 필연적이라 인식된 행위들은 주관적으로 필연적이다."

칸트의 신은 수행의 단계들을 밟지 않은 존재자이기에 설혹 이성적 존재자인 인간들에게 사랑의 손길을 뻗친다 해도 그 손길은 길을 보여주지 않는 손길일 뿐이다. 그러나 불교의 붓다는 단계들을 밟아온 수행자이기에 자신이 얻은 증득(證得)의 즐거움을 중생들도 누리기를 원하며 자비의 손길을 뻗친다. 이 손길은 길을 보여주는 손길이다. 범부인 이성적 존재자는 10주(住), 10행(行), 10회향(廻向)을 거쳐 이른바 보살지라는 10지(地)에서 보살이라는 성자가 된다. 이 성자는 견도와 수도로 된 보살지의 열 단계를 차례로 밟은 뒤 최후로 금강유정(金剛喩定)이라는 삼매를 거쳐 마침내 붓다가 된다. 붓다가 되어 스스로 이룬 결과를 느끼고 즐기면서 한편으로는 보살을, 한편으로는 범부들을 이끈다. 항상 수행의 단계를 밟을 수 있도록 방편을 내어 이끌어준다. 명령과 당위가 아니라 자비와 원력으로써 말이다.

칸트의 신은 실천이성의 이율배반을 해소하기 위한, 다시 말해 덕과 행복을 결합하기 위한 이념이기에, 결국은 현실에서 만나는 신이라 볼 수 없다. 또 목적을 실현해 나가는 과정도 단계들을 밟아나가는 점진적인 과정이 아니다. 도덕법칙과 정언명법, 선의지와 의무 사이에는 급격한 간극이 있기 때문이다. 이는 출세간의 도덕법칙으로 인도하는 정언명법이 법계(法界)에서 동등하게 흘러나온[等流] 말씀이 아니기 때문이며 이러한 말씀을 듣고 성숙해 오지 않았기 때문이다. 또 같은 말이겠지만 이미 실현한 자의 체험이 반영된 것이 아니기 때문이다.

불교는 세간의 법에서 출세간의 법으로 전진할 때 질적인 전환이 있긴 하지만 칸트처럼 급격한 간극이 없이 점진적으로 전진한다. 자량위, 가행위, 통달위, 수습위, 구경위라는 수행의 단계를 점진적으로 거치기 때문에 그렇기도 하지만, 또 바로 앞에서 말한 대로 통달위, 수습위가 보살10지로 구성돼 있어 도덕법칙이 심화하고 확산하기 때문에 그렇기도 하지만, 무엇보다 가행위의 난, 정, 인, 세제일법을 거쳐 견도 초찰나에 무루의 선을 얻는 과정이 그렇다. 세제일법은 세간에서 제일 가는 법이란 뜻으로 유루의 선법 중에서 가장 탁월한 선법이다. 이 유루의 선법이 간접적 원인이 되어 본유(本有)의 무루종자를 증장하게 하고 더욱 탁월한 것이 되게 한다. 이 증장된 무루의 탁월한 종자가 직접적 원인이 되어 출세간의 법을 일어나게 하는 것이다. 이처럼 세간의 법에서 출세간의 법으로 전진할 때 질적인 전환이 있지만 세간의 법이 간접적 원인이 되어주지 않으면 출세간의 법으로 발현할 수 없는 것이기 때문에 세간의 법과 출세간의 법 사이에는 밀접한 관계가 있다고 말할 수 있다. 도덕법칙 쪽에서 보면 강제요, 이성적 존재들 쪽에서 보면 의무인 정언명법은 '해야 한다'는 당위로 나타난다. 도덕법칙과 부합하는 신은 '해야 한다'는 당위가 없다. 이 점은 불교에서 보면 다음과 같이 수정되어야 한다. 도덕법칙과 부합하는 신은 공력을 들이지 않아도 자유롭지만 도덕법칙과 부합하지 않는 이성적 존재자들은 도덕법칙과 부합하기 위해 공력을 들여야 한다. 그런데 이렇게 공력을 들여야 하겠다는 의지는, 앞에서 보았듯이, 당위에서 온다고 말할 수 없다.

3. 예지계와 감성계의 사이에는 고리가 있다

이성적인 존재자는 예지계의 성원이면서 감성계의 성원이다. 칸트가 자유의 이념으로 이론이성의 이율배반을 해소하면서 얻은 결론이다. 불교의 용어로 말하자면 번뇌에 휘둘리는 우리는 감성계의 성원이지만 이 번뇌를 끊고자 하는 마음이 일어나는 —— 정확히 말하자면 번뇌를 끊은 마음이 일어나는 —— 우리는 예지계의 성원이다. 번뇌는 다양하고 이 다양한 번뇌들마다 다양한 원인들이 있다. 체질적인 원인이 있을 수도 있고 기질적인 원인이 있을 수도 있다. 과식하거나 몸에 맞지 않은 음식을 먹었을 때, 적절한 수면을 취하지 못했을 때, 주변 환경이 좋지 않을 때 몸에 이상이 생겨 번뇌가 생길 수도 있다. 또 좋지 않은 사회관계 속에 있을 때 마음에 이상이 생겨 번뇌가 생길 수도 있다. 또 어린 날에 겪은 몸이나 마음의 상처가 지금까지 남아 번뇌를 일으킬 수도 있다. 이처럼 번뇌가 생길 수 있는 다양한 원인들이 있고 이 다양한 원인들은 경우마다 다양한 결과들을 생기게 한다. 어느 경우나 필연적인 인과관계 속에 있다고 할 수 있다. 하지만 인과관계 속에 있는 번뇌들을 보기 시작할 때 번뇌들은 인과관계에서 서서히 풀려 나오면서 사라져가기 시작한다. 어떻게 해서 인과관계 속에 있는 번뇌들을 보기 시작하는 것일까? 번뇌들이 일어날 때 괴로움을 느끼기 때문일 것이다. 예를 들어 몸에 병이 났을 때를 생각해보자. 병이 났다고 말한다면 병이 났다는 것을 보기 시작했다는 뜻이다. 이렇게 병이 났다는 것을 보기 시작할 수 있는 것은 병 자체가 몸에 좋지 않음의 느낌, 괴로움의 느낌을 유발하기 때문이다. 이러한 느낌은 필연적인 인과관계 속에 있다. 이 괴로움을 느끼며 괴로움에서 벗어나고 싶어 한다. 마음의 병인 번뇌의 경우도 마찬가지다. 번뇌가 일어났을 때 괴로움을 느끼고 이 괴로움에서 벗어나고 싶어 한다. 괴로움을 느끼고 괴로움에서 벗어나고 싶어 할 때 괴로움을 보기 시작한다. '괴로움을 느낌', '괴로움을 벗어나고 싶어 함'은 번뇌가 그렇듯 아직 필연적인 인과관계 속에 있겠지만 '괴로움을 보기 시작함'은 이와는 다른 관계 속에 있다. 이 다른 관계를 산출하는 것을 칸트는 자유로운 의지라고 했다. 괴로움을 벗어나 새롭게 결과를 산출하고 싶어 하는 자유로운 의지가 없다면 괴로움을 보고 괴로움을 끊을 수 있을까?

칸트는 이 자유로운 의지를 말하기 위해 자유를 말한다. 원인이 있기에 결과가 있다. 그렇다면 그 결과를 일으킨 그 원인에도 원인이 있을 것이다. 이렇게 역진하게 되면 최초의 원인을 발견할 때까지 무한히 역진하게 된다. 원인의 원인의 원인의……. 원인은 또 다른 원인을 앞에 두면서 무한히 계속된다. 이론이성의 이율배반이다. 칸트는 물자체와 현상의 차이를 말하면서 이 이율배반을 해소한다. 현상계에서는 원인들이 무한히 역진하지만 예지계에서는 그러한 인과의 연쇄관계에서 벗어나 원인이 없이 최초로 결과를 산출하는 능력인 자유가 있다. 불교에서는 번뇌의 최초의 원인은 무명(無明)이다. 무명은 시작이 없는 때로부터 계속해 온다고 했다. 무명이란 명(明)이 없음이다. 만약에 명(明)이 있다면? 최초의 시작이라 말할 수 있겠다. 그러나 이 최초의 시작은 인과관계의 연쇄에서 볼 수 있는 시작이 아니다. 이 시작이 없는 시작은 원인이 없이 결과를 자발적으로 산출하는 것이다. 칸트한테 원인이 없이 결과를 자발적으로 산출하는 것이 바로 자유다. 이는 한정된 것을 무한히 넘어선다는 점에서 초월적 이념이다. 칸트의 말을 더 들어보자.

이에 반해, 이성은 그로써 그에게 감성이 오로지 제공할 수 있는 모든 것을 넘어 훨씬 멀리까지 나가며, 감성세계와 오성세계를 구별하고, 그러나

340

그렇게 함으로써 지성 자신에게 그 경계를 지정해 준다는 점에서, 또한 이성의 가장 주요한 업무를 보인다.

그 때문에 이성적 존재자는 자기 자신을, **예지자로서** (그러므로 그의 하위 능력들의 측면에서가 아니라), 감성세계에 속하는 것으로 보아서는 안 되고, 오성세계에 속하는 것으로 보아야 한다. 그러니까 그는 두 가지 입장을 가지는바, 그는 거기에서 자기 자신을 관찰하고, 그의 힘들을 사용하는 법칙들, 따라서 그의 모든 행위들의 법칙들을 인식할 수 있다. 즉 그는 **첫째**로, 감성세계에 속해 있는 한에서 자연의 법칙들(타율) 아래에 있고, **둘째**로, 예지 세계에 속하는 것으로서, 자연에 독립적으로, 경험적이지 않고, 순전히 이성에 기초하고 있는 법칙들의 아래에 있는 것이다.(pp. 191-192/p. 123.)(각주)

이처럼 이성적 존재자는 감성계에도 있고 예지계에도 있다. 관점이 다르기에 이런 일이 가능하다. "이 양자는 아주 잘 공존할 수 있을 뿐 아니라, 동일한 주관 안에서 필연적으로 합일되어 있다." 그렇다면 이 관점을 매개하는 고리는 무엇일까? 칸트한테 이 고리는 자유로운 의지일 것이다. 그런데 이 자유로운 의지는 예지계와 감성계의 급격한 차이를 보여줄 뿐이다. 불교에서는 자유로운 의지가 일어나려면 일정한 단계들을 거쳐야 한다. 필자는 자유로운 의지가 일어나기 위한 최초의 단계를 '보기 시작함'이라고 말하고 싶다. '보기 시작함' 이전에 '괴로움을 느낌', '이 느낌에서 벗어나고자 함'이라는 단계들이 있지만 이 단계들은 번뇌의 필연적인 인과관계의 마지막 계기들이라 할 수 있다. 능동적으로 보기 시작할 때 자유로운 의지가 일어날 수 있는 기반이 형성되기 시작한다. 불교는 무루(無漏)의 선과 유루(有漏)의 선 개념으로 이 차이를 설명한다. '괴로움을 느낌'과 '이 느낌에서 벗어나고자 함'은 유루의 불선이겠지만, 번뇌를 '보기 시작함'은 유루의 선이다. 비록 유루의 선이긴 하나 반복해서 집적하면 무루의 선으로 전화할 수 있다. 물론 유루의 선이 직접적으로 무루의 선의 원인이 되는 것은 아니지만 말이다. 칸트는 필연성과 자유의 차이로 불교의 유루와 무루의 차이를 보긴했으나 유루에서 무루로 넘어가는, 다시 말해 유루의 불선, 유루의 선, 무루의 선으로 차례차례 넘어가는 과정은 보지 못했다.

칸트도 번뇌의 구속성과 이 구속에서 벗어나고 싶어 하는 마음을 보았다.

평범한 인간이성의 실천적 사용이 이 연역의 옳음을 확증한다. 그 누구라도, 가장 못된 악한조차도, 만약 그가 단지 이성 사용에 익숙해 있기만 하다면, 사람들이 그에게 의도에 있어 정직함, 선한 준칙들의 준수에 있어 확고함, 동정 및 보편적 자선의 (그리고 그에 더하여 이익들과 안락함의 희생이 결부된) 사례들을 제시할 때, 그도 그런 마음씨를 갖고 싶어 하지 않는 사람은 없다. 그러나 그는 단지 그의 경향성들과 충동들 때문에 그것을 능히 자기 안에서 실행하지 못할 뿐이다. 그럼에도 그때 그는 동시에 그 자신에게도 짐이 되는 그러한 경향성들로부터 자유롭게 되기를 소망한다. 이로써 그는 그러므로, 그가 감성의 충동들로부터 자유로운 의지를 가지고서 사유 속에서는, 감성의 분야에서의 그의 욕구들의 질서와는 전혀 다른 사물들의 질서로 옮겨간다는 것을 증명한다. 왜냐하면 그는 저런 소망으로부터는 욕구의 아무런 쾌락도, 그러니까 그의 실제적인, 아니면 상상적인 욕구들 중 어느 하나라도 만족시키는 상태도 기대할 수 없고, (무릇, 그렇게 한다면, 그를 그런 소망으로 유인했던 그 이념마저 그 탁월성에 손상을 입을 것이다.) 오직 그의 인격의 내적 가치를 기대할 수 있을 따름이니 말이다. 자유의 이념, 다시 말해 감성 세계의 규정하는 원인들로부터 독립함의 이념이 그에게 억지로 강요하는 오성세계의 성원의 입장으로 그가 옮겨간다면, 그는 보다 좋은 인격일 것으로 믿는다. 그리고 그는 그런 입장 안에서 선의지를 의식하는바, 그 선의지는, 그 자신의 고백에 따르면, 감성세계의 성원으로서 그의 악한 의지에 대하여, 그가 위반하면서도 그 권위는 인식하는 법칙을 형성한다. 그러므로 도덕적 당위는 예지 세계의 성원으로서 자신의 필연적인 의욕이고, 그가 자신을 감성세계의 성원처럼 보는 한에서만, 그에 의해 당위라고 생각되는 것이다.(pp. 195-196/pp. 126-127.)

칸트는 "그는 단지 그의 경향성들과 충동들 때문에 그것을 능히 자기 안에서 실행하지 못할 뿐이다."라는 말로 '괴로움의 느낌'을, "그러한 경향성들로부터 자유롭게 되기를 소망한다."는 말로 '벗어나고 싶어 함'을 표현하고 있다. '해야 한다'는 당위는 무조건 형성되는 것이 아니라 이에 앞서 '하고 싶어 함', 즉 '소망함'의 단계를 거친다는 필자의 견해가 칸트의 언어로 표현돼 있다. 그러나 칸트는 '보기 시작함'이란 단계를 간과하고 있다. 자유로운 의지로 '사유 속에서' 다른 질서, 즉 예지계의 질서로 옮겨간다고 말하고 있을 뿐이다. '사유 속에서' 예지계의 질서로 옮겨갔을 때 의식하는 선한 의지가 과연 감성계의 악한 의지를 이겨내면서 법칙을 수립할 수 있을까? 주관적 목적들을 객관적 목적 아래 포섭시켜야 하는 것은 아닐까? 불교는 객관적 목적인 열반 아래 주관적 목적들, 즉 이성적 존재자의 차이들을 포섭시키고 있다. 열반으로 가는 수행에는 점진적인 단계들이 있기 때문이다. 가언명령인 주관적 목적들의 한계를 말하는 다음과 같은 대목은 필자에게는 주관적 목적들을 객관적 목적 아래 포섭시키기 어려움을 토로하고 있는 것처럼 보인다.

실천철학에서는 일어나는 것의 근거들을 납득하는 것이 문제가 아니라, 비록 결코 일어나지 않더라도 일어나야만 할 것들의 법칙들, 다시 말해 객관적-실천적 법칙들을 납득하는 것이 문제이다. 여기서 우리는 왜, 어떤 것이 마음에 드는가 또는 들지 않는가, 순전한 감각의 즐거움이 취미와는 어떻게 구별되며, 또 과연 취미는 이성의 일반적인 흡족함과는 구별되는가, 쾌·불쾌의 감정은 무엇에 의거하며, 어떻게 이로부터 욕구와 경향성들이 생기며, 그러나 어떻게 이 욕구와 경향성들로부터, 이성의 협력 아래, 준칙들이 생기는가에 대한 근거들을 탐구할 필요가 없다. 왜냐하면 이런 것들은 모두 경험적 영혼론(심리학)에 속하는 것이기 때문이다. 이 경험적 영혼론이 경험 법칙들에 기초하고 있는 한에서, 사람들이 그것을 자연철학으로 본다면, 그것은 자연이론(자연학)의 제2부문을 이루겠다. 그러나 여기서의 현안 문제는 객관적-실천적 법칙이고, 그러니까 순전히 이성에 의해 규정되는 한에서, 의지의 자기 자신에 대한 관계(태도 취함)이다. 여기서는 도대체가 경험적인 것과 관계를 갖는 모든 것은 저절로 제외된다. 왜냐하면 이성이 독자적으로 홀로이 태도를 결정한다면(우리는 이제 이런 가능성을 연구하고자 한다), 이성은 이 일을 반드시 선험적으로 해야 하기 때문이다.(pp. 143-144/pp. 80-81.)

주관적 원리인 준칙이 보편적 도덕법칙에 맞게 행하라는 칸트의 정언명법을 생각할 때 이 대목은 객관적 도덕법칙과 명법을 강조하기 위한 것처럼 보인다. 다시 말해 그는 객관적 법칙에 맞는 준칙을 고려하고 있었다. 그러나 고딕체로 강조된 부분을 보면 그가 주관적 목적과 수단을 가볍게 생각하고 있다는 것을 알 수 있다. 숙달이나 영리함의 객관적 원리를 다룰 때도 그렇지만 그는 위빠사나의 기반이 되는 사마타가 진행되면서 일어나는 몸과 마음의 현상을 몰랐기 때문에 이런 것들을 심리학에서 연구할 것으로만 생각했지 도덕법칙을 얻기 위해 반드시 거쳐야 할 과정으로는 보지 않았던 것이다. 불교에서 수행의 단계를 견도(見道)와 수도(修道)로 나누는 이유는 견도 단계에서 도덕법칙에 부합했다 할지라도 부단한 수습(修習)의 과정을 통해 몸과 마음이 바뀌어 가면서 새롭게 도덕법칙에 부합하기 때문이다. 물론 불과(佛果)라는 가장 이상적인 부합을 언급하긴 하지만 이에 도달하기 위해 똑같이 현실적으로 성취해 나가는 것을 강조하고 있다. 견도(見道)와 수도(修道)를 합해 보살지로 포섭하고 보살지를 열 단계로 나눠 각각의 단계에서 진여를 보는 일을 말하는 것이 바로 이것이다.

V. 맺기 ── 칸트 윤리학을 배우는 불교, 불교를 배우는 칸트 윤리학

이 논문에서 칸트의 여러 개념 사이에 간극을 발견하고 말하게 된 것은 어떻게 보면 오히려 칸트가 경탄한 도덕법칙에 필자 또한 경탄했기 때문인지도 모른다. 칸트가 선험적인 방법을 통해서 발견한 도덕법칙과 선의지는 그의 초월적 이념들인 영혼불멸, 자유, 신과 더불어 적극적으로 불교에서 수용할 만한 것이라고 생각한다. 도덕법칙과 선의지 없이 어떻게 우리가 번뇌에서 괴로움을 보고 번뇌를 끊고자 할 수 있겠는가? 또 어떻게 번뇌들을 끊고 가야 할 길을 얻겠으며 가야 할 목적지를 알겠는가? 이미 우리 모든 이성적 존재자들에게 내재해 있는 ── 불교에서는 모든 유정(有情)으로 확대하고 있지만 ── 도덕법칙과 선의지가 있기에 우리는 이를 실현하기 위해 영혼불멸을 믿고, 자유로우며, 신이 우리를 인도한다고 믿는다. 대승불교는 이러한 칸트의 넓은 윤리학의 영역, 종교철학의 영역을 보았기에 칸트의 이런 개념들은 불교학자인 필자에게도 지극히 자연스러운 것이다. 다만 불교에 던져줄 수 있는 선험성의 메시지가 충분히 그 자격을 얻으려면 선험성과 경험성과의 관계가 밀접하게 설정되어야 한다. 왜냐하면 선험성은 불과(佛果)를 오르지 않더라도 견도(見道) 초찰나에 성자가 된 사람들이라면 모두 볼 수 있는 것이기 때문이다. 선험성과 경험성 사이에 설사 급격한 전환이 있다 하더라도 이러한 급격한 전환은 경험의 가능태가 선험의 가능태를 증장하게 하고 성숙하게 하는 과정이 있었기 때문에 가능한 것이다. 또 이미 보살초지에서 성자가 된 사람은 언젠가 불과(佛果)의 성자 붓다가 될 수 있다. 붓다를 성취할 수 있다는 것은 성자들의 여러 단계가 있기 때문이고 각 성자들의 단계에서 도덕법칙과 부합해 있기 때문이다.

칸트도 사유하고 불교도 사유한다. 그러나 칸트가 사유한 내용과 불교가 사유한 내용은 다르다. 잠시 칸트를 만나 많은 것을 배우기는 하겠지만 불교는 사마타 속에서 사유하면서 사유의 결과인 사유체계에 사마타의 체험을 담아놓았기에 칸트와 헤어질 수밖에 없다. 사마디와 사마타는 몸을 바꾸어놓는다. 앞에서 보았듯이 우리는 쉽게 기운이 들뜨고 쉽게 기운이 가라앉을 수 있다. 몸의 기운이 이렇게 안정되지 않은 상태에서 사유했을 때 그때 얻을 수 있는 가장 바람직한 사유는 논리적 사유일 것이다. 이러한 논리적 사유가 진정성을 얻어 합리성을 이반하지 않기 위해서는, 그래서 합리성이란 말이 이성을 파괴하는 자들한테 공격을 받아 해체되지 않기 위해서는 몸의 기운을 바로잡는 사유를 해서 보완해야 할 것이다. 몸의 기운을 바로 잡는 사유는 사마디와 사마타를 유지하는 사유이다. 불교는 이 사마디와 사마타를 유지하고 개발하기 위해 다양한 방법들을 마련하고 있다. 이렇게 해서 사마디와 사마타를 굳게 딛고 사유하는 행위는 칸트의 사유에서 찾아볼 수 없기에 칸트는 불교를 배워야 한다. 도달한 진리가 사실 몸에 기대고 있는 사유로 찾은 진리라면, 또 몸은 사마디와 사마타를 하면서 부단히 안정되게 바뀌어 가는 것이라면, 또 이 몸에 기대서 성숙하는 사유여야 미세한 번뇌까지 볼 수 있고 이를 끊을 수 있는 것이라면 우리는 위빠사나 수행을 해야 하고 이 수행의 체험을 철학에 담아야 한다.

위빠사나 수행과 간화선 수행의 공명

Ⅰ. 들어가기

위빠사나 수행은 오늘날 미얀마, 태국, 스리랑카 등 남방의 여러 나라에서 실행되고 있는 수행방식이다. 남방에 초기불교가 전해져 내려오고 있다는 것은 모두가 잘 알고 있는 사실이지만 초기불교의 수행방식이 붓다고사의 『청정도론』에 의존해서 지금도 잘 실행되고 있다는 것은 많이들 모르는 듯하다. 그러나 오늘날 이미 30여 년 전부터 세계의 심리학계나 정신의학계에서 심리질환이나 정신질환의 치료에 이 수행방식이 응용되기 시작되어 지금은 세계 전역에서 위빠사나 수행방식이 실행되고 있다는 것을 알면, 또 우리나라에서도 20여 년 전에 미얀마의 위빠사나 수행을 들여와 불교계에 일정한 영향을 주고 세계에 확산되어 가는 조류를 따라 심리학계와 정신의학계에서 이 수행방식을 활용해 왔다는 것을 알면, 이 수행방식에 큰 관심을 갖고 주시하지 않을 수 없을 것이다. 간화선 수행은 중국의 대혜종고(大慧宗杲, 1089~1163)가 이전의 조사선의 전통을 이어받아 새롭게 만든 수행방식이다. 우리나라에서는 고려 때부터 이 수행방식을 수용해 지금까지 실행해 오고 있는데, 매년 100여 군데의 선원에서 하안거와 동안거 때 약 2,200여 명의 수행자가 이 수행방식을 따라 수행하고 있다. 우리나라는 규모로 보나 전통으로 보나 세계에서 유일한 간화선 수행의 나라라 할 수 있다.

위빠사나 수행과 간화선 수행은 수행 방식이나 과정이 무척 다르다. 위빠사나 수행이 인도적 전통에 있다면 간화선 수행은 중국적 전통에 있다고 할 수 있다. 그러나 수행은 수행의 성격상 사태 자체에 접근해 가고 사태 자체에 의해 유도된다는 점에서 위빠사나 수행과 간화선 수행은 이미 공명하고 있다고 말할 수 있다. 공명은 동일성과 차이에서 공명한다. 그러기에 위빠사나 수행과 간화선 수행의 동일성과 차이를 밝히는 일은 두 수행의 공명을 밝히는 일일 터이니, 이 작업을 충실히 하려면 밝히는 이 또한 공명의 자리에 서서 공명의 언어로 밝혀야 할 것이다.

간화선 수행과 위빠사나 수행의 차이는 방식과 과정에 있다. 간화선 수행은 화두라는 문제를 물어가는 방식과 과정이고, 위빠사나 수행은 일어남과 사라짐을 관찰해가는 방식과 과정이다. 두 수행의 동일성은 각각의 방식을 통해 사마타를 유지하는 동안 번뇌가 일어나지 않는다는 점, 또 급격하게 전환을 경험하며 열반을 얻게 된다는 점, 그리고 열반이 역설의 성격을 담고 있다는 점 등이다. 이 글은 위빠사나 수행의 경우 일어남과 사라짐을 관찰하다가 급격히 단절을 경험하면서 열반을 증득하게 되고, 간화선 수행의 경우 물음을 통해 사마타가 극대화되었을 때 어느 순간 기연(機緣)을 만나 깨달음을 얻게 되는 과정을 자세하게 궁구하고 있다.

이런 동일성과 차이에서 위빠사나 수행과 간화선 수행이 공명하고 있음을 밝히는 작업에 철학이 공명의 언어로 두 수행을 매개하는 모습을 보게 될 것이다. 글의 특성상 따로 항목을 설정하지 않았지만 두 수행이 공명하는 자리에 프랑스의 철학자 들뢰즈의 용어들이 등장할 것이다. 또 두 수행의 공명이 결정적으로 드러나는 자리는 급격한 전환과 이 전환에 바로 이어 증득되는 열반인데, 바로 이 자리에서 역설이 행해진다는 것을 들뢰즈의 관찰을 통해 확인하게 될 것이다.

II. 기초개념들

1. 3독

3독(毒)은 잘 알다시피 탐(貪), 진(瞋), 치(癡)이다. 수많은 번뇌들을 이렇게 셋으로 간단하게 범주화했다고 말할 수 있는데, 이 중 탐은 탐욕, 진은 증오, 치는 무지(無知)로 이해될 수 있다. 대상으로 끌어가면서 집착하도록 만드는 것이 탐욕이고, 대상을 물리치면서 집착하도록 만드는 것이 증오라면, 무지는 이 탐욕과 증오를 '보지 못함'이다. 무지(無知)는 지(知)가 없음이므로, 명(明)이 없음, 즉 무명(無明)과 똑같은 말이다. 수행을 하면 이 무명(無明)을 뚫고 명(明)이 솟아오르는데, 명(明)인 지혜의 힘이 강해질수록 마음에 일어나고 사라지는 행(行)들을 있는 그대로 더 명료하고 분명하게 볼 수 있게 된다. 그렇게 해서 좋지 않은 것[不善法]은 끊고 좋은 것들[善法]은 기를 수 있게 된다.

2. 3학

3학(學) 역시 잘 알다시피 계학(戒學), 정학(定學), 혜학(慧學)이다. 불교의 배움[學]을 간단하게 잘 정리한 말이다. 위빠사나 수행이든 간화선 수행이든 계학을 전제로 한다. 수행자가 수행공동체에서 생활하면서 정학과 혜학을 닦기 위해 지켜야 할 윤리와 법, 자기의 몸과 마음을 외부의 유혹으로부터 보호해야 하는 일 등이다. 『청정도론』에서는 일곱 청정을 말하는 대목에서 제일 먼저 계(戒)의 청정을 들면서 넷으로 나누어 간단명료하게, 첫째, 계목(戒目)을 지키는 일, 둘째, 보이거나 들리는 것들에 이끌리거나 이것들을 물리치며 집착하지 않도록 늘 주의하는 일, 셋째, 정직함·순수함 등 수행자의 품성에 적합하게 생필품을 구하는 일, 넷째, 생필품, 즉 의복·음식·잠자리·약을 사용할 때 각각의 고유한 목적을 성찰하는 일을 서술하고 있다.[1] 수행공동체 생활을 하지 않는 재가자들도 정학과 혜학을 닦으려면, 수행공동체의 계학을 본보기로 해서 그 원리를 찾아내 일상생활에 잘 적용해야 한다. 재가자들은 수행공동체의 계율과 같은 타율적인 법의 규제를 받지 않기 때문에 수행공동체 생활을 하는 수행자들보다 온갖 유혹에 넘어가기가 쉽다. 예를 들어 볼 일이 없는데도 컴퓨터를 켜고 컴퓨터의 뉴스들을 따라다니고, 무료함을 견디지 못해 텔레비전을 켜서 리모컨으로 이리저리 채널을 돌리고, 매일같이 들어오는 신문의 기사들을 보며 실망하거나 좋아하고…… 등등. 이러한 것들은 수행공동체에서는 규제하는 것이기 때문에, 재가자들도 깨달음을 얻기 위해 수행하려면 이 모든 것들을 멀리하기 위해 환경을 바꾸어야 한다. 재가수행자든, 출가수행자든 자기 체질에 맞는 음식을 적당하게 먹고, 몸에 항상 기운이 잘 흐르도록 적절하게 운동하고, 잠을 지나치게 많이 자 혼침(惛沈)에 빠지고 지나치게 적게 자 도거(掉擧)에 들지 않도록 적절하게 잠을 자고…… 등등을 해야 한다. 깨달음을 얻기 위해서 우리는 이렇게 몸과 마음을 보호하지 않으면 안 된다. 깨달음은 건강한 몸과 마음을 기반으로 해서 시작하고 또 여기에 기반을 두고 있기 때문이다.

정학(定學)은 번뇌들을 제거하거나 또 고요함을 유지하는 능력을 기르기 위해서 행하는 배움이다. 즉 산란에 대해 자세히 말하겠지만, 우리는 늘 산란하게 생활하고 있다. 한 대상에 마음을 집중하려고 노력해도 뜻대로 되지 않는다. 어떤 때는 이 대상, 또 어떤 때는 저 대상을 향하며 산란하게

· · · ·
1. Bhikkhu Bodhi, *A Comprehensive Manual of Abhidhamma* — *The Abhidhammattha Sangaha*, (Kandy: Buddhist Publication Society, 1999), pp. 347-348.

생활하고 있다. 이 산란의 위태로움을 모르고 생활한다면, 자연적 태도의 일반정립에서 벗어난 자유로운 이념들의 나라, 원성실성의 영역으로 들어갈 수 없다. 진정한 자유는 산란함을 완전히 통제할 수 있을 때 얻어지기 때문이다. 또 정학은 혜학의 기초가 된다. 혜학은 고요함을 유지하면서 마음에 일어나고 사라지는 행들을 있는 그대로 관찰하고, 이것들이 어디서 어떻게 왜 일어났는지 관찰하는 것이다. 행들이 일어나고 사라지는 과정뿐 아니라 여러 인(因)과 연(緣)들, 즉 원인과 조건들이 모이고 흩어지는 과정을 관찰하는 것이다. 미움의 행(行)을 보자. 내 마음에 지금 일어나는 미움을 미움이란 말로 지칭할 수 있다면, 나는 바로 이 미움이 일어나고 사라지는 과정을 반복하는 것을 관찰할 수 있다. 그런데 이 미움은 대상에 따라 강도의 차이가 있고 지속의 차이가 있다. 또 몸이 건강하지 않을 때나 마음이 평안하지 않을 때는 대상이 없이도 미움이 일어나고 이 미움은 대상을 찾아다닌다. 미움은 미움이란 말로 지칭할 때 단일한 대상인 듯 보이지만 사실 이 미움 자체에는 미움의 역사가 침전되어 있다. 내가 지금까지 살아온 전 역사가 침입해 있다. 이렇게 미움의 행(行)을 관찰하게 되는데 그렇게 하려면 마음이 고요해져야 한다.

3. 3혜

혜(慧) 역시 잘 알다시피 문혜(聞慧), 사혜(思慧), 수혜(修慧)이다. 혜(慧)는 반야의 의역어로 반야와 똑같은 말이다. 반야란 간택(簡擇)으로 정의되는 데서 알 수 있듯이 사태를 있는 그대로 잘 나누어 본다는 말이다.

첫째, 문혜는 들어서 형성되는 반야이다. 강의를 듣거나 법문을 듣거나 책을 보고서 형성되는 반야라 할 수 있다. 강의하는 사람이 의도하는 대로, 책을 쓴 사람이 의도하는 대로 알아듣는 반야이다. 둘째, 사혜는 사유해서 형성되는 반야이다. 문혜가 강의하는 사람의 맥락에서 있는 그대로 이해하는 반야라면, 사혜는 이를 나의 문맥에서 이해하는 반야이다. 어차피 듣는 순간부터 해석이 일어나기 때문에 같은 내용이라 하더라도 듣는 사람과 말하는 사람의 이해에 차이가 생긴다. 말하는 사람이 사태 자체에 상응하게 말하고 있다면 듣는 사람은 이를 수혜에 의지해서 해석해 들어가게 될 것이다. 셋째, 수혜(修慧)는 사마타와 위빠사나를 통해 형성되는 반야이다. 거짓말을 하지 않아야 하는 타당한 이유를 들어서 알았다고 해서 거짓말을 안 하게 되는 것은 아니다. 신업(身業), 구업(口業), 의업(意業), 다시 말해 몸의 행위, 말의 행위, 마음의 행위[의지]는 듣고서 이해했다고 해서 그렇게 할 수 있는 능력을 얻는 것은 아니다. 마치 화살 쏘는 방법을 들어서 배웠다고 해서 화살을 잘 쏘아 과녁을 명중하는 게 아니듯이. 그러므로 불교의 배움은 수혜에서 본격적으로 진행된다고 말할 수 있겠다.

III. 산란

1. 여섯 종류의 산란

이러한 사마디를 이해하기 위해서 이와 반대되는 상태인 산란(散亂)에 대해서 잘 알아야 하겠다. 산란은 6종 산란이라고 해서 자성산란, 외산란, 내산란, 추중산란, 상산란, 작의산란으로 나뉜다. 사마디[定]를 '한 대상에 마음을 모음[心一境性]'이라고 정의할 때, 이를 주의작용[作意]과 구별해서 이해해야 한다. 사마디에도 주의작용의 계기가 있지만, 산란에 기대고 있는 일상생활의 주의작용과는 다르다.

첫째는 자성산란(自性散亂), 즉 본래의 산란이다. 5식신(識身)을 말한다. 『변중변론』에서 "삼매에서 나오는 것이다"[2]로 정의하고 있다. 이 경우 주의

2. 송 마이뜨레야, 논 바수반두 지음, 박인성 역, 『중과 변을 구별하기』(주민출판사, 2005), pp. 136-137. 이하 「변중변론」의 인용문은 모두 이 책에서 따온 것이다.

작용이 산발적으로 이루어진다. 우리는 보거나 들을 때, 바깥의 소리의 자극에 반응하면서 귀가 그쪽으로 쏠리고 바깥의 빛깔의 자극에 반응하면서 눈이 그 쪽으로 쏠린다. 심리학에서는 이런 쏠림, 이런 주의를 경각 주의라고 한다. 무상정(無想定)이나 멸진정(滅盡定) 같은 선정에 들지 않는 한 피하려 해도 피할 수 없다. 갑자기 들리는 것을 듣지 않고자 해도 듣지 않을 수 없으며, 갑자기 보이는 것을 보지 않고자 해도 보지 않을 수 없다. 또 들리는 것에 마음이 쏠리는 순간 그것이 무엇인지 바로 알아내려고 한다. 그런데 이렇게 들리는 것이나 보이는 것이 무엇인지 바로 알지 못할 때는 더 무엇인지 알아내고자 할 수 있다. 가령 어떤 사물을 보는 순간 책이라고 바로 판단을 내릴 수도 있지만, 그 사물이 무엇인지 분명히 알지 못할 때는 머뭇거리며 무엇인지 더 알아내고자 노력한다. 이런 주의를 심리학에서는 지속 주의작용이라 한다. 그런데 경각 주의작용이든, 지속 주의작용이든 이런 주의작용들은 대상으로 향해 있다. 주변환경을 장악하기 위해서 선별하지 않으면 안 되는 인간의 생명성과 관계가 있을 것이다. 5식신(識身)이 모두 본래의 산란이니, 보고 듣고 하는 일뿐 아니라 냄새 맡고 맛보고 몸으로 느끼는 모든 감각적 지각 작용이 본래 산란한 상태에서 이루어진다는 것을 알 수 있다.

둘째는 외산란(外散亂), 즉 바깥의 산란이다. 『변중변론』에서 "경계로 치닫는 것이다"로 정의하고 있다. 대상[경계]이 우리를 직접적으로 반응하게도 하지만, 우리가 대상을 향해 적극적으로 반응하기도 한다. 좋아하는 음식, 좋아하는 옷, 좋아하는 이성 등을 볼 때 우리는 우리가 미리 그려놓은 대로 대상에 다가간다. 자성산란인 5식신(識身)은 누구든 그런 방식으로 반응하게 되어 있지만, 이 외산란은 사람마다 차이가 있다. 전자에는 인간의 생명의 역사가 반영돼 있다면, 후자에는 한 인간의 경험의 역사가 반영돼 있다고 할 수 있다. 이 경험의 역사에는 태어날 때 이미 받은 성향도 포함된다. 사실 외산란의 대상은 우리가 항상 기다려 온 대상이라 말할 수 있을 정도이다. 능동적으로 그런 대상에 호, 불호, 쾌, 불쾌를 투여한다. 자성산란의 대상에는 쾌, 불쾌는 일으켜도 호, 불호는 일으키지 않지만 외산란의 대상에는 호, 불호를 일으킨다. 좋은 것에는 끌려가고 싫은 것은 물리친 경험의 역사가 내 기억에 보존돼 있기 때문이다. 그렇기 때문에 이런 대상들을 대할 때 우리는 모르는 사이 끌려가서 다시 반복해서 보고자 하고, 물리쳐서 다시 반복해서 보지 않고자 한다.

셋째는 내산란(內散亂), 즉 안의 산란이다. 『변중변론』에서 "삼매의 맛을 즐기는 것, 혼침, 도거이다"로 정의하고 있다. 삼매에는 수준들이 있다. 더 깊은 적정으로 올라가 최후에는 비상비비상처(非想非非想處)를 넘어 멸진 정까지 오를 수 있는데 일정한 수준의 삼매에서 기쁨, 즐거움 등의 삼매의 맛을 즐기게 되면 이를 탐착하게 되어 더 높은 수준의 삼매에 오르지 못하게 된다. 그래서 그 수준의 삼매에 머물러 있거나 그 아래 수준의 삼매에 떨어지고 이내 산란에 떨어지게 된다. 삼매의 맛을 즐기는 것은 위빠사나 수행의 네 번째 국면에서도 볼 수 있는데,[3] 이 수행을 계속 진행하려면 이를 주시하고 다시 일어남과 사라짐을 관찰해야 한다. 혼침은 육중하게 가라앉는 것이고, 도거는 경박하게 뜨는 것이다. 기운이 육중하게 가라앉으면 위빠사나를 예리하게 진행할 수 없고, 기운이 경박하게 뜨면 사마타를 차분하게 진행할 수 없다. 혼침으로도 도거로도 향하지 않고 몸과 마음의 기운이 평형을 이룬 상태를 사(捨, upekkha) 또는 행사(行捨)라고 한다. 이 사(捨)는 고도의 사마디 수행이나 위빠사나 수행을 진행하려면 반드시 통과해야 한다.[4] 이를 디딤돌로 해서 사마디 수행에서는 무색계의 선정을 얻을 수 있고, 위빠사나 수행에서는 깨달음인 도(道)의 지혜를 얻을 수 있기 때문이다.

넷째는 상산란(相散亂), 즉 꾸밈의 산란이다. 『변중변론』에서 "존중받고자 의도하는 것이다. 그 꾸밈을 짓고서 가행(加行)하기 때문이다"로 정의하

- - - -

3. 위빠사나 수행의 단계들에 대해서는 아래 'Ⅳ. 일어남과 사라짐을 보아 가는 위빠사나 수행'에서 논한다.

4. 사마디 수행에서는 색계 4선(禪)에서, 위빠사나 수행에서는 열한 번째 국면인 '상카라에 대한 평정의 지혜'에서 경험하게 된다.

고 있다. 자기를 있는 그대로 유지해야 하는데, 남에게 잘 보이기 위해서 자신을 과장해서 수행하는 것을 말한다.

다섯째는 추중산란(麤重散亂)이다. 『변중변론』에서 "'나'가 있다고 작의(作意)하는 것이 추중(麤重)의 산란함이다. 추중의 힘에 의해 아만(我慢)이 현행하기 때문이다"고 정의하고 있다. 추중은 거칠고 무거움이다. 거칠고 무거운 만큼 본래의 산란, 바깥의 산란, 안의 산란보다 우리가 더 잘 관찰할 수 있지만, 또 그만큼 벗어나기도 어렵다. '나'가 있다는 것이 배경이 되어 일어나는 지난날에 대한 후회, 비통, 원한, 증오 등이나 앞으로 일어날 일에 대한 근심, 걱정, 초조 등을 가리킨다.

여섯째는 작의산란(作意散亂)이다. 『변중변론』에서 "마음의 열등함이 작의(作意)의 산란함이다. 열등한 승(乘)의 작의가 현행하기 때문이다"고 말하고 있다. 여기서 작의(作意)는 주의작용을 뜻하는 것이 아니라 작의사유(作意思惟)를 뜻한다. 작의사유란 주의 깊게 사유하는 것을 말한다. 말씀을 듣거나 보고 나서 이에 대해 주의 깊게 사유하는 것을 말한다. 삶을 보는 일정한 견해에 사로잡혀 있으면 자꾸 이 견해대로 삶을 보게 되어 여기서 벗어나기란 쉬운 일이 아니다. 넓게 보고 들으면서 더 깊게 사유해야 하는데, 보고 들음을 게을리 하면서 자꾸 보던 대로만 보려는 습성의 산란이다.

2. 산란을 막는 사띠 수행

수행을 한다는 것은 산란함을 없애 고요함을 유지할 수 있는 능력, 즉 사마타의 능력을 기르고, 또 이 고요함 속에서 이 행들을 잘 볼 수 있는 능력, 즉 위빠사나의 능력을 키우는 것이라 할 수 있다. 4념주(念住) 수행, 즉 사띠(sati) 수행은 바로 이 두 가지 힘을 기르는 수행이라 말할 수 있다. 그러므로 산란을 막으려면 이 사띠 수행을 해야 한다. 산란은 한 대상에 집중하지 못하게 하고 또 대상을 있는 그대로 보지 못하게 하는데, 사띠 수행의 사마타 계기는 한 대상에 집중할 수 있도록 해주고 위빠사나 계기는 대상을 있는 그대로 관찰할 수 있도록 해준다.

사띠 수행을 올바르게 실행해서 산란을 막으려면 알아차리고자 하는 의지[思], 이 의지를 실현하고자 하는 노력[精進], 이 의지를 계속하고자 하는 기억[念] 등을 견고하게 유지할 수 있어야 한다. 산란하면 우리의 마음이 대상을 향하고 대상에 매이게 되지만, 사띠 수행을 하면 자각적인 의지를 갖고 대상을 알아차릴 수 있기 때문에 대상과 거리를 유지할 수 있다.[5]

위빠사나 수행은 '4념주(念住)를 기반으로 한 위빠사나 수행'이라 하는 데서 알 수 있듯이 4념주(念住) 수행, 즉 사띠[念] 수행이 토대가 되어 있다. 그래서 이 사띠 수행은 신념주에서는 신(身)을, 수념주에서는 수(受)를, 심념주에서는 심(心)을, 법념주에서는 법(法)을 관찰하는데 행(行), 주(住), 좌(坐), 와(臥)라는 일상의 행동 속에서 쉼 없이 하게 되어 있다. 행선(行禪)과 좌선(坐禪)의 예를 들어 사띠 수행을 어떻게 하는지 알아보겠다.

알다시피 걸어가면서 하는 사띠 수행을 행선(行禪), 머물면서 하는 사띠 수행을 주선(住禪), 앉아서 하는 사띠 수행을 좌선(坐禪), 누워서 하는 사띠 수행을 와선(臥禪)이라 한다. 일상생활은 크게 보아 행(行), 주(住), 좌(坐), 와(臥)로 되어 있으니 늘 이러한 사띠 수행을 실행할 수 있다면 산란을 완전하게 극복할 수 있다. 그런데 이와 같은 행, 주, 좌, 와의 사띠 수행은 일정한 형식을 밟아 가며 실행할 수 있도록 정형화되어 있다. 이 정형화되어 있는 사띠 수행을 행선과 좌선의 예를 들어 설명해보면, 먼저 행선은 이렇다. 선원에서 큰 홀에 모여 같이 수행을 하는데 한 발 한 발 아주 천천히 걸으면서 발이 바닥에서 떨어지는 느낌, 발을 들어 올릴 때의 느낌, 발이 허공을 스치는 느낌, 발이 바닥에 닿는 느낌 등을 관찰하게 된다. 이때 느낌은 물질의 구성 요소인 지, 수, 화, 풍, 4대(大)의 느낌이다. 차가움 또는 따뜻함, 딱딱함 또는 부드러움, 울퉁불퉁함 또는 매끄러움, 지탱함 또는 움직임

. . .

5. 심리치료에서 이를 거리두기(distancing)라 한다. 탈동일시(de-identification), 탈중심화(de-cen-tralization)로 이해되기도 한다.

등을 관찰하게 된다. 사띠 수행이 심화할수록 더 미세한 느낌들이 일어나고 사라지는 과정을 관찰할 수 있게 된다. 앉아서 할 때는 들숨과 날숨을 관찰하면서 길거나 짧음, 깊거나 얕음, 차갑거나 따뜻함, 거칠거나 고움 등을 느끼게 된다. 다음에 좌선은 이렇다. 좌선을 할 때는 4념주(念住) 중 무엇보다 심념주(心念住)를 잘 행할 수 있는데 이때 우리는 마음에 일어나는 것들을 놓치지 않고 관찰할 수 있게 되고, 한 대상을 깊이 관찰할 때는 그 원인도 관찰할 수 있게 된다. 앞에서 들었던 미움의 예를 다시 들어 보면, 우리가 보는 미움이 미움이란 말로 지칭되는 한 동일한 대상이 아니라는 것을 먼저 알게 되고, 이어 있는 그대로 더 관찰하게 되면 미움이란 말로 지칭되는 한 동일한 대상에서 벗어나 미움을 더 다양한 요인들로 분열분석할 수 있게 된다. 미움의 대상이 있기도 하지만, 몸이나 마음의 상태가 좋지 않을 때는 아무 대상이 없이 미움이 일어난다는 것도 알게 된다. 그뿐 아니라 이렇게 아무 대상이 없이 일어난 미움이 대상을 찾아 이리로 저리로 향한다는 것도 알게 된다. 나아가 미움이 일어나기까지 내가 이래저래 쌓았던 미움의 역사도 알게 된다.

사띠 수행이 잘 되지 않을 때는 발을 듦, 나감, 놓음이라 말을 붙이며 발을 바닥에서 떼었다가 바닥에 다시 놓기까지 이렇게 세 단계로 구획해서 수행을 하기도 한다. 이 이상의 동작들로 분석될 수 있지만 크게 이렇게 분석해서 아직 집중이 잘 안 되는 사람들을 배려하는데, 이때 수행하는 사람은 발이 나갈 때 발을 들었다는 사실을 놓치지 않고 발을 놓았을 때 발이 나갔다는 사실을 놓치지 않는 사띠의 성격을 더 쉽게 파악할 수 있다. 이때 파악되는 사띠의 의미는, 논서에 실려 있는 대로,[6] 한 찰나의 사실을

- - - -
6. 『성유식론』(『대정장 31』, p. 28중), "云何爲念? 於曾習境令心明記. 不忘爲性, 定依爲業. 謂數憶持曾所受境, 令不忘失, 能引定故." "염(念)이란 무엇인가? 이미 경험한 대상을 명료하게 기억하는 것이다. 잊지 않음을 본성으로 하고, 정(定)의 의지처가 되어주는 것을 기능으로 한다. 이미 수용한 대상을 반복해서 기억해서 간직하고 잊지 않게 해서 정(定)을 이끌어오기 때문이다."

'망실(忘失)하지 않음', '놓치지 않음', '잊지 않음'이다. 물론 이는 우리가 지난날의 일을 기억하는 회상을 의미하는 것은 아니다. 그러나 기억이 본래 지난날의 일을 기억하는 것뿐 아니라 한 찰나 전의 일을 기억하는 것을 의미한다고 한다면, 사띠는 기억의 의미를 담고 있다는 것이 분명하다. 다만 저절로 기억하기 위해서, 다시 말해 수동성의 영역에서 이미 구성의 기능으로 활동하고 있는 파지와 예지의 기억을 타기 위해서 기억하고자 하는 의지와 노력을 담는 차이가 있기는 하지만 말이다.

알아차림, 알아차림, 알아차림……. 이렇게 진행하면서 매순간 기억의 기능이 개입한다. 바로 이 기억의 기능이 사마타를 이루게 하는 것이다. 알아차림이 끊이지 않고 연속하면서 알아차림은 더 강화되고 명료하게 되는 반면 그만큼 산란함이 막아지기 때문에 고요하게 된다. 또 고요하게 되면서 더욱 명료하게 알아차리게 된다. 간화선에서 말하는 성성적적(惺惺寂寂)[7]은 사띠 수행의 두 계기인 사마타와 위빠사나와 다르지 않다. 단지 사띠 수행에서는 기억이 사마타를 형성해가는 본질적인 힘이라면 간화선 수행에서는 의심이, 정확히 말하면 물음이 사마타를 형성해 가는 본질적인 힘이라 말할 수 있다.

Ⅳ. 일어남과 사라짐을 보아가는 위빠사나 수행

깨달음을 얻기 위해 위빠사나 수행을 해나가는 과정을 보려면 먼저 일곱 청정(淸淨)에 대해 알아야 한다. 왜냐하면 일곱 청정에는 위빠사나 수행을 청정에 의거해서 분류하고 있기도 하지만 위빠사나 수행을 하며 청정해지기 위해서 먼저 또는 함께 계율을 청정하게 하고 마음[citta; 心]을 청정해야 한다는 것을 말하고 있기 때문이다. 일곱 청정은 첫째, 계율의 청정, 둘째,

• • •
7. 성성적적(惺惺寂寂)에 대해서는 월암, 『간화정로』(클리어마인드, 2009), pp. 397-400 참조.

마음의 청정, 셋째, 견해[見]의 청정, 넷째, 의심을 극복해서 얻는 청정, 다섯째, 도(道)와 도(道) 아닌 것을 알고 보아서 얻는 청정, 여섯째, 도(道)를 알고 보아서 얻는 청정, 일곱째, 알고 보아서 얻는 청정이다. 위빠사나 수행은 이 일곱 청정 중 세 번째 청정인 견해의 청정으로부터 시작한다.

깨달음을 얻어 이를 반조할 때까지 위빠사나 수행을 해나가는 과정은 열여섯 국면으로 이루어지는데, 이를 청정에 의거해서 분류하면 견해의 청정에는 정신과 물질을 분석하는 지혜가, 의심을 극복해서 얻는 청정에는 정신과 물질의 원인들을 식별하는 지혜가, 도와 도 아닌 것을 알고 보아서 얻는 청정에는 이해의 지혜와 약한 국면의 일어남과 사라짐을 보는 지혜가,[8] 도를 알고 보아서 얻는 청정에는 성숙한 국면의 일어남과 사라짐을 보는 지혜에서 수순함의 지혜까지 여덟 종류의 위빠사나 지혜가, 알고 보아서 얻는 청정에는 네 가지 출세간의 지혜가 포함된다.[9]

1. 견해의 청정 —— 정신과 물질을 분석하는 지혜

견해의 청정은 정신과 물질을 분석해서 생기는 청정이다. 정신과 물질을 분석해 가면서 우리는 대상의 동일성이나 주관의 동일성이 있지 않다는 것을 발견하게 된다. 이처럼 상호 의존해서 일어나는 정신적 요소들과 물질적 요소들의 복합체가 있을 뿐 그 안이나 그 뒤에서 통제하거나 주관하는 영원한 자아가 없다는 것을 보여주기 위해 물질과 정신을 분석하는 일정한 방법을 제시하고 이를 따르도록 하고 있다. 먼저 물질에 대한 분석은 물질에

⋯
8. 여기서 다섯 번째 청정인 도와 도 아닌 것을 알고 본다는 것은 약한 국면의 일어남과 사라짐을 관찰하는 데서 생기는 긍정적인 정서, 긍정적인 의지, 긍정적인 몸과 마음의 상태 등에 애착해서 일어남과 사라짐을 있는 그대로 주시하지 못하는 '도(道) 아닌 것'을 알아차린다는 것이다.
9. 알고 보아서 얻는 청정의 네 가지 출세간의 지혜는 예류, 일래, 불환, 아라한의 지혜를 말한다.

서 지, 수, 화, 풍, 4대(大)를 관찰하는 것이다. 여기서 4대는 우리 눈에 보이는 땅, 물, 불, 바람이 아니라는 점에 유의해야 하겠다. 굳이 이 용어를 써서 말한다면 땅, 물, 불, 바람의 성질과 기능이라 할 수 있다. 땅은 단단함과 부드러움, 거침과 매끄러움, 무거움과 가벼움을, 물은 흐름과 응집을, 불은 따뜻함과 차가움을, 바람은 지탱과 움직임이다. 물질의 가장 작은 단위를 깔라빠(kalapa)라 하는데 이 또한 4대로 분해될 수 있다. 깔라빠는 우리의 마음이 구성한 개념, 즉 빤냐띠(paññati)인 반면 4대는 실재, 즉 빠라마타 (paramatha)이기 때문이다. 행선할 때의 감각을 예로 들어 보자. 발을 바닥에서 뗄 때, 발을 올릴 때, 발이 앞으로 나갈 때, 발이 허공을 스칠 때, 발이 바닥에 닿을 때 우리는 이 4대를 만날 수 있다. 발을 바닥에서 뗄 때의 무거움, 바닥에 놓을 때의 가벼움, 발을 바닥에서 뗄 때까지의 움직임, 발을 바닥에 놓을 때까지의 지탱, 발이 바닥에 닿았을 때의 차가움 또는 따뜻함, 매끄러움 또는 울퉁불퉁함 등이 나타난다. 처음에는 굵직하게 차가움, 딱딱함 등으로 나타나다가 반복할수록 점점 섬세하게 다양하게 차가움, 딱딱함 등으로 나타난다. 깔라빠라는 물질의 가장 작은 단위는 그 동일성과 연속성을 유지하지 못하고 4대라는 물질의 요소들로 이렇게 분해된다. 물질의 가장 작은 단위조차 정신의 구성물인 개념이라는 것을 알게 되는 것이다.[10]

다음에 정신은 우선 네 부문으로 분석해서 식별하게 되는데, 첫째, 내부에서 일어나는 마음들에 대한 식별, 둘째, 각 마음에 수반되는 심리적인 것들에 대한 식별, 셋째, 6문(門)[11]에서 일어나는 인식과정에 대한 식별, 넷째, 인식과정 바깥의 정신에 대한 식별이다.[12] 이 중 6문에서 일어나는 인식과정을 들어 정신을 어떻게 분해해서 식별하는지 알아보겠다. 사실 인식과정만 해도 사마디의 인식과정, 욕계의 인식과정으로 분석할 수 있고, 욕계의

· · ·

10. 파아욱 또야 사야도 법문, 무념 옮김, 『사마타 그리고 위빠사나』(보리수선원, 2004), p. 138.
11. 안, 이, 비, 설, 신, 의의 문(門)이다.
12. 위의 책, pp. 214-215.

인식과정은 다시 의문(意門) 인식과정과 5문(門) 인식과정으로 분석할 수 있다. 색계와 무색계의 사마디의 인식과정은 철학에서 다루고 있지 않기 때문에, 철학과 교감하기 위해서 의문(意門) 인식과정과 5문(門) 인식과정을 다루는 게 좋겠다. 짐작하겠지만 물질을 분석해서 물질의 동일성과 연속성을 타파했듯이 여기서도 정신을 분석해서 정신을 통괄하는 '나'를 해체시킨다. 이 분석과정을 통해 의문(意門)이든 5문(門)이든 인식과정은 그 자체의 요소들에 의해 이루어지지 '나'가 이 과정에 개입해서 통괄해서 이루어지는 것은 아니라는 것을 발견하게 된다.

의문(意門) 인식과정은 한 찰나의 의문 전향 의식, 일곱 찰나의 자와나 의식, 그리고 두 찰나의 등록 의식으로 구성된다. 이 의식들에는 다양한 의식의 상태들이 있는데 이를 하나하나 식별해 나간다. 가령 미움을 볼 때는 미움이 일어나는 곳인 바왕가 의식을 식별하고, 미움이 나를 촉발시키는 지점을 보고, 미움에서 일어나는 좋지 않은 정서들을 하나하나 파악해 간다. 명료하게 부각되는 것에서부터 시작해서 일정한 심소(心所)들을 완전하게 식별할 때까지 반복해서 계속해 나간다.

5문(五門) 인식과정은, 청각을 예로 들어보면, 순서대로 한 찰나의 5문(門) 전향 의식, 한 찰나의 청각 의식, 한 찰나의 수용하는 의식, 한 찰나의 심구(尋求)하는 의식, 한 찰나의 결정(決定)하는 의식, 일곱 찰나의 자와나 의식, 두 찰나의 등록 의식으로 구성되어 있고, 이 과정을 거친 뒤 앞에서 말한 의문(意門) 인식과정이 이어지는데[13], 이 과정을 구성하는 요소들을 하나하나 식별할 수 있어야 한다. 가령 소리가 나면 귀는 그 소리가 나는 쪽으로 쫑긋 쏠리면서 그 소리가 무슨 소리인지 알아내려고 한다. 이 과정을 구성하는 요소들을 부각되는 것부터 하나하나 식별해 간다. 소리와 귀의 접촉, 좋은 느낌 또는 싫은 느낌, 소리의 힘에 저절로 향하는 주의, 무슨 소리인지

....
13. 대림 스님·각묵 스님 공동 번역 및 주해, 『아비담마길라잡이』 상(초기불전연구원, 2009), p. 357 도표 참조.

알아내려는 주의와 의도, 머뭇거림, 무슨 소리인지 알았다는 결정, 좋아함 또는 싫어함의 정서, 취하겠다 또는 버리겠다는 의지 등. 청각에서 이러한 관찰이 완수되면 다음에는 시각, 후각 등 다른 감각들에서도 이와 같은 방식으로 관찰해 나간다.

이렇듯 물질적인 과정과 정신적인 과정을 구분하고, 또 물질적인 과정은 물질적인 과정대로 다시 분석하고 정신적인 과정은 정신적인 과정대로 다시 분석하면, 물질이든 정신이든 동일성이 없다는 것을 알게 된다.

2. 의심을 극복해서 얻는 청정 —— 정신과 물질의 원인들을 식별하는 지혜

불교에서는 이를 12연기란 이름으로 과거, 현재, 미래의 인과 관계를 다루고 있다. 신이나 최초의 영혼 같은 가설적인 원인에서 현재의 정신과 물질이 발생했다는 명료하지 않은 의심에 근거하는 견해들을 타파하기 위해서이다. 현재의 정신과 물질은 과거의 무명, 갈애, 취착, 행(行), 유(有)에서 일어난 것이다. 파욱 선사에 의하면,[14] 한 수행자는 현재 그가 그렇게 수행자로 생활하는 것은 전생에서 불상 앞에서 향, 초, 꽃을 올리면서 수행자로 태어나기를 기원했기 때문이라는 사실을 사마디 수행을 통해서 발견하게 된다고 하면서, 그때 그는 무명으로 인해 수행자가 실재한다고 잘못 생각한 것이며, 갈애로 인해 수행자의 삶을 원하고 갈망한 것이며, 취착으로 인해 수행자의 삶을 살기를 집착했던 것이라고 말하고 있다. 사마디 수행을 통해 전생에 수행자로 태어나길 기원했다는 것을 알게 되었다는 말은 이를 듣는 사람의 고도의 사마디 수행 체험을 요하기 때문에 이해하기 쉽지 않지만, 현재의 삶은 과거세의 행위에서 온다는 불교의 인과를 잘 보여주는 예라 할 수 있다.

더 쉽게 이해하기 위해서 다른 예를 들어 보겠다. 파욱 선사가 든 예는

· · ·
14. 파아욱 또야 사야도, 위의 책, pp. 246-248.

사마디에 토대를 둔 직관에 의거한 것이지만 다음은 위빠사나의 직관과 추론에 의거한 것이다. 지금 나는 나의 마음에 일어나고 있는 미움을 본다. 정확히는 일어났다 사라졌다 하는 미움을 본다. 이 미움은 나의 마음에서 일어나는 일이지만 이 미움을 바라보는 '나'가 일으킨 것이 아니다. 그렇다면 미움은 어디에서 어떻게 해서 왜 일어나는가? 또 미움이 일어나면 왜 나는 그렇게 폭력적인 말과 행동을 구사하려 하고 또 구사하는 것일까? 지금 일어나는 미움은 어떤 사람에 대한 미움일 수 있다. 그런데 과연 나는 그 어떤 사람을 미워하는 것인가? 미움은 어떤 사람과 좋지 않은 일이 있어 일어나기도 하고, 단지 어떤 사람이 못생겼다는 이유만으로 미움이 일어나기도 하고, 우리와 같은 무리가 아니라는 이유만으로 미움이 일어나기도 하며, 내가 미워하는 사람과 비슷하게 생겼다는 이유만으로 미움이 일어나기도 한다. 그것뿐인가? 미움이 아무 대상이 없이 일어나기도 한다. 몸이 불편한 상태에 있거나 마음이 여의치 않는 상황에 놓여 있을 때 평소에 미워하지 않은 사람도 미워하게 되며, 아무도 없는 방 안에서 홀로 있으면서도 난데없이 미움이 일어나 마음속에서 미워할 대상을 찾아 나서기도 한다. 이렇게 보면 지금 일어나는 미움은 사람이나 사물 등 특정한 어떤 대상에 대한 미움이 아니라 미움 자체에서 일어나는 것이라 할 수 있다. 미움을 일으키는 원인은 본질적으로 미움 자체에 있는 것이다. 왜냐하면 미움을 보는 능력이 없을 때 미움이 일어나기 때문이다. 이 말은 단순하게 이해되어서는 안 된다. 미움을 보고 미움이라 말할 때는 미움이 단일한 대상으로 파악되어 미움의 다양한 계열들, 또 미움과 함께하는 다양한 계열들, 또 그 계열들 속의 요소들을 놓칠 수 있기 때문이다. 이 점을 유의해서 이 말을 해석한다면 미움뿐 아니라 모든 번뇌의 근원은 무명(無明), 즉 무지(無知)라는 것을 알 수 있다.

미움을 비롯한 번뇌 덩어리인 우리의 탄생은 그렇다면 과연 어디에서 비롯되는 것일까? 역시 무명 아니겠는가? 미움을 일으킴에는 이를 일으키는 의지가 있고 또 근본적으로 이를 일으킬 수 있는 힘이 있듯이, 우리를 탄생하게 하는 데도 이런 의지와 힘이 있다. 불교의 용어를 써서 다시 말해 본다면, 무명과 갈애와 취착과 같은 번뇌와 업(業)이 원인과 조건이 되어서 우리가 태어난다고 말할 수 있다. 불교는 미움의 원인들을 밖에서 찾지 않고 미움의 사태 자체를 현상학적이고 해석학적으로 찾았기에 이렇게 말할 수 있는 것이다. 그래서 우리는 내가 이렇게 태어난 것은 바로 그렇게 미움 따위의 번뇌들에 내재하는 원인과 조건들 때문이지 그 밖의 다른 이유는 도대체 찾을 수 없다는 것을 이 과정을 통해 발견하게 된다.

3. 도(道)와 도(道) 아닌 것에 대한 앎과 봄에 의한 청정 —— 무상·고·무아를 이해하기

앞의 두 국면에서 정신과 물질을 분석하고 정신과 물질의 원인들을 식별함으로써 대상의 동일성과 주관의 동일성이 해체된다는 것을 발견하게 되었다. 그런데 이러한 발견은 일어남과 사라짐을 관찰하는 위빠사나의 지혜를 강화할 때 구체적으로 확보되고, 또 이를 기반으로 해서 열반을 보고 얻을 수 있다. 그래서 이 국면에서는 앞의 두 국면처럼 행(行)들을 세밀한 요소들로 분해하지 않고, 반대로 세밀한 요소들을 모아 결합체로 이해한다. 이 국면에서는 무상·고·무아를 사유하는 것이 중요하기 때문이다.

느낌[受]은 사실 무거움, 가벼움 등 4대의 요소들로도 분류될 수 없을 만큼 더 미세하게 분화될 수 있다. 4대의 범주는 부드러움 같은 한 범주를 부각시켜 부드러움의 범주 내에서 부드러움을 더 세밀하게 느끼기 위해서 마련된 것이다. 이 경우 4대의 범주는 사실 자체를 느끼기 위한 방편일 따름이다. 부드러움 등의 느낌은 부드러움 등의 언어로 표현할 수 없을 만큼 아주 다양하고 미세하다. 부드러움 등의 느낌을 표현하기 위해 직설적인 언어를 쓰지 않고 비유적인 언어를 쓰는 것도 이 때문이다. 부드러움의 느낌은 부드러움의 언어로 표현되기에 앞서 부드러움의 다양하고 미세한 느낌으로 들어온다. 그래서 고무판을 밟는 느낌이라든가 스펀지를 밟는 느낌이라든가 살을 만지는 느낌이라든가 하고 비유적인 언어로 표현할 수밖에 없는 것이다. 이 부드러움 등의 느낌은 사람마다 다르고 한 사람에 있어서도 수행할 때마다 다를 수 있다. 그렇기 때문에 이렇게 분명하지 않은 느낌을 두고 처음에 무상·고·무아를 사유하기란 쉬운 일이 아니다. 그래서 무상·고·무아를 넓게 또 좁게 분명하게 사유할 수 있도록 다양하고 미세한 느낌들을 한데 묶어 수온(受蘊)이라 하는 것이다. 수온은 느낌의 결합체로서 과거의 것, 미래의 것, 현재의 것, 내적인 것, 외적인 것, 거친 것, 미세한 것, 열등한 것, 월등한 것 등일 수 있다. 그런데 어떤 것이든 이 개념에서는 느낌들의 차이가 중요하지 않다. 일어남과 사라짐을 면밀하게 관찰해서 열반을 보고 얻으려면 무상·고·무아를 분명하게 이해하고 있어야 하기 때문이다.

　이러한 수온(受蘊)을 비롯한 5온을 각각 무상·고·무아라는 세 가지 특징에 의해서 이해하는데 이때 무상은 파괴된다는 의미에서 무상이고, 고는 두려움이란 의미에서 고이고, 무아는 실체 없음이란 의미에서 무아이다. 다시 말하면 이렇다. 첫째, 모든 행들은 파괴된다는 의미에서 무상의 특징을 갖는다. 그들은 일어나는 바로 그 자리에서 파괴를 겪고, 그들의 동일성을 보유하면서 어떤 다른 상태로 넘겨주지 않기 때문이다. 둘째, 두렵다는 의미에서 고이다. 무상한 것은 무엇이든 평온한 안정성을 제공하지 않으니 두려울 수밖에 없다. 셋째, 그것들은 실체 없음이란 의미에서 무아이다. 자아, 실체, 또는 내적인 통제자를 결여하기 때문이다.[15]

　무상·고·무아를 이해하면서 열반을 보고 열반을 얻기 때문에 이 특징들에 대한 이해는 매우 중요하다. 좀 더 쉬운 예를 들어 이해해 보도록 하자. 이 국면에서는 아직 무상을 보지 못하는 사람들을 위해 무상을 긴 단위로, 중간 단위로, 순간의 단위로 나누어서 이해한다. 가장 길게 보아

• • •
15. Bhikku Bodhi, 앞의 책, p. 350.

무상에 대해 말해 보면, 삶은 무상하다. 삶은 다시 돌아오지 않고 이어서 죽음이 오기 때문이다. 어린 날은 다시 오지 않고 어린 날들에 이어 젊은 날들이 온다. 또 젊은 날들은 가고 다시 장년의 날들이 온다. 작년은 다시 돌아오지 않고 작년에 이어 올해가 온다. 지난달은 다시 돌아오지 않고 이번 달이 온다. 어제는 다시 돌아오지 않고 오늘이 온다. 이렇게 좁혀 나가면 우리가 마주치는 최후의 무상은 찰나이다. 찰나의 행들은 다시 돌아오지 않는다. 그래서 무상하다. 찰나, 찰나, 찰나 흘러지나가기에 우리가 평온하게 의지할 수 있는 곳은 아무 데도 없다. 그래서 고(苦)이다. 무상한 행들은 우리가 어떻게 할 수 있는 것들이 아니다. 통제할 수 있는 것들이 아니다. 그래서 무아이다.

우리는 세계를 안정되게 구축해 놓았고 또 그렇게 하고 있다. 이렇게 저렇게 분별해서 분명하게 인식할 수 있게 해 놓았고 또 그렇게 하고 있다. 그렇기에 예를 들어 짙은 어둠은 우리를 불안하게 만든다. 사물들을 분명하게 인식해서 장악할 수 없기 때문이다. 애매하고 불확실한 것들을 분별해서 분명하게 인식할 수 있을 때까지 개념들을 부여하고 범주들을 부여해야 우리는 마음을 놓는다. 그런데 실상은 이렇게 상주하는 것들이 아니고 무상한 것들이다. 우리를 괴롭게 하는 것들이고 우리가 통제할 수 없는 것들이다.

이렇게 결합체에서 무상·고·무아를 이해한 다음에 이어서 일어남과 사라짐을 관찰한다. 일어남과 사라짐을 보는 지혜는 약한 국면의 지혜에서 성숙한 국면의 지혜로 점점 명료성과 강도를 얻으며 진행해 간다. 성숙한 국면으로 넘어가기 전에 약한 국면에서 광채, 열정, 평정, 결심, 분투, 즐거움, 지혜, 사띠, 평정, 애착 등이 일어난다. 광채 등은 애착과 달리 본래 번뇌가 아니지만, 그것들에 애착해서 일어남과 사라짐을 주시하는 일에 온전히 집중하지 않게 되면, 일어남과 사라짐을 관찰하는 일을 장애하는 번뇌가 될 수 있다. 이처럼 고양된 경험들이 수행자에게 일어날 때 분별력이 떨어지면 출세간의 도(道)와 과(果)를 달성했다는 그릇된 관념이 일어난다. 그때 수행자는 위빠사나 수행을 그만두고 앉아 집착하고 있는 줄 모르고서 이 경험들을 즐긴다. 분별력이 있는 수행자는 이 상태들이 단순히 자연적인 부산물이라는 걸 알게 되고, 다시 그것들이 무상·고·무아라고 이해하면서 일어남과 사라짐을 보는 위빠사나 수행을 계속 진행해 간다.[16] 이 국면이 '도(道)와 도(道) 아닌 것에 대한 앎과 봄에 의한 청정'이라 불리는 것은 바로 이 이유 때문이다.

4. 도를 알고 보아서 얻는 청정 —— 위빠사나의 지혜들

도(道)의 앎과 봄에 의한 청정에는 성숙한 국면의 일어남과 사라짐을 보는 지혜에서 수순함의 지혜까지 여덟 종류의 지혜가 포함되어 있는데 이것이 본질적 의미에서 위빠사나 지혜이다. 왜냐하면 약한 단계의 일어남과 사라짐을 보는 지혜에서 긍정적인 정서 등에 애착하는 마음이 생겨 일어남과 사라짐을 항상 힘 있게 주시할 수 없게 되는데, 이 국면부터는 다시 일어남과 사라짐을 주시할 수 있게 되고 나아가 사라짐만을 주시할 정도로 일어남과 사라짐을 주시하는 것이 명료함과 강도를 얻기 때문이다.

일어남과 사라짐을 관찰하는 수행자는 처음에는 일어남을 더 잘 관찰하게 되고, 다음에는 일어남과 사라짐을 모두 관찰할 수 있게 되고, 이 일어남과 사라짐을 관찰하는 일이 명료성과 강도를 얻게 되면 사라짐, 즉 무너짐을 더 잘 관찰하게 된다.[17] 무너짐을 관찰하면서 두려움, 위험함, 역겨움, 벗어나길 원함을 알게 된다. 이른바 두려움을 아는 지혜, 위험함을 아는 지혜, 역겨움을 아는 지혜, 벗어나길 원하는 지혜이다. 두려움을 아는 지혜, 위험함을 아는 지혜, 역겨움을 아는 지혜는 동일한 사태를 다른 관점에서 파악한 것이다.[18] 일어남과 사라짐을 주시하는 일에서 벗어나고자 하기 때문에

16. 위의 책, p. 350.
17. 우 조티카 지음, 『마음의 지도』(도서출판 연방죽, 2008), p. 222.
18. 위의 책, p. 235.

다시 되잡아 이를 주시할 수 있도록 이 행들은 무상이고 고이고 무아라고 깊이 숙고한다. 이 국면의 지혜가 깊이 숙고하는 지혜이다.

일어남과 사라짐을 보는 일이 약한 수준에서는 일어남과 사라짐을 주시하는 일에서 벗어나 10가지 긍정적인 번뇌에 휩쓸렸지만, 여기서는 부정적인 번뇌에 휩싸이게 된다. 그래서 이 부정적인 번뇌에서 벗어나 깊이 숙고해서 다시 일어남과 사라짐을 보는 일을 계속하게 될 때 행들에 대한 평정의 지혜가 일어나게 되고, 이 지혜를 얻게 되면 다시 앞의 단계들로 돌아가지 않고 수순함의 지혜, 종성의 지혜를 거쳐 열반을 보는 도(道)의 지혜, 열반을 얻는 과(果)의 지혜를 차례대로 얻게 된다.

평정이란 기운이 경박하게 위로 오르지도 않고 육중하게 아래로 가라앉지 않는 평형 상태를 말한다. 그리고 이 평형 상태는 긍정적인 정서, 긍정적인 의지, 긍정적인 몸과 마음의 상태 등의 애착하는 마음이 없고 부정적인 정서, 부정적인 의지, 부정적인 몸과 마음의 상태 등의 배척하는 마음이 없을 정도로 역량이 있다. 애착하는 마음이 없고 배척하는 마음이 없으니 그만큼 상카라[行]들을 있는 그대로 주시할 수 있는 능력이 있다. 상카라들을 있는 그대로 주시한다는 것은 상카라들이 일어나는 바로 그 순간 보고 사라지는 바로 그 순간 본다는 것을 의미한다.[19] 이렇듯 애착하지도 않고 배척하지도 않는 평형 상태의 마음을 달리 표현하면 상카라들에 대해 무관심하고 중성적이 된 마음이라 할 수 있다. 이는 출세간의 도(道)가 출현하기 이전에 위빠사나가 절정에 이른 지혜이다.

이 평정의 지혜는 다음의 수순함의 지혜와 함께 출세간도의 출현을 이끈다. 출현이라 부르는 이유는 객관적으로는 상카라들에서 출현해서 열반을 대상으로 취하기 때문이고 주관적으로는 번뇌로부터 출현하기 때문이다.[20]

평정의 지혜와 종성의 지혜 사이에는 수순(隨順)함의 지혜가 있다. 종성(種

• • •
19. 위의 책, p. 260.
20. Bhikkhu Bodhi, 앞의 책, p. 353.

姓)의 지혜가 세간과 출세간의 불연속성을 밝히는 지혜라면, 이 수순함의 지혜는 세간과 출세간의 연속성을 밝히는 지혜이다. 그러므로 수순함의 지혜는 강한 국면의 일어남과 사라짐을 보는 지혜에서 상카라에 대한 평정의 지혜까지 여덟 종류의 위빠사나의 지혜에 수순하고, 다음에 오는 도(道)의 지혜에 수순한다.

수순함의 지혜와 도의 지혜 사이에는 종성의 지혜가 놓이는데, 이는 출세간의 도(道)를 얻는 근접원인이다. 종성이라 부르는 이유는 범부의 혈통을 극복하고 성자의 혈통으로 발전하기 때문이다. 그런데 이 종성의 지혜는 '도(道)을 알고 보아서 얻는 청정'이라는 여섯 번째 청정과 '알고 보아서 얻는 청정'이라는 일곱 번째 청정 사이에 놓여 어느 청정에도 속하지 않는데서 알 수 있듯이, 도(道)의 지혜처럼 열반을 대상으로 하긴 하지만 이와는 달리 4성제를 덮는 번뇌들의 어둠은 몰아내지 못한다. 근접원인으로서 도(道)의 지혜에 앞서는 것일 뿐 세간의 위빠사나의 지혜와 출세간의 위빠사나의 지혜를 매개하는 수순함의 지혜와는 달리 번뇌들을 제거할 수 있는 역량을 갖고 있는 것은 아니다.

5. 알고 보아서 얻는 청정 —— 종성의 지혜에서 반조하는 지혜까지

수순함의 지혜에서 과(果)의 지혜까지는 욕계에서 색계의 선정에 오르는 과정과 동일하게 다음과 같이 구성돼 있다.

바왕가, 바왕가의 동요, 바왕가의 단절, 의문 전향, 수순, 종성, 도(道), 과(果), 과(果), 과(果), 바왕가. —— 예리한 근기의 경우
바왕가, 바왕가의 동요, 바왕가의 단절, 의문 전향, 근접, 수순, 종성, 도, 과, 과, 바왕가. —— 보통의 근기의 경우

바왕가가 단절되며 의문(意門)으로 전향해서 다시 바왕가에 떨어지기까

지 열두 찰나로 구성되어 있다. 일어남과 사라짐을 보는 지혜는 설사 상카라에 대한 평정의 지혜라 하더라도 5문(門)에 전향하고 있지만, 상카라의 일어남과 사라짐이 끊어지고 또 이를 보는 지혜도 끊어져 열반에 드는 과정은 반드시 의문(意門)으로 전향해서 일련의 과정을 거치게 되어 있다. 그런데 이렇게 의문(意門)으로 전향하기에 앞서 일어남과 사라짐을 보는 간격이 더 짧아지는데, 다시 말해 일어남과 사라짐을 보는 속도가 더 빨라지는데, 우 조티카 스님은 이 과정을 다음과 같이 묘사하고 있다.

"[물질적 · 정신적 과정과의][21] 연속성을 잘라내고 물질적 · 정신적 과정의 소멸로 떨어집니다. 이것을 '막가(magga) 의식'이라고 하며 막가 의식의 대상은 열반입니다. 매우 짧은 순간들이 연속적으로 일어납니다. 각각의 정신적 과정들이 아주 짧은 순간만 실재하고(천분의 일초, 백만분의 일초) 연속적으로 일어납니다. 수행자는 각각의 순간, 현상에서 되돌아갈 수 없습니다. 그 후에 일어나고 사라지는 과정이 멈추고, 완전한 정적과 고요가 있고, 더 이상 알아차릴 수 없습니다. 열반에 들기 전에 열반을 볼 수 있습니다. 정신적 · 물질적 과정이 멈추고 완전한 평화가 있어도 그것을 보는 것은 그 안에 있지 않다는 것을 이해해야 합니다. 그 안에 있을 때는 더 이상 그것을 보지 못합니다. 그것을 볼 수 있는 것은 그것에서 떨어져 있을 때입니다. 수행자가 열반의 상태에 있을 때는 열반을 보지 못합니다. 그것을 볼 수가 없습니다. 자신의 정신 상태도 볼 수 없습니다. 막가(magga), 즉 도(道) 의식이 일어나면 즉시 팔라(phala), 즉 과(果) 의식이 뒤를 따릅니다. 이 팔라 의식은 막가 의식과 같고, 다른 점은 번뇌를 제거하지 못합니다."[22]

의문(意門)으로 전향해서 열반을 보는 것은 도(道)의 지혜이고 열반을

• • •
21. 필자가 부가한 것임.
22. 우 조티카, 앞의 책, pp. 265-266.

보고 나서 열반에 드는 것은, 다시 말해 열반의 과보를 얻는 것은 과(果)의 지혜이다. 과(果)의 지혜는 두 찰나 동안 지속될 수도 있고 세 찰나 동안 지속될 수도 있는데, 이는 근기의 차이에서 오는 것이다. 근기가 예리한 수행자는 준비를 거치지 않고 대신 과보를 한 찰나 더 얻는 반면 근기가 둔한 수행자는 준비를 거치기 때문에 과보를 두 찰나밖에 얻지 못한다.

이렇게 과보를 얻고 나서 다시 바왕가에 떨어지는데, 이때 바왕가에 떨어지지 않고 이미 본 열반과 이미 얻은 열반을 바로 반조할 수 있다. 이렇게 보고 얻은 열반을 반조하는 이유는 무엇보다 남은 번뇌들을 확인하고 제거하기 위해서이다.

V. 문제를 물어 가는 간화선 수행

간화선 수행의 '간화(看話)', 즉 '화두를 본다'는 것은 화두를 의심한다는 것이다. 위빠사나 수행에서 행들의 일어남과 사라짐을 끊임없이 보아 가듯이 화두를 들어 끊임없이 이를 의심해 가는 것이다. 위빠사나 수행에서 일어남과 사라짐의 봄을 지속하게 하는 힘이 기억에서 온다면, 간화선 수행에서 물음을 지속하게 하는 힘은 물음 자체에서 온다고 할 수 있다.

간화선 수행은 일정한 단계들을 밟지 않고 곧바로 깨달음을 보는 것[頓悟]이기에, 간화선 수행을 설명하는 이 대목에서는 위빠사나 수행을 설명하는 대목에서처럼 깨달음의 단계를 따라가며 깨달음을 얻음에 대해서 설명할 수 없다. 동정일여(動靜一如), 몽중일여(夢中一如), 오매일여(寤寐一如)라 해서 물음을 통해 삼매의 힘이 강화되는 과정을 언급하고 있지만[23] 이는 각각의 국면이 깨달음이란 목적을 향해 가는 단계라고 말할 수 없다. 간화선 수행에서 본래 불성이 있다는 믿음을 강조하고 이 불성을 밝히기 위해 줌[與]과

...
23. 월암, 앞의 책, pp. 400-404.

빼앗음[奪], 죽임[殺]과 살림[活]의 방법을 써서 단계를 거치지 않고 곧바로 그 불성의 영역에 머물게 하는 것을 보면, 이 점은 명백하다.[24]

1. 단거화두, 시시제시

간화선 수행에서는 단거화두(但擧話頭)라 해서 오직 하나의 화두만을 들도록 하고 또 시시제시(時時提撕)라 해서 쉼 없이 이 화두를 의심하는 일을 계속하라고 하고 있다.[25] 하나의 화두만 타파해도 모든 화두를 타파할 수 있는 능력이 생기기에 그렇게 말하기도 하겠지만, 무엇보다 사마디를 유지해서 산란함을 막고 하나의 화두에 집중해서 이 화두를 타파할 수 있는 힘을 기르게 하기 위해서다. 이렇게 단거화두, 시시제시를 통해 형성되는 사마타의 특징에서 간화선 수행의 성격을 분명하게 찾아볼 수 있다. 남방불교의 위빠사나 수행 및 사마디 수행과 비교해보면 이 점을 더 분명하게 파악할 수 있다. 위빠사나 수행에서는 상카라들의 일어남과 사라짐을 관찰하고 이를 유지해서 사마타를 형성해 가는 반면, 간화선 수행에서는 하나의 화두를 반복해서 듦으로써 사마타를 형성해 간다. 간화선 수행에는 위빠사나 수행의 알아차림의 계기가 없기 때문에, 또 있더라도 대상을 향해 있지 않고 물음 자체에 향해 있기 때문에, 어떻게 보면 사마디 수행에서 사마디를

● ● ●

24. 그래서 그런지 간화선 수행을 설명하는 이 대목에서는 일정한 설명 단계를 마련하기가 어렵다. 그래서 아래와 같은 설명의 단계를 밟을 때 방식과 과정을 분명하게 나누겠다고 의식한 것은 아니다. 굳이 나눠 본다면 (1), (2)는 간화선 수행의 과정이고, (2), (3), (4)는 이 수행의 방식이다.

    (1) 단거화두(但擧話頭), 시시제시(時時提撕)
    (2) 대사일번(大死一番), 절후재소(絶後再蘇)
    (3) 이미 사구를 넘어서 있는 활구
    (4) 화두와 의심, 또는 문제와 물음
    (5) 현성공안을 눌러앉는 본참공안

25. 위의 책, pp. 386-391.

형성해 가는 방식과 유사하다는 생각이 들 수도 있다. 하지만 매순간 의심을 내고 이를 계속해서 유지해 가면서 사마디를 형성해 가기 때문에 사마디 수행과 유사하다고 단정할 수도 없다. 사마디 수행의 방법은 여러 가지이지만, 색계의 사마디에 들 수 있는 능력을 얻은 뒤 무색계에 오를 수 있는 사마디의 방식은 까시나를 관찰하는 것인데, 이 방식과 비교해보면 간화선에서 사마타를 형성하는 방식과 차이가 잘 드러날 것이다. 까시나는 땅, 물, 불, 바람, 청색, 황색, 적색, 백색, 광명이다. 이 중 땅의 까시나(kasiṇa)를 예로 들어보면, 땅의 까시나를 본 뒤 눈을 감고 마음에 떠오른 니밋따(nimitta)를 보고 이 니밋따가 선명하게 마음에 떠오를 때까지 이 과정을 반복하고, 그런 후 니밋따가 선명하게 떠오르면 무한하게 확장해서 나와 하나가 될 때까지 수련을 계속해 가 본삼매에 들어간다. 그런데 간화선 수행에서도 의심을 반복해서 행해 사마디를 극대화하는데, 이렇게 해서 결국 남방불교의 사마디 수행처럼 본삼매에 들어갈 수 있다. 차이는 본삼매에 들기 위해 활용하는 사마디 수행의 니밋따는 빤냐띠인 반면 화두삼매에서의 의심은 빠라마타 중의 빠라마타, 혹은 빠라마타를 가능하게 빠라마타라는 점이다.

간화선 수행에 위빠사나의 계기가 있다면 의심에서 의심에 이르지 못하고 다른 생각으로 치달을 때 이를 알아차리고 다시 의심으로 돌아가게 하는 것뿐이다. 그러나 이마저도 의심에서 벗어나 다른 생각을 할 때 이 생각이 의심이 아니구나 하고 알아차리는 것은 의심 자체에서 오는 것이지 이전의 의심을 기억하지 못했기 때문이 아니다. 그러니까 의심 자체가 의심을 지속할 수 있는 힘이고 이 힘이 사마디를 형성하는 것이라 할 수 있다. 위빠사나 수행을 통해서도 본삼매를 얻을 수 있지만 그렇게 하기 위해서는 위빠사나를 성취하겠다는 의도를 버리고 한 대상, 즉 빤냐띠에 집중해야 한다. 그래서 위빠사나의 성격을 유지하려면 부각되는 대상을 자연스럽게 알아차리면서 이를 유지해야 한다. 이때는 물론 대상을 바꾸기 때문에 본삼매에 들어갈 수 없고 부각되는 대상들을 옮겨가며 쉼 없이 알아차린다는 점에서 근접삼매와 유사한 찰나삼매를 유지할 뿐이다. 위빠사나의 성격을 잃지 않으면서 위빠사나의 기능을 강화할 때 본삼매는 얻을 수 없지만 찰나삼매는 얻을 수 있는 것이다. 그렇기 때문에 이 또한 동정일여, 몽중일여, 오매일여로 표현되는 화두삼매가 성취한 본삼매와는 차이가 있다.

　요약해보자. 단거화두(但擧話頭), 제기의정(提起疑情), 시시제시(時時提撕)라는 표현에서 알 수 있듯 화두는 하나의 화두만 들어야 하고 또 이 화두를 쉼 없이 의심해야 한다. 그렇게 할 수 있을 때 화두삼매를 얻게 되는데 이 화두삼매의 성격은 남방불교의 위빠사나 수행에서 얻는 사마디나 사마디 수행에서 얻는 사마디의 성격과는 다르다. 화두를 의심하면서 드는 삼매는 본삼매이지만 이는 사마디 수행에서 얻는 본삼매와도 또 위빠사나 수행에서 얻는 찰나삼매와도 성격이 다르다. 사마디 수행의 본삼매와 다른 점은 간화선 수행의 화두삼매는 본삼매를 얻었을 때도 의심을 놓치지 않고 있다는 점이며, 위빠사나 수행의 찰나삼매와 다른 점은 찰나삼매는 알아차림의 계기가 매 찰나 존재하지만 화두삼매는 오직 의심을 반복해서 든 것이고 이 의심은 삼매를 성취했을 때도 존재하기 때문이다. 한 마디로 말해 간화선 수행의 화두삼매는 매 찰나 의심이 반복되고 오매일여의 삼매에 들었을 때도 의심이 존재하기 때문이다. 이로부터 우리는 화두삼매에 들도록 하고 또 이 삼매에 존재하는 의심은 의식되지 않음의 영역, 즉 무의식의 영역에 존재한다는 것을 알 수 있다. 이로부터 또 의심은 주관적인 것이 아니라 객관적이라는 것도 알 수 있다.

2. 대사일번, 절후재소

　의심의 극대화됐을 때 화두삼매에 들어가 더 이상 보이지도 않고 들리지도 않게 되어 죽은 듯하게 된다. 간화선에서는 이를 대사일번(大死一番), 다시 말해 크게 한번 죽는다고 말하고 있는데[26] 이것이 어떤 상태인지 『선요』에서 찾아보았다.

바로 큰 믿음과 의정을 일으켜서 의심해 가고 의심해 와서 한 생각이 만 년이 되며 만 년이 한 생각이 된다. 분명하게[的的] 한 가르침[法]의 뜻[落處]을 알고자 한다면, 다른 사람과 사생결단(死生決斷)의 원수를 맺은 것과 같아, 마음이 급하고 답답하여 곧 한 칼로 두 동강을 내서 비록 잠깐 사이와 넘어지고 자빠지는 순간에도 다 맹렬하고 예리하게 채찍을 사용해야 한다. 만약에 의심하지 아니해도 저절로 의심이 나서 자나 깨나 잃지 않으며, 눈이 있어도 소경과 같고 귀가 있어도 귀머거리와 같아서 보고 듣는 구덩이에 빠지지 않고자 하더라도 오히려 아직은 주관[能]과 객관[所]을 초월하지 못하고 추구하는 마음[偸心]을 끊지 못한 것이다. 간절하게 정진하는 가운데 정진을 배가하여 다만 가도 가는 줄을 모르고 앉아도 앉은 줄을 모르며 동과 서를 분별하지 못하고 남과 북을 분간하지 못하여 한 가지도 감정에 걸림을 볼 수 없는 것이 마치 구멍 없는 쇠몽둥이와 같아서 의심하는 주체와 의심하는 대상, 속마음과 바깥 경계가 둘 다 없어지고 둘 다 사라져서 없다는 그 없다는 것도 또한 없어진다. 이 안[裏]에 이르러서는 다리를 들고 다리를 내리는 곳에 대해(大海)를 밟아 뒤집어엎으며 수미산(須彌山)을 차서 무너뜨리는 것도 간절히 꺼리고, 좌우상하로 움직일 때에 달마의 눈동자를 부딪쳐 멀게 하고 석가의 콧구멍을 부딪쳐 깨어 버리는 것을 비추어 돌아본다.[27]

가도 가는 줄 모르게 앉아도 앉은 줄 모른다? 그렇다면 어떻게 가고 어떻게 앉을 수 있단 말인가? 이런 의심이 들지 않을 수 없다. 더구나 이는 위빠사나 수행과는 완전히 대립한다. 위빠사나 수행에서는 갈 때 가는 줄 알라 하고 앉을 때 앉을 줄 알라 하기 때문이다. 그러나 우리는 이를 실제로 경험하고 있다. 걸을 때 걸음을 의식하면서 걷지는 않는다. 특별하게 걸음에

• • • •
26. 위의 책, pp. 404-406.
27. 고봉원묘 원저, 전재강 역주, 고우 스님 감수, 『선요』(운주사, 2007), pp. 102-104.

이상이 생기지만 않는다면 말이다. 습관이 돼 있는 동작은 습관에 따라 동작이 이루어지기 때문에 다른 일을 병행할 수 있다. 그런데 이는 습관적인 동작이 배경이 되어 있다든가 순간순간 배경에서 전경으로 나올 때 가능한 일이다.

위빠사나 수행에서는 저절로 이루어지는 습관적인 동작도 알아차리라고 하고 있다. 저절로 이루어지는 습관적인 동작은 우리가 늘 놓치는 일이기도 하다. 그래서 이를 잘 볼 수 있을 때 위빠사나의 힘이 더 강화된다. 사실 고쳐야 할 습관이 있다면 이 습관을 깊게 관찰할 수 있어야 고칠 수 있다는 것을 고려하면, 간화선 수행을 달리 일컬어 생활선이라 할 때 이것의 의미가 위빠사나 수행과 크게 다르다는 것을 알 수 있다. 그런데 일상의 습관화된 동작을 부단히 관찰할 때 이를 통해 위빠사나의 힘은 강화될 수 있지만 그때그때 부각되는 사실을 좇기 때문에 앞에서 말한 것처럼 본삼매에는 도달할 수 없다. 이 점에서 의심의 힘을 강화하는 간화선 수행은 열반을 확철대오하기 위해서 삼매의 힘을 극대화한다는 것을 알 수 있다. 그렇기 때문에 기연(機緣)을 만나 깨달음을 얻는 순간은 설사 그것이 일상의 작은 사건이라 할지라도 폭발적이라 하지 않을 수 없다. 그래서 그런지 그 순간을 '맥연(驀然)', '맥홀(驀忽)', '폭지일성(爆地一聲)', '분지일발(噴地一發)', 홀연폭지단(忽然爆地斷), 홀연쵀지파(忽然啐地破) 같은 말로 표현하고 있다.[28] 의심덩어리가 타파되는 상황은, 맥(驀), 홀(忽) 등의 말에서 알 수 있듯 기존의 시간과 공간에서 갑자기 비약적으로 넘어서는 사건이다. 물음을 극대화했을 때 이르는 본삼매는 어쩌면 멸진정에 이를 수 있는 힘을 갖고 있을지도 모른다. 그렇다면 열반과 밀접한 관계가 있는 멸진정에서 나와 기연을 만나 깨달음을 얻는 순간은 세속의 인식과정 속에 있는 사건의 순간이 아닐 것이다. 주관의 표상활동에 의해 형성된 표상의 영역을 넘어 물음을 통해 사태 자체의 장으로 들어간 뒤 이로부터 나와 새롭게 경험하는 사건일

----

28. 라이용하이(賴永海) 지음, 김진무·류화송 옮김, 『불교와 유학』(운주사, 1999), p. 311.

것이다.

위빠사나 수행에서든 간화선 수행에서든 본삼매에서는 근접삼매와는 달리 상카라를 인식할 수가 없다. 본삼매에서 나왔을 때 상카라를 인식하는 것을 보면 이는 어쩌면 간화선 수행의 깨달음과 관계가 있을지 모른다. 간화선 수행에서 열반은 본삼매에서 완전히 빠져나온 근접삼매에서 보는 것이 아니라 본삼매에서 근접삼매로 빠져나올 때 보는 것이리라. 반면에 위빠사나 수행에서 열반을 보는 것은 근접삼매인 찰나삼매에서 본삼매로 들어가면서 이루어지는 것이리라.

3. 이미 사구를 넘어서 있는 활구

들뢰즈가 그의 『의미의 논리』에서 들고 있는 한 화두를 먼저 분석하면서 화두는 활구(活句)라는 것을 확인해보도록 하자. "네가 하나의 주장자를 가지고 있다면, 나는 너에게 주장자 하나를 줄 것이다. 네가 주장자를 가지고 있지 않다면, 나는 너에게서 주장자를 빼앗을 것이다."[29] 이 말을 듣는 사람은 이렇게 생각할 것이다. 있지 않을 때 준다고 하고 있을 때 빼앗는다고 해야 맞는데 왜 있을 때 준다고 하고 있지 않을 때 빼앗는다 말하는 것일까? 있다는 '있다'는 집착이고 있지 않다, 즉 없다는 '없다'는 집착이다. '있다'는

• • • •
29. 질 들뢰즈 지음, 이정우 옮김, 『의미의 논리』(한길사, 1999), p. 242. 신라의 승려 파초혜청(芭蕉慧淸)의 말이다. 당대 위앙종의 승려인데 생몰연대는 정확히 알 수 없다. 대략 800년대로 추정되고 있다. 앙산혜적(仰山慧寂, 807-88)-남탑광용(南塔光湧)-파초혜청(芭蕉慧淸)으로 이어진다. 다음은 원문과 번역이다.

郢州芭蕉山慧淸禪師示衆云, "你有拄杖子, 我與你拄杖子. 你無拄杖子, 我脫你拄杖子."
(영주 파초산 혜청 선사가 대중들에게 법문을 했다. "그대에게 주장자가 있으면 내가 그대에게 주장자를 주겠고, 그대에게 주장자가 없으면 나는 그대에게서 주장자를 빼앗으리라.") 혜심 집(集), 각운 찬(撰), 『선문염송염송설화회본』, 한국불교전서 제5권, 804쪽 상단. 국역 『의미의 논리』의 '막대기'를 '주장자'로 바꾸었다.

집착은 없게 한다고 해서 곧 빼앗는다고 해서 없게 되는 것이 아니요, '없다' 는 집착은 있게 한다고 해서, 즉 준다고 해서 있게 되는 것이 아니다. 없게 한다면 '없다'는 집착을 얻을 뿐이요, 있게 한다면 '있다'는 집착을 얻을 뿐이다. '있다'는 집착과 '없다'는 집착을 제거해 의타기성을 얻으려면 '있다'는 집착과 '없다'는 집착의 영역을 넘어 곧바로 원성실성의 영역으로 도약해야 한다. 그러므로 있지 않다든가 없지 않다든가 하는 "부정은 이제 부정적인 것을 표현하지 않는다. 단지 순수한 표현 가능한 것을 그 외짝인 반쪽들과 더불어 이끌어낼 뿐이다."[30] 다시 말해 이 말을 한 신라의 파초 스님은 주체가 표상하는, '있다'든가 '없다'든가 하는 표상의 영역은 이를 부정한다고 해서 이를 넘어설 수 있는 것이 아님을 보여주고 있다. 원성실성 의 영역은 역설적 요소의 과잉 또는 결핍이다. "주장자가 있다면 주장자를 줄 것이요"는 과잉을, "주장자가 없다면 빼앗을 것이요"는 결핍을 보여주고 있다.

이처럼 부정이 긍정에 상대되는 부정이 아니듯이, 이의 또 다른 적용이 되겠지만, 조주 스님이 '무(無)'라고 했을 때 이 무는 유의 상대되는 말이 아니다.

> 어떤 스님이 조주에게 묻기를 "개도 도리어 불성이 있습니까?" 하니, 조주가 대답하기를 "없다"고 했습니다. 이 한 글자는 허다한 나쁜 지식과 생각을 꺾는 무기입니다. '있다, 없다'는 분별을 하지 말며, 도리(道理)에 대한 분별을 하지 말며, 의식[意根]을 향하여 분별하지 말며, 눈썹을 치켜들고 눈을 깜박이는 곳을 향하여 뿌리내리지 말며, 말길을 따라 살 계획을 짓지 말며, 일 없는 속에 머물러 있지 말며, 화두(話頭) 드는 곳을 향하여 깨달으려 하지 말며, 문자 속을 향하여 인용하여 증명하려고 하지 마십시오. 다만 하루 생활 속에서 항상 참구(參究)해 가기를, "개도 도리어 불성이 있습니까?

• • •
30. 위의 책, p. 243.

없다."고 일용(日用)에서 여의지 아니하고 공부해 나가면 언젠가는 문득 스스로 보게 될 것입니다. …….[31]

무자 화두를 잡을 때 생길 수 있는 병을 보여주는 대목이다. 이 무는 허언(虛言), 즉 빈 말이다. 자기가 말하고자 하는 바는 말로 표현할 수 없기에 빈 말인 것이다. 한 명제는 다른 명제에 의해 지시되듯이, 한 이름은 다른 이름에 의해 지시될 수 있을 뿐 자기 자신을 드러낼 수 없다. 무의미하다. 들뢰즈는 이러한 무의미를 "그것은 정확히 그것이 표현하는 것을 지시하며 또 그것이 지시하는 것을 표현하는 말이다. 그것은 그의 지시 대상을 표현하는 동시에 그의 고유한 의미를 지시한다."[32]고 말하고 있다.

4. 화두와 의심 또는 문제와 물음

묻는 사람은 상대를 시험하기 위해 물을 수도 있고 전혀 몰라 물을 수도 있고 알지만 불확실해서 물을 수도 있다. 이처럼 알든 모르든 묻는 자는 일정한 범위 내에서 대답이 나오리라 기대한다. 일정한 범위 내에서 물었고 그렇기에 일정한 범위 내의 대답이 나오리라 생각한다. 그러나 전혀 예상치 않은 대답이 나온다. '예상치 않은 대답'이란 표현도 적절하지 않다고 할 수 있다. 긍정도 부정도 그가 예상하는 대답의 범위 내에 있기 때문이다. 따라서 예를 들어 '뜰 앞의 잣나무' 같은 화두는 긍정도 부정도 담고 있지 않다. 이 말을 듣는 순간 꽉 막혀 의심하게 된다. 묻게 된다. 이때의 물음은 선사의 대답이 긍정도 부정도 아니듯이 또한 긍정도 부정도 아닌 성격을 띠게 된다. 그런 점에서 순수한 물음이다. 들뢰즈가 의미를 긍정과 부정, 능동과 수동, 시제를 담고 있지 않은 부정법으로 표현하면서 또한 이를

• • • •
31. 대혜종고 원저, 고우 감수, 전재강 역주, 『서장』(운주사, 2009), pp. 113-114.
32. 들뢰즈, 앞의 책, p. 144.

물음의 형식으로 표현했듯이[33] 이 의심은 그러한 부정법의 형식을 띤다.

간화선 수행에서 깨달음은 긍정이나 부정, 능동이나 수동, 시제를 담고 있는 의타기성에서 점진적인 과정을 따라가서 얻는 것이 아니다. 물음을 통해 단박에 원성실성으로 도약하는 것이다. 그런데 물음은 물음을 지속하는 역량을 얻으면서 강도를 갖게 된다. 물음을 지속해서 유지하면서 화두삼매라는 삼매를 통과하게 된다. 경험의 축적에 따라 또 근기에 따라 다르겠지만 의식되지 않음, 즉 무의식의 영역에서 솟아오르는 물음을 유지하고 이 물음을 극대화했을 때 깨달음을 얻게 되는 것이다.

5. 현성공안을 눌러앉는 본참공안

본참공안은 현성공안에 놓는다. 현성공안은 본참공안, 즉 화두를 들지 않더라도 삶을 진실하게 살고자 하는 사람이라면 누구나 묻는 삶과 죽음의 문제이다. 알 길 없는 어둠 속에서 태어나 언젠가는 죽어 알 길 없는 어둠 속으로 돌아가야 하는 이 막연한 역설에 본참공안을 놓는다. 이 막연한 역설은 무상감과 함께하는데, 무상감은 위빠사나 수행에서 중요하게 기능하고 있지만, 무상감을 직접 화두라는 역설로 드러내고 있다는 점에서 간화선 수행에서 더 중요하게 기능하고 있다고 볼 수 있다.[34] 간화선의 물음이 그 자체 힘을 갖는 것은 도대체 해결될 것 같지 않은 역설적인 삶과 죽음의 문제 한가운데서 시작하기 때문이다. 대혜종고 스님은 다음과 같이 현성공안을 누르고 그곳에 본참공안을 놓아야 한다고 말하고 있다.

> 이와 같이 태어나는 곳을 모르고 죽어 가는 곳을 몰라 의심하는 마음이
> 없어지지 않는 것이 생사가 겹쳐지는 때이다. 이때를 당하여 반드시 생사가

• • •

33. 위의 책, p. 225.
34. 월암, 앞의 책, pp. 392-396.

겹쳐지는 곳을 향해 화두를 참구해야 한다. 이 화두가 바로 어떤 스님이 조주에게 묻기를 "개에게도 불성이 있습니까?" 조주가 대답하기를 "무"라고 하였다. 그대는 오직 태어나는 곳을 모르고 죽어 가는 곳을 몰라 의심하는 마음을 무자 위에 옮겨오면, 겹쳐지는 마음은 다시 조작하고 취향하지 않는다. 일단 겹쳐진 마음이 더 이상 조작하고 취향하는 활동이 없어진다면 생사거래를 의심하는 마음 또한 끊어진다. 이때에 그대는 오직 이 활동을 단절하고 또한 아직 단절되지 않는 곳을 향해 일념으로 응대하여 항상 화두로 깨어 있으면 언젠가는 시절인연이 성숙하여 돌연히 한 번 분출하여 단박에 깨닫게 된다.[35]

이러한 물음은 강도와 지속의 차이가 있지만 사람으로 태어난 자라면 누구든 갖게 되는 근본 물음이다. 내가 묻고자 해서 그렇게 묻는 것이 아니라, 하이데거가 말했듯이 사태 자체가 나를 그렇게 묻게 한다.[36] 사태 자체에 이끌려 우리는 그렇게 물었고, 삶과 죽음의 문제를 해결한 위대한 선사들의 수행에 이끌려 우리는 본참공안을 들기 시작했던 것이다. 물음은 하나에서 나온 것이지만 이렇게 두 가지 면에서 힘을 갖게 한다. 이는 사실 간화선이 대신심(大信心)이라 해서 그토록 강조하는 믿음[信]과 관계가 있다. 열반이 있고 열반을 얻은 사람이 있다는 사실에 대한 믿음이고, 그렇기에 나에게도 불성이 있다는, 내가 본래 부처라는 믿음이다. 현성공안을 내리누른 본참공안은 현성공안에서 분명하지 않은 역설적인 요소를 분명히 드러내고 있는 것이기에, 그래서 당초에 역설의 힘을 갖고 있다. 또한 이것에서 출발한 물음도 역설의 힘을 안고서 지속한다.

이러한 물음이 지속될 때 물음, 물음, 물음…… 하니까 이러한 물음 지속도 사띠에서 오는 것이 아닐까 생각해 볼 수 있겠지만 물음 지속은 이전의

• • •
35. 위의 책, pp. 393-394.
36. 마르틴 하이데거 지음, 신상희 옮김, 『동일성과 차이』(민음사, 2000), 247쪽.

물음을 아직 잡고 있기 때문에 지속하는 것이 아니라 물음 자체의 힘에서 온다고 할 수 있다. 왜 개에게도 불성이 있다고 했는데 조주 스님은 없다고 하는가, 왜 없다고 하는가 하는 이 물음은 옴짝달싹 못하게 하는 역설에 자리 잡고 있기에 우리를 꽉 막히게 하면서 해결할 길 없는 물음으로 추동해 간다. 우리를 산만하게 할 만한 요소들이 없다거나 적다면, 우리가 계(戒)를 잘 지켜 왔다면 다른 길로 새 나갈 길 없는 물음은 우리를 물음 속에 깊게 잠기게 할 것이다.

VI. 위빠사나 수행과 간화선 수행의 열반 성격

1. 위빠사나 수행의 열반 성격

간화선 수행과 위빠사나 수행은 수행의 방식과 과정이 다르지만 이를 통해 얻는 열반의 성격은 동일하다. 다만 수행의 방식과 과정이 다르기 때문에 열반을 보고 얻는 지점이 다를 수 있다. 먼저 위빠사나 수행에서 열반의 성격을 어떻게 이해하고 있는지 알아보자. 다음의 인용문들은 우 조티카 스님의 말이다.

"놓는 순간부터 마음은 어떤 것도 관찰할 수 없습니다. 무상, 고, 무아를 더 이상 볼 수 없습니다. 마음은 정적과 완전한 소멸만을 볼 뿐입니다. 수행자는 비로소 열반이 현상의 완전한 소멸이라는 것을 이해하게 됩니다. 이것을 설명하기는 매우 어렵습니다. 그것은 존재하는 어떤 것이 아닙니다. 그러나 열반을 아무것도 존재하지 않는 것이라고 한다면, 열반이 존재하지 않는다고 할 수 있을 것입니다. **열반은 경험입니다.** 그 순간 대상과 관찰은 멈춥니다. 수행자는 모든 것이 끝에 도달했다고 느낍니다. 어떻게 그것을 말할 수 있을까요? 이것은 언어 너머에 있습니다. 그것에 대해 말할 수 없습니다. ……."[37]

　　"…… 열반의 순간에는 일어남도 사라짐도 없고, 정신적·물질적 과정도
없고, 생각도 없고, 고요하고 평화롭고, 그것에 대해 생각 없이 평화를 경험합
니다. 열반에서 나온 후에야 열반에 대해 생각할 수 있습니다. 그렇다면
열반은 무엇인가요? 열반은 존재하지 않는 것인가요? 아니요, 그것은 '아무
것도 없음'이 아닙니다. 누구나 '아무것도 없음'에 대해 생각하면, 그것을
경험하고 자유로워지는 것인가요? 아니요, 그렇게 할 수 없습니다. 아무것도
없음을 생각하는 순간 생각이 생깁니다. 열반에 생각은 없습니다. 열반에
대한 생각도 없습니다."[38]

　상카라의 일어남과 사라짐을 관찰하다가 이 관찰의 대상과 관찰 작용이
더욱 명료해지고 더욱 강도를 얻게 되면, 일어남과 사라짐의 속도가 점점
아주 빨라지다가, 즉 일어나고 사라지는 상카라들 사이의 간격이 점점 아주
좁아지다가 어느 순간 끊겨 홀연 열반을 보고 얻는다고 말하고 있다. 이는
대상으로 향하던 지혜가 의문(意門)으로 전향하면서 열반을 보고 얻는 것이
라고 바꿔 이해할 수 있다. 그러나 과연 이 말로 우리가 충분히 열반의
성격을 이해할 수 있을까? 열반의 성격을 더 규명할 수 있는 길은 없을까?
　『청정도론』이나 이의 해설서인 『아비담마타 상가하』 같은 논서에서도
더 이상 이에 대한 언급이 없기에 철학하는 우리는 이를 사유하지 않을
수 없다. 이 논서들에서 일어나고 사라지는 상카라에서 무상(無常), 고(苦),
무아(無我)를 보면서 공(空), 무상(無相), 무원(無願) 해탈에 들어간다고 했으
니 공, 무상, 무원의 성격을 무상, 고, 무아와 비교해서 파악하면 열반 증득의
성격이 잘 드러날 수 있지 않을까? 일어나고 사라지는 상카라에서 무아를

• • •
37. 우 조티카, 앞의 책, pp. 271-272.
38. 위의 책, p. 292쪽.

보며 공의 해탈에 들어가니 공(空)은 무아와 관계가 있다. 무상(無常)을 보며 무상(無相) 해탈에 들어가니 무상(無相)은 무상(無常)과 관계가 있고, 고(苦)를 보며 무원(無願) 해탈에 들어가니 무원은 고와 관계가 있다. 그렇다면 열반은 이 관계를 맺고 있는 공, 무상, 즉 표상 없음, 무원, 즉 의욕 없음의 속성을 갖고 있다고 할 수 있다. 표상은 '나'의 표상이고 '나'의 의욕이 투영된 표상이다. 그러므로 열반은 주체, 즉 '나'가 지평을 구성하며 대상을 표상하는 일을 넘어선 것이라 할 수 있겠다. 그러나 이렇다고 해서 열반의 성격이 온전히 드러났다고는 말할 수 없다. 무상(無常)과 무상(無相), 고와 무원, 무아와 공의 관계가 더 명확히 규명되어야 한다. 이 관계는 유식학의 용어를 빌려 말한다면 의타기성과 원성실성의 관계인데, 이는 표상하는 것과 표상되는 것의 관계인 주객관계가 아닐 것이다. 달리 말해 '나'가 의타기성을 보듯 원성실성을 표상해서 이 둘을 관련짓는 것은 아닐 것이다.

우 조티카 스님은 다시 다음과 같은 말을 덧붙이고 있다. 이 말에서 이어서 살펴볼 간화선의 열반 성격과 유사한 점을 찾아볼 수 있다.

> "열반을 흔히 '꺼진 불꽃'에 비유합니다! '불이 타다가…… 꺼지는 것'. 그러면 무엇이 남나요? 또 다른 경우로 '소리'를 생각해 보지요. 소리가 있고…… 소리에 주의를 기울이면…… 더 이상 소리가 없습니다. 그러면 무엇이 남나요? 적막입니다. 적막이 실제인가요? 아닌가요? 그것을 어떻게 이해하나요? 적막을 경험할 수 있나요? '적막'과 '꺼진 불꽃'은 매우 유사합니다. 더 이상 타지 않습니다. 적막이나 꺼진 불을 이해하기 위해서는 이전에 일어났던 일에 주의를 기울여야 합니다. 적막을 이해하기 위해서는 소리에 주의를 기울여야 합니다. 불이 꺼졌을 때를 알기 위해서는 불에 주의를 기울여야 합니다. 이것이 순서입니다. '아무것도 없음'이 아닙니다."[39]

• • •

39. 위의 책, pp. 292-293.

"적막을 이해하기 위해서는 소리에 주의를 기울여야 한다"고 했고, "불이 꺼졌다는 것을 알기 위해서는 불에 주의를 기울여야 한다"고 했지만, 이는 비유이기 때문에 있는 그대로 이해해선 안 된다. 우 조티카 스님은 열반이 '아무것도 없음'이 아니라는 것을 보여주기 위해 불의 소멸은 불에 주의를 기울이고, 소리의 소멸인 적막은 소리에 주의를 기울일 때 일어난다고 말하고 있다. 주의를 기울임은 우리가 지금까지 보아온 사마타의 위빠사나일 텐데 이렇게 위빠사나가 극대화하면 5문(門)으로 전향하던 주의가 여기서 완전히 분리되어 의문(意門)으로 전향해서 열반을 보게 된다는 말이리라. 앞의 인용문과 유사한 결론이지만 이 인용문에서 하나를 더 얻었다. 원성실성으로 도약하는 일은 바로 그 의타기성에서 일어난다는 점이다. 의타기성에서 변계소집성이 탈각될 때 곧바로 원성실성으로 도약한다는 점이다.[40]

그렇다면 앞에서 열반의 속성들인 공, 무상, 무원은 각각 변계소집성인 지시작용의 없음, 변계소집성인 기호작용의 없음, 변계소집성인 현시작용의 없음으로 이해할 수 있을 것이다. 이러한 작용들이 없다는 것은 아무것도 없다는 것이 아니다. 명제의 뜻이 없다고 해서 명제의 의미가 없다든가 그 의미를 산출하는 무의미가 없다는 것은 아니다. 들뢰즈가 "유명한 화두, 선문답, 공안(公案)은 기호작용들의 부조리함을 증명하며 지시작용들의 무의미를 가리킨다"[41]고 했을 때 그는 화두의 성격을 보여주면서 동시에 열반의 성격도 보여주고 있다고 말할 수 있다.

2. 간화선 수행의 열반 성격

기연(機緣)을 만나 깨달음을 얻는 일은 여러 문헌 여러 선사들에서 찾아볼

<hr>

40. 『성유식론』(『대정장 31』, p. 46중), "此即於彼依他起上常遠離前遍計所執." "이 원성실성은 저 의타기성에 있어서 항상 변계소집성을 떠나 있다."
41. 들뢰즈, 앞의 책, 242쪽.

수 있는데 그중 고봉 스님의 예를 살펴보겠다.

내가[山僧] 지난해 쌍경사(雙徑寺)에 있다가 선당(禪堂)에 돌아온 지 한 달이 안 되었는데 홀연히 잠자는 중에 '만법(萬法)이 하나로 돌아가니 하나는 어디로 돌아가는가?'라는 화두에 의심이 일어났다. 이때부터 의정(疑情)이 갑자기 발현되어 잠자는 것과 밥 먹는 것도 잊고, 동서의 방향과 밤낮의 시간도 분간하지 못했다. 자리에 앉아 바루 펴는 것과 변을 보는 일과 한 번 움직이고 한 번 고요하며, 한 번 말하고 한 번 침묵하는 일에 이르기까지 모두 다만 '이 하나는 어디로 돌아가는가?'라는 의심뿐이었다. 다시는 조금도 다른 생각이 없었으며 또한 조금이라도 다른 생각을 일으키려 해도 끝내 그렇게 할 수 없는 것이 마치 못을 박고 아교풀로 붙여서 흔들어도 움직이지 않는 것과 같았다. 비록 사람들이 빽빽한 넓은 곳에 있더라도 마치 한 사람도 없는 것과 같았다. 아침부터 저녁까지 저녁부터 아침까지 맑고 맑으며 우뚝하고 높으며 순수하고 깨끗해서 작은 오염도 끊어져서 한 생각이 만 년을 가듯 지속되었다. 경계가 고요해지고 내[我]가 잊혀져서 어리석은 사람과 같았다. 알지 못하는 사이에 육일(六日)이 지나 대중을 따라 삼탑사(三塔寺)에 갔을 때 독경(讀經)을 하다가 머리를 들어 오조법연화상(五祖法演和尙)의 진영(眞影)을 보고 문득 그 전에 앙산(仰山) 노화상(老和尙)이 일러준 '시체를 끌고 다니는 이놈이 누구인가?'라는 화두가 타파됐다. 바로 허공이 부서지고 대지가 무너져서 물아(物我)를 모두 잊은 것이 거울이 거울을 비추는 것과 같았다. 백장의 들 여우와 개의 불성, 청주의 베적삼과 여자가 정(定)에서 나왔다는 등의 모든 화두(話頭)를 처음부터 세밀하게 점검해 보니 분명하지 않은 것이 없었다. 지혜의 오묘한 작용이 진실로 속임이 없었다.[42]

• • •
42. 고봉원묘, 앞의 책, p. 43.

고봉 선사는 화두삼매가 극대화되었을 때 오조법연화상(五祖法演和尙)의 진영(眞影)을 보고 '시체를 끌고 다니는 이놈이 누구인가' 하는 화두를 타파했다고 한다. 처음에는 '만법(萬法)이 하나로 돌아가니 하나는 어디로 돌아가는가?' 하는 화두를 들어 잠자는 것도 밥 먹는 것도 잊고 방향과 시간을 분간하지 못할 정도로 삼매에 들었다가 법연화상의 진영을 보고 문득 '시체를 끌고 다니는 이놈이 누구인가' 하는 화두가 타파됐다고 했다. 여기서 깨달음을 얻게 한 화두는 나타난 대로 본다면, 기연(機緣)인 법연화상의 진영을 보다가 문득 타파된 화두가 애초에 들었던 '만법(萬法)이 하나로 돌아가니 하나는 어디로 돌아가는가?' 하는 화두가 아니라 예전에 앙산화상(仰山和尙)한테서 들었던 '시체를 끌고 다니는 이놈이 누구인가' 하는 화두이다. 삼매에 들게 한 화두와 깨달음을 얻을 때의 화두가 다르다. 이로부터 알 수 있는 것은 문제를 물어가며 삼매에 드는 과정은 의식의 수준에서 일어나는 일이 아니라는 점이다. 삼매에 이르게 했던 화두가 예전에 들었던 다른 화두로 전환돼 화두가 타파되는 걸 보면, 두 화두 사이에는 명제의 뜻의 차이가 있을 뿐 의미의 차이가 없거나 혹은 한 화두를 들어 삼매가 깊어 가는 동안 두 화두 사이의 있을 수 있는 뜻의 차이가 무의미에서 만나 한 화두로 융합되었을 것이니, 사실은 삼매에 들게 했던 처음의 화두가 타파된 것과 다름없다. 우리의 관심을 끄는 것은 이처럼 기연을 만나 화두가 타파될 때 그 기연이 개인적인 성격을 띠는가 하는 점이다. 수행자마다 특별한 의미를 띠는 기연이 있을 수도 있겠지만 그보다는 개인적인 성격과 무관하게 보이거나 들리는 것의 충격이 아닐까 싶다. 이미 화두를 든 채 삼매에 이르러 이미 무의미에 있다가 기연을 만나 의미로 나아가면서 깨달음을 얻는 것은 아닐까? 이 점에서 화두 간의 차이는 그다지 중요하지 않은 듯싶다. 화두 간에 차이가 있다면 그 차이는 무의미의 절대적인 영역에서 사건-의미가 터져 나오는 상대적인 영역에 있는 것이리라.

3. 두 수행의 열반 성격의 공통점

위빠사나 수행의 열반을 사유할 때든, 간화선 수행의 열반을 사유할 때든 이미 들뢰즈 철학에서 본 열반 이해가 공통적으로 깔려 있었다. 여기서 이 점을 조금 더 보충해 보겠다.

이왕 나온 우 조티카 스님의 열반에 대한 비유를 들뢰즈를 따라 다음과 같이 이해해볼 수 있을 것이다. 불–사물이 소멸했다고 해서 불–의미가 소멸한 것은 아니다. 현실화된 사건이 불–사물과 함께 소멸한 것이지 순수 사건인 불–의미가 소멸한 것은 아니다. 불–의미는 불–사물의 부대물이면서 불–말에 존속하고 내속한다. 불–의미는 불–사물에도 불–말에도 존재하는 것이 아니다. 불–의미는 열외 존재이다. 불–의미는 불–사물에서 현실화되는 순수사건이다. 열반은 이러한 순수사건들의 총체이다.

위빠사나 수행이든 간화선 수행이든 열반을 보고 얻어 가는 과정은, 들뢰즈의 용어를 빌려 말한다면, 반효과화 과정이다. 특이점인 의미는 명제에 존재하지는 않지만 내속하고 존속하는 열외 존재이다. 역설적 요소인 무의미는 우발점이다. 우발점인 무의미는 임자 없는 자리의 과잉으로서, 또 자리 없는 임자의 결핍으로서 부단히 계열들을 오고 가며 특이점들을 개체화하고 인칭화한다. 이 과정이 효과화 과정이다. 우리는 역으로 인칭과 개체를 넘어 의미, 그리고 무의미와 부조리를 만나야 한다. 지시작용의 무의미, 기호작용의 부조리를 공안 또는 화두에서 찾아볼 수 있다는 들뢰즈의 말에서 볼 때 열반은 무의미와 부조리의 성격을 갖고 있다는 것을 알 수 있다.

또 열반을 증득한다는 것은 한순간에 순수사건을 보는 것이고, 그와 동시에 대사건의 아이온의 차원에 있게 되는 것이라고 말할 수 있다. 위빠사나 수행에서 위빠사나가 미세하고 명료해지면서 시간의 최소단위인 찰나를 더 분할할 수 있다. 이렇게 무한하게 분할할 수 있는 가능성을 만나게 되는 것이다. 무한하게 분할할 수 있는 가능성은 현재를 무한하게 분할할 수 있다는 것이며 이는 다시 말해 이미 지나간 과거, 아직 오지 않은 미래가 과거와 미래 양쪽으로 무한정 펼쳐진다는 것을 뜻한다. 열반은 시간으로 볼 때 다름 아닌 이 아이온의 차원이다.

VII. 맺기

믿음[信], 의지[思], 노력[勤, 精進] 등은 위빠사나와 사마타를 수행할 때 꼭 기능하는 심소(心所)들이다. 간화선 수행에서 3요(要)라 해서 대분지(大憤志), 대신근(大信根), 대의정(大疑情)을 말하는데 이 중 대분지와 대신근은 곧바로 원성실성의 영역으로 도약하는 화두삼매의 특징을 보여주기 위해 대(大)자를 붙였을 뿐이지 위빠사나 수행에 꼭 기능하는 믿음, 의지, 노력과 같은 뜻의 말이다. 그렇다면 위빠사나 수행과 간화선 수행의 특색은 각각 기억과 물음에 있다 하겠다. 위빠사나 수행의 기억은 기본적으로 독사(doxa)의 영역에서 파지(retention)와 예지(pretention)의 통합 과정에서 작용하는 것이기 때문에 인식론적으로 간여하는 것이지만, 다시 말해 선술어적 영역에서 인접성과 유사성이라는 동일성 통일 과정에 간여해서 이를 타면서 진행되는 것이지만, 간화선 수행에서 물음은 이전에 물음을 물었기에 이를 기억해서 묻는다고 할 수 없다. 물음은 원성실성의 물음 성격이 계속적으로 솟아오르는 것이기 때문이다. 간화선 수행은 번뇌가 없는 자리를 물음에 의지해서 계속 유지함으로써 번뇌가 일어나는 것을 막는 것이라면, 위빠사나 수행은 독사의 영역에서 기억을 유지함으로써 번뇌가 일어나는 것을 막는 것이라 할 수 있다.

간화선 수행에서 화두는 물음을 제기하도록 강요한다. 물음을 부단히 지속해서 제기하는 것은 대상으로 향하는 마음을 원성실성의 영역으로 되돌리려는 자연스러운 노력이라 할 수 있다. 위빠사나 수행에서 일어남과 사라짐을 부단히 관찰하면서 사마타의 힘을 형성해 가듯 간화선 수행에서는 물음을 지속해 가면서 사마타의 힘을 형성해 간다. 위빠사나 수행은 상카라의 일어남과 사라짐을 관찰해 가는 어느 순간 열반을 체험한다. 간화선 수행은 문제를 물어가면서 이 물음이 극대화되었을 때 어느 순간 열반을 체험한다. 애초에 시제, 긍정과 부정, 능동과 수동이 없는 데서, 그러니까 "기호작용들의 부조리함을 증명하며, 지시작용들의 무의미를 가리키는" 공안 또는 화두를 듣거나 보고 나서 물음을 일으키기에 간화선 수행의 시작은 열반이라 할 수 있다면, 상카라의 일어남과 사라짐의 봄이라는 유위의 법들에서 출발해서 이 유위의 법들이 소멸하는 순간에 열반을 증득하기에 위빠사나의 시작은 유위의 법들이라 할 수 있다. 둘 모두 변계소집성을 제거해 가는 과정이지만 위빠사나 수행은 의식의 초월적인 체험류를 지속해서 유지해 가는 과정이라면, 간화선 수행은 물음이 근본 물음이 될 수 있도록 이를 확정하면서 세속적인 물음을 제거해 가는 과정이라 할 수 있다.

간화선 수행이든 위빠사나 수행이든 사태 자체가 나를 이끌고 가지, 내가 사태 자체를 임의로 규정하거나 표상하는 것이 아니다. 간화선 수행에서 화두는 나를 그리로 이끌고 가 삼매가 될 때까지 저절로 유지하게 만드는 데 이를 자연삼매라 한다. 자연삼매의 자연이란 말에서 알 수 있듯, 내가 화두를 들고자 의욕해서 드는 것이 아니라 화두가 나를 자연스럽게 들도록 유도하는 것이다. 위빠사나 수행도 마찬가지다. 깊이 숙고하는 지혜의 국면이나 상카라에 대한 평정의 지혜의 국면에서 일어나고 사라지는 상카라를 무상, 고, 무아라고 볼 때 이들을 내가 능동적으로 규정하는 것이 아니라 상카라의 일어남과 사라짐의 핍박이 나를 그렇게 규정하도록 만드는 것이다.

간화선 수행과 위빠사나 수행은 수행의 방식이나 과정이 다르기는 하지만 두 수행 모두 극대화된 사마타의 과정을 통과하고 있다. 그러면서 똑같이 폭발적으로 열반으로 전환하고 있다. 그래서일까? 간화선 수행이든 위빠사나 수행이든 진리(眞理)와 완전히 부합된 열반을 증득하고 있다. 다만, 위빠사나 수행은 간화선 수행과 달리 열반의 역설적 성격을 충분히 드러내고 있지 않다는 한계를, 또 간화선 수행은 위빠사나 수행과 달리 반성과정에서 부단히 형성되는 몸과 마음의 평형과 이를 기반으로 하는 간택력을 형성할 수 없다는 한계를 보여주고 있지만.

참고 문헌

Ⅰ. 유식학 원전

彌勒, 『瑜伽師地論』, 『大正新修大藏經』 第30卷.

護法 等, 『成唯識論』, 『大正新脩大藏經』 第31卷.

親光菩薩等造, 『佛地經論』, 『大正新修大藏經』 第26卷.

窺基, 『成唯識論述記』, 『大正新脩大藏經』 第43卷.

窺基, 『成唯識論掌中樞要』, 『大正新脩大藏經』 第43卷.

窺基, 『大乘法苑義林章』, 『大正新修大藏經』 第45卷.

窺基, 『因明入正理論疏』, 『大正新修大藏經』 第44卷.

惠沼, 『成唯識論了義燈』, 『大正新修大藏經』 第43卷.

智周, 『成唯識論演祕』, 『大正新修大藏經』 第43卷.

道邑, 『成唯識論義蘊』, 『大日本續藏經』 第49卷.

善珠, 『唯識分量決』, 『大正新修大藏經』 第71卷.

善珠, 『唯識義燈增明記』, 『大正新脩大藏經』 第65卷.

仲算, 『四分義極略私記』, 『大正新修大藏經』 第71卷.

良算, 『唯識論同學鈔』, 『大正新脩大藏經』 第66卷.

良遍, 『觀心覺夢鈔』, 『大正新修大藏經』 第71卷.

스티라마띠 지음, 박인성 옮김, 『유식삼십송석』, 민족사, 2000.

마이뜨레야 저, 바수반두 석, 박인성 역,『중과 변을 구별하기』, 주민출판사, 2005.

Francis H. Cook, *Three Texts on Consciousness Only*. California: Numata Center for Buddhist Translation and Research, 1999.

Ⅱ. 유식학 관련 저서

保坂玉泉,『唯識根本敎理』, 東京: 鴻盟社, 1976.

富貴原長信,『唯識の研究—三性と四分』, 東京: 國書刊行會, 1988.

_____,『日本唯識思想史』, 京都: 大雅堂, 1934.

_____,『日本中世唯識思想史』, 東京: 大東出版社, 1975.

深浦正文,『唯識學研究』上, 下, 京都: 永田文昌堂, 1972.

_____,『唯識論解說』, 京都: 龍谷大學出版部, 1934.

定胤,『唯識三類境義本質私記』, 奈良縣: 法隆寺勸學院同窓會, 1928.

橫山紘一,『唯識佛敎辭典』, 東京: 春秋社, 2010.

권순홍,『유식불교의 거울로 본 하이데거』, 길, 2008.

김동화,『구사학』, 문조사, 1971.

_____,『유식철학』, 보련각, 1975.

김명우,『유식삼십송과 유식불교』, 예문서원, 2009.

오형근,『신편 유식학입문: 불교심리학』, 대승, 2006.

요코야마 고우이츠 저, 묘주 역,『유식철학』, 경서원, 2004.

윤명로,『현상학과 유식론』, 시와 진실, 2006.

이만,『한국유식사상사』, 장경각, 2000.

____,『유식학개론』, 경서원, 2006.

한자경,『유식무경: 유식불교에서의 인식과 존재』, 예문서원, 2000.

시바 하루히데 지음, 박인성 옮김,『유식사상과 현상학』, 도서출판 b,

2014.

후카우라 세이분 지음, 박인성 옮김, 『유식삼십송풀이』, 운주사, 2012.

III. 후설의 저서

Analysen zur passiven Synthesis. Aus Vorlesungs - und Forschungsmaunskripten 1918-1926. Ed. Margot Fleisher. The Hague: Martinus Nijhoff, 1966; *Analyses Concerning Passive and Active Synthesis* ―*Lectures on Transcendental Logic.* Trans. Anthony J. Steinbock, Dordrecht: Kluwer Academic Publishers, 1991.

Erfahrung und Urteil. Ed. Ludwig Landgrebe. Hamburg: Felix Meiner, 1985; 『경험과 판단: 논리학의 발생론 연구』, 이종훈 옮김, 민음사, 2009.

Ideen zu einer reinen Phänomenologie und phänomenologischen Philosophie. Erstes Buch. Allgemeine Einführung in die reine Phänomenologie. Ed. KarlSchuhmann. Den Haag: Martinus Nijhoff, 1976; *Ideas Pertaining to a Pure Phenomenology and to a Phenomenological Philosophy. First Book. General Introduction to a Pure Phenomenology.* Trans. Fred Kersten. The Hague: Martinus Nijhoff, 1982; 『순수현상학과 현상학적 철학의 이념들』, 최경호 옮김, 문학과지성사, 1997. 『순수현상학과 현상학적 철학의 이념들 1』, 이종훈 옮김, 한길사, 2009.

Zur Phänomenologie des inneren Zeitbewusstseins(1893-1917). Ed. Rudolf Boehm. The Hague: Martinus Nijhoff, 1966; *On the Phenomenology of the Consciousness of Internal Time(1893-1917).* Trans. John Barnett Brough. Dordrecht: Kluwer Academic Publishers, 1991; 『시간의식』, 이종훈 옮김, 한길사, 1998.

The Essential Husserl ―*Basic Writings in Transcendental Phenomenology*, edited by Donn Welton. Bloominton and Indianapolis: Indiana University Press, 1999.

IV. 후설 현상학 관련 저서

Dan Zahavi, *Husserl's Phenomenology*. California: Stanford University Press, 2003.

――――――――. *Self-Awareness and Alterity ―A Phenomenological Investigation*. *Evanston*: Northwestern University Press, 1999.

――――――――. *Subjectivity and Selfhood*. Massachusetts: MIT Press, 2008.

Dermot Moran, *Edmund Husserl ―Founder of Phenomenology*. Cambridge: Polity Press, 2005.

Dermot Moran and Joseph Cohen, *The Husserl Dictionary*. London: Continuum International Publishiing Group, 2012.

Dieter Lohmar and Ichiro Yamaguchi(ed.), *On Time ―New Contributions of the Husserlian Phenomenology of Time*. Dordrecht: Springer, 2010.

Donn Welton, *The Origins of Meaning A Critical Study of the Thresholds of Husserlian Phenomenology*. The Hague: Martinus Nijhoff Publishers, 1983.

――――――――. *The Other Husserl ― The Horizons of Transcendental Phenomenology*. Bloomington and Indianapolis: Indiana University Press, 2000.

――――――――(ed.). *The New Husserl ―A Critical Reader*. Bloomington and Indianapolis: Indiana University Press, 2003.

John J. Drummond, *Husserian Intentionality and Non-Foudational Realism ―Noema and Object*. Dordrecht: Kluwer Academic Publishers, 1990.

――――――――, *Historical Dictionary of Husserl's Philosophy*. Plymouth: The Scarecrow Press, Inc., 2008.

――――――――. *The A to Z of Husserl's Philosophy*. Plymouth: The Scarecrow Press, Inc., 2008.

John J. Drummond and Lester Embree(ed.), *The Phenomenology of the Noema*.
―――――― Dordrecht: Kluwer Academic Publishers, 1992.

John B. Brough and Lester Embree(ed.), *The Many Faces of Time*. Dordrecht: Kluver Academic Publishers, 2000.

Lanei M. Rodemeyer, *Intersubjectivity Temporality ―It's about time.* Dordrecht: Springer, 2010.

Marcus Brainard, *Belief and its Neutralization ―Husserl's System of Phenomenology in Idea I*. New York: State of University of New York Press, 2002.

Shaun Gallagher, *The Inordinance of Time*. Evanston: Nothwestern University Press, 1998.

Toine Kortooms, *Phenomenology of Time ―Edmund Husserl's Analysis of Time-Consciousness*. Dordrecht: Kluver Academic Publishers, 2010.

Victor Biceaga, *The Concept of Passivity in Husserl's Phenomenology*, Dordrecht: Springer, 2010.

新田義弘, 『現象學』, 東京: 講談社, 2010.
―――――, 『現象學と解釋學』, 東京: 筑摩書房, 2012.
新田義弘·河本英夫 編, 『自己意識の現象學 ― 生命と知をめぐつて』, 京都: 世界思想社, 2005.

김영민, 『현상학과 시간』, 까치, 1994.
김영필, 『진리의 현상학 ― 후설의 명증이론에 관한 연구』, 서광사, 1993.
―――, 『현상과 진리 ― 에드문드 후설 현상학 입문서』, 태일출판사, 1993.
―――, 『현상학의 이해』, UUP, 1998.
박인철, 『에드문트 후설』, 살림, 2013.
이길우, 『현상학적 정신이론』, 강원대학교 출판부, 1986.
이남인, 『현상학과 해석학』, 서울대학교출판부, 2004.

———,『후설의 현상학과 현대철학』, 풀빛미디어, 2006.

———,『후설과 메를로퐁티 지각의 현상학』, 한길사, 2013.

이영호,『후설』, 고려대학교출판부, 1990.

이종훈,『현대의 위기와 생활세계 — 후설의 생활세계 개념 연구』, 동녘, 1994.

한전숙,『현상학』, 민음사, 1996.

———,『현상학의 이해』, 민음사, 1984.

기다 겐 · 노에 게이이치 · 무라타 준이치 · 와시다 기요카즈 엮음, 이신철 옮김,『현상학사전』, 도서출판 b, 2011.

닛타 요시히로 지음, 박인성 옮김,『현상학이란 무엇인가』, 도서출판 b, 2014.

Debabrata Sinha 지음, 김도종 · 전영길 옮김,『현상학 탐구』, 원광대학교 출판국, 1991.

로버트 소콜로프스키 지음, 최경호 옮김,『현상학적 구성이란 무엇인가』, 이론과실천, 1992.

W. 마르크스 지음, 이길우 옮김,『현상학』, 서광사, 1990.

W. 질라시 지음, 이영호 옮김,『현상학강의』, 종로서적, 1990.

숀 갤러거, 단 자하비 지음, 박인성 옮김,『현상학적 마음』, 도서출판 b.

수잔 커닝햄 지음, 이종훈 옮김,『언어와 현상학』, 철학과현실사, 1995.

시바 하루히데 지음, 박인성 옮김,『유식사상과 현상학』, 도서출판 b, 2014.

Alois Roth 지음, 이길우 옮김,『후설의 윤리연구』, 도서출판 세화, 1991.

알빈 디머 지음, 조주환 · 김영필 옮김,『에드문드 후설』, 이문출판사, 1991.

이소 케른 지음, 배의용 옮김,『후설과 칸트』, 철학과현실사, 2001.

조셉 J. 코켈만스 지음, 임헌규 옮김,『후설의 현상학』, 청계, 2000.

퀸틴 라우어 지음, 최경호 옮김,『현상학: 그 발생과 전망』, 경문사, 1987.

테오드르 드 보에르 지음, 최경호 옮김, 『후설 사상의 발달』, 경문사, 1986.

파울 얀센 지음, 신귀현·배의용 옮김, 『에드문드 훗설의 현상학』, 이문출판사, 1987.

피에르 테브나즈 지음, 김동규 옮김, 『현상학이란 무엇인가 — 후설에서 메를로퐁티까지』, 그린비, 2011.

허버트 스피겔버그 지음, 박인철·최경호 옮김, 『현상학적 운동 1, 2』, 이론과실천, 1991, 1992.

저자 후기

2011년 스리랑카로 연구년을 보내러 가기 바로 전부터 후설의 『수동적 종합의 분석』 등의 저작을 읽기 시작해서 스리랑카에 머물고 있는 동안 내내 그의 현상학을 공부했다. 후설의 현상학을 조금씩 깊이 이해하기 시작 하면서 호법 유식학의 사분의(四分義)도 더 명료하게 이해하게 되었는데, 이 책은 그 산물이라 할 수 있다. 돌이켜보면, 늦은 나이에 불교 공부를 시작한 데다 새로운 언어를 익히는 공부를 하느라, 문헌을 읽는 공부를 하느라 긴 세월을 보냈다. 이 와중에 틈틈이 철학 공부를 하긴 했지만, 원서를 들추어보며 공부하는 지금에서야 좀 철학과 현상학이 보이기 시작 하는 것 같다. 삼류사분 유식반학(三類四分 唯識半學)이라 하는 데서 알 수 있듯 삼류경과 사분은 유식학의 다른 주제들보다도 어려운 주제인데, 내가 이 주제를 잘 다루었다면 그건 아마도 이렇게 후설의 현상학 공부를 해 왔고 하고 있기 때문이리라.

연구년을 다녀온 2012년 2학기 때부터 쓴 유식사분의에 관한 논문들을 많이 수정하고 보충해서, 또 한 권의 책이 될 수 있도록 편성해서 이렇게 책을 내놓게 되었다. 각 문의 글은 아래의 학술지와 발표지에 실렸다.

1. 상견동종별종문
「규기의 상견동별종론에 관한 연구」, 불교학보 제63집, 2012. 12. 동국대학교 불교문화연구원.

2. 삼류경문
「『삼장가타』에 대한 규기의 해석」, 인도철학 제36집, 2012. 12. 인도철학회.

3. 행상문 1
「행상(行相)에 대한 규기의 해석」, 인도철학 제39집, 2013. 12. 인도철학회.

4. 행상문 2
「『사분의극략사기』「행상이설문」의 연구」, 불교학보 제66집, 2013. 12. 동국대학교 불교문화연구원.

5. 사분상연문
「『유식분량결』「사분상연문」의 연구 ──『사분의극략사기』「사분상연문」에 의탁해서」, 불교학연구 제40호, 2014. 9. 불교학연구회.

6. 삼량분별문
「『유식분량결』「삼량분별문」의 분석 ── 사분의극략사기에 의탁하며」, 불교학보 제65집, 2013. 8. 동국대학교 불교문화연구원.

7. 능연소연문
「『사분의극략사기』「능연소연문」의 연구」, 선문화연구 제16집, 2014. 6. 한국불교선리연구원.

8. 사분개합문 1
「『사분의극략사기』「입분부동문」의 연구」(1), 불교학보 제67집, 2014. 4. 동국대학교 불교문화연구원

9. 사분개합문 2

「『사분의극략사기』「입분부동문」의 연구」(2), 불교학보 제69집,
2014. 12. 동국대학교 불교문화연구원

*보유논문 1

「불교에서 본 칸트 윤리학의 근본개념들, 칸트철학과 불교철학의
소통」, 2008. 12. 13. 한국칸트학회 동계정기학술대회(2008), 한국칸트
학회.

*보유논문 2

「위빠사나 수행과 간화선 수행의 공명, 간화선, 철학을 만나다」,
2010. 5. 28. 동국대학교 불교문화연구원

다른 인문 분야도 그렇겠지만, 논의를 새롭게 전개하려면, 일정한 철학
실력도 있어야 하겠지만 문헌을 정확히 읽을 수 있는 능력이 있어야 한다.
문헌을 정확히 읽는 노력은 그동안 잘못 배워온 생각들을 씻게 할 수 있다.
이런 점에서 철학 능력을 기르는 것과 더불어 문헌을 읽는 일은 일종의
수행과정이라 볼 수 있다. 이차 문헌에만 의존해서 공부할 때 자기의 창의적
인 목소리를 내기도 어렵겠지만, 무엇보다도 잘못 배워온 것을 기반으로
해서 다시 잘못된 생각을 구축하는 우를 범할 가능성이 있기 때문이다.
나의 철학하는 과정에는 이렇게 문헌학적, 어학적 작업이 포함되어 있다.
이 책에서는 선주, 중산 등 일본 고대 불교 논사들의 학설을 다루고
있다. 일본 고대 유식 논사들의 학설을 다루고 있다고 해서, 좀 이상하게
들릴지 모르겠지만, 일본 유식을 연구하고 있는 것이 아니다. 동아시아의
유식불교를 연구하고 있다고 말하는 것이 내 연구방향을 더 잘 보여주는
말일 게다. 호법 유식을 종지로 법상종이 중국에서 발원해서 이 유식이
한국과 일본에 전해졌다. 호법, 현장, 규기로 계승되면서 다소 출입이 있긴
했지만, 동아시아의 유식은 기본적으로 호법 유식을 근간으로 하고 있다고

말할 수 있다. 한국 유식의 경우, 이를 대표하는 원측이 법상종에서 활동을 하긴 했지만 호법 유식만을 받아들였다고 볼 수 없기 때문에, 또 여러 학설을 열거할 뿐 대체로 판정을 내리는 경우가 없기 때문에 호법 유식을 따르고 있다고 볼 수 없어서, 한국 유식을 호법 유식으로 단정하기 힘든 점이 있다. (물론 이러한 원측도 호법 유식을 따르지 않으면 안 되는 어떤 사태의 필연성이 있었던 것 같다. 호법 유식으로 판정을 내리는 곳이 아주 드물게 보이기 때문이다.) 이런 점에서 볼 때 법상종에서 활동한 논사들이 있더라도 원측의 주위를 맴돌고 있고 또 비록 호법 유식을 담고 있다고 해도 내려오는 문헌이 없기 때문에, 한국에는 호법 · 현장 · 규기의 법상종의 유식이 거의 내려오지 않는다고 해도 지나친 말은 아닐 것이다.

우리나라 불교학자 중에는 중국의 논사들에서는 중국이라는 말을 붙이지 않지만 일본의 논사들에는 일본이라는 말을 붙이고 싶어 하는 분들이 있는 것 같다. 유식의 일본적 성격을 분명히 하고자 이렇게 하지는 않을 것이다. 아직도 일본에 이르기까지 탁 트인 동아시아라는 시야를 열어놓지 않고 불교 연구를 하기 때문이 아닐까? 우리 불교학계는 근현대 일본불교학계의 성과에 크게 신세를 지고 있다. 세계에서 가장 불교 인적자원이 많은 곳, 많은 성과를 이룬 곳이기에 비록 우리나라뿐만 아니라 다른 나라의 불교학자들이나 철학자들도 이들한테 크게 의존하고 있다는 것은 거부할 수 없는 사실이다. 그런데 만약 오늘날 우리가 더 원만하게 불교 연구를 하기 위해서는 일본 고대 불교문헌에 의존해야 한다면? 아마 별로 믿고 싶지 않은 사람이 있을 것이다. 그러나 유감스럽게도 일본의 고대불교는 선주, 중산, 진흥, 양편, 청범 같은 여러 큰 학자들을 낼 정도로 풍부하다. 직접 당나라에 유학을 가 공부해 온 학자들이 있는가 하면, 이들이 배워 온 내용을 바탕으로 새로운 사색을 일구어낸 학자들도 있다. 내가 생각하기에, 일본은 이런 학자들의 힘으로 가장 방대하고 치밀한 불교인, 중국의 유일한 인도불교 학파인 법상종의 유식불교를 찬란하게 이루면서 시대마다 일정한 성취를 이루며 이를 근대까지 계승해 간 나라이다.

그렇지만 내가 이 책에서 일본 고대의 유식논사인 선주와 중산을 다루고 있다고 해서 이 연구가 일본 것이 되는 것은 아니다. 이 연구의 성과는 분명 우리의 것이다. 일본 불교학자들이 원효·의상·원측·태현·경흥 등 우리의 불교논사를 연구해서 그들의 것으로 만들어 가듯이, 우리도 일본의 고대와 중세 불교를 연구해서 우리의 것으로 만들어 갈 수 있다. 한국이든 중국이든 일본이든 어느 나라 불교를 연구하느냐 하는 것이 아니라, 누가 더 그 불교를 심도 있게 연구하느냐 하는 것이 우리의 것으로 만들어가는 기준일 것이다. 이런 점에서 일본 불교학계와 철학계는 그들의 불교문헌을 이렇게 나와 같은 방식으로 연구한 학자는 없다. 이러한 연구방식이 이룬 성과는 일본 고대의 유식논사들이 이룬 유식문헌의 높은 수준을 당당하게 인정하고 연구한 데서 나온 것이다.

원고를 마치는 순간 떠오르는 고마운 사람이 있었다. 군산대학교 권순홍 교수이다. 권 교수는 이 책에 실린 논문들을 꼼꼼히 읽어가며 비평을 해주고, 심지어 오탈자를 지적해주기도 했다. 권 교수는 하이데거를 전공했지만, 플라톤·토마스 아퀴나스·칸트·니체 등 다른 서양철학자의 사상에도 밝은 학자이다. 그러면서도 불교를 통해 철학이 아직 다루지 못하거나 해결하지 못한 문제들을 새롭게 제시하거나 해결하려 노력하고 있다. 훌륭한 저서가 나와 있고 많은 이들이 이 저서를 통해 영감을 얻는 것으로 알고 있다. 항상 건강하게 지내며 훌륭한 학문 업적을 또 성취하길 바란다.

나는 청목의 『중론』으로 불교 공부를 시작했다. 이 『중론』과 길장의 삼론으로 가는 길로 이끌어주신 분이 계시다. 김인덕 선생님이다. 지금은 이 세상에 안 계시지만 『중론』을 학생들에게 가르치려 책을 펼 때면 늘 살아계신 듯 선생님의 인자하신 모습이 떠오른다. 선생님께 큰절을 올린다. 나는 대학원 시절 대부분을 산스끄리뜨 문헌을 번역하며 공부하는 데 보냈다. 이렇게 산스끄리뜨 공부를 할 수 있도록 불교대학에 산스끄리뜨 문화의 터전을 일구어주신 분이 계시다. 바로 이지수 선생님이다. 선생님은 작년

여름방학을 끝으로 퇴직하셨다. 건강이 안 좋으신 걸로 알고 있는데, 쾌유하셔서 예전에 그랬듯 즐겁게 소주 한 잔 하는 날이 왔으면 좋겠다. 학부 시절부터 지금까지 나의 정신적 지주가 되어 주신 분이 계시다. 하나의 삶만 강요했던 어두운 시절 서양의 희곡을 통해 다양한 삶이 있다는 것을 알려주시고, 학문하는 태도의 전범을 보여주신 분이다. 『그리스비극』을 쓰신 임철규 선생님이다. 선생님의 강인한 모습이 늘 나에게는 위안이 되었다. 서울에 올라오시면 선생님 앞에서 학부 때의 학생이 되어 이런저런 이야기를 떠들어대고 싶다.

도서출판 b의 조기조 대표님, 편집부의 백은주, 김장미 씨는 나와 함께 마음학총서를 가꾸어가고 있는, 늘 반갑고 고마운 분들이다. 만나서 환하게 웃으며 이 책을 앞에 두고 즐겁게 이야기를 나누고 싶다.

2015년 9월 25일
수조산에서
박인성 드림

색인

• 박인성 朴仁成

서울에서 태어나 연세대학교 영어영문학과, 동국대학교 대학원 불교학과를 졸업했다. 현재 동국대학교 불교대학 불교학부 교수이다.

옮긴 책으로는『불교인식론 연구』,『현상학이란 무엇인가－후설의 후기사상을 중심으로』,『유식사상과 현상학－사상조의 비교연구를 향해서』,『현상학적 마음－심리철학과 인지과학 입문』,『유식삼십송풀이－유식불교란 무엇인가』,『아비달마구사론 계품－산스끄리뜨본·진제한역본·현장한역본』,『반야심경찬』,『중변분별론소』,『중과 변을 구별하기－산스끄리뜨본·한역본』,『중론－산스끄리뜨본·티베트본·한역본』,『니야야빈두/니야야빈두띠까－산스끄리뜨본』,『유식삼십송석－산스끄리뜨본과 티베트본의 교정·번역·주석』,『쁘라산나빠다－나가르주나 중론에 대한 산스끄리뜨 주석』,『나가르주나－중론의 산스끄리뜨 원본 및 주석』이 있고, 논문으로는「5종변계에 대한 진제의 해석」,「의식의 솔이심에 대한 규기의 해석」,「유식이십론 게송10에 대한 규기의 해석」,「대승장엄경론의 아홉 심주에 관한 연구」,「문장의 의미파악과 5심에 대한 태현의 해석」등이 있다.

2014년 제2회 대정학술상을 수상했다.

마음학 총서 ④

법상종 논사들의 유식사분의 해석

초판 1쇄 발행 | 2015년 11월 5일
   2쇄 발행 | 2016년 7월 8일

지은이 박인성 | 펴낸이 조기조
기획 이성민, 이신철, 이충훈, 정지은, 조영일 | 편집 김장미, 백은주
인쇄 주)상지사P&B
펴낸곳 도서출판 b | 등록 2003년 2월 24일 제12-348호
주소 08772 서울특별시 관악구 난곡로 288 남진빌딩 401호 | 전화 02-6293-7070(대)
팩시밀리 02-6293-8080 | 홈페이지 b-book.co.kr | 이메일 bbooks@naver.com

ISBN 978-89-91706-98-9 93220
값 | 28,000원

법상종 논사들의 유식사분의 해석